LUDUS
CURSO DE LATIM

Mílton Valente, SJ

LUDUS
CURSO DE LATIM

Organizadores:
† Joaquim F. Pereira
Danilo Mondoni, SJ

Edições Loyola

Dados Internacionais de Catalogação na Publicação (CIP)
(Câmara Brasileira do Livro, SP, Brasil)

Valente, Mílton
 Ludus : Curso de Latim / Mílton Valente. -- São Paulo, SP : Edições Loyola, 2023.
 ISBN 978-65-5504-217-7
 1. Latim - Estudo e ensino I. Título.

22-135432   CDD-470.07

Índices para catálogo sistemático:
1. Latim : Estudo e ensino   470.07

Eliete Marques da Silva - Bibliotecária - CRB-8/9380

Capa e diagramação: Viviane Bueno Jeronimo
Ilustrações da capa e do miolo retiradas da obra LUDUS - Curso de Latim, Pe. Milton Valente, SJ - 61ª edição, 1952.
Ilustração da página 206: <https://commons.wikimedia.org/wiki/File:Phaedrus_Fabulist_1745_engraving.jpg>.
Ilustração da página 276: © orensila | Adobe Stock.
Revisão: Maria Teresa Sampaio

Edições Loyola Jesuítas
Rua 1822 nº 341 – Ipiranga
04216-000 São Paulo, SP
T 55 11 3385 8500/8501, 2063 4275
editorial@loyola.com.br
vendas@loyola.com.br
www.loyola.com.br

Todos os direitos reservados. Nenhuma parte desta obra pode ser reproduzida ou transmitida por qualquer forma e/ou quaisquer meios (eletrônico ou mecânico, incluindo fotocópia e gravação) ou arquivada em qualquer sistema ou banco de dados sem permissão escrita da Editora.

ISBN 978-65-5504-217-7

2ª edição: 2023

© EDIÇÕES LOYOLA, São Paulo, Brasil, 2023

Apresentação

Certa de seu valor didático, Edições Loyola apresenta LUDUS – Curso de Latim, em nova edição. "Procuramos por todos os meios levar suavemente o estudante do fácil ao difícil, do conhecido ao desconhecido", escrevia o autor no prefácio da obra em 31 de maio de 1952, na 61ª edição.

Por que e para que estudar latim? Retomemos ainda as palavras do autor: "O ensino do latim pretende aguçar a inteligência, fortalecer a vontade, desenvolver o espírito dos estudantes para que possam observar, raciocinar, discutir, julgar com critério e emitir com clareza as próprias opiniões". Assim formados, os estudantes estarão aptos para seguir os professores e suas pesquisas e seus estudos.

"Por menor que seja, uma oração latina obriga o leitor a pensar e a concentrar-se, e isto por duas razões: primeira, a colocação das palavras nas frases latinas obedece mais a leis lógicas e retóricas do que a leis sintáticas; segunda, por ser o latim uma língua sintética em que as desinências dos substantivos, adjetivos, pronomes e verbos indicam a função da palavra na frase e obrigam a comparar palavra com palavra, a ponderar terminação por terminação, a concatenar termo com termo."

A. Meillet, membro do Instituto da França, provou com sólidos argumentos a suma importância do latim:

"Só o conhecimento do latim permite relacionar facilmente entre si as línguas românicas; a quem sabe latim, o italiano, o espanhol, o português, o francês são já semifamiliares. Abandonando a cultura latina, os povos de língua românica renunciariam a tudo o que faz sua unidade e enfraqueceriam, em face das demais línguas, a capacidade de resistência das suas. O latim, do qual essas línguas nada mais são do que novos desdobramentos, dominou, sob a forma escrita, a constituição de todas as línguas literárias românicas, e só em contato com as suas origens latinas é que as línguas românicas poderão formar um todo entre si e exercer influência" (A. Meillet, *Les langues dans l'Europe nouvelle*, 1928, p. 268).

Ademais, o estudo do latim nos levará a ROMA, cidade imortal na história do mundo, e a seus habitantes antigos ou contemporâneos. Leremos algumas páginas que ajudarão a visualizar a vida cotidiana dos romanos e a admirar os séculos de ação política desenvolvida por seus tribunos e legionários.

Joaquim F. Pereira (In Memoriam 1931-2022)
e Danilo Mondoni, SJ (Orgs.)

Padre Mílton Valente, SJ

Nascido em 7 de junho de 1912 em Santo Amaro da Imperatriz (ou Palhoça), em Santa Catarina, Mílton Valente fez seus estudos secundários no Colégio Catarinense de Florianópolis.

Ao ingressar na Companhia de Jesus em 24 de fevereiro de 1928, em Pareci Novo (RS), teve Padre Ludovico Zuber como seu Mestre de Noviços. De 1930 a 1931, após o biênio do noviciado, cursou Retórica na mesma cidade. Entre 1932 e 1934 esteve no Seminário Provincial de São Leopoldo estudando Filosofia.

Em 1935 foi destinado ao magistério na escola apostólica de Pareci Novo. Ao transferirem a escola para o Colégio Santo Inácio, em Salvador do Sul (em 1937), Valente acompanhou a turma e foi para lá também. Além de lecionar as línguas portuguesa e francesa, foi também prefeito de divisão.

Entre 1939 e 1942, Fr. Mílton voltou para São Leopoldo, onde se dedicou aos estudos de Teologia. De 1939 a 1941, esteve no Seminário Central e em 1942 no Colégio Cristo Rei, quando o Escolasticado se mudou para lá.

Foi ordenado sacerdote na catedral de Florianópolis em 30 de novembro de 1941. Fez a Terceira Provação em 1943, em Pareci Novo, com Padre Francisco Zartmann como seu Instrutor. Em 15 de agosto de 1945 emitiu os últimos votos no grau de professo. Professor, escritor e pesquisador foram as principais atividades de Padre Mílton na Companhia de Jesus.

Lecionou no Colégio Anchieta de Porto Alegre entre os anos de 1944 e 1950. Na sequência, de 1951 a 1956, fez doutorado em Letras na Universidade Sorbonne de Paris. Defendeu a tese "A Ética estoica em Cícero", que ganhou grandes elogios e foi escolhida em 1958 como a melhor obra filosófica do ano pela Academia Francesa de Letras. Logo após, ingressou no Doutorado de Estado em Paris, para doutorar-se em Letras Clássicas.

De volta ao Brasil, aproveitou o vasto material didático obtido na Europa para utilizá-lo em suas aulas, conferências e escritos. Trabalhou até o fim de sua vida na Faculdade de Filosofia, Ciências e Letras de São Leopoldo, e também, desde 31 de julho de 1969, na UNISINOS.

Nesse tempo todo, interrompeu seu trabalho apenas um ano, entre meados de 1965 e meados de 1966, para estudar História Antiga na Universidade de Göttingen, na Alemanha.

Padre Mílton foi também diretor e membro do Instituto Anchietano de Pesquisas.

Em março de 1978, escreveu ao Provincial: "Passei as últimas férias auxiliando o pároco de Imbituba, SC. Designou-me ele como centro de irradiação uma aldeia de pescadores que, no ano passado, o vira só uma vez. De lá atendi três outras povoações. Entrei em contato direto com a ignorância e a miséria. Assistência aos enfermos, missa e pregações eram tarefas diárias".

Além dos ministérios, as letras e a história se lhe tornaram sobretudo meio habitual para servir a Deus e a seus irmãos. Começou cedo seu trabalho de tradução do alemão e do francês: *Esboços catequéticos*; *Alano, Bom Humor*; *A Cruz dos Montes Rochosos*; *O Veste Negra*. E, mesmo antes de ser ordenado padre, editou a *Sintaxe da língua latina* em dois volumes, aos quais se seguiram os renomados *Ludus* (para as aulas de latim do curso ginasial e colegial) e a *Gramática Latina*, que alcançou a 82ª edição. Em períodos de férias, procurava difundir seus livros pelo centro e pelo nordeste do Brasil.

Em 1978, por ocasião do jubileu de sua vida religiosa, o Padre Geral recordava "o cultivo e o aprofundamento das ciências sagradas e humanas, a transmissão e comunicação aos demais da vastidão da riqueza espiritual e cultural, de maneira especial do mundo da cultura clássica, em seus aspectos literários, históricos e artísticos". E ainda "a preocupação, ao ensinar, de proporcionar uma formação não só científica, mas também humana e cristã".

Padre Mílton Valente faleceu na Residência Conceição, em São Leopoldo, em 4 de janeiro de 1989, com 76 anos de idade, 60 de Companhia de Jesus e 47 de sacerdócio, vítima de um infarto fulminante após celebrar a missa e anotar a respectiva intenção no caderninho.

As exéquias foram celebradas no Santuário do Sagrado Coração de Jesus, presididas pelo Padre Provincial, com a presença de familiares, de muitos jesuítas, de colegas da UNISINOS, de amigos e conhecidos do Padre Mílton.

Pe. Inácio Spohr, SJ

Índice

Módulo I

Lectio	Morfologia	Sintaxe	Título
1	1ª decl.: nom. sing. e pl.; **est**, **sunt**; **-at**, **-ant**; num. **prima**.	Concord. do adj. e do verbo; adjunto atributivo formado por adjetivo.	**Terrae**
2	1ª decl.: gen. sing. e pl.; **erat**, **erant**; num. **secunda**.	Adj. atrib. formado por substantivo.	**Familia Galbae**
3	1ª decl.: dat. sing. e pl.; **erit**, **erunt**; num. **tertia**.	Objeto indireto.	**Lesbia**
4	1ª decl.: acus. sing.; pres. ind. da 1ª conj.; pron. poss. **mea**, **tua**; num. **quarta**.	Objeto direto; pergunta direta com o adv. interrog. **cur**.	**Lesbia pupam amat** Vida e brinquedos das crianças romanas
5	1ª decl.: acus. pl.; imperf. ind. da 1ª conj.; pron. poss. **sua**; num. ord. **quinta**, card. 1–10.	Objeto direto.	**Lesbia soleas suas amabat** Indumentária romana: matéria, confecção, traje das mulheres
6	1ª decl.: voc. sing. e pl.; fut. indicat. da 1ª conj.; alguns pron. pess.; num. **sexta**.	Emprego do **vocativo**.	**Regina lacrimat**
7	1ª decl.: abl. sing. e pl.; num. **septima**.	Adjunto adverbial de lugar (onde?) e de meio.	**Stella**. Cadeiras e lâmpadas romanas

Lectio	Morfologia	Sintaxe	Título
8	2ª decl.: nom., genit., acus. sing. e pl.; **-et**, **-ent**; num. **octava**.	Concord. do verbo com vários sujeitos no singular.	**Christiani sumus** Imposição do nome às crianças; uso da bula
9	2ª decl.: dat. sing. e pl. imperf. ind. da 2ª conj.; num. **nona**.	Emprego do imperfeito.	**Galba villicus erat**
10	2ª decl.: voc., abl. sing. e pl.; imperat. da 1ª e 2ª conj.; pret. perf. da 1ª conj.; num. **decima**.	Adjunto adverbial de companhia e de causa; orações temporais com **postquam**.	**Aemilius villam visitat**
11	2ª decl.: subst. em **-er** e **-ir**; imperat. de **-esse**; num. **undecima**.	Concordância do aposto; as partículas interrogativas **-ne**, **nonne**, **num**.	**Ludus Romanus** Vida romana: instrução até os 17 anos: a) **Ludus**
12	2ª decl.: subst. neutros; num. **duodecima**.	Adjunto adverbial de lugar (para **onde**?).	**Incendium**
13	Adjetivos da 1ª e 2ª decl.; num. **tertia decima**.	Substantivação do adjetivo neutro.	**Pueri laeti**
14	3ª decl.: genit. pl. em **-um**; masc. e fem.: nom., gen., acus. sing. e pl.; **-it**, **-unt**; num. **quarta decima**.	Emprego de **et... et**: tanto... como, não só... mas também.	**De familia Scipionis**
15	3ª decl.: dativo sing. e pl.; num. **quinta decima**.	Concord. do predicado com diversos sujeitos de gênero igual e de gênero diferente.	**Lesbiae passeres**
16	3ª decl.: ablativo sing. e pl.; num. **sexta decima**.	Adjunto adv. de modo; adj. adv. de meio quando é pessoa; duplo acus. com os verbos **nominare**, **dicere**, etc.	**De Cincinnato dictatore Romano**
17	3ª decl.: neutros; imperf. subj. 1ª conj.; num. **septima decima**.	Adjunto adv. de tempo (quando?); abl. de qualidade; abl. de causa **cum gaudere** etc.	**Germani tempore Caesaris**
18	3ª decl.: genit. pl. em **-ium**; pres. subj. da 1ª conj.; num. **duodevicesima**.	Adjunto adverbial de lugar (donde?).	**Roma domina gentium**
19	3ª decl.: adjetivos; tema do perf. de **esse**; num. ord. **undevicesima**.	Adj. adv. de tempo (durante quanto tempo?).	**De celebri oppugnatione Troiae**

Índice

Lectio	Morfologia	Sintaxe	Título
20	4ª decl.: nom., acus., sing. e pl.; **-it, -iunt**; num. **vicesima**.	Oração condicional.	**Hominis sensus**
21	4ª decl.: genit., dat., abl. sing. e pl. e subst. neutros; part. pres. da 1ª conj.; pron. poss. **noster, vester**; num. **vicesima prima**.	**Praeesse** com dativo.	**De Romanorum exercitu**
22	5ª decl.; num. **vicesima altera**.	—	**Roma post pugnam Cannensem**
23	O gerúndio; num. **vicesima tertia**.	Emprego do gerúndio.	**De monitione discipuli novi** Vida romana: instrução até os 17 anos; b) **Gramática**; c) **Retórica**
24	Pron. possessivo; num. **vicesima quarta**.	Concord. do pron. possessivo.	**In campo Martio**
25	Subj. de **esse**; num. **vicesima quinta**.	Oração optativa.	**Togam albam Titus induit**. O romano alcança a virilidade
26	Subj. da 1ª e 2ª conj.; num. **vicesima sexta**.	**Cum** com o subjuntivo.	**Villa Scipionis** A casa de campo do romano
27	3ª conj.; num. **vicesima septima**.	Const. de **donare**; **ut** e **ne** finais com o subj.	**Cloelia**
28	4ª conj.; num. **duodetricesima**.	Colocação das palavras.	**Maxima hominum gloria**
29	—	—	**Regina ridet**

Módulo II

Lectio	Gramática	Título
1	Declinação dos pronomes pessoais.	**Ante tabulam**
2	Declinação do relativo **qui, quae, quod**, e sua concordância com o antecedente.	**Minerva**
3	Preposições e explicações ocasionais de outras palavras invariáveis.	**Domus Romana**
4	Formação regular do comparativo e do superlativo.	**Discipuli disputant et ludunt**

Lectio	Gramática	Título
5	Os numerais cardinais e os ordinais.	**Ludus Mathematicus**
6	Pronomes demonstrativos.	**De Cornelia, Gracchorum matre**
7	Voz passiva da 1ª conjugação. Expl. ocas. de pal. invariáveis.	**Thermae**
8	Voz passiva da 2ª conjugação. Expl. ocas. de pal. invariáveis.	**Circus Maximus I**
9	Voz passiva da 3ª conjugação. Expl. ocas. de pal. invariáveis.	**Circus Maximus II**
10	Voz passiva da 4ª conjugação. A preposição **prope**.	**Circus Maximus III**
11	Verbos depoentes da 1ª conjugação. Expl. ocas. de pal. invariáveis.	**Circus Maximus IV**
12	Verbos depoentes da 2ª conjugação.	**Aemilius et Lesbia aegrotant**
13	Verbos depoentes da 3ª conjugação.	**Aemilius moritur**
14	Verbos depoentes da 4ª conjugação.	**Aemilii funus**
15	—	**Equus et asinus; Pygmaei et grues**
16	Preposições e conjunções.	**Polyphemus adversus Ulixem**
17	Gerúndio das quatro conjugações.	**Marcus Curtius**

Eutrópio

18. Romulus
19. Numa Pompilius et Tullus Hostilius
20. Ancus Martius et Tarquinius Priscus
21. Servius Tullius et Tarquinius Superbus
22. Romani consules creant
23. Aliae dignitates
24. Coriolanus
25. Familia Fabia
26. Decemviri Bellum cum Fidenatibus
27. Camillus
28. Galli Senones
29. Felices vacationes!

Módulo III

Lectio	Morfologia	Sintaxe	Matéria
1	Repetição das declinações; advérbios, preposições e conjunções.	Repetição da concordância dos adjetivos, verbos e pronomes.	**Regina ad scholam rediit**
2	Anomalias de flexão nos substantivos da 1ª e 2ª declinação.	Acusativo de tempo.	**Lesbia Caeciliam invisit**
3	Anomalias de flexão nos substantivos da 3ª decl.	Acusativo e ablativo de lugar.	**De miro Catulli somnio** Mitologia: Mercúrio
4	Anomalias de flexão nos substantivos da 3ª decl.	Duplo acus. com **appellare**; abl. de companhia.	**Titus et Catullus ad Olympum perveniunt** Mit.: Juno, Minerva, Apolo, Diana, Marte, Netuno, Vênus, Plutão
5	Anomalias de flexão nos substantivos da 4ª decl.	Acus.; abl. de instrumento; oração relativa.	**Iovis verba ad pueros** Mit.: Júpiter
6	Subst. da 5ª decl.	Gen. de qualidade; abl. de qualidade; **quod** causal.	**Iuppiter et Mercurius in terram descendunt**
7	Pronome e adjetivos interrogativos.	Abl. de separação.	**Philemon et Baucis**
8	Pronomes e adjetivos indefinidos e correlativos.	Dativo com **gratulari**, **nocere** e **obesse**.	**Gallus et latrones**
9	Formação irregular do comparativo e superlativo dos adjetivos.	Gen. partitivo com o superlativo.	**Magna Graecia** As viagens dos romanos
10	Form. irreg. do comp. e superlat. dos adj. (cont.).	Orações comparativas e temporais.	**Celtae vel Galli**
11	Verbo **sum** e compostos; **edo** e compostos.	Dativo com **praeesse** e **adesse**; subjuntivos exortativo e optativo.	**Germanorum concilium**
12	Numerais multiplicativos e distributivos.	Nominativo com infinitivo.	**Scipionis exercitus**
13	Verbo **fero** e compostos.	Gerundivo.	**Scipio milites alloquitur**

Lectio	Morfologia	Sintaxe	Matéria
14	Verbos **volo**, **nolo** e **malo**.	Acus. com inf. com os verbos **volo**, **nolo** e **malo**.	**Limes muniendus est**
15	Verbo **eo** e compostos; verbo **queo**.	Gerundivo dos verbos intransitivos.	**Germani ad limites**
16	Verbo **fio** e compostos.	Ablativo de causa.	**Scipionis triumphus**
17	Infinitivo das quatro conjugações.	Emprego do acusativo com infinitivo.	**Preparação ao estudo de Fedro**

Fábulas de Fedro

18. Fedro: vida e obra
19. Fabularum prologus
20. Lupus et agnus
21. Ranae regem petierunt
22. Graculus superbus et pavo
23. Canis per fluvium carnem ferens
24. Vacca, capella, ovis et leo
25. Ranae ad solem
26. Vulpes ad personam tragicam
27. Lupus et gruis
28. Asinus et leo venantes
29. Cervus ad fontem
30. Vulpes et corvus
31. Canis fidelis
32. Rana rupta et bos
33. Canes et corcodili
34. Aesopus et petulans
35. De vulpe et uva
36. Valete, discipulae!

Módulo IV

Lectio	Gramática	Leitura
1	Revisão geral do estudo da flexão nominal. Concordância do verbo com o sujeito.	**Hymnus Brasiliensis**

2	Revisão geral do estudo da flexão nominal e pronominal. Concordância do pronome. Emprego dos casos: nominativo.	**Clara est serva Lesbiae**
3	Função primária do genitivo. Genitivo partitivo e com os adjetivos relativos.	**Nemesii machinatio**
4	Genitivo e ablativo de qualidade.	**Lesbia in insidias incidit**
5	Genitivo de medida e com os verbos que significam lembrar-se, lembrar, acusar.	**Quintus Catulli reminiscitur**
6	Genitivo com os verbos que significam estimar. Verbos impessoais e seu emprego com o genitivo.	**Nihil pluris aestimandum est quam fides**
7	Dativo. Orações coordenadas.	**Morti obvia**
8	Acusativo.	**Scipio Ostiam proficiscitur**
9	Ablativo.	**Culpa vacare magnum solacium**
10	Concordância do adjetivo.	**Exspectata sponsalium dies**
11	Verbos semidepoentes.	**Nuptiae**
12	Verbos defectivos.	**Cena nuptialis**
13	Ablativo absoluto.	**Deductio**
14	Discurso indireto.	**Hannibal ante Alpes**

"De bello gallico" de César

15. A primeira campanha de César nas Gálias
16. Descrição da Gália
    Orações relativas
17. Os helvécios preparam-se para emigrar
    Oração integrante objetiva enunciativa dependente de verbo **sentiendi**
18. Descreve-se a rota da invasão
    Orações causais
19. César parte rapidamente para Genebra
    Orações temporais
20. César fortifica a fronteira da Província
    Orações finais
21. César resolve impedir que os helvécios se estabeleçam perto da Província
    Orações condicionais

22. Éduos, ambarros e alóbroges pedem socorro a César
    Orações integrantes objetivas enunciantes dependentes de verbo **dicendi**
23. César ataca os helvécios, enquanto as suas forças estão divididas
    Orações interrogativas indiretas
24. Pequeno encontro da cavalaria de César com a dos helvécios
25. Romanos e helvécios preparam-se para a batalha
26. Os romanos começam o ataque
27. Após luta renhida os romanos vencem
28. Rendição dos helvécios
29. Salve Maria!

Preliminares

No tempo clássico, o alfabeto latino constava de 23 **letras**:

A B C D E F G H I K L M N O P Q R S T V X Y Z
a b c d e f g h i k l m n o p q r s t u x y z

Quantidade de uma sílaba é o tempo gasto em sua prolação.

As sílabas são ou longas, ou breves, ou comuns (*ancípites*). Às *longas* atribui-se uma duração dupla das *breves*. Sílabas *comuns* são as que se podem pronunciar como longas ou breves; existem poucas.

As vogais podem ser longas por natureza ou posição.

1. São longos por natureza todos os ditongos (**ae**, **oe**, **au**, **eu**, **ei** e **ui**), todas as vogais derivadas de ditongos e as formadas por contração de duas outras vogais.

    Ex.: **ae**quus, **au**rum; in**i**quus (in-aequus); c**o**go (coago).

2. São longas por posição as vogais seguidas de duas ou mais consoantes, ou de x e z. Ex.: *mens*, *dux*, *gaza*; *per studium*, *et verus*.
    É breve toda vogal seguida de outra vogal ou de **h**. Ex.: *Deus*, *pius*, *veho*.

Os antigos pronunciavam as sílabas conforme a quantidade, subordinando-se a ela o **acento** da palavra.

As normas principais da acentuação resumem-se nas seguintes:

1. Com exceção dos *monossílabos*, nenhuma palavra latina tem o acento na última sílaba.

2. Os *dissílabos* têm o acento na penúltima sílaba: *domus*, *rosa*.

3. Os *polissílabos* têm o acento:

   a) na penúltima, se esta for longa por natureza ou posição: *amáre, amavíssem; cecídi*: cortei, *occídi*: matei.

   b) na antepenúltima, se a penúltima for breve: *amábilis, cécidi*: caí, *óccidi*: morri.

4. As enclíticas **que** = e, **ve** = ou e **ne** (interr.):

   a) acrescentadas a palavras com acento na penúltima, conservam o acento na mesma sílaba, se a última for breve; levam o acento para a última, se esta for longa: *mensa* (nom. sing.) – *ménsaque; mensáque* (abl.).

   b) acrescentadas a palavras com acento na antepenúltima, levam o acento para a última, seja esta longa ou breve: *córpora — corporáque; dómini — dominíque*.

Atualmente pronunciamos o latim mais ou menos como o português. Notem-se os casos particulares:

1) os ditongos **ae** e **oe** têm o som de **é** e **ê**: *praemium = premium, foedus = fedus*.

2) **c** e **g** antes de **e, i, y, ae** e **oe** têm som brando de **ç** e **j**: *particeps = párticeps; nugae = núje*.

3) na grafia é preferível substituir **j** por **i**. Apesar disso em *iacére = estar deitado*, e vocábulos semelhantes, o **i** se pronuncia como **j** em *jazer: jacére*.

4) **q** e **g** têm som duro quando seguido de **u**: *nequam = néküam, pinguis = píngüis*.

5) **sc** têm o som de **ss**: *discipulus = dissípulus*.

6) **x** tem o som de **cs**: *exitus = écsitus*.

7) os digramas **ch, th, ph** soam **k, t, f**: *pulcher = púlker; theatrum = teátrum; philosophus = filósofus*.

8) **ti** entre vogais ou entre **c, n** e vogal têm o som de **ci**: *patientia = paciência; dictio = díccio*.

Têm o som de **ti**, quando precedido por **s, x, t**: *ostium = óstium; mixtio = mícstio; Attius = Áttius*.

Módulo I

Vários são os elementos que contribuem para a formação deste organismo vivo – uma Língua –, facilmente assimiláveis pelos estudantes, assim como geradores de conhecimentos indispensáveis para a vida mental de todo ser humano.

As *lectiones* iniciam com um texto latino de leitura e tradução, para o qual se utilizam textos fáceis e graduados. É um primeiro contato com a língua mãe do português em muitos matizes, desde o alfabeto e a pronúncia até o verbo *sum* e as conjugações regulares na voz ativa. Lidos e traduzidos os textos, cabe analisá-los, utilizando as noções fundamentais: sujeito, predicado, complementos... Trata-se de dois momentos esclarecedores do que se inicia lendo. Verificado o fato de que em latim não existe artigo definido nem indefinido que indique os gêneros, masculino, feminino e neutro (nem masculino nem feminino), trabalham-se os números (singular e plural) e os casos (que indicam as relações que o nome pode ter na frase: nominativo, genitivo, dativo, acusativo, vocativo, ablativo). Ademais, é vista a concordância dos adjetivos qualificativos e possessivos.

Lectio prima

Salve Brasilia, Patria nostra!

Terrae

MORFOLOGIA: 1ª declinação: nominativo singular e plural; **est**, **sunt**; **-at**, **-ant**; numeral **prima**.
— SINTAXE: Concordância do adjetivo e do verbo; adjunto atributivo formado por adjetivo.

Brasilia est terra. Lusitania et Hispania sunt terrae. Britannia est insula magna. Sicilia et Corsica non sunt insulae magnae. Italia paene est insula; Italia paeninsula est.

Lingua nostra est lingua Lusitana. Lingua Lusitana paene lingua Latina est.

Puella cantat. Puellae cantant: Salve Brasilia, Patria nostra!

Vocabulário

lectio, s. f.: a leitura
prima, adj. num.: primeira
Brasilia, s. f.: o Brasil
est, v.: é
terra, s. f.: o (um) país
Lusitania, s. f.: a Lusitânia, Portugal
et, conj.: e
Hispania, s. f.: a Espanha
sunt, v.: são
Britannia, s. f.: a Britânia
insula, s. f.: a ilha
magna, adj.: grande
Sicilia, s. f.: a Sicília
Corsica, s. f.: a Córsega
non, adv.: não

Italia, s. f.: a Itália
paene, adv.: quase
paeninsula, s. f.: a península
lingua, s. f.: a língua
nostra, adj.: nossa
Lusitana, adj.: lusitana, portuguesa
Latina, adj.: latina
puella, s. f.: a menina
canta(n)t, v.: canta(m)
salve, v.: salve!
patria, s. f.: a pátria
facit, v.: faz
faciunt, v.: fazem
ditat, v.: enriquece

Comentário

1. Tradução da primeira oração:

    Brasilia est terra.
    O Brasil é um país.

    A oração latina é concisa. Em latim não há artigo, por isso foram omitidos os artigos **o** e **um**.

2. Análise da primeira oração:

    Sujeito: *Brasilia*.
    Predicado: *est terra*.
    Verbo de ligação: *est*.
    Nome predicativo: *terra*.

    a) Em latim o sujeito da oração responde à pergunta *quem?* **quis** (pron.)? *quê?* **quid** (pron.)? **quae** (adj. fem.)? e é expresso pelo caso nominativo. O nominativo singular dos nomes da 1ª declinação termina em **-a**. Ex.: *Brasil*a.

    b) Nas orações com o verbo *ser* e os demais verbos de ligação, o predicado forma-se pelo *nome predicativo* e pelo *verbo ser*.

    O nome predicativo é representado por um substantivo, adjetivo ou expressão equivalente.

    O verbo *ser* representa a afirmação de identidade entre o nome predicativo e o sujeito. Por isso, em latim o nome predicativo está no mesmo caso do sujeito.

    Ex.: *Brasil*a *est ter*ra.

3. Tradução da segunda oração:

    Lusitania et Hispania sunt terrae.
    A Lusitânia e a Espanha são país**es**.

    Em português as palavras variáveis indicam o plural pela sua terminação: *país, países.*

    Em latim dá-se o mesmo fenômeno: *terra, terrae.*

    A desinência do nominativo plural dos nomes da 1ª declinação é **-ae**: *ter*r**ae**.

4. Análise da terceira oração:

    Britannia est insula magna.
    Sujeito: *Britannia*.
    Predicado: *est insula magna*.

Verbo de ligação: *est*.
Nome predicativo: *insula*.
Adjunto atributivo de *insula*: *magna*.

O adjunto atributivo é nesta oração um adjetivo que concorda em gênero, número e caso com o substantivo a que se refere.

Ex.: *Britannia est insula magna.*
Sicilia et Corsica non sunt insulae magnae.

Conclusão: **O adjetivo concorda em gênero, número e caso com o substantivo a que se refere**.

5. Considerar as duas orações:

Puella cantat.   *Puellae cantant.*

A terceira pessoa singular do presente do indicativo dos verbos da primeira conjugação (*cant-are*) termina em **-at**; a terceira pessoa plural, em **-ant**.

Ex.: *Cantat. Cantant.*

Conclusão: **O verbo concorda com o sujeito em número e pessoa.**

Conversação

— Quid est Brasilia?
— *Brasilia est terra.*
— Quid sunt Lusitania et Hispania?
— *Lusitania et Hispania terrae sunt.*
— Quid est Britannia?
— *Britannia est insula.*
— Quid sunt Sicilia et Corsica?
— *Sicilia et Corsica insulae sunt.*
— Quid paene est Italia?
— *Italia paene insula est.*

— Estne Italia paeninsula?
— *Sane, Italia paeninsula est.*
— Estne Britannia paeninsula?
— *Non, Britannia non est paeninsula.*
— Suntne Lusitania et Hispania insulae?
— *Non, Lusitania et Hispania non sunt insulae.*

Sentença

Diligentia ditat.

Lectio secunda

Casae agricolarum non erant pulchrae

Familia Galbae

MORFOLOGIA: 1ª declinação: genitivo singular e plural; **erat**, **erant**; numeral **secunda**. — SINTAXE: Adjunto atributivo formado por substantivo.

Silvana est filia Semproniae. Sempronia est marita Galbae. Galba est agricola. Incolae paeninsulae Italiae erant agricolae.

Casa Galbae erat parva. Casae agricolarum non erant pulchrae, sed villae matronarum Romanarum erant magnae et pulchrae.

Silvana et Marcia sunt filiae agricolae, Clara et Lucia sunt servae. Filiae agricolarum erant bonae et modestae. Modestiae fama erat corona feminarum.

Agricolae arant, puellae saltant, servae laborant. Diligentia servarum erat laetitia dominarum.

Vocabulário

secunda, ae, adj. num.: segunda
Silvana, ae, s. f.: Silvana
filia, ae, s. f.: a filha
Sempronia, ae, s. f.: Semprônia
marita, ae, s. f.: a esposa
Galba, ae, s. m.: Galba
agricola, ae, s. m.: o agricultor
incola, ae, s. m.: o habitante
erat, v.: era
erant, v.: eram
casa, ae, s. f.: a choupana
pulchra, ae, adj.: bonita
sed, conj.: mas
villa, ae, s. f.: a vila, a casa de campo

matrona, ae, s. f.: a matrona, a senhora
Romana, ae, adj.: romana
Marcia, ae, s. f.: Márcia
Clara, ae, s. f.: Clara
Lucia, ae, s. f.: Lúcia
serva, ae, s. f.: a escrava
bona, ae, adj.: boa
modesta, ae, adj.: modesta
modestia, ae, s. f.: a modéstia
fama, ae, s. f.: a fama
corona, ae, s. f.: a coroa
femina, ae, s. f.: a mulher
arare, v.: arar
saltare, v.: dançar

laborare, v.: trabalhar
diligentia, ae, s. f.: a diligência
laetitia, ae, s. f.: a alegria

domina, ae, s. f.: a senhora, a patroa
magistra, ae, s. f.: a mestra
vita, ae, s. f.: a vida

Comentário

1. Tradução da primeira oração:

   *Silvana est filia Semproni**ae**.*
   Silvana é filha *de* Semprônia.

   A preposição **de** que está na oração portuguesa não se encontra na latina; mas a palavra **Sempronia** mudou o som final **a** em **e** (escrito **ae**). A terminação **a** ou **ae** chama-se *desinência*, e a mudança *declinação*.

2. Análise da oração:

   Sujeito: *Silvana*.
   Predicado: *est filia*.
   Verbo de ligação: *est*.
   Nome predicativo: *filia*.
   Adjunto atributivo de *filia*: *Semproniae*.

   O adjunto atributivo responde à pergunta *de quem? de quê?* **cuius**? *das quais?* **quarum**? e em latim é expresso pelo genitivo.

   O genitivo singular dos nomes da 1ª declinação termina em **-ae**; a sua desinência é, portanto, igual à do nominativo plural. O genitivo plural dos nomes da 1ª declinação termina cm **-arum**.

   Ex.: A choupana de quem era pequena? **Cuius** *casa erat parva?*
   A choupana de Galba era pequena. *Casa Galb**ae** erat parva.*
   De que país é a Sicília? **Cuius** *terrae est Sicilia?*
   A Sicília é da Itália. *Sicilia Itali**ae** est.*

   De que país são a Sardenha e a Sicília?
   Cuius *terrae sunt Sardinia et Sicilia?*
   São da Itália. *Itali**ae** sunt.*

   De que países são a Córsega e a Sardenha?
   Quarum *terrarum sunt Corsica et Sardinia?*
   A Córsega é da Gália; a Sardenha, da Itália.
   *Corsica Galli**ae** est, Sardinia Itali**ae**.*

Conversação

— Quid erat Galba?
— *Galba agricola erat.*
— Quid erant incolae paeninsulae Italiae?
— *Incolae paeninsulae Italiae agricolae erant.*
— Quae est marita Galbae?
— *Sempronia marita Galbae est.*
— Quae sunt filiae Galbae?
— *Silvana et Marcia filiae Galbae sunt.*
— Quae casae non erant pulchrae?
— *Casae agricolarum non erant pulchrae.*

— Cuius filia erat Silvana?
— *Silvana Galbae et Semproniae filia erat.*
— Cuius marita erat Sempronia?
— *Sempronia marita Galbae erat.*
— Quarum matronarum villae erant magnae et pulchrae?
— *Villae matronarum Romanarum erant magnae et pulchrae.*
— Cuius diligentia erat laetitia dominarum?
— *Diligentia servarum erat laetitia dominarum.*
— Cuius Clara et Lucia servae erant?
— *Clara et Lucia servae agricolae erant.*

— Estne Silvana serva agricolae?
— *Silvana serva agricolae est.*
— Estne bona filia Semproniae?
— *Filia Semproniae bona est.*
— Suntne modestae filiae agricolarum?
— *Filiae agricolarum modestae sunt.*
— Eratne magna Galbae casa?
— *Non, Galbae casa non erat magna.*
— Erantne pulchrae villae matronarum Romanarum?
— *Villae matronarum Romanarum pulchrae erant.*

Sentença

Historia magistra vitae.

Lectio tertia

Lesbiae columba cara est

Lesbia

MORFOLOGIA: 1ª declinação: dativo singular e plural; **erit**, **erunt**; numeral **tertia**. — SINTAXE: Objeto indireto.

Lesbia bona puella est. Lesbiae columba cara est. Rosae puellis gratae erunt. Umbra silvarum agricolae iucunda est. Procella nautis periculosa erit. Natura incolis Italiae causa erat divitiarum. Historia Romana Lesbiae nota est.

Discipulis nota est sententia: "Non scholae, sed vitae discimus".

Vocabulário

tertia, ae, adj. num.: terceira
Lesbia, ae, s. f.: Lésbia
columba, ae, s. f.: a pomba
cara, ae, adj.: cara, querida
rosa, ae, s. f.: a rosa
grata, ae, adj.: grata, agradável
erit, v.: será
erunt, v.: serão
umbra, ae, s. f.: a sombra
silva, ae, s. f.: a selva

iucunda, ae, adj.: agradável
procella, ae, s. f.: a procela
nauta, ae, s. m.: o marinheiro
periculosa, ae, adj.: perigosa
nota, part.: conhecida
discipula, ae, s. f.: a discípula, a aluna
sententia, ae, s. f.: a sentença
schola, ae, s. f.: a escola
vita, ae, s. f.: a vida
discimus, v.: aprendemos

Comentário

1. Análise da oração:

   Umbra silvarum agricolae iucunda est.
   Sujeito: *umbra*.
   Adjunto atributivo de *umbra*: *silvarum*.
   Predicado: *iucunda est*.
   Verbo de ligação: *est*.

Nome predicativo: *iucunda*.
Objeto indireto: *agricolae*.

O objeto indireto responde à pergunta *a quem? à qual?* **cui?** *às quais?* **quibus?** e em latim é expresso pelo dativo.

O dativo singular dos nomes da 1ª declinação termina em **-ae**; o dativo plural, em **-is**.

Ex.: *Umbra silvarum iucunda est...* **cui?**
*Agricol**ae**, agricol**is**.*

2. O português *história*, o francês *histoire*, o italiano *storia*, o inglês *history*, o alemão *Historie* derivam do latim *historia*.

Entre as línguas citadas, o português é a que mais se assemelha ao latim e em muitos casos expressa a própria língua latina.

Conversação

— Quae est lectio nova?
— *Lectio nova tertia est.*
— Quis est puella?
— *Puella Lesbia est.*
— Quae puella est Lesbia?
— *Lesbia bona puella est.*

— **Cui** rosae gratae erunt?
— *Rosae puellae gratae erunt.*
— **Quibus** iucunda est umbra?
— *Agricolae (agricolis, plural) iucunda est umbra.*

— Quibus discipulis iucunda est schola?
— *Schola discipulis bonis iucunda est.*
— Discimusne scholae?
— *Non scholae, sed vitae discimus.*

Sentença

Aurora Musis amica.

Lectio quarta

Pupam meam valde amo, qui pulchra est

Lesbia pupam amat

MORFOLOGIA: 1ª declinação: acusativo singular; presente indicativo da 1ª conjugação; pronome possessivo **mea**, **tua**; numeral **quarta**. — SINTAXE: Objeto direto; pergunta direta com o advérbio interrogativo **cur**.

Lesbia est filia Corneliae. Cornelia pupam Lesbiae dat. Pupa Lesbiae est parva. Pupa Lesbiam delectat. Lesbia laeta est.
— Cur amas pupam tuam, Lesbia?
— Pupam meam valde amo, quia pulchra est.
Cornelia fabulam narrat. Lesbia est attenta. Cornelia filiam suam valde amat.

Vocabulário

Cornelia, ae, s. f.: Cornélia
pupa, ae, s. f.: a boneca
dat, v.: dá
parva, ae, adj.: pequena
delectat, v.: deleita, encanta
laeta, ae, adj.: alegre
quia, conj.: porque
cur, adv.: por quê?
tua, ae, pron.: tua

mea, ae, pron.: minha
valde, adv.: muito
amo, amas, amat, v.: amo, amas, ama
fabula, ae, s. f.: a fábula
narrat, v.: narra
attenta, ae, adj.: atenta
capit, v.: pega
musca, ae, s. f.: a mosca

Comentário

1. Análise da oração:
   Lesbia pupam amat.
   Sujeito: *Lesbia.*
   Predicado: *amat.*

Perguntemos agora: *Que ama Lésbia? Quid amat Lesbia?* A resposta *pupam* indica o objeto requerido pelo verbo transitivo *amare*. Em latim o objeto direto vai para o acusativo. Esta é a razão por que *pupa* está no acusativo: *pup**am***. Portanto:

    a) O objeto direto responde às perguntas *que coisa?* **quid?** *quem?* **quem** (masc.)? **quam** (fem.)? e em latim é expresso pelo acusativo.

    b) O acusativo singular dos nomes da 1ª declinação termina em **-am**.
    Ex.: *Lesbia amat...* **quid?** *Pup**am**.*

2. Presente do indicativo do verbo *amar* em português e em latim:

    amo   amas   ama   amamos   amais   amam
    amo   amas   ama**t**   ama**mus**   ama**tis**   ama**nt**

Forma-se o imperfeito do indicativo trocando **v** por **b** e acrescentando **m** à primeira pessoa do singular.

3. Na pergunta o latim emprega: **cur?** *por quê?* e na resposta: **quia** (também **quod**): *porque*. O francês, o inglês e o alemão imitam o latim neste particular:

    francês: *Pourquoi? parce que...*
    inglês: *Why? because...*
    alemão: *Warum? weil...*

4. **AS CRIANÇAS ROMANAS: Sua vida, seus brinquedos**

    Nos primeiros séculos da república romana, as crianças cresciam sob os olhares da mãe de família; mas, pelo fim da república e durante o império, elas tinham amas ou criadas gregas. As crianças divertiam-se com brinquedos, como bonecas, cavalos de pau, carrinhos puxados por carneiros mansos.

    Suas bonecas eram tão bem feitas que pareciam crianças vivas. Tinham braços e pernas articuladas e eram feitas de marfim, cera, barro pintado ou terracota.

    Como todas as crianças, também as meninas e os rapazes romanos gostavam de animais de estimação: gatos, geralmente vindos do Egito, eram raros, mas havia cães em muitas casas. Tinham também pássaros domesticados e de bela plumagem, como rouxinóis, pombas, papagaios, pegas, codornizes, patos e gansos. Os meninos mais velhos de famílias ricas tinham petiços para cavalgar durante as férias de verão na casa de campo.

Conversação

— Quid amat Lesbia?
— *Lesbia pupam amat.*
— Cur amat pupam?
— *Quia pulchra est.*
— Quem valde amat Cornelia?
— *Cornelia filiam Lesbiam valde amat.*
— Quis fabulam narrat?
— *Cornelia fabulam narrat.*
— Estne attenta Lesbia?
— *Lesbia valde attenta est.*

Sentença

Aquila non capit muscam.

Lectio quinta

Lesbia Corneliam adiuvabat

Lesbia soleas suas amabat

MORFOLOGIA: 1ª declinação: acusativo plural; imperfeito indicativo da 1ª conjugação; pronome possessivo **sua**; numeral ordinal **quinta**, cardinal 1–10. — SINTAXE: Objeto direto.

Lesbia soleas suas amabat. Feminae Romanae servis soleas non dabant. Cornelia laborabat. Lesbia Corneliam adiuvabat. Lesbia erat valde laeta et valde laborabat. Quot pupas habet Lesbia? Quot tunicas?

Lesbia habet unam columbam, duas pupas, tres tunicas, quattuor violas, quinque rosas.

Cornelia habet sex tunicas, septem stolas, octo soleas, novem servas, decem fibulas.

Vocabulário

quinta, ae, adj. num.: quinta
solea, ae, s. f.: a sandália
amabat, v.: amava
sua, ae, pron.: sua
dabant, v.: davam
toga, ae, s. f.: a toga
laborabat, v.: trabalhava
adiuvabat, v.: ajudava
habet, v.: tem
quot, adj.; pron. ind.; pron. interg.; adv.: quantos
una, num. card.: uma
duae, num. card.: duas
tres, num. card.: três
tunica, ae, s. f.: a túnica
quattuor, num. card.: quatro
viola, ae, s. f.: a violeta
quinque, num. card.: cinco
sex, num. card.: seis
septem, num. card.: sete
stola, ae, s. f.: a estola
octo, num. card.: oito
novem, num. card.: nove
decem, num. card.: dez
fibula, ae, s. f.: o broche

Comentário

1. Análise da oração:

    Lesbia soleas suas amabat.
    Sujeito: *Lesbia.*
    Predicado: *amabat.*
    Objeto direto: *soleas.* — Acusativo plural, desinência **-as**.
    Adjunto atributivo de *soleas: suas.*

    O objeto direto responde à pergunta **quid**? *que coisa?* e em latim é expresso pelo acusativo.

    O acusativo plural dos nomes da 1ª declinação termina em **-as**.

    Ex.: *Lesbia habet...* **quid**? *Sol*e**as**.

2. **VIDA ROMANA: Indumentária**

    De modo particular, a matéria prima dos tecidos romanos era a lã, ora grosseira, ora fina. Com linho confeccionavam-se os vestidos de mulheres e os lenços, que começaram a se usar em Roma no tempo de Cícero. Importava-se algodão da Índia ou do Egito; a partir da época de Augusto, a seda provinha da China.

    Fiava-se a lã com fuso e tecia-se depois. Tingiam-na ora antes de tecê-la, ora depois. A tintura mais apreciada era a de púrpura. A púrpura romana, porém, não era a cor que chamamos purpúrea; era antes um carmesim muito vivo, muito rico, muito lindo.

    Era conhecida a fabricação de estofos desenhados com estrelas, círculos, figuras ou paisagens. As almofadas, os leitos e as roupas de gala traziam rendas.

Traje das mulheres

As mulheres romanas usavam túnica, peça de roupa interna, feita de lã, sem mangas.

Além da túnica, usavam a estola, vestido cheio e amplo, abotoado com broches sobre o ombro. A parte superior da manga era igualmente presa com broches (*fíbula*), fivelas ou alfinetes. Estes alfinetes eram de grande valor. A estola tinha uma franja tão ampla na extremidade inferior que era necessário usar um cinto. A dama levantava então a veste, até que a franja apenas tocasse o solo e apertava o cinto para conservar nesta posição.

As damas ostentavam penteados caprichosos, levantados os cabelos postiços e frisados numa torre de tranças. Usavam leques, sombrinhas, anéis, colares e muitos outros enfeites.

O calçado era análogo aos dos homens, porém mais elegante.

Os romanos tinham duas espécies de calçados: *solea*, sandálias, e *calcei*, sapatos.

As sandálias eram solas de couro presas aos pés com tiras. Usavam-se em casa com a túnica e se tiravam durante as refeições.

Os *calcei* cobriam todo o pé e eram muito semelhantes aos nossos sapatos. Usavam-se fora de casa com a toga e a estola.

Conversação

— Habetne soleas Lesbia?
— *Lesbia soleas habet.*
— Cur servae Romanae soleas non habebant?
— *Quia Dominae servis soleas non dabant.*
— Quid facit Lesbia?
— *Lesbia Corneliam adiuvat.*

Vocabulário

vexat, v.: vexa, atormenta

Sentença

Vexat censura columbas.
Juvenal 2, 63.

Lectio sexta

Regina lacrimat

MORFOLOGIA: 1ª declinação: vocativo singular e plural; futuro indicativo da 1ª conjugação; alguns pronomes pessoais; numeral **sexta**. — SINTAXE: Emprego do vocativo.

Regina lacrimat.
— Cur lacrimas, Regina?
— Lacrimo, quia magistra me castigavit.
— Cur magistra te castigavit?
— Quia fui pigra.
— Magistra te iterum non castigabit.
— Magistram meam semper amabo.
Magistra discipulas vocat.
— Quis historiam Lesbiae narrabit? Cur historiam Lesbiae non narrabitis, discipulae?
— Quia ignoramus, magistra.
— Historiam Lesbiae vobis, filiolae, narrabo.

Vocabulário

sexta, ae, adj. num.: sexta
lacrimare, v.: chorar
me, pron.: me
castigavit, v.: castigou
te, pron.: te
fui, v.: fui

iterum, adv.: de novo
semper, adv.: sempre
vocare, v.: chamar
ignorare, v.: ignorar
vobis, pron.: a vós, vos
filiola, ae, s. f.: filhinha

Comentário

1. Na oração *Cur lacrimas, Regina?* a palavra *Regina* é um vocativo: isso ocorre quando se pode subentender a interjeição **ó** antes da palavra.

Ex.: *Por que choras, **ó** Regina?*
*Por que, **ó** alunas, não contais a história?*

2. O vocativo singular dos nomes da 1ª declinação termina em **-a**; o vocativo plural, em **-ae**. Suas desinências são, portanto, iguais às do nominativo.

    Ex.: *Discipu**la**, discipul**ae**.*

3. O vocativo é empregado quando se dirige a palavra **a** alguém ou se chama **por** alguém. Neste caso não se usa o vocativo no princípio da frase.

    Ex.: *Cur lacrimas, **Regina**?*
    *Cur historiam Lesbiae non narrabi**tis**, **discipulae**?*

Conversação

— Lacrimasne, Iugurtha?
— *Non lacrimo.*
— Lacrimatne Micipsa?
— *Micipsa non lacrimat.*
— Lacrimatisne, Sulla et Caligula?
— *Non lacrimamus.*
— Lacrimantne Agrippa et Iuba?
— *Non lacrimant.*

Sentença

Ave, pia anima!
Inscrição tumular.

Lectio septima

Cornelia historiam de piratis filiae suae narrat

Stella

MORFOLOGIA: 1ª declinação: ablativo singular e plural; numeral **septima**.
— SINTAXE: Adjunto adverbial de lugar (onde?) e adjunto adverbial de meio.

Stella est etiam filia Corneliae. Cornelia sedet in cathedra, filia in sella. Ubi est statua et lucerna?
Cornelia historiam de piratis filiae suae narrat:
— Piratae in silva habitant. Ibi capream plagis captant, bestias sagittis necant, oram vastant.
In vicina insula nautae sunt. Subito hastas in piratas iactant. Audacia sua piratas fugant. Propter victoriam nautarum magna est laetitia. Feminae et puellae fenestras casarum coronis ornant.

Vocabulário

septima, ae, adj. num.: sétima
pictura, ae, s. f.: a pintura
Stella, ae, s. f.: Estela
videtis, v.: vedes
etiam, conj.: também
sedet, v.: senta-se
cathedra, ae, s. f.: a cadeira
sella, ae, s. f.: o banco
statua, ae, s. f.: a estátua
lucerna, ae, s. f.: a lâmpada
pirata, ae, s. m.: o pirata
habitare, v.: morar
ibi, adv.: aí
caprea, ae, s. f.: a cabra montês

plaga, ae, s. f.: a rede de caça
captare, v.: apanhar
bestia, ae, s. f.: o animal
necare, v.: matar
sagitta, ae, s. f.: a flecha
ora, ae, s. f.: a costa
vastare, v.: devastar
vicina, ae, adj.: vizinha
subito, adv.: subitamente
hasta, ae, s. f.: a lança
iactare, v.: atirar
in, prep. c. acus.: contra
fugare, v.: meter em fuga
propter, prep. c. acus.: por causa de

Comentário

1. Análise da oração:
   > *Piratae in silva habitant.*
   > Sujeito: *piratae.*
   > Predicado: *habitant.*
   > Adjunto adverbial de lugar: *in silva.*
   > Caso ablativo singular, desinência **-a**.

2. Análise da oração:
   > *Ibi capream plagis captant.*
   > Sujeito oculto: *piratae.*
   > Predicado: *captant.*
   > Objeto direto: *capream.*
   > Adjunto adverbial de lugar: *ibi.*
   > Adjunto adverbial de meio: *plagis.*
   > Caso ablativo plural, desinência **-is**.

   Portanto, tiramos as seguintes conclusões:

   a) O adjunto adverbial de lugar responde à pergunta: **ubi**? *onde?* e é expresso pelo ablativo precedido da preposição *in*.

   b) O ablativo singular dos nomes da 1ª declinação termina em **-a**; o ablativo plural termina em **-is**. Ex.: *Piratae habitant…* **ubi**? *In silv***a**, *in silv***is**.

   c) O ablativo exerce papel adverbial, isto é, exprime as circunstâncias em que se opera a ação do predicado: de lugar, meio, modo, causa, companhia, tempo etc.
   Ex.: Lugar: *Piratae* **in silva** *habitant.*
   Meio: *Piratae capream* **plagis** *captant.*

3. **VIDA ROMANA: Cadeiras e lâmpadas**
   Em seus móveis, os romanos procuravam mais a arte que o conforto. Suas cadeiras eram duras e incômodas.

   Tinham bancos sem encosto (*sella*), cadeiras de espaldar (*cathedra*) usadas por mulheres, crianças e doentes, e poltronas de espaldar e braços (*solium*), em que se assentava o pai de família ao receber os clientes.

   A lâmpada romana era um vaso que continha óleo ou graxa derretida. Queimava-se o combustível por um pavio que saía de uma abertura na parte superior do vaso. Em geral artísticas e trabalhadas com fino gosto, as lâmpadas eram colocadas em candelabros e forneciam uma luz mortiça e fumarenta.

Conversação

— Quid in pictura vides?
— *In pictura feminam, puellam, mensam, lucernas, statuam, sellam, cathedram, portam video.*
— Cuius filia est Stella?
— *Stella Corneliae filia est.*
— Quam historiam Cornelia narrabit?
— *Cornelia historiam de piratis narrabit.*
— Cui historiam de piratis Cornelia narrabit?
— *Cornelia filiae suae historiam de piratis narrabit.*

— Ubi habitant piratae?
— *Piratae in silva habitant.*
— Quid piratae in silvis captant?
— *Piratae in silvis capream captant.*
— Quomodo piratae capream captant?
— *Piratae capream plagis captant.*
— Quomodo bestias necant?
— *Bestias sagittis necant.*

Primeira declinação

Casos	Singular		Plural	
Nominativo	terra	a terra	terrae	as terras
Genitivo	terrae	da terra	terrarum	das terras
Dativo	terrae	à terra	terris	às terras
Acusativo	terram	a terra	terras	as terras
Vocativo	terra	oh terra!	terrae	oh terras!
Ablativo	terra	pela terra	terris	pelas terras

Sentença

Ex cathedra.

Lectio octava

> Cristiani Deum verum adorant et deos falsos non timent

Christiani sumus

MORFOLOGIA: 2ª declinação: nominativo, genitivo, acusativo: singular e plural; **-et**, **-ent**; numeral **octava**. — SINTAXE: Concordância do verbo com vários sujeitos no singular.

Marcus, filius Galbae, paganus est. Marcus bullam habet. Marcus et Titus bullas habent. Bulla Marci pulchra est. Romanorum deos Marcus valde timet.

Nos christiani sumus. Christiani Deum verum adorant et deos falsos non timent.

Deus est iustus et benignus. Deus dominus mundi et scientiarum est. Dei Providentia mundum universum administrat.

Iesus Christus Filius Dei est.

Quis est servus servorum Dei?

Vocabulário

octavus, a, adj. num.: oitavo
Marcus, i, s. m.: Marco
filius, i, s. m.: o filho
paganus, i, s. m.: o pagão
bulla, ae, s. f.: a bula
Titus, i, s. m.: Tito
timere, v.: temer
nos, pron.: nós
christianus, i, s. m.: o cristão
sumus, v.: somos
verus, a, adj.: verdadeiro
adorare, v.: adorar
falsus, a, adj.: falso
iustus, a, adj.: justo
benignus, a, adj.: benigno

dominus, i, s. m.: o senhor
mundus, i, s. m.: o mundo
scientia, ae, s. f.: a ciência
Providentia, ae, s. f.: a Providência
universus, a, adj.: todo
administrare, v.: administrar
Iesus Christus: Jesus Cristo
quis, pron.: quem
servus, i, s. m.: o escravo
quorum (gen. pl. de *qui*): de quem, dos quais
quos (acus. pl. de *qui*): que
lupus, i, s. m.: o lobo
pilus, i, s. m.: pelo
mutare, v.: mudar

Comentário

Segunda declinação

Paradigma para os terminados em –us

Casos	Singular		Plural	
Nominativo	serv**us**	*o escravo*	serv**i**	*os escravos*
Genitivo	serv**i**	*do escravo*	serv**orum**	*dos escravos*
Dativo	serv**o**	*ao escravo*	serv**is**	*aos escravos*
Acusativo	serv**um**	*o escravo*	serv**os**	*os escravos*
Vocativo	serv**e**	*ó escravo*	serv**i**	*ó escravos*
Ablativo	serv**o**	*pelo escravo*	serv**is**	*pelos escravos*

Paradigma para os terminados em –er, que conservam o e

Casos	Singular		Plural	
Nominativo	puer	*o menino*	puer**i**	*os meninos*
Genitivo	puer**i**	*do menino*	puer**orum**	*dos meninos*
Dativo	puer**o**	*ao menino*	puer**is**	*aos meninos*
Acusativo	puer**um**	*o menino*	puer**os**	*os meninos*
Vocativo	puer	*ó menino*	puer**i**	*ó meninos*
Ablativo	puer**o**	*pelo menino*	puer**is**	*pelos meninos*

Paradigma para os terminados em –er que não conservam o e

Casos	Singular		Plural	
Nominativo	**liber**	*o livro*	libr**i**	*os livros*
Genitivo	libr**i**	*do livro*	libr**orum**	*dos livros*
Dativo	libr**o**	*ao livro*	libr**is**	*aos livros*
Acusativo	libr**um**	*o livro*	libr**os**	*os livros*
Vocativo	**liber**	*oh livro*	libr**i**	*oh livros*
Ablativo	libr**o**	*pelo livro*	libr**is**	*pelos livros*

Paradigma para os terminados em –**um** (neutros)

Casos	Singular		Plural	
Nominativo	don**um**	*o presente*	don**a**	*os presentes*
Genitivo	don**i**	*do presente*	don**orum**	*dos presentes*
Dativo	don**o**	*ao presente*	don**is**	*aos presentes*
Acusativo	don**um**	*o presente*	don**a**	*os presentes*
Vocativo	don**um**	*oh presente*	don**a**	*oh presentes*
Ablativo	don**o**	*pelo presente*	don**is**	*pelos presentes*

1. O nominativo singular dos nomes da 2ª declinação termina em -**us**; o nominativo plural em -**i**.

    Ex.: *Serv***us**, *serv***i**.

2. O genitivo singular dos nomes da 2ª declinação termina em -**i**; o genitivo plural em -**orum**.

    Ex.: *Serv***i**, *serv***orum**.

3. O acusativo singular dos nomes da 2ª declinação termina em -**um**; o acusativo plural em -**os**.

    Ex.: *Serv***um**, *serv***os**.

4. A 3ª pessoa singular e plural do presente do indicativo dos verbos da 2ª conjugação termina em -**et**, -**ent**.

    Ex.: *Tim***et**, *tim***ent**.

5. O verbo concorda com o sujeito em número e pessoa. Havendo mais de um sujeito no singular, deverá o verbo estar no plural.

    Ex.: **Marcus** *et* **Titus** *bullas hab***ent**.

6. **VIDA ROMANA: Imposição do nome às crianças; uso da bula**

    A bula era um medalhão que se colocava no pescoço das crianças quando tinham nove dias de idade. As meninas usavam-na até se casarem, os rapazes até alcançarem a idade viril.

    Consistia de duas peças côncavas de ouro presas uma à outra, contendo um amuleto. Atribuía-se a este a virtude de afastar mau olhado ou feitiçaria. Os romanos eram muito supersticiosos.

    Quando nascia uma criança, o pai tinha o direito de rejeitá-la. Assim, muitas vezes morria de fome ou de frio, ou era recolhida por especuladores que a mutilavam para explorar com ela a caridade pública.

    Se o pai a aceitava, tomava-a nos braços e ao nono dia lhe impunha o nome. É nesta ocasião que se lhe pendurava a bula ao pescoço.

Todo romano tinha prenome, nome e cognome. O prenome era escolhido entre os dezesseis ou dezessete mais usados: **Marcus**; o nome era o de sua *gens*: **Tullius** (da *gens Tullia*); o cognome era o apelido que recebia mais tarde: **Cicero**. Destarte chamava-se o grande orador romano: *Marco Túlio Cícero.*

Conversação

— Cuius filius est Marcus?
— *Marcus Galbae filius est.*
— Quid est Marcus?
— *Marcus paganus est.*
— Quid habet Marcus?
— *Marcus bullam habet.*
— Quid habent Marcus et Titus?
— *Marcus et Titus bullas habent.*
— Quae bulla pulchra est?
— *Marci bulla pulchra est.*
— Esne paganus, Agrippa?
— *Non, paganus non sum, sed christianus.*
— Quos deos Marcus valde timet?
— *Romanorum deos Marcus valde timet.*
— Timentne christiani deos falsos?
— *Non, christiani deos falsos non timent.*
— Cur deos falsos non timent christiani?
— *Deos falsos non timent christiani, quia Deum verum adorant.*
— Quis est dominus mundi?
— *Deus mundi dominus est.*

Sentença

Lupus pilum mutat, non animum.

Lectio nona

Silvana gallo et gallinis cibum dat

Galba villicus erat

MORFOLOGIA: 2ª declinação: dativo singular e plural imperfeito do indicativo da 2ª conjugação; numeral **nona**. — SINTAXE: Emprego do imperfeito.

Galba unum asellum, duos equos, tres porcos habebat. Asellus non est in pictura. Galba praebebat quotidie asello suo aquam puram rivi et cibum copiosum campi.

Silvana gallo et gallinis cibum dat.

Apud Romanos villicus erat primus servorum. Galba erat villicus. Galba imperabat servis et servi dabant aquam et cibum equis, mulis, asellis, vitulis, tauris.

Vocabulário

nonus, a, adj. num.: nono
villicus, i, s. m.: o feitor
asellus, i, s. m.: o burrinho
porcus, i, s. m.: o porco
praebere, v.: dar
quotidie, adv.: diariamente
aqua, ae, s. f.: a água
purus, a, adj.: puro
rivus, i, s. m.: o arroio

cibus, i, s. m.: o alimento
copiosus, a, adj.: copioso
campus, i, s. m.: o campo
gallus, i, s. m.: o galo
apud, prep. c. acus.: entre
imperare, v.: mandar
vitulus, i, s. m.: o bezerro
surdus, i, s. m.: o surdo

Comentário

1. O dativo singular dos nomes da 2ª declinação termina em **-o**.
    Ex.: *Colonus praebet aquam asell**o**.*
2. O dativo plural dos nomes da 2ª declinação termina em **-is**.
    Ex.: *Villicus imperat serv**is**.*

3. Em latim emprega-se o imperfeito para designar o que em certa época era costume, uso, ou o que se repete muitas vezes.

Ex.: *Galba* **praebebat** *quotidie asello suo aquam puram rivi.*

Conversação

— Quid vides, Numa, in pictura?
— *In pictura Galbam, filiam Silvanam, equos, porcos, gallinas, casam, portas video.*
— Quot feminas videtis, Caligula et Iugurtha?
— *Unam feminam videmus.*
— Quot portas?
— *Duas portas videmus.*
— Quot equos vides, Catilina?
— *Duos equos video.*
— Quot asellos?
— *Nullum asellum video.*

— Quid facit Silvana?
— *Silvana cibum dat.*
— Cui Silvana cibum dat?
— *Silvana gallo et gallinis cibum dat.*
— Quot asellos habet Galba?
— *Galba unum asellum habet.*
— Quid Galba asello suo quotidiae praebet?
— *Galba asello suo aquam puram rivi et cibum copiosum campi quotidiae praebet.*
— Quot porcos habebat Galba?
— *Galba tres porcos habebat.*

— Apud Romanos quis erat primus servorum?
— *Apud Romanos primus servorum villicus erat.*
— Quis erat villicus?
— *Galba villicus erat.*
— Quibus imperabat Galba?
— *Galba servis imperabat.*
— Quibus servi quotidie cibum copiosum dabant?
— *Servi cibum copiosum equis, mulis, asellis, vitulis, tauris quotidie dabant.*

— Quis mundo imperat?
— *Deus mundo imperat.*

Sentença

Surdo (surdis) narras fabulam.
Terêncio, *Heautontimoroumenos*, 222.

Lectio decima

Neptunus undas turbavit

Aemilius villam visitat

MORFOLOGIA: 2ª declinação: vocativo, ablativo singular e plural; imperativo da 1ª e 2ª conjugação; pretérito perfeito da 1ª conjugação; numeral **decima**. — SINTAXE: Adjunto adverbial de companhia e de causa; orações temporais com **postquam**.

Aemilius, avus Titi, villam hodie visitabit. Titus Catullum, amicum suum, vocat:
— Propera, care amice! Auriga iam mulos alligavit.
Muli hortos vicosque praeterierunt. In via servi asinos baculis incitabant. Aemilius adulescentulis de vita rusticorum narrabat. Interim muris Ostiae appropinquaverunt. Usque ad portam muli properant. Amici intrant et migrant per vias. Aemilius ad naviculam properat.
Nautae in viis Ostiae clamabant. Passim erant tabernae. Ibi nautae potabant et cantabant. Subito exclamat Galba:
— Salve, Tite! Salve, Catulle! Cum laetitia vos specto. Iam diu vos exspectavi. Navicula parata est et dominus Aemilius in navicula est. Properate, amici!
Titus cum amico ad naviculam properat. Tum avus:
— Ventus secundus est. In naviculam intrate, filioli!
Galba cum servis naviculam gubernat. Neptunus undas turbavit, et amici diu in undis erraverunt. Sed non frustra servi laboraverunt, non frustra cum undis pugnaverunt.
Navicula ripae appropinquat. Avus amicis campos monstrat. Ibi sunt equi cum mulis, asellis, vitulis, tauris.
— Cur, serve, equo cibum non praebes?
— Quia morbo languet, domine. Interdum equi morbis languent.
— Medicina morborum, ait Aemilius, est saepe in horto et in campis. Ibi sunt multae herbae medicae. Praebete, servi, equo herbam medicam!
Servi equo herbam medicam donaverunt et equus iterum sanus fuit.
Postquam Aemilius villam visitavit, e campo rediit et secum adduxit Marcum, filium Galbae.

Vocabulário

decimus, a, adj. num.: décimo
avus, i, s. m.: o avô
Titus, i, s. m.: Tito
hodie, adv.: hoje
visitare, v.: visitar
Catullus, i, s. m.: Catulo
vocare, v.: chamar
properare, v.: apressar-se
auriga, ae, s. m.: o cocheiro
alligare, v.: ligar, atrelar
hortus, i, s. m.: o jardim
vicus, i, s. m.: a aldeia
praeterierunt, v.: passaram por
baculus, i, s. m.: o báculo, o cajado
adulescentulus, i, s. m.: o adolescente
rusticus, i, s. m.: o camponês
interim, adv.: entretanto
murus, i, s. m.: o muro
Ostia, ae, s. f.: Óstia
appropinquare, v.: aproximar-se
usque ad, prep. c. acus.: até
migrare, v.: passar
via, ae, s. f.: o caminho, a rua
navicula, ae, s. f.: a pequena embarcação
clamare, v.: gritar
passim, adv.: aqui e ali, a cada passo
taberna, ae, s. f.: a taverna
ibi, adv.: ali
potare, v.: beber

subito, adv.: subitamente
spectare, v.: ver
diu, adv.: por muito tempo
exspectare, v.: esperar
paratus, a, part.: preparado
tum, adv.: então
ventus, i, s. m.: o vento
secundus, a, adj.: favorável
gubernare, v.: governar
Neptunus, i, s. m.: Netuno
unda, ae, s. f.: a onda
turbare, v.: agitar
frustra, adv.: em vão
ripa, ae, s. f.: a margem
monstrare, v.: mostrar
morbus, i, s. m.: a doença
languet, v.: definha, está fraco
interdum, adv.: algumas vezes
medicina, ae, s. f.: o remédio
multus, a, adj.: muito
medicus, a, adj.: medicinal
iterum, adv.: novamente
sanus, a, adj.: são, bom
postquam, conj.: depois que
rediit, v.: voltou
secum, prep. c. pron.: consigo
adduxit, v.: levou
quousque, adv.: até onde
quo, adv.: aonde
ei (dativo de *is*): lhe, a ele

Comentário

1. O vocativo singular e plural dos nomes da 2ª declinação termina em **-e, -i**.

    Ex.: *Serv***e**, *serv***i**.

2. O ablativo singular e plural dos nomes da 2ª declinação termina em **-o, -is**.

    Ex.: *Morb***o**, *morb***is**.

3. O imperativo dos verbos da 1ª conjugação termina em **-a, -at**.

    Ex.: *Proper***a**, *proper***ate**.

    Imperativo – 1ª conjugação

Presente		Futuro	
S. 2ª p. laud**a**	*louva*	S. 2ª p. laud**a-to**	*louva*
		3ª p. laud**a-to**	*louve*
P. 2ª p. laud**a-te**	*louvai*	P. 2ª p. laud**a-tote**	*louvai*
		3ª p. laud**a-nto**	*louvem*

4. O imperativo dos verbos da 2ª conjugação termina em **-e, -et**.

    Ex.: *Praeb***e**, *praeb***ete**.

5. Os verbos da 1ª conjugação formam o pretérito perfeito ajuntando um **v** ao tema.

    Ex.: *Alliga***v***it, appropinqua***v***erunt*.

1ª CONJUGAÇÃO	
Perfeito	
Indicativo	Subjuntivo
laud**a-vi** *louvei* ou *tenho louvado*	laud**av-erim** *tenha louvado*
laud**av-i-sti**	laud**av-eris**
laud**av-i-t**	laud**av-erit**
laud**av-i-mus**	laud**av-erimus**
laud**av-i-stis**	laud**av-eritis**
laud**av-e-runt**	laud**av-erint**

6. O adjunto adverbial de companhia responde à pergunta: **cum quo?** *com quem? com quê? em companhia de quem?* e é expresso pelo ablativo com a preposição **cum**.

    Ex.: *Titus* **cum** *amico ad naviculam properat*.

7. O adjunto adverbial de causa responde à pergunta: **qua causa?** *por que causa?* e é expresso pelo ablativo.

    Ex.: *Equi interdum languent...* **qua causa? Morbis**.

Conversação

— Quis est Aemilius?
— *Aemilius Titi avus est.*
— Quid avus visitabit?
— *Avus villam visitabit.*
— Quando villam visitabit?
— *Hodie villam visitabit.*
— Quem vocat Titus?
— *Titus Catullum vocat.*

— Quis mulos alligavit?
— *Auriga mulos alligavit.*
— Quid muli praeterierunt?
— *Muli hortos vicosque praeterierunt.*
— In via quid servi incitabant?
— *In via servi asinos incitabant.*
— Quid Aemilius adulescentulis narrabat?
— *Aemilius adulescentulis de vita rusticorum narrabat.*

— Quando muris Ostiae appropinquaverunt?
— *Postquam hortos vicosque praeterierunt.*
— Quousque properaverunt muli?
— *Muli usque ad portam Ostiae properaverunt.*
— Quid faciunt amici?
— *Amici intrant et per vias Ostiae migrant.*
— Quis in viis Ostiae clamabat?
— *Nautae in viis Ostiae clamabant.*
— Quo properat Aemilius?
— *Aemilius ad naviculam properat.*

— Quid erat passim in viis Ostiae?
— *Ibi passim tabernae erant.*
— Quis ibi potabat?
— *Nautae ibi potabant.*
— Quid etiam faciebant?
— *Nautae etiam cantabant.*
— Quis Titum et Catullum iam diu expectabat?
— *Galba Titum et Catullum iam diu expectabat.*

— Quomodo Galba Titum et Catullum spectavit?
— *Galba Titum et Catullum cum laetitia spectavit.*

— Eratne iam parata navicula?
— *Navicula iam parata erat.*
— Quis in navicula erat?
— *Aemilius in navicula erat.*
— Quo properavit Titus cum amico?
— *Titus cum amico ad naviculam properavit.*
— Eratne ventus adversus?
— *Non, ventus secundus erat.*
— Quis naviculam gubernabat?
— *Galba cum servis naviculam gubernabat.*

— Quis undas turbavit?
— *Neptunus undas turbavit.*
— Ubi nautae diu erraverunt?
— *Nautae diu in undis erraverunt.*
— Frustrane servi laboraverunt?
— *Non, servi non laboraverunt frustra.*
— Quando avus amicis campos monstravit?
— *Avus amicis campos monstravit, postquam navicula ripae apropinquavit.*
— Quae bestiae in campo erant?
— *Ibi equi cum mulis, asellis, vitulis, tauris erant.*

— Cur servus equo cibum non praebebat?
— *Quia equus morbo languebat.*
— Ubi saepe est medicina morborum?
— *Morborum medicina saepe in horto et in campis est.*
— Quando equus iterum sanus fuit?
— *Postquam servi ei herbam medicam donaverunt.*
— Quando Aemilius secum adduxit Marcum?
— *Aemilius secum adduxit Marcum, postquam villam visitavit.*
— Quis erat Marcus?
— *Marcus Galbae filius erat.*

Sentença

Ora et labora.

Divisa dos monges de Monte Cassino.

Lectio undecima

Magister librum et ferulam habet

Ludus Romanus

MORFOLOGIA: 2ª declinação: substantivos em **-er** e **-ir**; imperativo de **esse**; numeral **undecima**. — SINTAXE: Concordância do aposto; as partículas interrogativas **-ne, nonne, num**.

In pictura est Ludus Romanus. Magister est Orbilius, vir severus. Magister librum et ferulam habet.

In pictura sunt etiam quinque pueri: Alexander, Titus, Catullus, Marcus, Quintus.

Magister Alexandro, puero bono, imperat:

— Recita, Alexander, e tabella!

Alexander de viris claris recitat. Orbilius Alexandrum laudat.

— Marce, heri e campo venisti, esne iam paratus?

— Paratus sum, magister, stilum iam habeo.

— Es semper bonus, Marce, et optimus vir eris. Et vos, pueri, este et in schola semper estote optimi pueri, carissimi magistris. Quinte, ubi est stilus tuus?

— Stilum non habeo, magister.

— Puer pessime et piger! Quoties iam te monui!

Et Quintus vapulat...

Vocabulário

ludus, i, s. m.: a escola, a aula, o jogo, o brinquedo, o divertimento
magister, magistri, s. m.: o mestre
Orbilius, i, s. m.: Orbílio
vir, viri, s. m.: o homem, o varão
severus, a, adj.: severo
liber, libri, s. m.: o livro
ferula, ae, s. f.: a férula, a palmatória, a vara
puer, pueri, s. m.: o menino
Alexander, dri, s. m.: Alexandre
Quintus, i, s. m.: Quinto
recitare, v.: ler em voz alta, recitar
e ou *ex*, prep. c. abl.: de
tabella, ae, s. f.: a tabuinha
de, prep. c. abl.: a respeito de, sobre
clarus, a, adj.: afamado
heri, adv.: ontem

venisti, v.: vieste
-ne, partícula interrogativa, cf. comentário
iam, adv.: já
paratus, part.: preparado, pronto
stilus, i, s. m.: o estilo (ferro pontudo com que escreviam nas tábuas enceradas)
pessimus, a, adj.: péssimo
piger, pigra, adj.: preguiçoso

quoties, adv. e conj.: quantas vezes
monui, v.: admoestei
vapulare, v.: apanhar, levar açoites, ser açoitado
seu, conj.: ou
dextera, ae, s. f.: a direita
sinistra, ae, s. f.: a esquerda
fecit, v.: fez
bene, adv.: bem
necat, v.: mata

Comentário

1. A maioria dos substantivos masculinos na 2ª declinação termina em **-us**: *serv***us**. Há, porém, alguns que terminam em **-er** e **-ir**.
    Ex.: *Pu***er**, *v***ir**.

Casos	Singular		Plural	
Nominativo	puer	o menino	pueri	os meninos
Genitivo	pueri	do menino	puer**orum**	dos meninos
Dativo	puer**o**	ao menino	pueris	aos meninos
Acusativo	puer**um**	o menino	puer**os**	os meninos
Vocativo	puer	ó menino	pueri	ó meninos
Ablativo	puer**o**	pelo menino	pueris	pelos meninos

Casos	Singular		Plural	
Nominativo	liber	o livro	libri	os livros
Genitivo	libri	do livro	libr**orum**	dos livros
Dativo	libr**o**	ao livro	libris	aos livros
Acusativo	libr**um**	o livro	libr**os**	os livros
Vocativo	liber	oh livro	libri	oh livros
Ablativo	libr**o**	pelo livro	libris	pelos livros

2. Dos substantivos da 2ª declinação terminados em **-er** uns conservam o **e** na declinação: nom. *puer*, gen. *pue***ri**; outros não conservam o **e**: nom. *liber*, gen. *libri*.

3. Na oração:

> *Magister Alexandro, puero bono, imperat.*

a palavra *puero* é aposto de *Alexandro*.

O **aposto** é um substantivo que modifica outro sem o auxílio de preposição e concorda em caso com o substantivo a que se refere: *Alexandro* está no dativo, por isso *puero* também está no dativo.

4. Nas lições anteriores já tivemos vários casos de perguntas em latim:

a) em que se empregaram advérbios e pronomes interrogativos;

> Ex.: **Cur** *lacrimas, Regina?*
>
> **Ubi** *est statua?*
>
> **Quis** *est servus servorum Dei?*

b) em que se empregou a partícula interrogativa **-ne**.

> Ex.: *Est***ne** *Italia paeninsula?*
>
> *Discimus***ne** *scholae?*
>
> *Es***ne** *paratus, Marce?*

A partícula interrogativa **-ne** em português não se traduz.

Quando se espera resposta *afirmativa*, emprega-se na pergunta latina a partícula **nonne**.

> Ex.: **Nonne** *Marcus est filius Galbae?*
>
> Acaso Marco não é filho de Galba?

Quando se espera resposta *negativa*, emprega-se na pergunta latina a partícula **num**.

> Ex.: **Num** *Marcus est filius Aemilii?*
>
> Acaso Marco é filho de Emílio?

5. **VIDA ROMANA: Instrução até os 17 anos**

Nos primeiros séculos da república, o menino crescia junto ao pai, que lhe ensinava a ler, a escrever, a contar e principalmente a ser rigoroso consigo mesmo, a cultivar o campo, a defender seus direitos.

Depois da tomada de Tarento, 272 a.C., escolhiam-se escravos gregos para mestres dos filhos. Havia estabelecimentos de ensino, e a instrução se espalhava sempre mais.

Na era clássica podem-se distinguir três graus no ensino:

a) **Ludus** correspondia mais ou menos ao ensino fundamental. O menino frequentava-o desde os sete até os doze ou treze anos. Um escravo, o *paedagogus*, acompanhava o menino, levando-lhe as tabuinhas. Por causa do calor ao meio-dia, a aula romana começava antes do nascer do sol. Ao meio-dia os alunos faziam sesta, e depois dela continuavam as lições.

Os alunos aprendiam a ler silabando os vocábulos e as frases. Para escrever empregavam tabuinhas enceradas e um ponteiro, o *stilus*.

Ensinava-se ainda a contar, coisa muito difícil para o romano em razão do sistema duodecimal adotado entre eles. Os alunos contavam pelos dedos, ou servindo-se do ábaco, pequeno quadro para calcular, e cantando: "um mais um são dois, dois mais dois são quatro"...

Mesmo depois de o menino ter começado a frequentar o *Ludus*, continuava sua instrução em casa. Ele era sempre o amigo íntimo do pai. Dele recebia informações práticas sobre a agricultura, a política ou qualquer empreendimento em que o pai estivesse interessado. Aprendia a cavalgar, a nadar, a lutar e a manejar as diversas armas de guerra.

Conversação

— Quid in pictura videtis?
— *In pictura scholam seu Ludum, Ludi magistrum, discipulos, sellas, columnas, hortum, murum videmus.*
— Quid dextera tenet magister?
— *Ferulam tenet.*
— Quid sinistra tenet magister?
— *Librum tenet.*
— Quid tenent discipuli?
— *Discipuli tabellas tenent.*
— Habentne etiam bullas?
— *Sane, discipuli etiam bullas habent.*

— Quis est magister?
— *Orbilius magister est.*
— Qui vir est Orbilius?
— *Orbilius vir severus est.*
— Quot discipuli sunt in pictura?
— *In pictura quinque discipuli sunt.*
— Qui sunt?
— *Alexander, Titus, Catullus, Marcus, Quintus.*
— Quem pueri spectant?
— *Pueri magistrum spectat.*

— Quid magister Alexandro imperavit?
— *Recita, Alexander, e tabella!*
— Quid fecit Alexander?
— *Alexander de viris claris recitavit.*
— Quem laudavit magister?
— *Magister Alexandrum laudavit.*
— Cur magister Alexandrum laudavit?
— *Quia bene recitavit.*
— Num Alexander discipulus piger erat?
— *Non, Alexander discipulus piger non erat.*

— Nonne erat Marcus iam paratus?
— *Marcus iam paratus erat.*
— Quis optimus vir erit?
— *Marcus optimus vir erit.*
— Quem discipulum magister saepe monuit?
— *Magister Quintum saepe monuit.*
— Num erat Quintus discipulus bonus et sedulus?
— *Non, Quintus discipulus bonus et sedulus non erat, sed pessimus et piger.*
— Quis vapulabat?
— *Quintus vapulabat.*

Sentença

Fama necat virum.

Lectio duodecima

Quintus in schola vapulat

Incendium

MORFOLOGIA: 2ª declinação: substantivos neutros; numeral **duodecima**.
— SINTAXE: Adjunto adverbial de lugar (para **onde**?)

Quintus in schola vapulat, cum repente sonat tintinnabulum.
— Quid est? interrogat Orbilius.
— Incendium! Magnum incendium! exclamat Catullus e vestibulo prospiciens.

In via Appia magnum aedificium ardet. Etiam Alexander, Titus, Catullus ad incendium properant. Iam stabula aedificii magno in periculo sunt.

Sed agricolae in stabula intrant. Flammas non timent; magno studio taurum et vaccas et equos e stabulis servant. Tum multa aqua incendium aedificii et stabulorum sedant.

Sic etiam aedificia vicina periculo liberant. Magnum est gaudium agricolarum.

Vocabulário

duodecimus, a, um, adj. num.: duodécimo
incendium, i, s. n.: o incêndio
via, ae, s. f.: a via, estrada
Appia, ae, adj.: Ápia
cum, conj.: quando
repente, adv.: de repente
sonare, v.: soar
tintinnabulum, i, s. n.: a campainha
quid, pron.: que
vestibulum, i, s. n.: o vestíbulo
prospiciens, v.: olhando

magnus, a, um, adj.: grande
aedificium, i, s. n.: o edifício
ardere, v.: arder, queimar-se
etiam, conj.: também, até
stabulum, i, s. n.: o estábulo
periculum, i, s. n.: o perigo
sed, conj. (sempre no início da frase): mas, porém
flamma, ae, s. f.: a chama
studium, i, s. n.: o trabalho, o empenho
servare, v.: salvar, livrar
sedare, v.: apagar, fazer cessar

sic, adv.: assim, desta forma
liberare, v. c. abl.: libertar de
gaudium, i, s. n.: a alegria, o gáudio

nunquam, adv.: nunca
neque, conj.: nem
regnum, i, s. n.: o reino

Comentário

1. Até aqui foram apresentados nomes de pessoas ou de animais, masculinos e femininos. Apresentamos agora nomes que não são nem masculinos nem femininos, e que por esta razão se chamam **neutros**.

    Ex.: *Aedificium, incendium, periculum.*

2. O nominativo, o acusativo e o vocativo dos neutros da 2ª declinação terminam em **-um** no singular, em **-a** no plural. Esses nomes podem ser distinguidos por **-um-um-um, -a-a-a**.

    Ex.: singular: nom. *peric*u**um**, acus. *peric*u**um**, voc. *peric*u**um**,

    plural: nom. *peric*u**a**, acus. *peric*u**a**, voc. *peric*u**a**.

Casos	Singular		Plural	
Nominativo	don**um**	*o presente*	don**a**	*os presentes*
Genitivo	don**i**	*do presente*	don**orum**	*dos presentes*
Dativo	don**o**	*ao presente*	don**is**	*aos presentes*
Acusativo	don**um**	*o presente*	don**a**	*os presentes*
Vocativo	don**um**	*oh presente*	don**a**	*oh presentes*
Ablativo	don**o**	*pelo presente*	don**is**	*pelos presentes*

Na 3ª declinação há também nomes neutros que apresentam a mesma uniformidade nas desinências. No singular, o acusativo e o vocativo são iguais ao nominativo; no plural, o nominativo, acusativo e vocativo terminam em **-a**. Esses nomes podem ser distinguidos por **-a-a-a**.

Ex.: singular: nom. *corp***us**, acus. *corp***us**, voc. *corp***us**,

plural: nom. *corp*o**ra**, acus. *corp*o**ra**, voc. *corp*o**ra**.

Na 4ª declinação o nominativo, o acusativo e o vocativo dos neutros terminam em **-u**. Podem ser distinguidos estes nomes por **-u-u-u**.

Ex.: nom. *gen***u**, acus. *gen***u**, voc. *gen***u**.

3. O adjunto adverbial de lugar *para onde* é expresso em latim pela preposição **in** com o acusativo.

    Ex.: *Agricolae* **in** *stabu*l**a** *intrant.*

Conversação

— Quis in schola vapulat?
— *Quintus in schola vapulat.*
— Num saepe in schola vapulat, Paule?
— *Nunquam in schola vapulo, magister.*
— Num anno praeterito vapulavisti?
— *Neque anno praeterito vapulavi.*
— Quid repente sonat, cum Quintus vapulat?
— *Cum Quintus vapulat, tintinnabulum sonat.*
— Quid erat?
— *Incendium erat.*

— Eratne parvum incendium?
— *Non, incendium magnum erat.*
— Unde Catullus incendium spectavit?
— *Catullus e vestibulo incendium spectavit.*
— Quid ardebat?
— *Magnum aedificium ardebat.*
— Ubi magnum aedificium ardebat?
— *In via Appia magnum aedificium ardebat.*
— Quo Alexander, Titus, Catullus properaverunt.
— *Alexander, Titus, Catullus ad incendium properaverunt.*

— Quid iam magno in periculo erat?
— *Stabula aedificii iam magno in periculo erat.*
— Quo intraverunt agricolae?
— *Agricolae in stabula intraverunt.*
— Quid agricolae magno studio e stabulis servaverunt?
— *Agricolae magno studio taurum et vaccas et equos e stabulis servaverunt.*
— Quomodo tum incendium aedificii et stabulorum sedaverunt?
— *Incendium aedificii et stabulorum multa aqua sedaverunt.*
— Quo periculo aedificia vicina liberaverunt?
— *Aedificia vicina periculo incendii liberaverunt.*

Sentença

Iustitia fundamentum regnorum.

Platão, *De legibus*, 1, 8.

Lectio tertia decima

Lesbia nihil videt, quia Stella ad eius oculos sudarium alligavit

Pueri laeti

MORFOLOGIA: Adjetivos da 1ª e 2ª declinação; numeral **tertia decima**.
— SINTAXE: Substantivação do adjetivo neutro.

Lesbia est puella pia, bona, modesta; paulum pavida et interdum garrula. Est etiam pulchra: comam habet nigram, genas roseas, labra purpurea, oculos castaneos. Nunc vero Lesbia nihil videt, quia Stella ad eius oculos sudarium alligavit.

Titus est puer minime ignavus, sed strenuus et impavidus; infestus et inimicus pigritiae, callidus et peritissimus ludorum. Est paulo nimis promptus irae et interdum asper cum sociis et vicinis, sed benignus miseris et aegris.

Catullus, amicus Titi, est puer sedulus et gnarus litterarum. Hodie Titus Catullum ad ludum invitavit. Catullus venit et secum Iuliam et Caeciliam portavit.

Pueri et puellae in hac pictura sunt laeti, sed vita puerorum et puellarum non est semper laeta. Semper et ubique bona sunt mixta malis, prospera adversis.

Vocabulário

tertius (a, um) decimus (a, um), adj. num.: décimo terceiro
laetus, a, um, adj.: alegre
pius, a, um, adj.: piedoso
paulum, adv.: um pouco
pavidus, a, um, adj.: medroso
garrulus, a, um, adj.: loquaz
pulcher, ra, rum, adj.: bonito
coma, ae, s. f.: os cabelos
niger, ra, rum, adj.: negro
gena, ae, s. f.: a face
roseus, a, um, adj.: rosado
labrum, i, s. n.: o lábio
purpureus, a, um, adj.: vermelho
oculus, i, s. m.: o olho
castaneus, a, um, adj.: castanho
nunc, adv.: agora
vero, conj.: porém
nihil, pron.: nada
sudarium, i, s. n.: lenço

eius, pron.: dela
alligare, v.: atar
minime, adv.: de nenhum modo, nada
ignavus, a, um, adj.: covarde
strenuus, a, um, adj.: corajoso
impavidus, a, um, adj.: intrépido
infestus, a, um, adj.: hostil
inimicus, a, um, adj.: inimigo
callidus, a, um, adj.: versado, sagaz
peritus, a, um, adj.: perito, hábil
paulo, adv.: um pouco
nimis, adv.: demais
promptus, a, um, adj.: pronto
ira, ae, s. f.: a ira, a raiva
asper, era, erum, adj.: áspero
socius, i, s. m.: o companheiro
miser, era, erum, adj.: miserável
aeger, aegra, aegrum, adj.: enfermo

sedulus, a, um, adj.: aplicado
gnarus, a, um, adj.: conhecedor
hodie, adv.: hoje
ad, prep. c. acus.: para
invitare, v.: convidar
Iulia, ae, s. f.: Júlia
Caecilia, ae, s. f.: Cecília
ubique, adv.: em toda a parte
mixtus, a, um, part.: misturado
malus, a, um, adj.: mau
prosper, era, erum, adj.: próspero
adversus, a, um, adj.: contrário
digitus, i, s. m.: o dedo
brachium, i, s. n.: o braço
ecce, adv.: eis aqui
mundus, a, um, adj.: limpo
maestus, a, um, adj.: abatido, triste

Comentário

1. O adjetivo concorda em gênero, número e caso com o substantivo a que se refere.

    Ex.: *Lesbia habet com***am** *nigr***am***, gen***as** *ros***eas***, labr***a** *purpur***ea***.

2. Em português, muitas vezes o neutro singular e plural do adjetivo substantivado corresponde a uma expressão com a palavra "coisa" e adjetivo.

    Ex.: *Bona*: as coisas boas. *Mala*: as coisas más. *Bonum est*: é coisa boa. *Semper et ubique bona sunt mixta malis*: sempre, e em toda a parte, as coisas boas estão misturadas com as coisas más.

Conversação

— Nonne comam nigram habes, Paule?
— *Sane, comam nigram habeo, magister.*
— Quis discipulorum comam castaneam habet?
— *Robertus comam castaneam habet.*
— Monstrate digito oculum dexterum, oculum sinistrum, labrum, genam dexteram, genam sinistram, brachium dexterum, brachium sinistrum!
— *Ecce oculus dexter, oculus sinister, labrum, gena dextera, gena sinistra.*

— Habesne sudarium mundum, Agrippa?
— *Sudarium mundum habeo.*
— Alliga sudarium ad oculos Catilinae!

— Quam comam habebat Lesbia?
— *Lesbia comam nigram habebat.*
— Quas genas habebat?
— *Genas roseas habebat.*
— Quae labra habebat?
— *Labra purpurea habebat.*
— Quos oculos habebat?
— *Oculos castaneos habebat.*
— Cur Lesbia nihil videbat?
— *Quia Stella ad eius oculos sudarium alligavit.*

— Eratne Titus puer ignavus?
— *Titus puer minime ignavus, sed strenuus et impavidus erat.*
— Eratne piger et stultus?
— *Non, sed inimicus pigritiae et callidus.*
— Eratne tardus ad iram?
— *Non, sed paulo nimis promptus irae* (ou *ad iram*).
— Quibuscum interdum asper erat?
— *Interdum asper cum sociis et vicinis erat.*
— Cui benignus erat?
— *Miseris et aegris benignus erat.*

— Eratne Catullus piger et litterarum ignarus?
— *Non, sed puer sedulus et gnarus litterarum.*
— Ad quid Titus Catullum invitavit?
— *Catullum Titus ad ludum invitavit.*
— Quem Catullus secum portavit?
— *Catullus Iuliam et Caeciliam secum portavit.*
— Suntne maesti pueri et puellae in pictura?
— *Pueri et puellae in pictura non sunt maesti, sed laeti.*
— Estne semper laeta puerorum puellarumque vita?
— *Non, puerorum puellarumque vita non semper laeta est.*

Sentença

Etiam capillus unus habet umbram suam.
Publílio Siro.

Lectio quarta decima

Puellae cycnum spectant

De familia Scipionis

MORFOLOGIA: 3ª declinação, genitivo plural em **-um**; masculinos e femininos: nominativo, genitivo e acusativo, singular e plural; **-it**, **-unt**; numeral **quarta decima**. — SINTAXE: Emprego de **et... et**.

Scipio est senator Romanus. Cornelia est uxor Scipionis atque mater Lesbiae, Stellae et Titi. Scipio in Africa fuit et leones vidit.

— Leo, ait Scipio, rex bestiarum, in desertis locis vivit. Leones interdum venatores occidunt. Iubae sunt ornamentum leonum. Nota est ferocitas leonis. Proconsul noster magnum leonem cepit.

Cycnum et Lesbiae et Stellae pater attulit. Puellae sunt laetissimae et cycnum spectant.

Vocabulário

lectio, onis, s. f.: a leitura
quartus (a, um) decimus (a, um), adj. num.: décimo quarto
Scipio, onis, s. m.: Cipião
senator, oris, s. m.: o senador
uxor, oris, s. f.: a esposa
mater, matris, s. f.: a mãe
leo, onis, s. m.: o leão
ait, v.: diz
rex, regis, s. m.: o rei
bestia, ae, s. f.: a fera
desertus, a, um, part.: deserto, abandonado
vivere, v.: viver
venator, oris, s. m.: o caçador
occidere, v.: matar
iuba, ae, s. f.: a juba

ornamentum, i, s. n.: o ornamento
ferocitas, atis, s. f.: a ferocidade
proconsul, proconsulis, s. m.: o procônsul
cepit, v.: capturou
cycnus, i, s. m.: o cisne
et... et, conj.: tanto... como
pater, patris, s. m.: o pai
attulit, v.: trouxe
spectare, v.: observar
mulier, mulieris, s. f.: a mulher
soror, sororis, s. f.: a irmã
impluvium, i, s. n.: o implúvio (tanque escavado no chão e destinado a receber as águas pluviais)
saliens, salientis, part.: saltando, brotando

aqua saliens, s. f.: o chafariz
dolium, i, s. n.: a talha, o pote
quod, adj. e pr. n.: que, qual
grex, gregis s. m.: a grei, o rebanho

Comentário

1. Os nomes da 3ª declinação terminam no nominativo singular das maneiras mais diversas.

    Ex.: *Scipio, senator, rex, ferocitas, passer,* etc.

Paradigma para os masculinos e femininos:			Paradigma para os neutros:	
Casos	Singular	Plural	Singular	Plural
Nominativo	rex o rei	reges	corpus o corpo	corpora
Genitivo	reg**is**	reg**um**	corpor**is**	corpor**um**
Dativo	reg**i**	reg**ibus**	corpor**i**	corpor**ibus**
Acusativo	reg**em**	reges	corpus	corpora
Vocativo	rex	reges	corpus	corpora
Ablativo	reg**e**	reg**ibus**	corpor**e**	corpor**ibus**

Por isso, junto com a forma do nominativo, o vocabulário sempre registra a do genitivo.

Suprimindo esta desinência **-is**, própria do genitivo, obtém-se a parte invariável da palavra, à qual se devem juntar as outras desinências.

   Ex.: *Rex, regis, reg-; leo, leonis, leon-.*

2. Os nomes da 3ª declinação dividem-se em duas categorias: os **imparissílabos** e os **parissílabos**.

    Os **imparissílabos** têm maior número de sílabas no genitivo singular que no nominativo.

    Ex.: *Rex, regis*, m.: o rei.

    Os **parissílabos** têm número igual de sílabas no nominativo e no genitivo singular.

    Ex.: *Mater, matris*, f.: a mãe.

3. O nominativo plural dos nomes masculinos e femininos da 3ª declinação termina em **-es**.

    Ex.: *Leon**es**, reg**es**.*

4. A desinência do genitivo plural dos imparissílabos, cujo tema termina em consoante, é **-um**.

    Ex.: *Leon**um**, reg**um**.*

5. O acusativo singular termina em **-em**; o plural, em **-es**.

    Ex.: *Leon**em**, leon**es**.*

6. A 3ª pessoa singular do presente do indicativo dos verbos da 3ª conjugação (viv-*ere*) termina em **-it**; a 3ª pess. plural, em **-unt**.

    Ex.: *Viv**it**, viv**unt**.*

7. A conjunção coordenativa copulativa **et** significa **e**, mas a expressão **et… et** significa *tanto… como,* ou *não só... mas também*.

    Ex.: *Cycnum et Lesbiae et Stellae pater attulit.*

O pai trouxe o cisne *tanto* para Lesbia *como* para Estela.

O pai trouxe o cisne *não só* para Lesbia, *mas também* para Estela.

Conversação

— Quid est in pictura?
— *Vir, mulier, duae sorores, impluvium, aqua saliens, cycnus, columnae, dolium, porta, signa, ara in pictura sunt.*
— Quid videtis in pictura?
— *Virum, mulierem, duas sorores, impluvium, aquam salientem, cycnum, columnas, dolium, portam, signa, aram videmus.*
— Quis est vir?
— *Vir Scipio est.*
— Quod officium exercet Scipio?
— *Scipio officium senatoris Romani exercet.*
— Estne magna dignitas senatoris?
— *Senatoris dignitas magna est.*

— Quae mulier in pictura est?
— *Cornelia est, Scipionis uxor.*
— Cuius mater est mulier?
— *Puellarum mater est.*
— Quem patrem habent duae sorores?
— *Scipionem patrem habent.*
— Ubi fuit Scipio?

— *Scipio in Africa fuit.*
— Quid vidit Scipio in Africa?
— *Scipio in Africa leones vidit.*

— Ubi vivunt leones?
— *Leones in desertis locis vivunt.*
— Quid est leo inter bestias?
— *Leo rex bestiarum est.*
— Quod est ornamentum leonum?
— *Ornamentum leonum est iuba.*
— Quarum bestiarum nota est ferocitas?
— *Leonum ferocitas nota est.*
— Quid cepit proconsul?
— *Proconsul magnum leonem cepit.*

— Attulitne Scipio leonem?
— *Scipio non leonem sed cycnum attulit.*
— Cui cycnum pater attulit?
— *Et Lesbiae et Stellae cycnum attulit.*
— Suntne tristes sorores?
— *Non, sed laetissimae sunt.*
— Ubi natat cycnus?
— *Cycnus in impluvio natat.*
— Quid faciunt sorores?
— *Sorores cycnum spectant.*

Sentença

Qualis rex, talis grex.

Lectio quinta decima

Lesbia donat turturi grana tritici

Lesbiae passeres

MORFOLOGIA: 3ª declinação: dativo, singular e plural; numeral **quinta decima**. — SINTAXE: Concordância do predicado com diversos sujeitos de gênero igual e de gênero diferente.

Titus et Lesbia sunt laeti. Lesbia donat passeribus, turturibus, hirundinibus micas panis, vermiculos. Hirundines et passeres hominibus laetitiam donant.

Titus donat parvo suo passeri muscas, turturi grana tritici.

Vita in campis est serena, quare est grata hominibus.

Vocabulário

quintum, (a, um) decimus (a, um), adj. num.: décimo quinto
parvus, a, um, adj.: pequeno
passer, passeris, s. m.: o pardal
musca, ae, s. f.: a mosca
turtur, turturis, s. m.: a rola
granum, i, s. n.: o grão
triticum, i, s. n.: o trigo
hirundo, hirundinis, s. f.: a andorinha
mica, ae, s. f.: a migalha

panis, is, s. m.: o pão
vermiculus, i, s. m.: o vermezinho
serenus, a, um, adj.: sereno
quare, adv.: pelo que, razão pela qual, por isso
homo, hominis, s. m.: o homem
avicula, ae, s. f.: a avezinha
nullus, a, um, adj.: nenhum
invius, a um, adj.: inacessível
virtus, virtutis, s. f.: o valor

Comentário

1. O dativo singular dos nomes da 3ª declinação termina em **-i**; o dativo plural em **-ibus**.

    Ex.: *Titus donat muscas passer****i***.
    *Lesbia donat vermiculos passer****ibus***.

2. Sendo os diversos sujeitos de *gênero igual*, coloca-se o predicado no mesmo gênero.

   Ex.: *Ti**tus** et Catul**lus** sunt bon**i**.*
   *Lesb**ia** et Stell**a** sunt bon**ae**.*

3. Quando houver sujeitos de gêneros diferentes, o predicado vai para o masculino.

   Ex.: *Ti**tus** et Lesb**ia** sunt laet**i**.*

Conversação

— Quis laetus est?
— *Titus et Lesbia laeti sunt.*
— Quid Lesbia aviculis praebet?
— *Lesbia aviculis micas panis et vermiculos praebet.*
— Quibus aviculis Lesbia micas panis et vermiculos praebet?
— *Lesbia micas panis et vermiculos passeribus, turturibus, hirundinibus praebet.*
— Cui aviculae Titus muscas donat?
— *Titus passeri muscas donat.*

— Ubi vita est grata homini?
— *Vita in campis grata est homini.*
— Cur vita in campo grata est homini?
— *Quia serena est.*
— Qui homines in campo laborant?
— *Agricolae in campo laborant.*
— Suntne pigri agricolae?
— *Non, agricolae non sunt pigri sed seduli.*
— Cui laetitiam donant hirundines et passeres?
— *Hirundines et passeres hominibus laetitiam donant.*

Sentença

Nulla via est invia virtuti.

Lectio sexta decima

> Senatores Cincinatum dictatorem dicunt et per legatos ab aratro advocant

De Cincinnato dictatore Romano

MORFOLOGIA: 3ª declinação: ablativo singular e plural; numeral **sexta decima**.
— SINTAXE: Adjunto adverbial de modo; adjunto adverbial de meio quando é pessoa; duplo acusativo com os verbos **nominare, dicere** etc.

Scipio Tito, filio suo, Cincinnati historiam narrat:
— Cincinnatus, senator Romanus, laborem rusticum non vitabat et more Romanorum antiquorum agrum suum colebat. Labori duro magno cum amore studebat.
Aliquando unus e duobus consulibus cum Aequis male pugnaverat. Senatores Cincinnatum dictatorem dicunt et per legatos ab aratro avocant.
Cincinnatus Aequos superavit, Roman timore ac terroribus liberavit.

Vocabulário

sextus (a, um) decimus (a, um), adj. num.: décimo sexto
de, prep. c. abl.: a respeito de
Cincinnatus, i, s. m.: Cincinato
dictator, oris, s. m.: o ditador
labor, oris, s. m.: o trabalho
rusticus, a, um, adj.: rústico, de lavoura
vitare, v.: evitar
mos, moris, s. m.: o costume
antiquus, a, um, adj.: antigo
ager, agri, s. m.: o campo
colere, v.: cultivar
studere, v.: aplicar-se a
aliquando, adv.: certa vez
consul, consulis, s. m.: o cônsul

Aequus, i, s. m.: o équo
male, adv.: mal
pugnare, v.: combater
dicere, v.: dizer, nomear
per, prep. c. acus.: por
legatus, i, s. m.: o legado, o embaixador
aratrum, i, s. n.: o arado
avocare, v.: chamar de
superare, v.: superar, vencer
timor, oris, s. m.: o temor
ac, conj.: e
terror, oris, s. m.: o terror
liberare, v.: libertar
unde, adv.: de onde

Comentário

1. O ablativo singular dos nomes da 3ª declinação termina em **-e**; o ablativo plural, em **-ibus**.

    Ex.: *Cincinnatus Romam timor**e** ac terror**ibus** liberavit.*

2. O substantivo que designa o modo como uma coisa se faz, põe-se no ablativo com **cum**. Se o substantivo é acompanhado de um adjetivo atributivo, pode-se pôr ou omitir a preposição **cum**.

    Ex.: *Labori duro **magno** (**cum**) **amore** studebat.*

   Não se emprega **cum** com substantivos que designam modo ou costume.

    Ex.: ***More*** *Romanorum antiquorum agrum colebat.*

3. Emprega-se o ablativo para indicar o meio ou o instrumento com que se faz alguma coisa. Sendo o meio uma *pessoa*, emprega-se *per* com o *acusativo*.

    Ex.: *Piratae capream **plagis** captant.*
    *Senatores Cincinnatum **per legatos** advocant.*

4. Muitos verbos transitivos em latim (*dicere, appellare, nominare, vocare*) exigem duplo acusativo, um do **objeto**, outro do **nome** predicativo.

    Ex.: *Senatores Cincinnat**um** dictator**em** dicunt.*

Conversação

— Quid videtis in pictura?
— *In pictura viros, milites, agrum, boves, aratrum, arbores, montes longinquos videmus.*
— Quis agrum suum arabat?
— *Cincinnatus agrum suum arabat.*
— Quis erat Cincinnatus?
— *Cincinnatus senator Romanus erat.*
— Num Cincinnatus laborem rusticum vitabat?
— *Non, Cincinnatus laborem rusticum non vitabat.*
— Num turpis est labor rusticus?
— *Non, labor rusticus non est turpis sed honestus.*

— Estne levis labor agri culturae?
— *Labor agri culturae non est levis sed durus.*

— Quomodo Cincinnatus labori duro studebat?
— *Cincinnatus labori duro magno cum amore studebat.*
— Quis aliquando cum Aequis male pugnavit?
— *Unus e duobus consulibus aliquando cum Aequis male pugnavit.*
— Quot erant consules?
— *Duo erant consules.*
— Quem senatores dictatorem dixerunt?
— *Senatores Cincinnatum dictatorem dixerunt.*

— Unde Cincinnatum senatores avocaverunt?
— *Senatores Cincinnatum ab aratro avocaverunt.*
— Quomodo avocaverunt?
— *Cincinnatum per legatos ab aratro avocaverunt.*
— Quibuscum Cincinnatus pugnavit?
— *Cincinnatus cum Aequis pugnavit.*
— Aequine victoriam de Romanis reportaverunt?
— *Non, sed Romani de Aequis victoriam reportaverunt.*
— Qua re (de que coisa) Cincinnatus Romam liberavit?
— *Cincinnatus Romam timore ac terroribus liberavit.*

Sentença

In pace leones, in bello cervi.
Tertuliano, Coron. Milit., 1.

Lectio septima decima

Germani venatione gaudebant

Germani tempore Caesaris

MORFOLOGIA: 3ª declinação: neutros; imperfeito subjuntivo da 1ª conjugação; numeral **septima decima**. — SINTAXE: Adjunto adverbial de tempo (quando?); ablativo de qualidade; ablativo de causa **cum gaudere** etc.

Postquam Scipio Cincinnati vitam narravit, Titus a patre petivit, ut de Germanorum vita narraret.

— Germani, ait Scipio, erant corporibus magnis et robustis, oculis caeruleis, capillis flavis. Gaudebant bello et certamine et venatione. Ignaviam summum scelus putabant.

In silvis Germaniae varia genera bestiarum erant, sed Germani bestiarum robur non timebant neque frigus fluminum vitabant.

Mulieres apud Germanos summo in honore erant. Deos non in templis, sed in nemoribus sacris colebant. Facinora deorum et virorum egregiorum carminibus celebrabant.

Vocabulário

septimus (a, um) decimus (a, um), adj. num.: décimo sétimo
Germanus, i, s. m.: o germano
tempus, temporis, s. n.: o tempo
Caesar, Caesaris, s. m.: César
narratio, onis, s. f.: a narração
a, prep. c. abl.: de
petivit ut: pediu que
ut, conj. c. subj.: que
narraret, v.: narrasse
corpus, corporis, s. n.: o corpo
robustus, a, um, adj.: robusto
caeruleus, a, um, adj.: azul
capillus, i, s. m.: o cabelo

flavus, a, um, adj.: louro
gaudere, v.: alegrar-se
certamen, certaminis, s. n.: o certame, a luta
venatio, onis, s. f.: a caça
ignavia, ae, s. f.: a covardia
scelus, sceleris, s. n.: o crime
putare, v.: julgar
genus, generis, s. n.: o gênero
robur, roboris, s. n.: a força
frigus, frigoris, s. n.: o frio
flumen, fluminis, s. n.: o rio
vitare, v.: evitar
apud, prep. c. acus.: entre

honor, oris, s. m.: a honra
nemus, nemoris, s. n.: o bosque
sacer, cra, crum, adj.: sagrado
facinus, facinoris, s. n.: a façanha; tb.
   o crime
egregius, a, um, adj.: egrégio
carmen, carminis, s. n.: a poesia
celebrare, v.: celebrar
ubique, adv.: em toda a parte

canis, canis, s. m.: o cão
puteus, i, s. m.: o poço
situlus, i, s. m.: o balde
caprea, ae, s. f.: o cabrito montês
truncus, i, s. m.: o tronco
arbor, arboris, s. f.: a árvore
caesus, a, um, part.: cortado
caput, capitis, s. n.: a cabeça
omen, ominis, s. n.: o bom agouro

Comentário

1. O complemento que responde à pergunta *quando?* coloca-se no ablativo.

    Ex.: *Germani* **tempore** *Caesaris*.
    Os germanos no tempo de César.

2. Emprega-se o ablativo de qualidade quando se fala do corpo e de suas partes.

    Ex.: *Germani erant* **corporibus robustis**.
    Os germanos tinham corpos robustos.

3. Emprega-se o ablativo de causa com os verbos que expressam disposição de ânimo.

    Ex.: *Germani* **gaudebant** *certamine et venatione*.
    Os germanos gostavam da luta e da caça.

Conversação

— Quando Titus a patre petivit, ut de Germanorum vita narraret?
— *Postquam Scipio Cincinnati vitam narravit.*
— Quibus corporibus erant Germani?
— *Germani erant magnis et robustis corporibus.*
— Quibus oculis erant Germani?
— *Germani erant oculis caeruleis.*
— Quibus capillis erant Germani?
— *Germani erant capillis flavis.*
— Qua re gaudebant Germani?
— *Germani bello, certamine, venatione gaudebant.*

— Quid Germani summum scelus putabant?
— *Germani ignaviam summum scelus putabant.*

— Quid erat in silvis Germaniae?
— *In silvis Germaniae varia bestiarum genera erant.*
— Timebantne Germani bestiarum rubor?
— *Non, Germani bestiarum rubor non timebant.*
— Num frigus fluminum vitabant?
— *Non, frigus fluminum non vitabant.*
— Quis apud Germanos summo in honore erat?
— *Mulieres apud Germanos summo in honore erant.*

— Ubi Germani deos colebant?
— *Germani deos non in templis sed in nemoribus sacris colebant.*
— Num christiani deos colunt?
— *Non, christiani non deos, sed unum Deum verum colunt.*
— Ubi Deum maxime colimus?
— *In templis Deum maxime colimus.*
— Num Deum etiam in nemore colimus?
— *Etiam, quia Deus est ubique.*
— Quomodo Germani facinora deorum et virorum egregiorum celebrabant?
— *Germani facinora deorum et virorum egregiorum carminibus celebrabant.*

— Quid apparet in pictura?
— *Senex cum gladio, mulier cum infante, vir cum puero, adulescens cum cane, puteus cum situlo, porcus, caput bovis, duae casae, caprea, mons longinquus.*
— Ubi sedet senex?
— *In trunco arboris caesae.*
— Quid facit senex?
— *Sermonem cum filia habet.*
— Estne parvo capite senex?
— *Non, sed maximo capite est.*
— Quibus capillis est?
— *Flavis capillis est.*

— Cuius avus est senex?
— *Infantis avus est.*
— Ubi est infans?
— *In brachiis matris est.*

— Quid spectat mater?
— *Infantem spectat.*
— Ubi sedet mulier?
— *In margine putei sedet.*
— Quid pendet in casa ad latus dexterum picturae?
— *Caprea pendet.*

Sentenças

Nomina sunt odiosa.
Cícero, *Pro Roscio*, 16, 47.

Nomen est omen.
Plauto, *Persa*, 4, 4, 74.

Lectio duodevicesima

Roma domina gentium

MORFOLOGIA: 3ª declinação: genitivo plural em **-ium**; presente subjuntivo da 1ª conjugação; numeral **duodevicesima**.
— SINTAXE: Adjunto adverbial de lugar (donde?)

— Salve, Alexander! Unde venis?
— Salve, Tite! E Ludo venio. Cur tu ad Ludum non venisti?
— Pater meus ex Africa venit et multa de constructione pontium, de oppugnatione arcium, de morte barbarorum nobis narravit.
— Etiam Orbilius hodie magna arte historiam multarum urbium Italiae nobis narravit. Roma, ait Orbilius, est domina gentium, est etiam fons artium, praesertim legum. Postea multa etiam de oppugnatione Troiae nobis narravit.
— De oppugnatione Troiae? A te peto, ut historiam Troiae mihi narres.
— Iam tibi narrabo.

Vocabulário

duodevicesimus, a, um, adj. num.: décimo oitavo
gens, gentis, s. f.: a gente, o povo
unde, adv.: donde
venis, v.: vens
venio, v.: venho
venisti, v.: vieste, foste
venit, v.: veio
constructio, onis, s. f.: a construção
pons, pontis, s. m.: a ponte
oppugnatio, onis, s. f.: o cerco

arx, arcis, s. f.: a cidadela
mors, mortis, s. f.: a morte
barbarus, i, s. m.: o bárbaro
ars, artis, s. f.: a arte
urbs, urbis, s. f.: a cidade
fons, fontis, s. m.: a fonte
praesertim, adv.: principalmente
lex, legis, s. f.: a lei
postea, adv.: depois
Troia, ae, s. f.: Troia
antiquitas, atis, s. f.: a antiguidade

Comentário

1. Há nomes imparissílabos com duas consoantes que têm a desinência do genitivo singular -**is** e do genitivo plural -**ium**.
    Ex.: *Ars, a-**rt**-is*: a arte,
    *pons, po-**nt**-is*: a ponte.
    Ex.: *Art-**ium**, pont-**ium***.

    Estes imparissílabos, cujo tema termina em mais de uma consoante, em vez da desinência -**um** no genitivo plural, têm -**ium**.

2. O complemento que responde à pergunta **unde? donde?** coloca-se no ablativo com **ex** ou **ab** (**de**); donde: adjunto adverbial de lugar.
    Ex.: *Ex Africa venit.*

Conversação

— Unde venit Alexander?
— *Alexander e Ludo venit.*
— Cur Titus ad Ludum non venit?
— *Quia pater ex Africa venit.*
— De qua constructione Scipio narravit?
— *Scipio de constructione pontium narravit.*
— De qua oppugnatione?
— *De oppugnatione arcium.*
— De quorum morte?
— *De morte barbarorum.*

— Quis in schola etiam narravit?
— *In schola Orbilius narravit.*
— Quid narravit magister?
— *Magister historiam multarum urbium Italiae narravit.*
— Qui populus in antiquitate victor multarum gentium fuit?
— *Populus Romanus in antiquitate victor multarum gentium fuit.*
— Quae urbs fuit etiam fons artium, praesertim legum?
— *Urbs Roma fuit etiam fons artium, praesertim legum.*
— Quid Titus ab Alexandro petivit?
— *Titus ab Alexandro petivit ut historiam Troiae narraret.*

Sentenças

Urbi et orbi.
Ovídio, *Fast.*, 2, 684.

Artis est artem tegere.

Lectio undevicesima

Viri fallaces ex corpore equi media nocte descendunt

De celebri oppugnatione Troiae

MORFOLOGIA: 3ª declinação: adjetivos; tema do perfeito de **esse**; numeral ordinal **undevicesima** — SINTAXE: Adjunto adverbial de tempo (durante quanto tempo?).

Tito Alexander historiam de Troiae oppugnatione sic narravit:
— Pugna Graecorum cum Troianis non fuit navalis, sed terrestris. Troiani proelia navalia vitabant.

Solum Troianum grave pondus copiarum pedestrium decem annos sustinuit. Magna virorum celebrium pars ibi mortem invenit. Tum nox tristis et infelix venit.

Somnus gravis omnes homines tenebat. Viri fallaces ex corpore equi media nocte descendunt aperiuntque portas Troiae.

Post breve tempus omnes Graeci pede celeri per portas contendunt, viros occidunt. Troiam incendunt. Vergilius, poeta admirabilis, incendium fatale describit.

Aeneas morte atroci Troianorum doluit, loca turpia triumpho hostili reliquit et in Italiam venit. Fugitivi Troiani in Latio domicilia collocaverunt. Dei Troianis infesti fuerant et Troia deis fuerat invisa. Ob iram deorum Aeneas diu per multa loca erraverat. Ita Orbilius narravit.

— Fuistisne tu et alii discipuli attenti?
— Fuimus.
— Ergo Romani olim fuerunt Troiani.
— Fuerunt, et Orbilius, si industria nostra semper fuerit contentus, alia exempla primorum Romanorum nobis narrabit.
— Optime, Alexander! Gratias tibi maximas ago pro tua narratione.

Vocabulário

undevicesimus, a, um, adj. num.: décimo nono
celeber, bris, bre, adj.: célebre
sic, adv.: assim
navalis, e, adj.: naval
terrester, tris, tre, adj.: terrestre
proelium, i, s. n.: o combate
solum, i, s. n.: o solo
gravis, e, adj.: grave, molesto
pondus, ponderis, s. n.: o peso
copiae, arum, s. f.: as tropas
pedester, tris, tre, adj.: pedestre
sustinuit, v.: sustentou
pars, partis, s. f.: a parte
invenerunt, v.: acharam
tristis, e, adj.: triste
infelix, gen. *icis*, adj.: infeliz
tenere, v.: prender, cativar
fallax, gen. *acie*, adj.: falaz
descendere, v.: descer
aperiunt, v.: abrem
post, prep. c. acus.: depois
brevis, e, adj.: breve
omnis, e, adj.: todo
pes pedis, s. m.: o pé
celer, ris, re, adj.: célere, veloz

contendere, v.: marchar
occidere, f.: matar
incendere, v.: incendiar
Vergilius, i, s. m.: Vergílio
admirabilis, e, adj.: admirável
fatalis, e, adj.: fatal
describere, v.: descrever
Aeneas, ae, s. m.: Eneias
atrox, gen. *ocis*, adj.: atroz
doluit, v.: sentiu dor
loca, orum, s. n.: os lugares
turpis, e, adj.: torpe
triumphus, i, s. m.: o triunfo
hostilis, e, adj.: inimigo
reliquit, v.: abandonou
fugitivus, i, s. m.: o fugitivo
Latium, i, s. n.: o Lácio
domicilium, i, s. n.: o domicílio
infestus, a, um, adj.: hostil, contrário
invisus, a, um, adj.: odioso
ob, prep. c. acus.: por causa de
ita, adv.: assim
olim, adv.: antigamente
tibi gratias ago pro (c. abl.): agradeço-te por

Comentário

1. Os adjetivos da 3ª declinação dividem-se em três grupos:

    a) os que têm a desinência **-er** para o masculino, **-is** para o feminino, **-e** para o neutro, chamam-se triformes.

    Ex.: *Terrest**er**, terrest**ris**, terrest**re***: terrestre

Casos	Singular: acre, agudo			Plural: acres, agudos		
Nominativo	acer	acris	acre	acres	acres	acria
Genitivo	acris	acris	acris	acrium	acrium	acrium
Dativo	acri	acri	acri	acribus	acribus	acribus
Acusativo	acrem	acrem	acre	acres	acres	acria
Vocativo	acer	acris	acre	acres	acres	acria
Ablativo	acri	acri	acri	acribus	acribus	acribus

b) os que têm a desinência **-is** para o masculino e feminino, a desinência **-e** para o neutro, chamam-se biformes.

Ex.: *Tris**t**is, tris**t**is, tris**t**e*: triste

Casos	Singular: *doce*	Plural: *doces*
Nominativo	dulcis, dulce	dulces, dulcia
Genitivo	dulcis	dulcium
Dativo	dulci	dulcibus
Acusativo	dulcem, dulce	dulces, dulcia
Vocativo	dulcis, dulce	dulces, dulcia
Ablativo	dulci	dulcibus

c) os que têm uma só desinência para os três gêneros, chamam-se uniformes.

Ex.: *Infelix, infelix, infelix*: infeliz.

Casos	Singular: *feliz*	Plural: *felizes*
Nominativo	felix	felices, felicia
Genitivo	felicis	felicium
Dativo	felici	felicibus
Acusativo	felicem, felix (neutro)	felices, felicia
Vocativo	felix	felices, felicia
Ablativo	felici	felicibus

2. Os adjetivos da 3ª declinação têm **-i** no ablativo singular, **-ium** no genitivo plural, **-ia** no nominativo, acusativo e vocativo plural neutro.

Ex.: abl. singular: *terrestri, tristi, infelici*;
gen. plural: *terrestrium, tristium, infelicium*;
nom., acus., voc. plural neutro: *terrestria, tristia, infelicia*.

3. O adjunto adverbial que responde à pergunta *durante quanto tempo?* coloca-se no acusativo.

> Ex.: *Solum Troianum grave pondus copiarum pedestrium **decem annos** sustinuit*: o solo troiano suportou durante dez anos o peso molesto das tropas pedestres.

Conversação

— Cui historiam de Troiae oppugnatione Alexander narravit?
— *Alexander historiam de Troiae oppugnatione Tito narravit.*
— Quibuscum fuit pugna Graecorum?
— *Graecorum pugna cum Troianis fuit.*
— Fuitne pugna navalis?
— *Non, sed terrestris.*
— Quae proelia vitabant Troiani?
— *Troiani proelia navalia vitabant.*
— Quantum tempus solum Troianum grave pondus copiarum terrestrium sustinuit?
— *Decem annos solum Troianum grave pondus copiarum terrestrium sustinuit.*

— Quis mortem ibi invenit?
— *Magna virorum celebrium pars ibi mortem invenit.*
— Quid triste et infelix tum venit?
— *Nox tristis et infelix tum venit.*
— Quid nocte omnes homines tenebat?
— *Somnus gravis omnes homines tenebat.*
— Qui viri portas Troiae aperiunt?
— *Viri fallaces portas Troiae aperiunt.*
— Unde viri fallaces descendunt?
— *Ex corpore equi descendunt.*

— Quis post breve tempus pede celeri per portas contendit?
— *Omnes Graeci post breve tempus pede celeri per portas contendunt.*
— Quid etiam faciunt?
— *Viros occidunt, Troiam incendunt.*
— Quod incendium fuit?
— *Fatale incendium fuit.*
— Quis incendium describit?

— *Vergilius incendium describit.*
— *Quis fuit Vergilius?*
— *Vergilius, poeta admirabilis fuit.*

— *Qua re Aeneas doluit?*
— *Morte Troianorum atroci Aeneas doluit.*
— *Quo venit Aeneas?*
— *Aeneas in Italiam venit.*
— *Quis Troianis infestus fuit?*
— *Dei Troianis infesti fuerunt.*
— *Ubi Troiani fugitivi tum domicilia collocaverunt?*
— *Troiani fugitivi tum domicilia in Latio collocaverunt.*
— *Quid fuerunt olim Romani?*
— *Romani olim Troiani fuerunt.*

Sentenças

Omnia praeclara rara.
Cícero, De Amicit., 21, 79.

Amicorum omnia communia.
Cícero, De Officiis. 1, 16, 51.

Quot singultus! quot gemitus! quot fletus!

Lectio vicesima

Quot risus!

Hominis sensus

MORFOLOGIA: 4ª declinação: nominativo, acusativo, singular e plural; **-it, -iunt**; numeral **vicesima**. — SINTAXE: Oração condicional.

— Quinte, narra mihi oppugnationem Troiae!
— Non narro!
— Se non narras, vapulas.
— Non narro!
Tum Orbilius Quintum ad quintam columnam alligavit et...
Quot singultus, quot gemitus, quot fletus ex parte Quinti! Quot risus ex parte aliorum discipulorum!
Tum plagosus Orbilius novam incepit lectionem.
— Attendite, pueri! Hodie sensus hominis argumentum lectionis erunt. Puer post somnum noctis oculos aperit et statim videt, audit, tangit, gustat, olfacit: sensus exercet. Quot sunt motus animi pueruli spatio paucarum horarum! Vere pueruli risum et fletum in uno sacculo habent, ut dicit antiquorum proverbium.
Quot sunt etiam actus animi viri! Homines exercent visum, auditum, gustum, tactum, odoratum, uno verbo sentiunt, sensus exercent.
Habent appetitus, affectus, impetus. Exercent intellectum et voluntatem. Admirabilis est vita animorum et motus animorum vere innumeri sunt.

Vocabulário

vicesimus, a, um, adj. num.: vigésimo
homo, hominis, s. m.: o homem
sensus, us, s. m.: o sentido
si, conj.: se
tum, adv.: então
columna, ae, s. f.: a coluna
quot, adj. indecl.: quantos

singultus, us, s. m.: o soluço
gemitus, us, s. m.: o gemido
fletus, us, s. m.: o choro
pars, partis, s. f.: a parte
risus, us, s. m.: o riso
alius, a, um, adj.: outro
plagosus, a, um, adj.: espancador

incepit, v.: começou
argumentum, i, s. n.: o argumento, a matéria
statim, adv.: imediatamente
audire, v.: ouvir
tangere, v.: tocar
gustare, v.: gostar, sentir gosto
olfacere, v.: cheirar
exercere, v.: exercer
motus, us, s. m.: o movimento
puerulus, i, s. m.: o garotinho
paucus, a, um, ad.: pouco
hora, ae, s. f.: a hora
vere, adv.: verdadeiramente
sacculus, i, s. m.: o saquinho
ut, conj.: como

dicere, v.: dizer
proverbium, i, s. n.: o provérbio
actus, us, s. m.: o ato
visus, us, s. m.: a vista
auditus, us, s. m.: o ouvido
gustus, us, s. m.: o gosto
tactus, us, s. m.: o tato
odoratus, us, s. m.: o olfato
sentire, v.: sentir
appetitus, us, s. m.: o apetite, o desejo
affectus, us, s. m.: o afeto
impetus, us, s. m.: o ímpeto, o impulso
intellectus, us, s. m.: o entendimento
voluntas, atis, s. f.: a vontade
innumerus, a, um, adj.: inúmero
usus, us, s. m.: o uso, o exercício

Comentário

1. O nom. singular dos nomes da 4ª declinação termina em **-us**; o nominativo plural também termina em **-us**.

    Ex.: *Sena**tus** populusque Romanus.*
    *Quot sunt mo**tus** animi!*

	Paradigma para os masculinos e femininos: ritus, ritus, m.: o rito		Paradigma para os neutros: genu, genus, n.: o joelho	
Casos	Singular	Plural	Singular	Plural
Nominativo	ri**tus**	ri**tus**	gen**u**	gen**ua**
Genitivo	ri**tus**	rit**uum**	gen**us**	gen**uum**
Dativo	ri**tui**	ri**tibus**	gen**u**	gen**ibus**
Acusativo	ri**tum**	ri**tus**	gen**u**	gen**ua**
Vocativo	ri**tus**	ri**tus**	gen**u**	gen**ua**
Ablativo	ri**tu**	ri**tibus**	gen**u**	gen**ibus**

2. O acusativo singular dos nomes da 4ª declinação termina em **-um**; o acusativo plural em **-us**.

    Ex.: *Homines audi**tum** exercent.*
    *Homines appeti**tus** habent.*

4ª CONJUGAÇÃO

Pessoas	PRESENTE		IMPERFEITO		FUTURO	IMPERATIVO	
	Indicativo	Subjuntivo	Indicativo	Subjuntivo		Presente	Futuro
1ª pessoa singular	audi-o *ouço*	audi-a-m *ouça*	audi-eba-m *ouvia*	audi-re-m *ouvisse* ou *ouviria*	audi-a-m *ouvirei*		
2ª pessoa singular	audi-s	audi-a-s	audi-eba-s	audi-re-s	audi-e-s	audi *ouve*	audi-to *ouve*
3ª pessoa singular	audi-t	audi-a-t	audi-eba-t	audi-re-t	audi-e-t		audi-to *ouça*
1ª pessoa plural	audi-mus	audi-a-mus	audi-eba-mus	audi-re-mus	audi-e-mus		
2ª pessoa plural	audi-tis	audi-a-tis	audi-eba-tis	audi-re-tis	audi-e-tis	audi-te *ouvi*	audi-tote *ouvi*
3ª pessoa plural	audi-u-nt	audi-a-nt	audi-eba-nt	audi-re-nt	audi-e-nt		audi-u-nto *ouçam*

3. A 3ª pessoa do singular do presente do indicativo dos verbos da 4ª conjugação termina em **-it**; a 3ª pessoa do plural em **-iunt**.

   Ex.:   *Puer au***dit**.
   *Homines sen***tiunt**.

4. Orações condicionais são as que exprimem uma condição da qual resulta a consequência expressa na frase principal. A frase da condição chama-se *condicional* ou *prótase*; a principal, *condicionada* ou *apódose*.

   Ex.:   **Si non narras**, *vapulas*.
   Si: se   **nisi** se não
   Si forte: se acaso   **nisi forte**: se por acaso não

Conversação

— Ad quid Orbilius Quintum alligavit?
— *Orbilius Quintum ad quintam columnam alligavit.*
— Quid ex parte Quinti discipuli audiunt?
— *Discipuli singultus, gemitus, fletus audiunt.*
— Quid ex parte discipulorum Quintus audit?
— *Quintus ex parte discipulorum risus audit.*
— Fueratne suavis Orbilius?
— *Non, sed plagosus.*
— Quid incepit Orbilius?
— *Orbilius novam lectionem incepit.*

— Quod est argumentum novae lectionis?
— *Sensus hominis sunt argumentum novae lectionis.*
— Quid puer post somnum noctis statim facit?
— *Puer post somnum noctis oculos aperit et statim videt, audit, tangit, gustat, olfacit.*
— Quid pueri post somnum noctis statim faciunt?
— *Pueri post somnum noctis oculos aperiunt et statim vident, audiunt, tangunt, gustant, olfaciunt.*
— Quot sunt motus animi pueruli?
— *Innumeri sunt motus animi pueruli.*
— Quomodo dicit antiquum proverbium?
— *Pueruli risum et fletum in uno sacculo habent.*

— Quid etiam viri exercent?
— *Etiam viri visum, gustum, tactum, odoratum exercent.*

— Uno verbo quid faciunt?
— *Sentiunt, sensus exercent.*
— Quos motus habent homines?
— *Homines appetitus, affectus, impetus habent.*
— Quas facultates exercent homines?
— *Homines intellectum et voluntatem exercent.*
— Quid admirabile est?
— *Vita animorum admirabilis est.*

Sentença

Usus magister artium.

Peditis Romani | **Lectio vicesima prima** | Equites Romani

De Romanorum exercitu

MORFOLOGIA: 4ª declinação: genitivo, dativo, ablativo singular e plural e substantivos neutros; particípio presente da 1ª conjugação; pronome poss. **noster**, **vester**; numeral **vicesima prima**. — SINTAXE: **Praeesse** com dativo.

Scipio, vocans filium, interrogavit de lectione Orbilii. Postquam Titus omnia narravit, Scipio dixit:
— Hodie quaedam de exercitu nostro tibi narrabo. Insignia sunt facinora exercitus nostri. Nam, usu armorum milites nostri omnes ceteros exercitus superant, omnibus impetibus ceterorum exercituum resistunt.
Hostium nostrorum urbes saepe fuerunt plenae strepituum, tumultuum peditatus et equitatus nostri.
Robur exercitus Romani est in peditatu; equitatum nostrum in alis collocamus. Alas exercitus Romani cornua nominamus. In cornibus saepe discrimen pugnae est.
Consules universo exercitui nostro praesunt; dextro et sinistro cornu praesunt praefecti.
Sonus cornuum signum impetus dat.
Milites Romani arma insignia habent. Dextra manu hastam aut gladium, sinistra scutum portant.
Saepe exercitus noster obnoxius fuit aestui solis, cruciatui vulnerum, luctui mortium, sed virtute omnia superavit.

Vocabulário

exercitus, us, s. m.: o exército
vocans, v.: chamando
dixit, v.: disse
quaedam, pron.: algumas coisas
noster, tra, trum, adj.: nosso
insignis, e, adj.: insigne

facinus, facinoris, s. n.: o feito, a façanha
usus, us, s. m.: o uso
arma, orum, s. n.: as armas
miles, militis, s. m.: o soldado
ceterus, a, um, adj.: outro
impetus, us, s. m.: o ataque

resistunt, v.: resistem
hostis, is, s. m.: o inimigo
plenus, a, um, adj.: cheio
strepitus, us, s. m.: o estrépito
tumultus, us, s. m.: o tumulto
peditatus, us, s. m.: a infantaria
pedes, peditis, s. m.: o infante
equitatus, us, s. m.: a cavalaria
eques, equitis, s. m.: o cavaleiro
robur, roboris, s. n.: a força
ala, ae, s. f.: a ala
cornu, us, s. n.: o chifre, o corno
discrimen, discriminis, s. n.: o discrime; o momento decisivo, a decisão
consul, consulis, s. m.: o cônsul
praesunt, v.: estão à frente, comandam
dexter, dext(e)era, dext(e)rum, adj.: direito
sinister, tra, trum, adj.: esquerdo
praefectus, i, s. m.: o prefeito, o comandante
sonus, i, s. m.: o som
signum, i, s. n.: o sinal
manus, us, s. f.: a mão
hasta, ae, s. f.: a lança
gladius, i, s. m.: o gládio, a espada
scutum, i, s. n.: o escudo
obnoxius, a, um, adj.: sujeito a, exposto a
aestus, us, s. m.: o calor
sol, solis, s. m.: o sol
cruciatus, us, s. m.: o tormento
vulnus, vulneris, s. n.: a ferida
luctus, us, s. m.: o luto
vultus, us, s. m.: o rosto
invitus, a, um, adj.: constrangido

Comentário

1. O genitivo singular dos nomes da 4ª declinação termina em **-us**; o genitivo plural, em **-uum**.

    Ex.: *Hostium urbes fuerunt plenae strepit**uum**, tumult**uum**, peditat**us** et equitat**us** nostri.*

2. O dativo singular dos nomes masculinos e femininos da 4ª declinação termina em **-ui**; o dativo singular dos neutros em **-u**; o dativo plural em **-ibus**, como na 3ª declinação.

    Ex.: *Exercitus noster obnoxius fuit aest**ui** solis.*
    *Dextro et sinistro corn**u** praesunt praefecti.*

3. O ablativo singular dos nomes da 4ª declinação termina em **-u**; o ablativo plural em **-ibus**.

    Ex.: *Robur exercitus Romani est in peditat**u**.*
    *In corn**ibus** saepe discrimen pugnae est.*

4. O nominativo, acusativo e vocativo dos nomes neutros da 4ª declinação terminam em **-ua**.

    Ex.: *Alas exercitus Romani corn**ua** nominamus.*

5. O verbo *praeesse*, como também muitos verbos compostos com as preposições **prae**, exigem dativo.

> Ex.: *Consules universo exercitui praesunt.*
> Os cônsules comandam todo o exército.

Conversação

— Quem Scipio vocavit?
— *Scipio filium vocavit.*
— Quid Titus tum audivit?
— *Titus de exercitu Romanorum tum audivit.*
— Qualia erant facinora exercitus Romanorum?
— *Insignia erant facinora exercitus Romanorum.*
— Quomodo milites Romani ceteros exercitus superabant?
— *Usu armorum milites Romani ceteros exercitus superabant.*
— Cui resistebant milites Romani?
— *Milites Romani omnibus impetibus ceterorum exercituum resistebant.*

— Quorum strepituum et tumultuum plenae fuerunt hostium urbes?
— *Hostium urbes strepituum et tumultuum peditatus et equitatus Romani plenae fuerunt.*
— Ubi erat robur exercitus Romani?
— *Robur exercitus Romani in peditatu erat.*
— Ubi duces Romani equitatum collocabant?
— *Duces Romani equitatum in alis collocabant.*
— Quomodo Romani alam exercitus nominabant?
— *Romani cornu alam exercitus nominabant.*
— Ubi saepe discrimen pugnae erat?
— *Discrimen pugnae saepe in cornibus erat.*

— Cui consules in bello praeerant?
— *Consules in bello universo exercitui praeerant.*
— Cui praeerant praefecti?
— *Praefecti dextro et sinistro cornu praeerant.*
— Quid signum impetus dabat?
— *Sonus cornuum signum impetus dabat.*
— Quae arma portabant milites Romani?
— *Milites Romani dextra manu hastam aut gladium, sinistra scutum portabant.*

— Quibus incommodis saepe Romanorum exercitus obnoxius erat?
— *Romanorum exercitus saepe aestui solis, cruciatui vulnerum, luctui mortium obnoxius erat.*

Sentença

Vultu ridere invito.
Horácio, Odes, 3, 11, 22.

Lectio vicesima altera

Virgines a diis victoriam implorabant

Roma post pugnam Cannensem

MORFOLOGIA: 5ª declinação; numeral **vicesima altera**.

Quamvis insignia sint facinora exercitus nostri, ait Scipio in sua narratione, tamen nunquam securi sumus. Strages in planitie apud Cannas exemplum est praeclarissimum, et causa fuit trepidationis in urbe Roma.

Senatus, custos rei publicae, statim ac audivit stragem Cannensem, non abscondit perniciem rei publicae imminentem: tum salus rei publicae cura suprema fuit omnibus civibus. Segnitiei paucorum successit alacritas omnium.

Senes, venerabiles canitie et graves facie, memorabant civibus seriem victoriarum antiquorum patrum.

Iuvenes constituebant novas acies et maxima rabie optabant opponere arma colluviei Afrorum et purgare campos Italiae scabie barbariei.

Matronae et virgines implorabant a diis victoriam progeniei Martis. Pueruli, inter spem et metum, spectabant effigies avorum in atriis. Servi quoque tum fidem servaverunt.

Vocabulário

vicesimus (a, um) alter (era, erum): vigésimo segundo
Cannensis, e, adj.: de Canas
quamvis, conj.: embora
tamen, conj.: contudo
nunquam, adv.: nunca
securus, a, um, adj.: seguro
strages, is, s. f.: a derrota
planities, ei, s. f.: a planície
apud, prep. c. acus.: junto de

Cannae, arum, s. f.: Canas
exemplum, i, s. n.: o exemplo
praeclarissimus, a, um, adj.: famosíssimo
trepidatio, onis, s. f.: a perturbação
senatus, us, s. m.: o senado
statim ac, conj.: logo que
audivit, v.: ouviu
abscondit, v.: escondeu
pernicies, ei, s. f.: a ruína, a destruição

res publica, rei publicae, s. f.: a república
imminens, entis, part.: iminente, próximo
salus, salutis, s. f.: a salvação
civis, is, s. m.: o cidadão
segnities, ei, s. f.: a preguiça
successit, v.: sucedeu
alacritas, atis, s. f.: a alacridade, o ardor, a atividade
senex, senis, s. m.: o ancião
venerabilis, e, adj.: venerável
canities, ei, s. f.: as cãs
facies, ei, s. f.: a face
memorare, v.: memorar, lembrar
series, ei, s. f.: a série
constituebant, v.: constituíam
acies, ei, s. f.: a linha (de soldados)
rabies, ei, s. f.: a raiva
optare, v.: optar, desejar
opponere, v.: opor
colluvies, ei, s. f.: a torrente (de imundice)
Afer, Afri, s. m.: o africano
purgare, v.: purgar, limpar
scabies, ei, s. f.: a sarna, a lepra
barbaries, ei, s. f.: a barbárie
progenies, ei, s. f.: a progênie, a raça, a estirpe
spes, spei, s. f.: a esperança
effigies, ei, s. f.: a efígie, a imagem
atrium, i, s. n.: o átrio
quoque, adv. (posposto à palavra que realça): também
fides, fidei, s. f.: a fidelidade
huius (gen. de *haec*): desta
ignis, ignis, s. m.: o fogo

Comentário

1. Quanto às desinências dos nomes da 5ª declinação:

Casos	Singular	Plural
Nominativo	dies *o dia*	dies *os dias*
Genitivo	diei	di**erum**
Dativo	diei	di**ebus**
Acusativo	di**em**	dies
Vocativo	dies	dies
Ablativo	die	di**ebus**

2. De todas as palavras da 5ª declinação só **dies** e **res** têm singular e plural completo; as outras têm somente os casos do singular e o nom. e acus. plural.
3. *Dies* é masculino quando indica período de 24 horas; é feminino, quando indica uma data fixa.

 Ex.: *Certa die, praestituta die* etc.

Conversação

— Estne unquam secura pax patriae?
— *Pax patriae numquam secura est.*
— Quid huius rei exemplum insigne est?
— *Strages in planitie apud Cannas huius rei exemplum insigne est.*
— Cuius rei causa fuit strages in planitie apud Cannas?
— *Strages in planitie apud Cannas causa trepidationis in urbe Roma fuit.*
— Quid non fecit senatus statim ac stragem Cannensem audivit?
— *Perniciem rei publicae imminentem non abscondit.*
— Quae tum fuit cura suprema omnibus civibus?
— *Salus rei publicae tum cura suprema omnibus civibus fuit.*

— Quid segnitiei paucorum successit?
— *Segnitiei paucorum successit alacritas omnium.*
— Quomodo senes venerabiles et graves sunt?
— *Senes venerabiles canitie et graves facie sunt.*
— Quid senes memorabant civibus?
— *Senes civibus seriem victoriarum antiquorum patrum memorabant.*
— Quid constituebant iuvenes?
— *Iuvenes novas acies constituebant.*
— Quid maxima rabie iuvenes optabant?
— *Iuvenes maxima rabie arma colluviei Afrorum opponere et campos Italiae scabie barbariei purgare optabant.*

— Quid vides in pictura?
— *Virgines, aras, ignem video.*
— Quid faciunt virgines?
— *Virgines a diis victoriam progeniei Martis implorant.*
— In quo affectu erant pueruli?
— *Pueruli inter spem et metus erant.*
— Quid spectabant pueruli?
— *Pueruli effigies avorum in atriis spectabant.*
— Quid servi quoque tum faciebant?
— *Servi quoque tum fidem servabant.*

Sentenças

Magister usus omnium est rerum optimus.
Secundae amicos res parant, tristes probant.

Publílio Siro.

Lectio vicesima tertia

Titus et Paulus cum paedagogo ad Ludum properant

De monitione discipuli novi

MORFOLOGIA: O gerúndio; numeral **vicesima tertia**.
— SINTAXE: Emprego do gerúndio.

— Tempus est surgendi, Paule! Audisne?
— Non audio.
— Quid ergo facis?
— Dormio.
— Quomodo potes dormire, si vocem tuam audio.
— Saltem dormire cupio.
— Nunc autem non est tempus dormiendi, sed surgendi et properandi ad Ludum.

Post breve tempus Titus et Paulus cum paedagogo ad Ludum properant. Dum properant, paedagogus Paulum monet:

— Orbilius magister vir iustus et benignus est. Discipulos bonos Orbilius non vituperat; sed Quintum, discipulum pigrum, nonnunquam monet. Discipulis bonis pulchras res monstrat.

Vocabulário

monitio, onis, s. f.: a admoestação
surgendi, subst. v.: de levantar
ergo, conj.: portanto
quomodo, adv. e conj.: como, de que modo
potes, v.: podes
saltem, adv.: ao menos
cupio, v.: desejo
autem, conj.: porém
paedagogus, i, s. m.: o pedagogo

dum, conj.: porém
maxime, adv.: sumamente
colo, v.: estimo
vituperare, v.: vituperar, censurar
nonnumquam, adv.: algumas vezes
mane, adv.: de manhã
amplius, comp.: mais
surrexerunt, v.: levantaram-se
tabula, ae, s. f.: a tabuinha (de escrever)

Comentário

1. A forma *dormiendi* é o genitivo do infinito *dormire* e chama-se *gerúndio*. O gerúndio tem significação ativa.
   As outras formas do gerúndio de *dormire* são: *dormiendo* (dativo), *ad dormiendum* (acus.), *dormiendo* (abl.). O acusativo só se emprega com preposição, geralmente *ad*.

2. **Gerundivo**: trata-se de um adjetivo verbal. Concorda em gênero, número e caso com o substantivo a que se refere.
   É formado adicionando -**andus, a, um** à raiz do verbo de primeira conjugação, -**endus, a, um** aos verbos de segunda e terceira conjugações (a forma arcaica da terceira era -**undus, a, um**) e -**iendus, a, um** aos verbos da quarta conjugação.
   Usa-se como variante das construções de gerúndio: *cupidus edendi fructa* (desejoso de comer frutas) em vez de *cupidus edendorum fructorum* (que significa a mesma coisa, porém concordando com gênero e número, tal como um adjetivo).
   É empregado:
   - atributivamente: *Auctor minime spernendus* (autor que de nenhum modo se deve desprezar).
   - predicativamente:

   a) com o verbo *esse*: *Epistu**la** mihi scriben**da** est* (devo escrever uma carta).

   b) com os verbos *accipere, attribuere, sumere, suscipere, curare, dare, tradere* etc., para designar o fim, a intenção: *Pueris sententi**as** virorum sapientium ediscend**as** damus* (damos aos meninos as máximas de homens sábios para as decorar).

3. **VIDA ROMANA: Instrução até os 17 anos**

   (Cont. da 11ª lição)

   b) **Gramática**. O segundo período na instrução de um jovem romano era o da gramática, desde os 12 ou 13 anos até pelos 16.
   No local da aula viam-se bustos de autores célebres e baixos relevos. Explicavam-se os poetas gregos Homero, Hesíodo, Menandro, primeiro em traduções, depois no próprio original, e os poetas latinos Lívio Andrônico, Terêncio, e mais tarde Virgílio e Horácio.
   O professor fazia observações sobre a gramática, métrica, mitologia, história literária ou política, física, geografia e tudo quanto pudesse esclarecer o texto.

O estudante decorava o trecho explicado em aula, e fazia pequenas composições, reduzindo à prosa excertos de um poeta ou escrevendo pequenas narrações.

c) **Retórica**. Com 16 anos o jovem começava a frequentar o retor, que lhe ensina eloquência. O aluno aplicava-se a escrever discursos sobre assuntos imaginários e a declamá-los com a ajuda do professor, que lhe fazia reparos sobre a elocução, o gesto etc.

Aos 17 anos o jovem deixava o ensino do retor e tornava-se adulto.

Conversação

— Quod tempus nunc magistro est?
— *Magistro nunc tempus docendi est.*
— Quod tempus fuit hodie mane inter horam sextam et septimam?
— *Hodie mane inter horam sextam et septimam tempus surgendi fuit.*
— Quid faciebas ante horam sextam?
— *Ante horam sextam dormiebam.*
— Hora quinta cupiebasne dormire amplius?
— *Cupiebam.*
— Per quot saltem horas dormis?
— *Per octo saltem horas dormio.*

— Breve tempus postquam surrexerunt, quo properant Titus et Paulus?
— *Breve tempus postquam surrexerunt, Titus et Paulus ad Ludum properant.*
— Quocum properant?
— *Cum paedagogo properant.*
— Quid manibus tenet paedagogus?
— *Paedagogus lanternam et tabulas manibus tenet.*
— Qua manu lanternam, qua manu tabulas tenet?
— *Lanternam dextera, tabulas sinistra tenet.*
— Quota hora est?
— *Mane est.*

— Paedagogus eratne magister?
— *Non, sed dux puerorum in via ad scholam erat.*
— Dabatne magister aliquando monitiones?
— *Sane, aliquando magister monitiones dabat.*
— Quales discipulos nonnumquam vituperabat?
— *Discipulos pigros nonnumquam vituperabat.*
— Quales discipulos nonnumquam laudabat?
— *Discipulos sedulos nonnumquam laudabat.*
— Quid monstrabat Orbilius in Ludo?
— *Orbilius in Ludo pulchras res monstrabat.*

Lectio vicesima quarta

Marcus discum longe mittit

In campo Martio

MORFOLOGIA: Pronome possessivo; numeral **vicesima quarta**. — SINTAXE: Concordância do pronome possessivo.

Paulus cum Orbilio ad campum Martium venit. Titus, Catullus, Alexander, Marcus, Quintus iam ibi erant.

Paulus ludere non potest; itaque condiscipulos suos spectat.

Titus pilum mittit. Alexander et Quintus multis cum amicis suis currunt. Marcus discum suum longe mittit, et primum locum obtinet.

Sequenti die Titus epistulam Galbae scribit:

Titus Galbae, villico nostro, salutem dat.

Si tu et Sempronia valetis, bene est; ego et Marcus valemus. Heri Marcus tuus discum longe mittendo primum locum obtinuit. Vale.

Galba ita respondet:

Galba Tito, amico nostro carissimo, salutem.

Gaudeo, quod Marcus noster primum locum obtinuit. Saepe de vestris beneficiis amicis nostris narramus. A domino Scipione peto, ut villam suam invisat, nam coloni aliquid obtinere volunt. Valete.

Vocabulário

Martius, a, um, adj.: Márcio, de Marte
ibi, adv.: ali
ludere, v.: jogar, brincar
itaque, conj.: por isso; assim, pois
pilum, s. n.: o dardo
mittit, v.: atira, lança
currunt, v.: correm
discus, i, s. m.: o disco
longe, adv.: longe
locus, i, s. m.: o lugar
obtinet, v.: obtém

obtinuit, v.: obteve
sequens, ntis, adj.: seguinte
salus, salutis, s. f.: a saudação
valere, v.: estar de saúde
bene, adv.: bem
gaudeo, v.: alegro-me
quod, conj.: que
invisere, v.: visitar
colonus, i, s. m.: o colono
aliquid, pron.: alguma coisa
volunt, v.: querem

Conversação

— Quid videtis in pictura?
— *In pictura magistrum Orbilium, pueros, columnas, statuas, campum magnum videmus.*
— Quid faciunt pueri?
— *Pueri currunt, pilum et discum mittunt.*
— Quo venit Paulus cum Orbilio?
— *Paulus cum Orbilio ad campum Martium venit.*
— Quis iam ibi erat?
— *Titus, Catullus, Alexander, Marcus, Quintus iam ibi erant.*
— Cur Paulus alios condiscipulos spectabat?
— *Quia ludere non poterat, parvus erat.*

— Quid facit Titus?
— *Titus pilum mittit.*
— Quid faciunt Alexander et Quintus?
— *Alexander et Quintus cum amicis suis currunt.*
— Quid facit Marcus?
— *Marcus discum suum longe mittit.*
— Quid obtinet Marcus?
— *Marcus primum locum obtinet.*
— Cui Titus epistulam scribit?
— *Titus Galbae epistulam scribit.*

— Quomodo Titus incipit epistulam?
— *Titus Galbae, villico nostro, salutem dat.*
— Cur gaudet Galba?
— *Galba gaudet, quod Marcus primum locum obtinuit.*
— De quo beneficio hic sermo est?
— *Sermo hic est de merito et laude Marci.*
— Quid petit Galba a domino Scipione?
— *Galba a domino Scipione petit ut villam suam visitet.*
— Cur hoc petit?
— *Quia coloni aliquid obtinere volunt.*

Lectio vicesima quinta

Titus bullam et togam praetextam ante Lares deposuit

Togam albam Titus induit

MORFOLOGIA: Subjuntivo de **esse**; numeral **vicesima quinta**.
— SINTAXE: Oração optativa.

Titus non iam erat puer, et appropinquabat hora, qua adulescentuli togam mutabant. Iam aderant Liberalia. Liberalia sunt tempus, ubi pueri Romani togam virilem sumunt. Aemilius, avus Titi, multi propinqui et amici mane erant in atrio.

Prima hora Titus bullam et togam praetextam ante Lares familiae deposuit. Postea tunicam et togam albam induit piisque verbis clementiam deorum imploravit:

— Utinam semper sim in vestra tutela! Vita mea libera sit morbis atque curis! Semper sitis mihi propitii. Gratiam vobis habebo sempiternam.

Deinde Scipio:

— Hodie, inquit, te adulescentulum saluto. Grati simus erga deos! Sis semper beatus! Eris beatus, si vir probus et pius eris, sicut puer strenuus fuisti. Maestus essem et dei essent irati, si alius esses atque antea fuisti.

Postea propinqui et amici cum Scipione et Tito ad Forum eunt, ubi praetor nomen Titi in numero civium scribit.

Quam laetus erit Titus! Deinde in monte Capitolino sacrificium publicum erit. Denique erit cena magna.

Vocabulário

appropinquare, v.: aproximar-se
aderant, v.: chegavam
Liberalia, ium ou *iorum*, s. n.: festas em honra de Baco
virilis, e, adj.: viril
propinquus, i, s. m.: o parente

mane, adv.: de manhã
praetextus, a, um, part.: orlado, que tem orla
toga praetexta: a toga pretexta (toga branca, orlada de púrpura)
Lares, um, s. m.: os lares

deposuit, v.: depôs
induit, v.: vestiu
pius, a um, adj.: piedoso
utinam, conj.: oxalá que
tutela, ae, s. f.: a tutela, a proteção
propitius, a, um, adj.: propício
gratiam habere: agradecer, ficar obrigado

deinde, adv.: depois
erga, prep. c. acus.: para com
praetor, oris, s. m.: o pretor
denique, adv.: finalmente
conclave, is, s. n.: o quarto, a sala
eunt, v.: vão

Comentário

1. Em latim, o desejo atual *realizável* exprime-se pelo *presente* do subjuntivo acompanhado geralmente de *utinam*; e o *perfeito* para um desejo no passado. A oração chama-se *optativa*.

   Ex.: **Utinam** *semper* **sim** *in vestra tutela*!
   Oxalá sempre esteja sob a vossa proteção!
   Utinam *salvus atque incolumis Athenas* **adveneris**.
   Oxalá tenhas chegado são e salvo a Atenas.

2. **VIDA ROMANA: O jovem alcança a virilidade**

   Aos 17 anos o jovem abandonava o ensino do retor. Realizava-se então uma cerimônia especial em família. De manhã, o rapaz despia solenemente a toga pretexta, com orlas de púrpura, e vestia a toga viril, completamente branca. Tirava também a bula, que recebera quando bebê.

   A seguir, havia uma procissão ao foro, em que parentes, amigos e escravos acompanhavam o jovem. No foro seu nome era inscrito oficialmente no rol dos cidadãos de Roma. Ofereciam-se sacrifícios aos deuses, e o dia terminava com um alegre banquete.

   Estava concluída a educação. Entretanto, se desejasse aperfeiçoar-se, o romano passaria alguns anos na Grécia, pátria da eloquência e das artes. Assim fizeram Cícero, César, Horácio.

Conversação

— Quid videtis in pictura?
— *Conclave magnum cum ara videmus.*
— Qui dies festi aderant?
— *Liberalia aderant.*
— Quod tempus sunt Liberalia?
— *Liberalia sunt tempus, ubi pueri Romani togam virilem sumunt.*
— Quis mane erat in atrio?
— *Aemilius, avus Titi, multi propinqui et amici mane in atrio erant.*

— Quis ad aram appropinquavit?
— *Titus ad aram appropinquavit.*

— Quid Titus facere cupit?
— *Togam pretextam ante Lares familiae deponere cupit.*
— Quid iam deposuit?
— *Bullam iam deposuit.*
— Quid postea induit?
— *Postea tunicam et togam albam induit.*
— Quomodo clementiam deorum imploravit?
— *Clementiam deorum imploravit his verbis: "Utinam semper sim in vestra tutela! Vita mea libera sit morbis atque curis! Semper sitis mihi propitii. Gratiam vobis habebo sempiternam".*
— Quid fecit Scipio?
— *Scipio Titum adulescentulum salutavit.*

— Eritne Titus semper beatus?
— *Sane, si vir probus et pius erit.*
— Post caerimoniam quid fecerunt propinqui et amici?
— *Post caerimoniam propinqui et amici cum Scipione et Tito ad Forum eunt.*
— Cur ad Forum eunt?
— *Ad Forum eunt, ut ibi praetor nomen Titi in numero civium scribat.*
— Quid deinde fecerunt?
— *Deinde in monte Capitolino sacrificium publicum fecerunt.*
— Quid denique fuit?
— *Denique cena magna fuit.*

Sentença

Ne sitis ingrati!

Lectio vicesima sexta

Postridie Scipio et Titus villam sectabant

Villa Scipionis

MORFOLOGIA: Subjuntivo da 1ª e 2ª conjugação; numeral **vicesima sexta**.
— SINTAXE: **Cum** com o subjuntivo.

Scipio, post diem festum, servis imperavit, ut omnia ad iter in villam pararent.
— Galba, villicus meus, a me petivit, ut villam visitarem. Via terrestri iter facere volo.
— Oro te, pater, ut mihi liceat tecum esse!
— Valde probo consilium tuum, Tite.
Deinde Scipio monuit servos, ut dominae parerent. Interea Titus curaverat, ut auriga mulos alligaret.
Vesperi erant in villa. Postridie Scipio et Titus villam spectabant. Silvae, horti virebant, et in pratis erant armenta. Cum agricolae aquam rivorum derivavissent, prata magnam pabuli copiam praebebant.
Coloni Scipionem et Titum salutabant.
Tum unus ex colonis:
— Rogamus te, inquit, domine, ut nobis liceat hortos nostros muris firmare; nam, cum nuper apri hortos delevissent, magna laboravimus inopia. Non rogavissem, nisi damnum esset magnum.
— Non frustra oravisti, inquit Scipio, Galbae mandabo, ut vobis praebeat, quod erit necessarium.
Postea, cum Scipio et Titus casas colonorum spectarent, feminae et puellae poma apportabant.

Vocabulário

post, prep. c. acus.: depois
iter, itineris, s. n.: a viagem
parare, v.: preparar

facere, v.: fazer
volo, v.: quero
liceat, v.: seja permitido

consilium, i, s. n.: a resolução
parere, v.: obedecer
interea, adv.: neste meio tempo
auriga, ae, s. m.: o cocheiro
vesperi, adv.: à tarde
postridie, adv.: no dia seguinte
virere, v.: verdejar
pratum, i, s. n.: o prado
armentum, i, s. n.: o rebanho
derivare, v.: desviar
pabulum, i, s. n.: o pasto
copia, ae, s. f.: a abundância
nuper, adv.: recentemente
aper, apri, s. m.: o javali
inopia, ae, s. f.: a indigência
nisi, conj.: se não
damnum, i, s. n.: o dano
frustra, adv.: em vão
pomum, i, s. n.: o pomo, a fruta
cum eo: com ele
tacere, v.: calar
maneo, mansi, mansum, manere, v.: permanecer

Comentário

1. Em narrações, *cum* = *quando, como*, rege o *imperfeito do subjuntivo*, quando o que se narra na oração temporal sucede *na mesma época* daquilo que se narra na oração principal; rege o *mais-que-perfeito do subjuntivo*, quando o que se narra na oração temporal sucede *antes* do que se narra na oração principal.

    Ex.: *Cum Scipio et Titus casas colonorum* **spectarent**, *feminae et puellae poma apportabant*: quando Cipião e Tito examinavam as choupanas dos colonos, as mulheres e as meninas traziam frutas.
    Cum agricolae aquam rivorum **derivavissent**, *prata magnam pabuli copiam praebebant*: como os agricultores tivessem desviado a água dos arroios, os prados davam grande abundância de pasto.

2. **Vida romana: A casa de campo**

    O romano rico e de posição social tinha não só uma, senão diversas vilas ou casas de campo. Estas vilas estavam situadas ora nas montanhas do interior, ora junto à praia do mar; algumas tão perto de Roma, que se podiam visitar a qualquer hora, outras tão afastadas, que se viajava para lá apenas em ocasiões especiais e por algum lapso de tempo.

    Muitas vezes estas vilas eram construídas de pedra branca em lugares aprazíveis e protegidos. Rodeavam-nas grandes jardins com lindas flores e árvores copadas. Dentro reinava o conforto da mais fina residência na capital.

    Além disso, as vilas romanas abasteciam as casas da cidade com frutas frescas, hortaliça, aves etc.

Conversação

— Quid Scipio servis imperavit?
— *Scipio servis imperavit, ut omnia ad iter in villam pararent.*
— Quando Scipio hoc servis imperavit?
— *Post diem festum Scipio hoc servis imperavit.*
— Quid Galba a Scipione petivit?
— *Galba a Scipione petivit, ut villam visitaret.*
— Qua via Scipio iter facere vult?
— *Scipio via terrestri iter facere vult.*
— Quid Titus patrem orat?
— *Titus patrem orat, ut sibi liceat cum eo esse.*

— Quid Scipio monuit servos?
— *Scipio monuit servos, ut dominae parerent.*
— Quid interea curaverat Titus?
— *Titus interea curaverat, ut auriga mulos alligaret.*
— Quando erant in villa?
— *Vesperi erant in villa.*
— Quando Scipio et Titus villam spectabant?
— *Postridie Scipio et Titus villam spectabant.*
— Quomodo erant silvae et horti?
— *Silvae et horti virebant.*

— Quid erat in pratis?
— *In pratis erant armenta.*
— Cum agricolae aquam rivorum derivavissent, quid accidit?
— *Prata magnam pabuli copiam praebebant.*
— Num coloni Scipionem et Titum viderunt?
— *Sane, coloni Scipionem et Titum salutabant.*
— Quid unus ex colonis Scipionem rogavit?
— *Unus ex colonis rogavit, ut liceret hortos muris firmare.*
— Cur hoc rogavit?
— *Quia nuper apri hortos deleverant.*

— Cum nuper apri hortos delevissent, quid accidit?
— *Cum nuper apri hortos delevissent, coloni magna inopia laboraverunt.*
— Nisi damnum magnum fuisset, quid colonus non fecisset?
— *Nisi damnum magnum fuisset, colonus non rogavisset.*
— Num colonus Scipionem frustra oravit?

— *Non, colonus Scipionem non frustra oravit.*
— Quid Scipio Galbae mandabit?
— *Scipio Galbae mandabit, ut colonis praebeat, quod erit necessarium.*
— Postea, cum Scipio et Titus casas colonorum spectarent, quid accidit?
— *Postea, cum Scipio et Titus casas colonorum spectarent, feminae et puellae poma apportabant.*

Sentença

Si tacuisses, philosophus mansisses.
Boécio, De consol. philos., 2, 7.

Lectio vicesima septima

Cloelia ceteras virgines clam ad Tiberim duxit et flumen inter tela

Cloelia

MORFOLOGIA: 3ª conjugação; numeral **vicesima septima**.
— SINTAXE: Construção de **donare**; **ut** e **ne** finais com o subjuntivo.

Iulia, soror Catulli, Lesbiam hodie invisit.
— Salve, Lesbia! dicit Iulia.
— Salve, carissima Iulia! inquit Lesbia.
— Sed quid modo legebas?
— Legebam historiam Cloeliae, postea legam historiam Veturiae et, si essem perita linguae Graecorum, fabulas Aesopi legerem.
— Narra mihi, quaeso, historiam Cloeliae!
— Porsenna, rex Etruscorum, cum nostris bellum gerebat. Magnas res nostri tum gesserunt. Tamen, cum diu magna fortitudine se defendissent, urbem hostibus tradiderunt. Magnum numerum obsidum Porsenna postulavit. In eo numero erat Cloelia virgo. Amore patriae incitata Cloelia ceteras virgines clam ad Tiberim duxit et flumen inter tela hostium tranavit. Rex statim legatos ad urbem misit et postulavit, ut senatus Cloeliam remitteret. Dux legationis:
— Nisi Cloeliam remiseritis, inquit, urbem vestram delebimus.
Senatus, ne regis iram excitaret, Cloeliam remisit. Tum rex:
— Audacia tua, inquit, virgo, praemio non poena est digna. Dono te libertate, et licet tibi etiam partem virginum tecum ducere.
Cloelia minimas natu elegit. Cum virgines reduxisset, senatus statuam Cloeliae in Sacra Via collocare constituit.

Vocabulário

invisit, v.: veio ver, visitou
modo, adv.: há pouco
Cloelia, ae, s. f.: Clélia

Veturia, ae, s. f.: Vetúria
peritus, a, um, adj.: perito, instruído
Aesopus, i, s. m.: Esopo

quaeso, v.: peço-te, por favor
Porsenna, ae, s. m.: Porsena
Etruscus, i, s. m.: o etrusco
gero, gessi, gestum, gerere, v.: fazer
diu, adv.: por muito tempo
fortitudo, fortitudinis, s. f.: a fortaleza
trade, tradidi, traditum, tradere, v.: entregar
obses, obsidis, s. m. e f.: o refém
postulare, v.: exigir
clam, adv.: às escondidas
telum, i, s. n.: o dardo
tranare, v.: atravessar a nado
statim, adv.: imediatamente
mitto, misi, missum, mittere, v.: enviar
remitto, remisi, remissum, remittere, v.: reenviar
ne, conj.: para que não
legatio, onis, s. f.: a legação
donare, v.: dar
natu, abl.: pelo nascimento
minima natu: a mais moça
reduco, reduxi, reductum, reducere, v.: reconduzir
constituo, constitui, constitutum, constituere, v.: resolver

Comentário

1. O verbo *donare* admite duas construções:

   Dono **te** *libertate* ⎫
   ⎬ dou-te a liberdade
   Dono **tibi** *libertatem* ⎭

2. As conjunções finais, **ut**: *que, para que, a fim de que*, e **ne**: *para que não, a fim de que não*, não exigem o subjuntivo.

   Ex.: *Rex postulavit,* **ut** *senatus Cloeliam* **remitteret**.
   O rei exigiu que o senado reenviasse Clélia.
   Senatus, **ne** *regis iram* **excitaret**, *Cloeliam remisit*.
   O senado, para não excitar (para que não excitasse) a ira do rei, reenviou Clélia.

Conversação

— Quid Iulia hodie facit?
— *Iulia Lesbiam hodie invisit.*
— Quid dicit Iulia?
— *Salve Lesbia!*
— Quid inquit Lesbia?
— *Salve carissima Iulia!*
— Quid modo legebat Lesbia?
— *Lesbia modo historiam Cloeliae legebat.*
— Quid Lesbia postea leget?
— *Lesbia postea historiam Veturiae leget.*

— Estne Lesbia linguae Graecorum perita?
— *Non, Lesbia linguae Graecorum perita non est.*
— Si Lesbia lingua Graecorum perita esset, quid faceret?
— *Si Lesbia lingua Graecorum perita esset, fabulas Aesopi legeret.*
— Quam historiam petit Iulia, ut Lesbia sibi narret?
— *Iulia petit, ut Lesbia historiam Cloeliae sibi narret.*

— Quis erat Porsenna?
— *Porsenna rex Etruscorum erat.*
— Quid faciebat Porsenna?
— *Porsenna cum Romanis bellum gerebat.*
— Quid Romani tum fecerunt?
— *Romani tum magnas res gesserunt.*
— Cum Romani diu magna fortitudine se defendissent, quid tamen fecerunt?
— *Cum Romani diu magna fortitudine se defendissent, tamen urbem hostibus tradiderunt.*
— Quid Porsenna postulavit?
— *Porsenna magnum numerum obsidum postulavit.*
— Quis in eo numero erat?
— *In eo numero erat Cloelia virgo.*
— Quem Cloelia ad Tiberim duxit?
— *Cloelia ceteras virgines ad Tiberim duxit.*

— Cur Cloelia virgines ad Tiberim duxit?
— *Cloelia amore patriae incitata virgines ad Tiberim duxit.*
— Quomodo flumen tranavit?
— *Flumen inter tela hostium tranavit.*
— Quem rex statim ad urbem misit?
— *Rex statim legatos ad urbem misit.*
— Quid rex postulavit?
— *Rex postulavit, ut senatus Cloeliam remitteret.*
— Quid inquit dux legationis?
— *Nisi Cloeliam remiseritis, urbem vestram delebimus.*

— Quid fecit senatus?
— *Senatus Cloeliam remisit.*
— Cur senatus Cloeliam remisit?
— *Senatus Cloeliam remisit, ne regis iram excitaret.*

— Quid rex tum inquit?
— *Audacia tua, virgo, praemio non poena est digna.*
— Qua re rex Cloeliam donavit?
— *Rex Cloeliam libertate donavit.*
— Quid licuit Cloeliae?
— *Cloeliae etiam partem virginum secum ducere licuit.*
— Quid fecit Cloelia?
— *Cloelia minimas natu elegit.*
— Cum Cloelia virgines reduxisset, quid fecit senatus?
— *Cum Cloelia virgines reduxisset, senatus statuam Cloeliae in Sacra Via collocare constituit.*

Sentença

Eligas, quem diligas.

Rhetorica ad Herennium 4, 21, 29.

Lectio duodetricesima

Misericordia in alios, severitas in se ipsum

Maxima hominum gloria

MORFOLOGIA: 4ª conjugação; numeral **duodetricesima**.
— SINTAXE: Colocação das palavras.

Aemilius, avus Titi, nepoti suo haec dicit:
— Cura ut nutrias esurientes, vestias nudos, sepelias mortuos, erudias indoctos, omnia mala aliena lenias et victoriam malorum hominum impedias. Si unusquisque hominum muniret infirmos indefensos, quam laeta esset vita hominum! Omnes laudant hominem qui nutriverit esurientes, vestiverit nudos, sepeliverit mortuos, erudiverit indoctos, sed maximam laudem meret homo qui sopiverit iras et impetus cupiditatum. Misericordia enim in alios, severitas in se ipsum maxima est gloria hominum. Si semper homines sopivissent impetus cupiditatum, quam laetissima vita hominum fuisset. Dissoluti hominum mores rei publicae maxime nocent.

Vocabulário

nepos, nepotis, s. m.: o neto
haec, pron.: estas coisas
nutrire, v.: nutrir
esurire, v.: ter fome
vestire, v.: vestir
nudus, a, um, adj.: nu
sepelire, v.: sepultar
mortuus, a, um, part.: morto
erudire, v.: instruir
alienus, a, um, adj.: alheio
lenire, v.: suavizar
impedire, v.: impedir

unusquisque, pron.: cada um
munire, v.: munir
infirmus, a, um, adj.: fraco
indefensus, a, um, adj.: indefenso, indefeso
quam, adv. e conj.: quão, como
qui, pron.: que
merere, v.: merecer
sopire, v.: sopitar, acalmar
ipse, ipsa, ipsum, pron.: mesmo
sepelire, v.: sepultar
urere, v.: queimar

Comentário

Visto que em latim a relação das palavras facilmente se reconhece pelas desinências, a colocação delas não está sujeita a regras tão fixas e definidas como geralmente nas línguas modernas, mas assenta, em grande parte, na importância que se dá a cada uma das palavras conforme o sentido do discurso e a harmonia da frase.

Em geral se põe o sujeito no princípio e o predicado no fim da oração; os complementos e as restantes determinações colocam-se no meio, perto da palavra a que se referem.

Ex.: *Aemilius, avus Titi, nepoti suo haec dicit.*
Emílio, avô de Tito, diz a seu neto estas coisas.

O nome aposto, sobretudo quando está acompanhado dum atributo, pospõe-se quase sempre ao substantivo a que pertence.

Ex.: *Aemilius,* **avus** *Titi.*

Os adjetivos possessivos geralmente se pospõem aos substantivos a que se referem.

Ex.: *Nepoti* **suo**.

O genitivo coloca-se ordinariamente depois do substantivo; coloca-se antes quando é realçado.

Ex.: *Avus* **Titi**. **Veritatis** *amicus.*

Entre o substantivo e o adjetivo que lhe pertence, podem colocar-se elegantemente as determinações do substantivo ou do adjetivo.

Ex.: *Maxima* **hominum** *gloria.*
Dissoluti **hominum** *mores.*

Conversação

— Quid debemus facere esurienti?
— *Esurientem nutrire debemus.*
— Quid debemus facere nudo?
— *Nudum vestire debemus.*
— Quid debemus facere mortuo?
— *Mortuum sepelire debemus.*
— Quid debemus facere indocto?
— *Indoctum erudire debemus.*

— Quid facere debemus infirmis indefensis?
— *Infirmos indefensos defendere debemus.*
— Quid facere debemus malis hominibus?
— *Victoriam malorum hominum impedire debemus.*
— Quid facere debemus iris et impetibus cupiditatis?
— *Iras et impetus cupiditatum sopire debemus.*

— Cui cibum dare debemus?
— *Esurienti cibum dare debemus.*
— Cui vestem dare debemus?
— *Nudo vestem dare debemus.*
— Cui sepulturam dare debemus?
— *Mortuo sepulturam dare debemus.*
— Cui doctrinam ministrare debemus?
— *Indocto doctrinam ministrare debemus.*
— Cui victoriam impedire debemus?
— *Mali hominis victoriam impedire debemus.*

— Maxima laudem meret homo qui fecerit quid?
— *Maximam laudem meret homo qui sopiverit iras et impetus cupiditatum.*
— In quem debet esse misericordia?
— *Misericordia debet esse in alios.*
— In quem debet esse severitas?
— *Severitas debet esse in se ipsum.*
— Laetissima fuisset vita hominum, si homines semper quid fecissent?
— *Laetissima fuisset vita hominum, si homines impetus cupiditatum semper sopivissent.*
— Qui mores rei publicae maxime nocent?
— *Dissoluti hominum mores rei publicae maxime nocent.*
— Quae est ergo maxima hominum gloria?
— *Maxima hominum gloria est misericordia in alios, severitas in se ipsum.*

Sentença

Hominem mortuum in urbe ne sepelito neve urito.

Lectio undetricesima

Regina ridet

Regina ridet.
— Cur rides, Regina?
— Rideo, quia magistra me laudavit.
— Cur magistra te laudavit?
— Quia sedula fui et librum, cui titulus est "Módulo I", a lectione prima usque ad duodetricesimam legi.
— Nonne facilis est lingua Latina?
— Facilis et paene lingua Lusitana est.
— Placuitne tibi historia Lesbiae?
— Valde placuit et tristis ero, si liber, cui titulus est "Módulo II", nihil de Lesbia narrabit.
— Tristis non eris anno sequenti, quia "Módulo II" multa de Lesbia narrabit. Interea ex toto corde optimum examen et ferias quam felicissimas tibi opto, et in gratiarum actionem pro tot ac tantis beneficiis per annum acceptis benignissimam nostram Matrem Caelestem angelica salutatione simul honoremus:

Ave, Maria, gratia plena; Dominus tecum; benedicta tu in mulieribus, et benedictus fructus ventris tui, Iesus. Sancta Maria, Mater Dei, ora pro nobis peccatoribus, nunc et in hora mortis nostrae. Amen.

Discipulis et magistris vacationes felices, fortunatas!

Módulo II

CHARTA EUROPAE

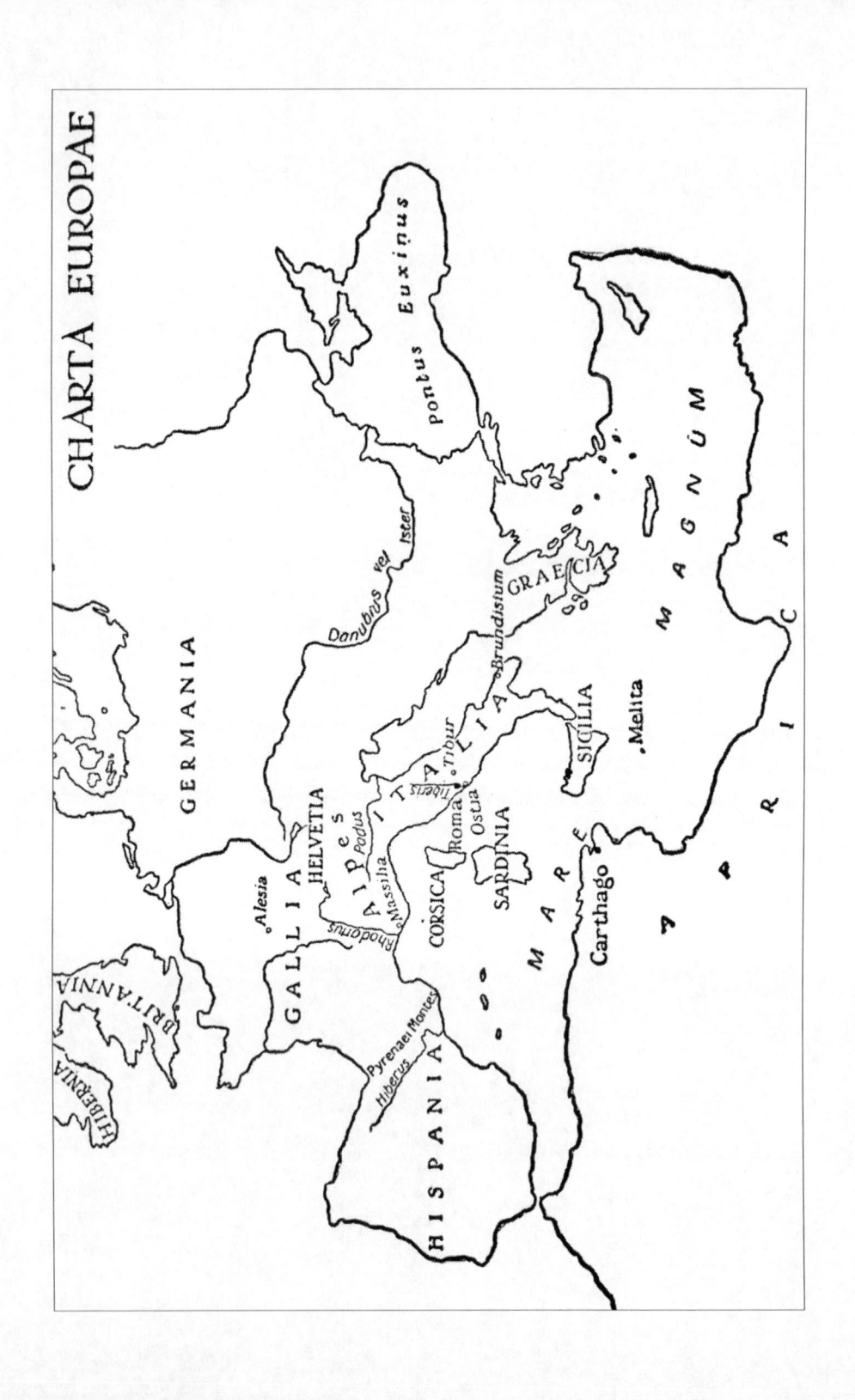

Lectio prima

In Brasilia nos, in Lusitania Lusitani habitant

Ante tabulam

— Ibi est tabula Brasiliae. Ego tabulam monstro; vos, discipulae, spectate! Ubi est Brasilia? Te, Regina, appello.
— Brasilia est ibi.
— Recte monstras. Laudo te. In Brasilia nos, in Lusitania Lusitani habitant.
— Monstra nobis Italiam!
— Spectate iterum tabulam! Monstrabo vobis Italiam. Hic est Italia, patria Lesbiae.

Vocabulário

ante, prep. c. acus.: diante de
tabula, *ae*, s. f.: o mapa
ibi, adv.: ali
monstro, *avi*, *atum*, *are*, v.: mostrar
specto, *avi*, *atum*, *are*, v.: olhar, contemplar

ubi, adv.: onde
appello, *avi*, *atum*, *are*, v.: chamar
recte, adv.: corretamente
iterum, adv.: de novo

Comentário gramatical

— Declinação dos pronomes pessoais

Casos	1ª Pessoa		2ª Pessoa	
	Singular	Plural	Singular	Plural
Nominativo	ego: *eu*	nos: *nós*	tu: *tu*	vos: *vós*
Genitivo	mei: *de mim*	nostri, nostrum (partitivo): *de nós*	tui: *de ti*	vestri, vestrum (partitivo): *de vós*
Dativo	mihi: *a mim, me*	nobis: a nós, nos	tibi: *a ti, te*	vobis: *a vós, vos*
Acusativo	me: *me*	nos: nos	te: *te*	vos: *vos*
Vocativo	—	—	tu: *oh tu*	vos: *oh vós*
Ablativo	me: *por mim*	nobis: por nós	te: *por ti*	vobis: *por vós*

— Palavras invariáveis *ibi, ubi* etc.

Advérbios de lugar	
hic: aqui	*quo*: para onde
ibi: aí	*foris*: fora
hinc: daqui	*infra*: embaixo
inde: de lá	*intus*: dentro
huc: para cá	*procul*: longe
eo: para ali	*prope*: perto
ubi: onde	*retro*: atrás
unde: donde	*supra*: acima

Advérbios derivados de adjetivos

De adjetivos em **-us (-er), -a, -um** formam-se advérbios substituindo o **-i** do genitivo singular por **-e**.

 Ex.: *doctus, docti*: douto *doct*e: doutamente
   liber, liberi: livre *liber*e: livremente

Nota. O advérbio de **bonus**: *bom* é **bene**: bem; de **alius**: *outro* é **aliter**: *de outra forma*.

Os adjetivos da 3ª declinação e os particípios usados adjetivamente formam o advérbio mudando o **-is** do genitivo singular por **-iter**.

 Ex.: *Celer, celeris*: veloz *celer*iter: velozmente
   Felix, felicis: feliz *felic*iter: felizmente
   Utilis, utilis: útil *util*iter: utilmente

Os temas em **-nt** formam o advérbio em **-nter**.
> Ex.: *prudens* (tema *prudent*): prudente;
> *prude***nter**: prudentemente.

Conversação

— Quid monstro?
— *Tabulam monstras.*
— Ubi est tabula Brasiliae?
— *Tabula Brasiliae est ibi e pariete pendens.*
— Quid debent facere discipulae?
— *Discipulae tabulam spectare debent.*

— Quam discipulam appello?
— *Discipulam, cui nomen est Regina, appello.*
— Quem laudavi?
— *Reginam laudavisti.*
— Quos vocamus Lusitanos?
— *Eos, qui in Lusitania habitant, Lusitanos vocamus.*
— Quae est patria Lesbiae?
— *Patria Lesbiae est Italia.*

Sentença

Hodie mihi, cras tibi.

Lectio secunda

Pater mi, quis est Minerva?

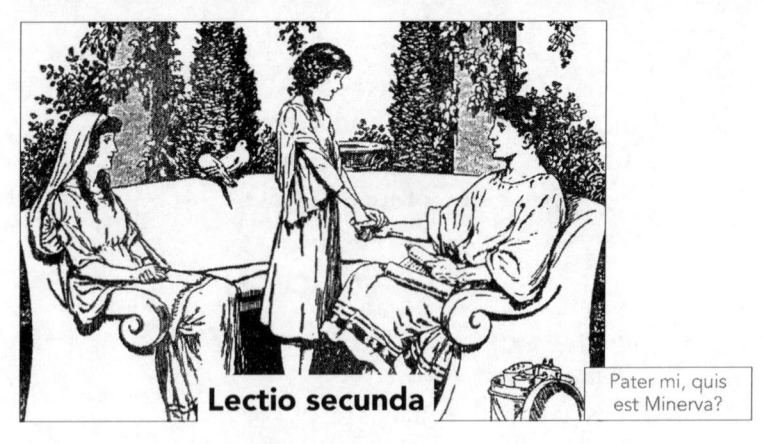

Minerva

Lesbia, quae est filia Scipionis et Corneliae, in horto cum parentibus loquitur.
— Pater mi, quis est Minerva?
— Minerva, quam discipuli et magistri invocant, dea sapientiae est. Discipulos, qui boni sunt, dea amat; pueros, quorum pensa mala sunt, castigat. Minerva prudentiam quoque in proeliis donat, itaque etiam dea bellorum est, galeam et hastam portat. Templum, quod Romani in Aventino monte aedificaverunt, Minervae dedicatum est.

Vocabulário

hortus, i, s. m.: o jardim
parentes, um, s. m.: os pais
pensum, i, s. n.: o tema, a tarefa
quoque, adv.: também
proelium, i, s. n.: a batalha
itaque, conj.: por isso, portanto
galea, ae, s. f.: o capacete
hasta, ae, s. f.: a lança
Aventinus mons, s. m.: o monte Aventino
dedico, avi, atum, are, v.: dedicar, consagrar

Comentário gramatical

Declinação do relativo *qui, quae, quod* (que, o qual, a qual), e sua concordância com o antecedente.

Casos	Singular	Plural
Nominativo	qui quae quod	qui quae quae
Genitivo	cuius	quorum quarum quorum
Dativo	cui	quibus
Acusativo	quem quam quod	quos quas quae
Ablativo	quo qua quo	quibus

Conversação

— Cuius est filia Lesbia?
— *Lesbia est filia Scipionis et Corneliae.*
— Ubi Lesbia cum parentibus loquitur?
— *Lesbia in horto cum parentibus loquitur.*
— Quid interrogat Lesbia?
— *Lesbia interrogat: Quis est Minerva?*

— Cuius est dea Minerva?
— *Minerva dea sapientiae est.*
— Quos pueros Minerva castigat?
— *Minerva pueros, qui pensa mala habent, castigat.*
— Estne Minerva etiam dea bellorum?
— *Sane, Minerva est etiam dea bellorum.*
— Quid portat Minerva?
— *Minerva galeam et hastam portat.*
— Ubi templum Minervae dedicatum est?
— *Templum in Aventino monte Minervae dedicatum est.*

Exercício

Senex serit *arbores, quarum* fructus nunquam aspiciet. *Litterae, quas* accepi, a te scriptae sunt. Pyrrhus *legatos, qui* a Romanis ad eum missi erant, benignus excepit.

Vocabulário

sero, sevi, satum, serere, v.: plantar
aspicio, aspexi, aspectum, aspicere, v.: ver
accipio, accepi, acceptum, accipere, v.: receber

Pyrrhus, i, s. m.: Pirro
legatus, i, s. m.: o embaixador
mitto, misi, missum, mittere, v.: enviar
excipio, excepi, exceptum, excipere, v.: receber, acolher

Sentenças

Quod dedit, recepit.
Terêncio, *Phorm.*, 22.

Qui nescit orare, vadat ad mare.

Lectio tertia

Lesbia! Caecilia! ubi estis?

Domus Romana

Die insequenti Livia, Catulli mater, ad Corneliam venit adduxitque secum filiam suam Caeciliam.

Dum Livia et Cornelia in vestibulo manent, Lesbia et Caecilia in peristylio ambulant.

Cornelia domum suam Liviae ostendit. Intrant per angustum vestibulum. Ianua est aperta et servus fidus in cella parva prope ianuamm vigilat.

Magno cum gaudio Livia amplum atrium spectat. Supra medium atrium domum tectum est apertum.

Post atrium est hortus parvus. Circa hortum sunt columnae et statuae aliaque artificia pretiosa. Muri venustis picturis sunt ornati.

Cornelia et Livia intrant triclinium, ubi lecti lati convivas exspectant. Seduli servi pocula argentea, vinum bonum Italicum et Graecum apportant.

— Anno praeterito, ait Livia, magnum illud incendium multas domos et fere domum nostram delevit. Diem noctemque laboravimus. Magnae manus miserorum errabant per vias. Multi animis perturbatis graduque incitato domum properabant, ut res suas domo asportarent, sed eos domorum flammae consumpserunt. Heu miserum spectaculum! Difficile erat eos a flammis liberare.

Cornelia, postquam amica omnia vidit, puellas vocavit.

— Lesbia! Caecilia! ubi estis?

— Hic sumus! respondet Lesbia.

— Laetane es, Lesbia? interrogat Livia.

— Valde laeta sum! Caecilia multa de Catullo mihi narravit.

— Sive magnus sive parvus est Catulli amor, ait Cornelia, ad Liviam, ego interim ad nuptias consensum meum dare non possum. Lesbia saltem duos annos exspectare debet. Postea...
— Vale, bona Cornelia! Vale, carissima Lesbia!
— Valete, Livia et Caecilia!

Vocabulário

insequens, entis, part.: que vem imediatamente depois, seguinte
venio, veni, ventum, venire, v.: vir
adduco, adduxi, adductum, adducere, v.: trazer
vestibulum, i, s. n.: o vestíbulo
peristylium, i, s. n.: o peristilo
ostendo, tendi, tentum, ostendere: apresentar, mostrar
ianua, ae, s. f.: a porta
prope, prep. c. acus.: perto de
venustus, a, um, adj.: venusto, belo

latus, a, um, adj.: largo
poculum, i, s. n.: o copo
fere, adv.: quase
manus, us, s. f.: a mão, o bando
gradus, us, s. m.: o passo
asporto, avi, atum, are, v.: transportar
consumo, consumpsi, consumptum, consumere, v.: consumir
heu, interj.: oh!
interim, adv.: entretanto
consensus, us, s. m.: o consentimento

Comentário gramatical

Preposições com o acusativo: *ad*, a, para; *adversus*, em frente de, contra; *ante*, diante de; *apud*, junto de; *circa*, ao redor de; *cis*: aquém de, para cá de; *extra*, fora de, exceto; *infra*, abaixo de; *inter*, entre; *intra*, dentro de; *justa*, ao lado de, perto de; *ob*, diante de, por causa de; *penes*, junto de, em poder de; *per*, por; *post*, depois de; *praeter*, diante de, além de; *prope*, perto de, junto a; *propter*, perto de, por causa de; *secundum*, ao longo de, depois de; *supra*, sobre, além de; *trans*, além de, do outro lado de; *ultra*, além de; *versus*, para, em direção de.

Preposições com ablativo: *a* (*ab*, *abs*), de, da proximidade de, a partir de; *corum*, diante de; *cum*, em união com; *de*, durante, por causa de; *e* (*ex*), fora de, da parte de; *prae*, diante de, por causa de; *pro*, por, conforme; *sine*, sem; *tenus*, até.

Preposições com o acusativo (para onde?) e o ablativo (onde?): *in*, *sub*, *super*.

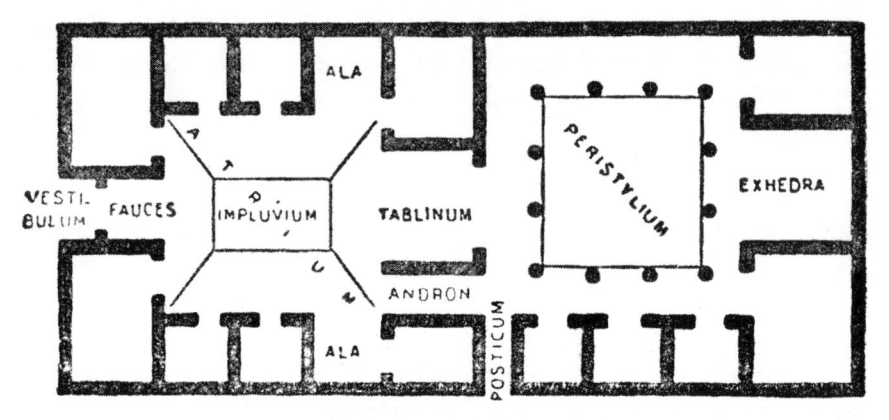

Planta da casa romana

Comentário cultural

A CASA ROMANA

A casa romana compunha-se de duas partes principais: o átrio (*atrium*) e o peristilo (*peristylium*).

A antiga casa itálica constava só do átrio, dos apartamentos que o cercavam e, na maioria dos casos, também de um jardim que lhe ficava aos fundos. Era uma choupana simples de madeira que recebia ar e luz pela porta ou por uma abertura no telhado. Do pequeno jardim anexo desenvolveu-se no correr dos tempos o peristilo, jardim circundado de colunas, para o qual abriam de todos os lados aposentos de diversos tamanhos, ficando os mais belos e mais ricos na parte de trás.

Em geral, a casa romana era habitada só por uma família, e distingue-se da casa moderna pelas seguintes particularidades:

a) Está construída para dentro, e não para fora como nossa casa moderna. Ar e luz nela penetram por ambos os pátios internos (átrio e peristilo), ao redor dos quais se agrupam os aposentos.

b) Falta-lhe uma fachada externa. Não tem janelas, ou se as tem, são distribuídas tão irregularmente e de tamanho tão mesquinho que emprestam ao edifício quase o aspecto de um cárcere, e não o de uma residência aristocrática.

c) É normalmente de um andar. Só pelos fins da república é que os edifícios começaram a ter vários andares.

d) Os aposentos têm cada qual o seu fim determinado.

Vestibulum e *fauces*. Na casa romana não se entrava como na casa moderna, cuja porta abre imediatamente para a rua. Os palácios das famílias nobres comunicavam com a rua por meio de um corredor dividido em dois por uma porta: o primeiro chamava-se *vestibulum*; o segundo, *fauces* (cf. figura acima).

O vestíbulo não pertencia propriamente à construção, mas achava-se entre a rua e a porta da casa. Era geralmente um pouco elevado acima do chão, subindo-se a ele por vários degraus. Belas estátuas, colunas e mosaicos o aformoseavam. Aqui se reuniam os clientes à espera da salutatio matutina.

A porta (*ianua*) era composta de três partes principais:

1. *Limen*: a soleira (*limen inferum*), um pouco elevada acima do chão do vestíbulo, e a verga (*limen superum*), na parte superior da porta, eram geralmente de mármore.

2. *Postes*: as ombreiras, saliências de madeira ou mármore nas paredes laterais do vestíbulo.

3. *Fores*: a porta propriamente dita, em geral com dois batentes (*valvae*), girando sobre gonzos colocados no soalho, não em dobradiças como hoje.

A porta era objeto de uma terrível superstição. Nela se colocavam símbolos para proteger a casa contra o mau-olhado, e considerava-se augúrio sinistro quando alguém, ao entrar ou sair de casa, tropeçava na soleira.

Além da entrada principal havia outra secundária para os criados: o *posticum*.

Atrium. O átrio é um salão com larga abertura no teto (*compluvium*), e por baixo desta, no chão, um tanque retangular (*impluvium*) destinado a receber a água da chuva.

O átrio da antiga casa romana era o centro da vida doméstica: Aí se reuniam patrões e clientes, aí se realizavam as solenidades mais caras na vida de um romano. Com o correr do tempo a vida íntima da família mudou-se para o tablino, e depois para o peristilo, permanecendo o átrio apenas um salão luxuoso. Nele achava-se o santuário doméstico, o cofre de dinheiro (*arca*), e muitas vezes também uma herma com o busto do patrão esculpido em mármore.

Tablinum era o grande quarto que ficava fronteiro à porta, mas do outro lado do átrio. Seu acesso era franqueado por pilastras que davam ao aposento uma aparência nobre. Não tinha porta, mas uma cortina fechava-lhe a entrada. Nos tempos antigos, este salão era o gabinete de trabalho do dono da casa.

Alae. Assim eram chamados os dois aposentos que ficavam de ambos os lados do átrio, geralmente no fim. Ainda não se sabe ao certo sua finalidade.

Os aposentos da entrada que davam para a rua serviam de *tabernae*. Quando abriam para dentro, utilizavam-nos como quartos de dormir ou salas de jantar.

Os outros aposentos que circundavam o átrio eram quartos de dormir ou salas de jantar.

Andron era chamado o corredor que ligava o átrio com o peristilo.

Peristylium. Era um jardim cercado por colunas e aposentos, entre os quais alguns tinham nome particular, como a êxedra, sala de visita ampla e rica aos fundos do peristilo, diante do tablino.

O jardim protegido contra o vento e os olhares curiosos, cuidado como um salão, era dividido simetricamente em canteiros de flores, onde se cultivavam de preferência rosas, violetas e lírios. Em toda parte havia pequenas obras de arte, mesinhas, estatuetas, colunas, finos relevos, estátuas de mármore nos caminhos, um repuxo de água ao centro e, se o espaço o permitia, um triclínio de pedra ao ar livre.

Cubiculum. No quarto de dormir o mosaico do chão, onde a cama descansava, era branco e enfeitado nos contornos. As pinturas das paredes distinguiam-se das de outros aposentos tanto na cor como no estilo. O teto era mais baixo sobre a cama e tinha sempre a forma abobadada.

Diante do quarto de dormir achava-se o procoeton, quarto em que dormia o criado particular (*cubicularius* ou *servus a cubiculo*).

Triclinium. Só com o desenvolvimento da cultura refinada é que os romanos começaram a construir triclínios em suas casas, isto é, salas destinadas exclusivamente às refeições. Este costume chegou a Roma com o costume grego de comer deitado. Antes, as refeições eram feitas no átrio ou no tabino.

Culina. Em geral, a cozinha era modesta, como se pode verificar em Pompeia, Ostia e na *Domus Liviae* do Palatino. Um compartimento pequeno, um fogãozinho encostado na parede, a fumaça esvaindo-se pela janela ou por um buraco no forro, um forninho para o pão, um tanque para o escoamento da água (*confluvium, fusorium*), eis as partes essenciais da cozinha romana. Para ela não havia no plano geral da casa um lugar determinado, encontramo-la ora aqui, ora acolá onde se oferecia um espaço disponível. Os antigos romanos não possuíam cozinha, preparavam a comida no átrio ou, quando lhes era permitido, ao ar livre, semelhantes aos heróis homéricos que viviam em palácios luxuosos desprovidos de cozinhas.

Conversação

— Ad quem venit Livia?
— *Livia ad Corneliam venit.*
— Quacum venit Livia?
— *Livia cum filia sua Caecilia venit.*
— Ubi Lesbia et Caecilia ambulant?
— *Lesbia et Caecilia in peristylio ambulant.*
— Ubi Livia et Cornelia manent?
— *Livia et Cornelia in vestibulo manent.*
— Per quod intrant Cornelia et Livia?
— *Cornelia et Livia per angustum vestibulum intrant.*
— Ubi vigilat servus fidus?
— *Servus fidus in cella parva prope ianuam vigilat.*

— Quomodo Livia amplum atrium spectat?
— *Livia amplum atrium magno cum gaudio spectat.*
— Narra mihi quod vides post atrium.

— *Post atrium hortum parvum, circa hortum columnas, statuas, aliaque artificia pretiosa video.*
— Ubi lecti lati convivas exspectant?
— *Lecti lati in triclinio convivas exspectant.*
— Quo multi propter incendium properabant?
— *Multi propter incendium domum properabant.*
— Cur animis perturbatis graduque incitato domum properabant?
— *Quia difficile erat res suas domo asportare easque a flammis liberare.*

Sentença

Nulla dies sine linea.

Plínio, *Hist. Nat.*, 35, 84.

Decimus – Ventamus ad lupos! Nunc, Paule, mihi pilas da, quas heri accepisti. Ego pilam ad Alexandrum mittam, tu ad me. Marcus et Quintus pilis vitreis ludent

Lectio quarta

Discipuli disputant et ludunt

Marcus. — Pater meus est agricola, multum laborat in campo; fortior est tuo patre.

Paulus. — Hoc, quod dicis, sine ulla dubitatione confirmaverim, sed pater meus sapientior est patre tuo.

Quintus. — Avunculus meus omnium est audacissimus.

Alexander. — Sed sapientior est patruus meus; Graecam linguam intellegit.

Decimus. — Quis de hoc iudicare potest? De nobis ipsis facile est iudicare. Quin comparamus? Uter procerior est?

Marcus. — Procerior sum Paulo.

Quintus. — Sed ego procerior sum quam Marcus.

Alexander. — Ego autem Quinto procerior sum.

Decimus. — Et ego te procerior sum, Alexander.

Alexander. — Ita enim vero. Non equidem invideo. Sapientior saltem sum; mens corpori praestat. Aenigma audite et solvere tentate:

"Sum magno qui caelum umeris molimine porto;
Vertis me, sum forma iubens intrare choreas".

Decimus. — Aenigma solvere non possum. Marcum roga. Ille me est sapientior.

Marcus. — Non difficile est solvere. Est ATLAS.

Alexander. — Mehercule! Omnium sapientissimus es, Marce.

Quintus. — Ego non intellego.

Paulus. — O pudor! Stultior es nobis, Quinte! Nonne Atlas caelum umeris portat? et si ATLAS vertis, fit verbum SALTA.

Decimus. — Sed relinquamus ista! Veniamus ad ludos! Age, Paule, mihi pilas da, quas heri accepisti. Ego pilam ad Alexandrum mittam, tu ad me. Marcus et Quintus pilis vitreis ludent.

Paulus. — Optime! Incipiamus!

Alexander. — Bene ludis, Paule.

Vocabulário

avunculus, i, s. m.: o tio materno (irmão da mãe)
patruus, i, s. m.: o tio paterno (irmão do pai)
quin, conj.: por que não
uter, utra, utrum, pron. interr. indef.: qual dos dois?
procerus, a, um, adj.: alto
ita, adv.: assim
equidem, adv.: certamente
invideo, invidi, invisum, ere, v.: invejar
aenigma, aenigmatis, s. n.: o enigma

molimen, moliminis, s. n.: a massa, o grande esforço
choreae, arum, s. f.: a dança em coro
Atlas, Atlantis, s. m.: Atlas
mehercule, interj.: por Hércules!
o, interj.: oh!
umerus, i, s. m.: o ombro
age, interj.: vamos! eia!
pila, ae, s. f.: a pela, a bola
vitreus, a, um, adj.: vítreo, de vidro
heri, adv.: ontem

Comentário gramatical

Formação regular do comparativo e do superlativo.

Em latim, os adjetivos qualificativos admitem três graus: *positivo, comparativo* e *superlativo*.

O *positivo* é o próprio adjetivo em sua forma normal. Ex.: **altus**, alto.

O comparativo de *superioridade* substitui a terminação **-i** ou **-is** do genitivo pela terminação **-ior** para o masculino e feminino, e **-ius** para o neutro. Ex.: alt**us**, alti – alt**ior**, alt**ius**: mais alto.

O *superlativo* dos adjetivos substitui as terminações **-i** ou **-is** do genitivo pela terminação **-issimus, -a, -um**. Nos adjetivos em **-er** acrescenta-se **-rimus, -a, -um** ao nominativo singular masculino do positivo. Ex.: alt**us** – alt**issimus, -a, -um**: o mais alto, altíssimo; asp**er** – asper**rimus, a, um**: o mais áspero, aspérrimo.

Sentença

Nihil intractabilius homine stulto.

Arr., *Epict*. 2, 15, 14.

Lectio quinta

Carissimi discipuli! Primani fuistis, nunc estis secundani

Ludus Mathematicus

Discipuli. — Salve, magister.
Orbilius. — Salvete, pueri. Alexander?
Alexander. — Adsum.
Orbilius. — Marcus?
Marcus. — Adsum.
Orbilius. — Quintus?
Discipuli. — Abest.
Orbilius. — Quot pueri hic sunt in Ludo, Gai?
Gaius. — Octo pueri.
Orbilius. — Optime! Quis numerare potest?
Discipuli. — Ego possum! Ego possum!
Orbilius. — Manli.
Manlius. — Unus, duo, tres, quattuor, quinque…

Orbilius. — Optime! Nunc scribite omnes hoc exemplum: Si habetis decem mala, tria pruna, unum pirum, sex cerasa, et additis duo mala, quattuor pruna, septem pira, octo cerasa; deinde quinque mala, novem pruna, sedecim pira, undecim cerasa; tum duodecim mala, quindecim pruna, tredecim pira, quattuordecim cerasa; porro viginti mala, undeviginti pruna, duodeviginti pira, septendecim cerasa; denique quattuor et viginti mala, unum et viginti pruna, duo et viginti pira, tria et viginti cerasa; quot erunt mala? quot pruna? quot pira? quot cerasa?

Marcus. — Iam responsio est in promptu. Sunt tria et septuaginta mala; unum et septuaginta pruna; septem et septuaginta pira; undeoctoginta cerasa.

Orbilius. — Recte, Marce, respondisti! Nunc, discipuli, quaedam de historia nostra vobis narrabo. Audivistisne iam historiam de Cornelia, matre Gracchorum?

Discipuli. — Nondum.

Orbilius. — Audite ergo!

Vocabulário

malum, i, s. n.: a maçã
prunum, i, s. n.: a ameixa
pirum, i, s. n.: a pera
cerasum, i, s. n.: a cereja
addo, addidi, additum, addere, v.: acrescentar

porro, adv.: depois, em seguida
denique, adv.: por fim
in promptu: à mão, à vista, na ponta da língua
nondum, adv.: ainda não

Comentário gramatical

Os numerais se dividem em ordinais e cardinais. Os cardinais respondem à pergunta **quot**? *quantos.* Os ordinais respondem à pergunta **quotus**? *qual na ordem numérica.*

Conversação

— Quota fuit lectio praecedens?
— *Lectio quarta fuit.*
— Quid modo faciebas?
— *Modo lectionem quintam legebam.*
— Quot discipuli sunt in schola?
— *Octo discipuli sunt in schola.*

— Quot sunt unum et duo?
— *Unum et duo sunt tria.*
— Quot sunt quattuor et quinque?
— *Quattuor et quinque sunt novem.*
— Quot sunt sex et septem?
— *Sex et septem sunt tredecim.*
— Quot sunt duo et duodecim?
— *Duo et duodecim sunt quattuordecim.*
— Quot sunt undecim et quattuor?

— *Undecim et quattuor sunt quindecim.*
— Quot sunt sedecim et octo?
— *Sedecim et octo sunt viginti quattuor.*
— Quot sunt duodeviginti et quinque?
— *Duodeviginti et quinque sunt viginti tria.*
— Quot sunt undeviginti et tria?
— *Undeviginti et tria sunt viginti duo.*
— Quot sunt tredecim et septem?
— *Tredecim et septem sunt viginti.*

Sentença

Unum castigabis, centum emendabis.

Lectio sexta

> Hi pueri sunt ornamenta mea!

De Cornelia, Gracchorum matre

Orbilius sic narrare incipit:

Loquax matrona Campana, stulte se iactans dicebat Corneliae, matri Gracchorum, digitis demonstrans res suas pretiosas:

— Vides? Quam sunt pulchri hi anuli, quam pulchrae hae armillae! Vides gemmas harum inaurium? Hanc zonam acu pictam una e meis ancillis fecit. Sed stola haec et palla haec e Syria veniunt; has aureas fibulas fecit celeber aurifex Graecus. Sutor, qui hos calceolos fecit, nonne est artifex summus?

Cornelia subridens, hunc sermonem tacita audiebat; tandem, dixit:

— Sint haec omnia pretiosa, ego ea amare non possum!

Et ostendens filios suos:

— Hi pueri, inquit, sunt ornamenta mea!

Poterat subiungere:

— In his, non in gemmis, est tota mea laetitia. His solita sum referre omne meum gaudium. Gloria horum liberorum meorum est gloria mea. Et tu, amica, fueris hucusque dives, fueris pulchra, modesta non fuisti.

Hic duplex sermo, ait Orbilius, seu verus seu fictus, testimonium esse potest loquacitatis et severitatis duarum matronarum et praesertim morum ultimae aetatis rei publicae.

Vocabulário

loquax, acis, adj.: loquaz
se iactare, v.: jactar-se, gabar-se
digitus, i, s. m.: o dedo
anulus, i, s. m.: o anel

armilla, ae, s. f.: o bracelete
gemma, ae, s. f.: a gema, a pedra preciosa
inaures, inaurium, s. f. pl.: os brincos

zona, ae, s. f.: o cinto
acus, us, s. f.: a agulha
pingo, pinxi, pictum, pingere, v.: pintar
acu pingere: bordar
palla, ae, s. f.: o manto
fibula, ae, s. f.: a fivela, o broche
aurifex, aurificis, s. m.: o ourives
sutor, oris, s. m.: o sapateiro
calceolus, i, s. m.: o sapatinho
subrideo, subrisi, subrisum, subridere,
   v.: sorrir
tandem, adv.: finalmente
pretiosus, a, um, adj.: precioso
subiungo, subiunxi, subiunctum, su-
   biungere, v.: ajuntar
soleo, solitus, sum, solere, v. semidep.:
   costumar
refero, retinli, relatum, referre, v.: referir
hucusque, adv.: até aqui
praesertim, adv.: principalmente

Comentário gramatical

Pronomes demonstrativos são os seguintes:

hic, haec, hoc: *este*; ister, ista, istud: *esse*; ille, illa, illud: *aquele*; is, ea, id: *ele*; idem, eadem, idem: *o mesmo*; ipse, ipsa, ipsum: *ele mesmo*.

Singular *nom.* hic haec hoc / *gen.* huius / *dat.* huic / *acus.* hunc hanc hoc/ *abl.* hoc hac hoc

Plural *nom.* hi hae haec / *gen.* horum harum horum/ *dat.* his / *acus.* hos has haec / *abl.* his

Sentenças

Una hirundo non efficit ver.

Una harum ultima.
Inscrição de um relógio.

Lectio septima

Thermae

Specta aedificium, pretiosas columnas, statuas! (Termas de Caracala, reconstrução)

Caelum nubibus obscuratur. Aer humidus est et crassus. Fagi altae asperis ventis non agitantur. Deserta sunt illa prata, ubi laeta puerorum turba variis ludis delectabatur. Mox haec forma silvarum camporumque mutabitur.

— Exspector hodie, inquit Titus, post meridiem a Catullo in thermis. Negotium aliquod mihi proponere vult. Utinam hoc di bene vertant! Tu, Marce, nisi aliis rebus magis delectaris, migra mecum, ut una lavemur, est enim hodie ingens aestus!

— Laetus istud audio, Tite. Ibi liberabimur curis. Sed effeminaremur, si quotidie aqua calida lavaremur. Prisci Romani frigida aqua non minus recreabantur quam nos calida.

— Tempora mutantur, nos et mutamur in illis. Ego quoque, Marce, et antea saepe in thermis lavabar et hodie lavabor. A multis amicis ibi salutabimur. Nam lavari permultis summum est gaudium.

Cum intravissent, Marcus:

— Perturbor paene, inquit, tam miro adspectu. Quantae columnae et fenestrae, quanti muri et arcus, quot statuae!

— Aedificium variis partibus constat. Hic exuunt vestimenta et post balneum induent. Primo se recreant calido aere, deinde calida aqua, postremo aqua frigida. Hae partes vocantur tepidarium, caldarium, frigidarium. Nunc nos quoque lavabimur.

— Quanta multitudo hominum laetorum!

— Admirabilis est, Marce, liberalitas Romana, quae plebi tanta beneficia attribuit. Cum hac liberalitate autem congruit ars eorum, qui has termas excogitaverunt et perfecerunt.

— Utinam hic esset pater meus!
— Ecce Catullus noster!
— Ave Tite! Ave Marce!
— Bene tibi sit, optime Catulle! De qua re mecum agere vis?
— Tota familia mea spectaculo in Circo Maximo cras intererit. Tu et Lesbia et Stella certe nobiscum eritis, nonne?
— Erimus.

Vocabulário

nubes, is, s. f.: a nuvem
obscuro, avi, atum, are, v.: escurecer
aer, aeris, s. m.: o ar
crassus, a, um, adj.: espesso
agito, avi, atum, are, v.: agitar, sacudir
pratum, i, s. n.: o prado
mox, adv.: em breve
forma, ae, s. f.: a forma, o aspecto, a aparência
meridies, meridiei, s. m.: o meio-dia
thermae, arum, s. f. pl.: as termas, os banhos públicos
utinam, adv.: oxalá que
verto, verti, versum, vertere, v.: suceder
una, adv.: juntamente
lavo, lavi, lautum (lotum), lavare, v.: lavar, pass.: tomar banho
ingens, entis, adj.: ingente, grande, enorme
aestus, us, s. m.: o calor
effemino, avi, atum, are, v.: efeminar
quotidie, adv.: diariamente
calidus, a, um, adj.: cálido, quente
priscus, a, um, adj.: prisco, antigo
adspectus, us, s. m.: o aspecto
exuo, exui, exutum, exuere, v.: despir
vestimentum, i, s. n.: a veste
balneum, i, s. n.: o banho
tepidarium, i, s. n.: o tepidário, a sala de banhos mornos
caldarium, i, s. n.: o caldário, a sala de banhos quentes
frigidarium, i, s. n.: o frigidário, a sala de banhos frios
plebs, plebis, s. f.: a plebe, o povo
attribuo, attribui, attributum, attribuere, v.: atribuir, dar
congruo, congrui, congruere, v.: combinar, concordar
excogito, avi, atum, are, v.: excogitar, imaginar
perficio, perfeci, perfectum, perficere, v.: perfazer, executar
vis, v.: queres

Comentário gramatical

Voz passiva da 1ª conjugação

1ª CONJUGAÇÃO

Pessoas	PRESENTE Indicativo	PRESENTE Subjuntivo	IMPERFEITO Indicativo	IMPERFEITO Subjuntivo	FUTURO	IMPERATIVO Presente	IMPERATIVO Futuro
1ª pessoa singular	laudo-r *sou louvado*	laude-r *seja louvado*	lauda-ba-r *era louvado*	lauda-re-r *fosse ou seria louvado*	lauda-bo-r *serei louvado*		
2ª pessoa singular	lauda-ris	laude-ris	lauda-ba-ris	lauda-re-ris	lauda-be-ris	lauda-re *sê louvado*	lauda-tor *sê louvado*
3ª pessoa singular	lauda-tur	laude-tur	lauda-ba-tur	lauda-re-tur	lauda-bi-tur		lauda-tor *seja louvado*
1ª pessoa plural	lauda-mur	laude-mur	lauda-ba-mur	lauda-re-mur	lauda-bi-mur		
2ª pessoa plural	lauda-mini	laude-mini	lauda-ba-mini	lauda-re-mini	lauda-bi-mini	lauda-mini *sede louvados*	
3ª pessoa plural	lauda-ntur	laude-ntur	lauda-ba-ntur	lauda-re-ntur	lauda-bu-ntur		lauda-ntor *sejam louvados*

— Explicações ocasionais das seguintes palavras invariáveis:

Advérbios: Como em português, os advérbios são indeclináveis, como *ibi* (aí), *ubi* (onde), *nunc* (agora), *mane* (de manhã), *valde* (muito), *certe* (certamente), *quotidie* (diariamente), *paene* (quase).

Conjunções: São de duas espécies: coordenativas (Ex.: *et* - e; *etiam* - também; *aut* - ou; *sed* - mas, porém; *ergo* - logo, portanto; *enim* - pois) e subordinativas (Ex.: *ut* - para que; *ne* - para que não; *quia* - porque; *postquam* - depois que; *antequam* - antes que; *etsi* - ainda que; *nisi* - se não).

Interjeições: As mais empregadas são *ecce*! (*eis*, exprime apresentação), o! (*oh*, exprime afetos vivos), vae! (*ai*, exprime dor, ameaça).

Comentário cultural

AS TERMAS

As termas tinham importância particular para os romanos. Considerava-se o banho quente diário um recreio que nem aos pobres e escravos se lhes negava.

Depois do trabalho diário, os antigos romanos lavavam braços e pernas, e de nove em nove dias tomavam um banho completo.

No séc. II a.C. é que se construíram as primeiras termas. As termas romanas eram muito diferentes entre si na construção; mas em todas havia as seguintes repartições:

a) o *apodyterium* ou aposento para despir-se, com bancos de pedra ao longo das paredes. À altura da cabeça da pessoa achavam-se nichos que serviam para guardar a roupa. Por serem abertos estes nichos, e por ser grande o movimento nas termas, os patrões costumavam deixar aí um escravo para lhe guardar a roupa.

b) o *frigidarium* ou *cella frigidaria*, aposento para o banho frio, em geral pequeno, alto e sombrio, com uma cúpula aberta ao alto.

c) o *tepidarium* ou aposento temperado. Servia para acostumar os banhistas à diferença de temperatura entre o banho frio e o quente.

d) o *caldarium*, aposento grande e claro para o banho quente. Nas grandes termas havia até piscina.

Além do caldário achava-se em muitas termas também o *assa sudatio* ou *Laconicum*, quartinho muito quente em que se tomavam banhos de suor.

Pegada às termas achava-se a sala de ginástica (*sphaeristerium*), e ao ar livre as grandes piscinas para nadar (*piscinae natatoriae*).

Quem quisesse se fortificar depois dos banhos, achava dentro ou fora das termas várias popinae, pequenos restaurantes em que se podia comer e beber à vontade.

Várias termas dispunham de instalações duplas: uma para os homens, outra para as mulheres. Onde não as havia, determinavam-se horas de banho em diferentes tempos.

As termas começavam a funcionar pelo meio-dia, e ficavam abertas até o escurecer. Adriano limitou esse tempo, mandando abri-las só às catorze horas.

Começo e fim do tempo de banho era dado por uma espécie de gongo.

Quando à tarde, após os trabalhos do dia, as pessoas se dirigiam para o banho, levantava-se aí um burburinho indescritível. Em Roma as termas eram o centro da vida mundana.

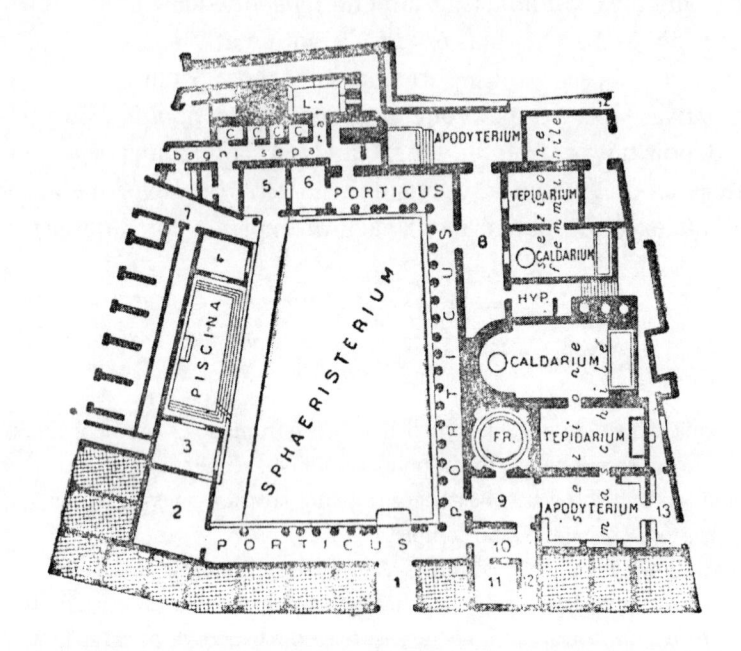

Planta das termas de Pompeia. Os compartimentos reticulados na parte inferior da gravura indicam as lojas **(tabernae)**.

Conversação

— Ubi Romani lavabantur?
— *Romani in thermis lavabantur.*
— Lavabantur ne aqua frigida an calida?
— *Utrumque faciebant.*
— Quid erat tepidarium?
— *Tepidarium erat thermarum pars, ubi homines calido aere recreabantur.*
— Quid caldarium?
— *Caldarium erat locus, ubi Romani calida aqua lavabantur.*
— Quid frigidarium?
— *Locus ubi frigida aqua refrigerabantur.*

— Aderantne multi homines in thermis?
— *Magna hominum multitudo in thermis semper aderat.*

— Quid miratur Marcus?
— *Marcus thermarum artem miratur.*
— Poterantne omnes cives in thermis recreari?
— *Certe, omnes cives in thermis recreari poterant.*

Sentença

Pares cum paribus facillime congregantur.
Cícero, Cato Maior, 3.

Lectio octava

Circus Maximus est locus, ubi ludi Circenses habentur

Circus Maximus
I

Permagna incolarum turba muris Romae continebatur. Ii non minus ludis et donis coercebantur quam metu et minis. Saepe iis, ut a rapinis arcerentur, frumentum vel parvo pretio vel gratis praebebatur. Ut placarentur, saepe in Circo Maximo ludi celebrabantur.

Circus Maximus est locus, ubi ludi Circenses habentur.

— Mirum spectaculum, inquit Scipio, hodie in Circo Maximo praebebitur. Ad certamen hodiernum accurrerunt ex toto mundo notissimi aurigae, ut sunt Messala, Publius, Flaccus et Numerius. Cum negotiis non prohibeor, spectaculo intererunt. Tu, Cornelia, Marcus et Paulus mecum eritis; Aemilius vero Titus, Lesbia et Stella cum Livia, Caecilia et Catullo spectaculo intererunt. Sed ne terrearis, Lesbia, curruum celeritate!

— Non terrebor, pater mi; iam pridem cupida fui illius spectaculi.

Ex omnibus iam urbis partibus magnus virorum feminarumque numerus in Circum Maximum properat.

Vocabulário

permagnus, a, um, adj.: muito grande
mina, ae, s. f.: a ameaça
rapina, ae, s. f.: a rapina, o roubo
gratis, adv.: grátis, de graça
praebeo, praebui, praebitum, ere, v.: dar, oferecer

placo, avi, atum, are, v.: aplacar
accurro, accurri, accursum, accurrere, v.: acorrer
auriga, ae, s. m.: o auriga, o cocheiro
iam pridem, adv.: há muito

Verbos da 2ª conjugação

Perfeitos em **-ui**
habere: ter. Ex.: habeo, habui, habitum, habere

prohibere: proibir. Ex.: prohibeo, prohibui, prohibitum, prohibere
terrere: aterrorizar. Ex.: terreo, terrui, territum, terrere

continere: conter. Ex.: contineo, continui, contentum, continere; teneo, tenui, tentum, tenere: segurar, ter

coercere: coagir. Ex.: coerceo, coercui, coercitum, coercere

arcere: afastar. *Sem supino*. Ex.: arceo, arcui, arcere

interesse: estar entre, assistir. Verbo composto de **sum**. Ex.: intersum, interfui, interesse

Comentário gramatical

Voz passiva da 2ª conjugação

2ª CONJUGAÇÃO

Pessoas	PRESENTE		IMPERFEITO		FUTURO	IMPERATIVO	
	Indicativo	Subjuntivo	Indicativo	Subjuntivo		Presente	Futuro
1ª pessoa singular	dele-o-r *sou destruído*	dele-a-r *seja destruído*	dele-ba-r *era destruído*	dele-re-r *fosse ou seria destruído*	dele-bo-r *serei destruído*		
2ª pessoa singular	dele-ris	dele-a-ris	dele-ba-ris	dele-re-ris	dele-be-ris	dele-re *sê destruído*	dele-tor *sê destruído*
3ª pessoa singular	dele-tur	dele-a-tur	dele-ba-tur	dele-re-tur	dele-bi-tur		dele-tor *seja destruído*
1ª pessoa plural	dele-mur	dele-a-mur	dele-ba-mur	dele-re-mur	dele-bi-mur		
2ª pessoa plural	dele-mini	dele-a-mini	dele-ba-mini	dele-re-mini	dele-bi-mini	dele-mini *sede destruídos*	
3ª pessoa plural	dele-ntur	dele-a-ntur	dele-ba-ntur	dele-re-ntur	dele-bu-ntur		dele-ntor *sejam destruídos*

— O subjuntivo exortativo emprega-se apenas na 3ª pessoa do singular e 1ª e 3ª do plural do presente. A negação é *ne*. Ex.: *Eat*: que vá. *Ne eat*: não vá.

Comentário cultural

OS JOGOS DO CIRCO MÁXIMO

Os jogos oferecidos ao povo por magistrados ou particulares eram chamados comumente com o nome de *ludi*. Havia duas espécies: os que se realizavam no circo (*ludi circenses*) e os que se realizavam no teatro (*ludi scaenici*).

Os primeiros, de época mais antiga, realizavam-se no *Circus Maximus*, ou no *Circus Flaminius*, e mais tarde também no anfiteatro dos Flávios. Para as batalhas navais serviam as *naumachiae*.

A exibição dos jogos pertencia ao culto romano, e era uma festa que se repetia anualmente segundo o calendário oficial. Isto, porém, não excluía que se realizassem jogos públicos extraordinários, ou outros custeados por cidadãos particulares.

Além dos *ludi Apollinares* (de 6 a 12 de julho, desde 202 a.C.), cuja realização estava a cargo do pretor da cidade, tais exibições, durante a época republicana, eram da competência dos edis. Estes cuidavam dos *ludi plebeii* (de 4 a 17 de novembro, desde 220 a.C., no *Circus Flaminius*) e dos *Cerealia* (de 12 a 19 de abril, desde 202 a.C.). Os edis curuis zelavam pelos *ludi Romani, Megalenses* e *Floralia*, em honra da tríade capitolina (Júpiter, Juno e Minerva), da *Dea Mater* e da *Dea Flora*.

Os mais antigos e solenes eram os *ludi Romani* com o *ludus Troiae*, cantado por Vergílio na Eneida. Consistiam de exibições equestres a cargo de jovens romanos.

As despesas dos jogos corriam por conta do tesouro público, mas o edil encarregado acrescentava-lhes ainda enormes somas do próprio bolso para, desta forma, conquistar a benevolência do povo. Muitos se arruinaram com tal esbanjamento.

Entre os jogos do Circo Máximo, um dos mais apreciados era a corrida de carro. Os aurigas guiavam de pé o carro tirado por dois ou quatro fogosos corcéis, e levavam as rédeas atadas ao próprio corpo, de sorte que, se os cavalos disparassem, estavam irremissivelmente perdidos.

Os aurigas mais hábeis conquistaram popularidade, seus nomes corriam na boca de todos e viviam no coração das pessoas, embora pertencessem às camadas mais baixas do povo.

O desejo de aplauso estendeu-se até as rodas mais elevadas da sociedade e Nero desceu várias vezes à arena para guiar um carro e ouvir as aclamações delirantes da massa popular.

O auriga trazia as cores de seu partido. Havia em Roma quatro facções (*factiones*): a vermelha (*russata*), a verde (*prasina*), a branca (*albata*) e a azul (*veneta*).

Os aurigas vestiam túnica bem curta e traziam um elmo de metal na cabeça.

O sinal de partida era dado com um lenço pelo edil que organizara os jogos.

A corrida constava de sete voltas na arena. A maior dificuldade era rodear a meta, pois, para ganhar tempo, devia-se dobrar o mais rente possível dela, sem contudo a tocar. Esta meta, uma pedra de base larga e cabeça arredondada, ficava à esquerda do auriga. O melhor cavalo (*funalis*) atrelava-se, portanto, no lado de fora, à esquerda. O êxito dependia em grande parte da maneira em que o funalis auxiliava o auriga.

Cada partido contava seus fanáticos e admiradores. Calígula apaixonara-se pelo verde. Horas a fio permanecia ele nas cocheiras entre cavalos e aurigas, tomando lá muitas vezes sua refeição. Grande era o ódio entre os aurigas, os quais não raro o desafogavam no crime.

No circo realizavam-se também grandes caçadas (*venationes*) de animais ferozes. Tigres, panteras e leões saíam esfaimados das jaulas subterrâneas, saltavam sobre os gladiadores, dando início a uma luta de morte, em que às vezes pereciam os caçadores. Touros e rinocerontes bravios corriam ameaçadores pela arena açulados até à mais furiosa loucura por bonecos vermelhos (*pilae*).

Nero baixou certa ocasião à arena, armado apenas de um porrete, para enfrentar um leão. Era uma coragem inaudita, se não se tratasse de um *praeparatus leo*, portanto, de um pobre animal já tão enfraquecido que não podia prejudicar a ninguém e só esperava a morte. O público, desconhecendo a farsa, prorrompeu na mais vibrante aclamação até ali ouvida.

Aos jogos circenses pertenciam também as execuções públicas dos criminosos condenados *ad bestias*. Era uma pena terrível, pois o condenado servia ao mesmo tempo de ator para alegrar o público sempre desejoso de tais espetáculos sanguinolentos.

Nos teatros normais, a morte do herói era apenas simulada; no último instante o homem era substituído por um boneco. No circo o ator devia de fato sofrer a morte. Como na lenda, assim também aqui verdadeiros animais ferozes perseguiam a um Orfeu de carne e osso que, sorrindo, tocava cítara até ser devorado por um autêntico urso.

Outro número era o de Múcio Cévola na presença de Porsena. Imóvel ele deixava queimar o braço debaixo do olhar dos espectadores que admiravam o homem forte. Nem podia ser de outra forma, pois ou ele ficava imóvel com o braço nas chamas, ou seria queimado vivo em um manto de pez.

Conversação

— Quanta incolarum turba muris Romae continebatur?
— *Permagna incolarum turba muris Romae continebatur.*
— Quare eis frumentum parvo pretio praebebatur?
— *Ut a rapinis arcerentur.*
— Quo hodie magnus virorum feminarumque numerus properat?

— *In Circum Maximum hodie magnus virorum feminarumque numerus properat.*
— Quid in Circo Maximo praebebitur?
— *Mirum spectaculum in Circo Maximo praebebitur.*
— Cur spectaculum hodierunum erit mirum?
— *Quia ex toto mundo notissimi aurigae accurrerunt.*
— Estne Lesbia cupida istius spectaculi?
— *Certe, cupida est.*
— Intereritne Scipio spectaculo?
— *Etiam Scipio spectaculo intererit.*

Sentença

Maxima debetur puero reverentia.
Juvenal. *Sat.* 14, 41, 47.

Lectio nona

Ecce quadrigae!

Circus Maximus
II

Multi pueri a parentibus in Circum ducuntur. Apud Romanos filii divitum parentum in Circum ducebantur. Etiam Paulus a patre suo in Circum ducitur.

Imensa iam populi multitudo in Circo Maximo congregatur. Ludi a Romanis magnopere diliguntur.

Nunc vero quadrigae in arena nondum sunt. Propterea Scipio, Cornelia et pueri ex subselliis spectatores et arenam et spinam spectant. Quam multi spectatores adsunt!

— Quae sunt virgines illae, interrogat Paulus, quae sedes tam pulchras habent?

— Sunt Virgines Vestales seu sacerdotes Vestae, respondet Cornelia.

— Quomodo vivunt sacerdotes Vestae? Suntne beatae?

Tum Cornelia:

— Interrogas me, inquit, num beata vita ab illis virginibus vivatur. Equidem dubito. Certe magni honores illis tribuuntur. Si reus capitis damnatus forte Vestali occurrit, potest absolvi. Licet iis curru per urbem vehi, quod nemini fere permittitur. Sed per triginta annos sunt sacerdotes. Summa diligentia vigilare debent, ne in ara sacrae flammae exstinguantur. Nam si flammae exstinguerentur, urbi magnum immineret periculum, et illae a Pontifice Maximo verberarentur virgis. Propter alia peccata nonnullae etiam vivae sunt humatae!

— Dic, mater, ubi Vestae simulacrum sit!

Tum mater:

— Simulacrum deae, inquit, non est in aede; ibi flammae sacrae coluntur. Sed vide! Ecce quadrigae!

Revera murmur immensum ex immensa populi multitudine in caelum ascendit.

Vocabulário

dives, divitis, adj.: rico
congrego, avi, atum, are, v.: congregar
magnopere, adv.: muito
quadrigae, arum, s. f. pl.: a quadriga, o carro puxado por quatro cavalos
propterea, adv.: por esta razão
subsellium, i, s. n.: o banco
spina, ae, s. f.: a plataforma (no meio do circo)
equidem, adv.: na verdade
forte, adv.: por acaso
occurro, occurri, occursum, occurrere, v.: encontrar

verbero, avi, atum, are, v.: açoitar
virga, ae, s. f.: a vara
propter, prep.: por causa
nonnullus, a, um, adj.: algum
humo, avi, atum, are, v.: enterrar, sepultar
simulacrum, i, s. n.: o simulacro, a imagem
revera, adv.: realmente, com efeito
murmur, murmuris, s. n.: o murmúrio, o ruído
vehi: ir, viajar. Perfeito em **-si**. Ex.: vehor, vectus sum, vehi

Verbos da 2ª conjugação

Perfeito em **-ui** *sem supino*
imminere (immineo, imminui, imminere): estar iminente, ameaçar

Perfeito em **-ui** *com supino*
licet (licuit ou licitum est): é lícito

Verbos da 3ª conjugação

tribuere: dar, conceder, imputar. Tema em **u**. Ex.: tribuo, tribui, *tributum*, tribuere
absolvere: absolver, libertar. Tema em **u**. Ex.: absolvo, absolvi, *absolutum*, absolvere
colere: cultivar, venerar. Perfeito em **-ui**. Ex.: colo, colui, cultum, colere
ducere: levar, trazer, conduzir. Perfeito em **-si**. Ex.: duco, duxi, ductum, ducere
vivere: viver. Perfeito em **-si**. Ex.: vivo, vixi, victum, vivere

exstinguere: extinguir. Perfeito em **-si**. Ex.: exstinguo, exstinxi, exstinctum, exstinguere
permittere: permitir. Perfeito em **-si**. Ex.: permitto, permisi, permissum, permittere
ascendere: ascender, subir. Perfeito com alongamento do tema verbal. Ex.: ascendo, ascendi, ascensum, ascendere
diligere: amar. Perfeito com alongamento do tema verbal. Ex.: diligo, dilexi, dilectum, diligere

Comentário gramatical

Voz passiva da 3ª conjugação

3ª CONJUGAÇÃO

Pessoas	PRESENTE		IMPERFEITO		FUTURO	IMPERATIVO	
	Indicativo	Subjuntivo	Indicativo	Subjuntivo		Presente	Futuro
1ª pessoa singular	leg-o-r *sou lido*	leg-a-r *seja lido*	leg-eba-r *era lido*	leg-e-re-r *fosse ou seria lido*	leg-a-r *serei lido*		
2ª pessoa singular	leg-e-ris	leg-a-ris	leg-eba-ris	leg-e-re-ris	leg-e-ris	leg-e-re *sê lido*	leg-i-tor *sê lido*
3ª pessoa singular	leg-i-tur	leg-a-tur	leg-eba-tur	leg-e-re-tur	leg-e-tur		leg-i-tor *seja lido*
1ª pessoa plural	leg-i-mur	leg-a-mur	leg-eba-mur	leg-e-re-mur	leg-e-mur		
2ª pessoa plural	leg-i-mini	leg-a-mini	leg-eba-mini	leg-e-re-mini	leg-e-mini	leg-i-mini *sede lidos*	
3ª pessoa plural	leg-u-ntur	leg-a-ntur	leg-eba-ntur	leg-e-re-ntur	leg-e-ntur		leg-u-ntor *sejam lidos*

— Advérbios: *magnopere* (grande), *propterea* (portanto; por causa disso), *equidem* (na verdade; sim), *forte* (talvez; por acaso), *revera* (realmente; com efeito).

— Preposição: *propter* (perto de, por causa de). Sentido local e causal com acusativo.

Ex.: *Propter Platonis statuam consedimus* = sentamo-nos perto da estátua de Platão.

Sentenças

Nomina stultorum leguntur ubique locorum.

Veritas premitur, non opprimitur.

Amicus cognoscitur amore, more, ore, re.

Lectio decima

Io! Io! Messala iterum est primus

Circus Maximus
III

Portae aperiuntur. Auditur sonus confusus in toto Circo. Equi hinniunt. Inter aurigas aliqui inveniuntur, qui ab optimis magistris eruditi sunt. Ultimis diebus ipsi equi ab aurigis nutriebantur. Nunc vero equi, si non oboediverint, punientur.

Aurigae iam signum exspectant.

Arena longa et angusta Circi muro dividitur. Hic murus spina appellatus illo die a militibus muniebatur. Spina multis in locis statuis equorum et aurigarum ornatur. Prope terminos spinae sunt metae, tres columnae.

— Animus nihil boni mihi divinat! ait Cornelia.

— Nescio quid sit, inquit Scipio, etiam Lesbia hodie non recte valebat!

— Quid faciam? Domum revertar an hic maneam?

— Mane hic!

Subito signum mappa alba datur. Sine mora quattuor quadrigae in arenam ruunt et ad metas volant.

Spectatores clamant et aurigas incitant. Marcus et Paulus quoque stant et clamant.

Equi celeriter currunt.

— Io, Paule, Flaccus est primus!

— Nunc, Messala!

— Nunc, Publius.

— Io! Io! Messala iterum est primus.

Vocabulário

hinnio, ivi, itum, ire, v.: relinchar
angustus, a, um, adj.: estreito
spina, ae, s. f.: a plataforma (no meio do circo)
munio, ivi, itum, ire, v.: munir, proteger
prope, prep.: perto de, junto a
terminus, i, s. m.: o termo, o fim, a extremidade
meta, s. f.: a meta

divino, avi, atum, are, v.: adivinhar, pressagiar
revertor, reverti, reversus, reverti, v.: regressar
maneo, mansi, mansum, manere, v.: ficar
mappa, ae, s. f.: o lenço
io, interj.: viva! ah!

Verbos da 3ª conjugação

ruere: ruir, cair. Tema em **u**. Ex.: ruo, rui, (ruiturus), ruere

dividere: dividir. Perfeito em -**si**. Ex.: divido, divisi, divisum, dividere

Verbos da 4ª conjugação

aperire: abrir. Supino ou perfeito e supino com supressão do **i** pertencente ao tema. Ex.: aperio (aperis), aperui, apertum, aperire

invenire: inventar, achar. Perfeito com alongamento do tema verbal. Ex.: invenio (invenis), inveni, inventum, invenire

Comentário gramatical

Voz passiva da 4ª conjugação

4ª CONJUGAÇÃO

Pessoas	PRESENTE		IMPERFEITO		FUTURO	IMPERATIVO	
	Indicativo	Subjuntivo	Indicativo	Subjuntivo		Presente	Futuro
1ª pessoa singular	audi-o-r *sou ouvido*	audi-a-r *seja ouvido*	audi-eba-r *era ouvido*	audi-re-r *fosse ou seria ouvido*	audi-a-r *serei ouvido*		
2ª pessoa singular	audi-ris	audi-a-ris	audi-eba-ris	audi-re-ris	audi-e-ris	audi-re *sê ouvido*	audi-tor *sê ouvido*
3ª pessoa singular	audi-tur	audi-a-tur	audi-eba-tur	audi-re-tur	audi-e-tur		audi-tor *seja ouvido*
1ª pessoa plural	audi-mur	audi-a-mur	audi-eba-mur	audi-re-mur	audi-e-mur		
2ª pessoa plural	audi-mini	audi-a-mini	audi-eba-mini	audi-re-mini	audi-e-mini	audi-mini *sede ouvidos*	
3ª pessoa plural	audi-untur	audi-a-ntur	audi-eba-ntur	audi-re-ntur	audi-e-ntur		audi-u-ntor *sejam ouvidos*

— Preposição: *prope* (perto de; junto a) com acusativo.
Ex.: *Prope opidum castra ponere* = por o acampamento perto da cidade.
Prope Kalendas Martias = pelo (dia) 1º de março.

Supino

Vestígio de um antigo substantivo verbal, o supino é uma forma verbo-nominal do acusativo e do dativo ou ablativo. Trata-se de um infinitivo que indica finalidade. Muito limitado no uso, pode ser substituído por outras construções.

1) O supino acusativo em **-um** é empregado com verbos que exprimem movimento. Pode ser traduzido com a preposição "para" mais infinitivo.

Totius fere Galliae legati ad Caesarem convenerunt gratulatum: quase de toda a Gália vieram legatos a César para se congratularem com ele.

Cubitum ire: ir deitar-se.

Em vez de *legati missi sunt auxilium rogatum*: embaixadores foram enviados para pedir auxílio, Cícero e César dizem comumente: *legati missi sunt auxilium rogandum*, ou *auxilii rogandi causa*, ou *ut auxilium rogarent*, ou *qui auxilium rogarent*.

2) O supino dativo ou ablativo em **-u** geralmente tem significação passiva. É empregado depois dos substantivos indeclináveis *fas* e *nefas* e de alguns adjetivos (*facilis, difficilis, mirabilis, horribilis, terribilis, incredibilis, utilis, honestus, iucundus* etc.). Pode ser traduzido com a preposição "de" mais infinitivo.

Fas est dictu: é lícito dizer.
Hoc horribile est auditu!: isto é horrível de se ouvir!
Facile est intellectu: fácil de entender.
Res digna memoratu: algo digno de se lembrar.

Conversação

— Quomodo equi ad certamen in Circo Maximo praeparabantur?
— *Equi ultimis diebus ab ipsis aurigis nutriebantur.*
— Quid faciunt equi ad initium certaminis?
— *Equi hinniunt.*
— Quid exspectant aurigae?
— *Aurigae signum exspectant.*
— Quomodo signum datur?
— *Signum mappa alba datur.*

— Murus, qui arenam dividit, quomodo appellatur?
— *Murus, qui arenam dividit, spina appellatur.*
— Quomodo ornatur spina?
— *Spina multis in locis statuis equorum et aurigarum ornatur.*
— Quid faciunt spectatores?
— *Spectatores clamant et aurigas incitant.*
— Quis est primus?
— *Flaccus est primus.*
— Quo currunt aurigae?
— *Aurigae ad metam currunt.*

Sentença

Audiatur et altera pars.
Sêneca, *Medea*, 22, 199.

Lectio undecima

Subito rota currus frangitur et Messala prope terminum spinae iactatur

Circus Maximus
IV

Marcus nigram Messalae, Paulus albam Publii quadrigam incitabat.
— Occupa locum interiorem, Publi! clamat Paulus.
— Laxa magis habenas, Messala! clamat Marcus.
Publius Messalam aemulatur.
Iam victoriam Marcus sperabat, cum subito rota currus frangitur et Messala prope terminum spinae e curru eicitur.
In arena iacebat et supra corpus eius ceterae quadrigae volant. Non iam auriga spirabat. Marcus horrebat. Lacrimae oculos eius implebant. Amici cadaver contemplabatur.
Paulus vero totis viribus clamabat:
— Publius vicit! Publius vicit! Quadriga alba palmam habet!
Et de victoria albae quadrigae iterum iterumque gloriatur.
Tum Scipio:
— Hortor te, mi fili, ut me domum comiteris. Laetare Publii victoria; sed recordare, qualis fuerit finis Messalae! Pauci huius mortem recordantur, omnes victoriam illius admirantur. Sic transit gloria mundi!

Vocabulário

laxo, avi, atum, are, v.: afrouxar
habena, ae, s. f.: a rédea
eicio, eieci, eiectum, eicere, v.: lançar fora
supra, prep.: sobre
iterum iterumque, adv.: muitas vezes
sic, adv.: assim
transeo, transii, transitum, transire, v.: passar
vetus, veteris, adj.: antigo
ipse, ipsa, ipsum, adj. e pron.: próprio
apis, is, s. f.: a abelha

Verbos depoentes da 1ª conjugação

hortari: exortar. Ex.: horto, hortatus sum
aemulari: emular, rivalizar. Ex.: aemulor, aemulatus sum
contemplari: contemplar. Ex.: contemplor, contemplatus sum
gloriari: gloriar-se. Ex.: glorior, gloriatus sum
comitari: acompanhar. Ex.: comitor, comitatus sum
laetari: alegrar-se. Ex.: laetor, laetatus sum
recordari: recordar-se, lembrar-se. Ex.: recordor, recordatus sum
admirari: admirar-se. Ex.: admiror, admiratus sum

Verbos da 2ª conjugação

implere: encher, completar. Perfeito em **-vi**. Ex.: impleo, implevi, impletum, implere
iacere: estar deitado, jazer. Perfeito em **-ui**. Ex.: iaceo, iacui (iaciturus), iacere
horrere: horrorizar-se. Sem supino. Ex.: horreo, horrui, horrere
frangere: quebrar. Perfeito com alongamento do tema verbal. Ex.: frango, fregi, fractum, frangere

Verbo da 3ª conjugação

vincere: vencer. Ex.: vinco, vici, victum, vincere

Comentário gramatical

Verbos depoentes

Existem verbos que têm apenas as formas da voz passiva, mas com significado ativo. Esses verbos são chamados de depoentes, do verbo *deponere* – "deixar de lado", ou seja, eles depuseram a significação passiva. Portanto, verbos depoentes são verbos de forma passiva com significação ativa.

Agricola curru vehitur: o camponês é levado de carro = o camponês anda de carro.

Puer libro delectatur: o menino é alegrado pelo livro = o menino alegra-se com o livro.

Verbos depoentes da 1ª conjugação

1ª CONJUGAÇÃO

Pessoas	PRESENTE		IMPERFEITO		FUTURO	IMPERATIVO	
	Indicativo	Subjuntivo	Indicativo	Subjuntivo		Presente	Futuro
1ª pessoa singular	horto-r *exorto*	horte-r *exorte*	horta-ba-r *exortava*	horta-re-r *exortasse*	horta-bo-r *exortarei*		
2ª pessoa singular	horta-ris	horte-ris	horta-ba-ris	horta-re-ris	horta-be-ris	horta-re *exorta*	horta-tor *exorta*
3ª pessoa singular	horta-tur	horte-tur	horta-ba-tur	horta-re-tur	horta-bi-tur		horta-tor *exorte*
1ª pessoa plural	horta-mur	horte-mur	horta-ba-mur	horta-re-mur	horta-bi-mur		
2ª pessoa plural	horta-mini	horte-mini	horta-ba-mini	horta-re-mini	horta-bi-mini	horta-mini *exortai*	
3ª pessoa plural	horta-ntur	horte-ntur	horta-ba-ntur	horta-re-ntur	horta-bu-ntur		horta-ntor *exortem*

— Advérbios: *iterum* (de novo; outra vez), *iterumque* (muitas vezes); *sic* (assim).

SINTAXE: — São verbos transitivos em latim: *aemulor* (rivalizo com), *curo* (cuido de), *deficio* (falto a), *fugio* (fujo de) e *outros*, com acusativo. Emprega-se o ablativo de causa com verbos e adjetivos que expressem uma disposição de ânimo. Ex.: *Ardet desiderio* = arde em desejo; *Delicto dolere, correctione gaudere oportet*: cumpre sentir pesar da falta e alegrar-se com a correção.

Conversação

— Quam quadrigam incitat Paulus?
— *Paulus albam Publii quadrigam incitat.*
— Quam Marcus?
— *Nigram Messalae.*
— Quem aemulatur Publius?
— *Publius Messalam aemulatur.*
— Quid Messalae accidit?
— *Rota eius currus fracta est et ipse prope terminum spinae e curru eiectus est.*
— Ubi iacebat corpus Messalae?
— *Corpus Messalae in arena iacebat.*

— Cuius oculi implebantur lacrimis, cum Messalae cadaver contemplabantur.
— *Marci oculi.*

— Estne Paulus tristis?
— *Non, Paulus valde laetus est.*
— Cur Paulus laetus est?
— *Quia Publii quadriga palmam habuit.*
— Quos solent hortare parentes?
— *Parentes filios hortari solent.*

Sentença

Apes imitari debemus.

Lectio duodecima

O te miseram, pessima est lingua!

Aemilius et Lesbia aegrotant

Aemilius, qui in Circo Maximo etiam fuerat, domum veniens male se habere incepit. Sequenti die etiam Lesbia e lecto non surrexit, quia ex capite valde laborabat.

— Quid est tibi hodie, Aemili? interrogavit Cornelia. Pallidus es; mihi aegrotus videris.

— Non bene me habeo; febri iactor.

— Bono sis animo oportet! Medicum arcessam. Duplex est munus medicorum: et morbis mederi et homines a morbis tueri. Ars medendi et tuendi magis magisque excolitur. Paule, advoca celeriter Placidum, medicum.

Placidus paulo post in domo Scipionis erat. Apud Romanos medici de civium valetudine optime sunt meriti. Primo quidem deorum auxilium utilius videbatur esse quam hominum, nam in omnibus rebus Romani deos invocare solebant neque infirmitatem humanam confiteri verebantur. Apollinem praecipue ea de causa reverebantur, quod misereri videbatur aegrorum.

Post longum examen Placidus:

— Venarum pulsus, inquit, nimis frequentiores sunt, nimio calore aestuas, sudore mades, febri laboras. Quod scripsero, facito.

Medicus accipit tabellam et scribit.

Deinde ad Lesbiam venit et

— Linguam, inquit, mihi monstra!

Lesbia linguam extendit, et medicus

— O te miseram, exclamat, pessima est lingua. Has medicinas adhibe! A cibo omnino abstineas, tantum ius in quo pullus gallinaceus coctus sit, per tres dies bibito. Ne e lecto surrexeris!

Tribus post diebus medicus iterum venit. Lesbia iam integra erat valetudine, Aemilius vero peiore.

Post novum examen ipse Placidus fassus est:

— Aemilius gravi morbo implicatus est. Nunquam omnes morbi vinci aut arceri possunt. Nova ei remedia mittam.

Vocabulário

surgo, surrexi, surrectum, surgere, v.: levantar-se
oportet, oportuit, ere, v.: ser necessário
medeor, mederi, v. dep.: tratar, curar
magis magiisque, adv.: cada vez mais
valetudo, valetudinis, s. f.: a saúde, a doença
praecipue, adv.: principalmente
vena, ae, s. f.: a veia, a artéria

pulsus, us, s. m.: a pulsação
aestuo, avi, atum, are, v.: arder
madeo, madui, madere, v.: estar molhado
ius, iuris, s. n.: o caldo
coquo, coxi, coctum, coquere, v.: cozinhar
pullus gallinaceus, s. m.: o franguinho

Verbos da 2ª conjugação

adhibere: empregar. Perfeito em **-ui**, com vogal de ligação **i** no supino. Ex.: adhibeo, adhibui, adhibitum
abstinere: abster-se. Perfeito em **-ui**, sem vogal de ligação no supino. Ex.: abstineo, abstinui

arcere: afastar, apartar. Perfeito em **-ui**, sem supino. Ex.: arceo, arcui

Verbos depoentes da 2ª conjugação

tueri: proteger. Ex.: tueor, tutatus sum; ou tueor, tuitus sum = olhar, fitar
mereri: merecer. Ex.: mereor, meritus sum; ou mereo, merui, meritum, merere
confiteri: confessar. Ex.: confiteor, confessus sum

vereri: recear. Ex.: vereor, veritus sum
revereri: reverenciar. Ex.: revereor, reveritus sum
misereri: compadecer-se. Ex.: misereor, miseritus sum
fateri: reconhecer. Ex.: fateor, fassus sum

Verbos da 3ª conjugação

arcessere: mandar vir. Temas consonantais, perfeito em **-ivi**
Ex.: arcesso, arcessivi, arcessitum

Comentário gramatical

Verbos depoentes da 2ª conjugação

2ª CONJUGAÇÃO

Pessoas	PRESENTE		IMPERFEITO		FUTURO	IMPERATIVO	
	Indicativo	Subjuntivo	Indicativo	Subjuntivo		Presente	Futuro
1ª pessoa singular	vere-o-r *receio*	vere-a-r *receie*	vere-ba-r *receava*	vere-re-r *receasse*	vere-bo-r *recearei*		
2ª pessoa singular	vere-ris	vere-a-ris	vere-ba-ris	vere-re-ris	vere-be-ris	vere-re *receia*	vere-tor *receia*
3ª pessoa singular	vere-tur	vere-a-tur	vere-ba-tur	vere-re-tur	vere-bi-tur		vere-tor *receia*
1ª pessoa plural	vere-mur	vere-a-mur	vere-ba-mur	vere-re-mur	vere-bi-mur		
2ª pessoa plural	vere-mini	vere-a-mini	vere-ba-mini	vere-re-mini	vere-bi-mini	vere-mini *receai*	
3ª pessoa plural	vere-ntur	vere-a-ntur	vere-ba-ntur	vere-re-ntur	vere-bu-ntur		vere-ntor *receiem*

Comentário cultural

A MEDICINA EM ROMA

"Há milhares de povos", escreve Plínio, o Velho, "que vivem sem médicos, mas não sem medicina".

Também Roma nos primeiros tempos não possuiu médicos. O doente ou se curava por si mesmo, ou morria. No tratamento empregavam-se ervas medicinais, cuja força curativa os pais revelavam aos filhos, passando esta *scientia herbarum* de geração em geração.

Ao remédio ajuntava-se também um pouco de feitiçaria. Sobre o doente pronunciavam-se fórmulas extravagantes, que se admitiam ter a força de expulsar a enfermidade.

Os conhecimentos do corpo humano eram então muito imperfeitos. Os antigos julgavam, por exemplo, que o baço fosse a sede da alegria; a bílis, do ódio; o fígado, do amor; o coração, da inteligência, e os pulmões, do orgulho.

Roma era uma cidade sem farmácias. Nas lojas vendiam-se unguentos medicinais, raízes, drogas e ervas, conforme o desejo do freguês. Não havia nem receitas, nem supervisão da autoridade pública.

O *pater familias* é quem preparava o remédio para sua mulher, seus filhos e seus escravos. Catão, o Censor, gloria-se de que alcançara idade avançada e preservara de muitas doenças a si e aos seus com os remédios preparados por suas próprias mãos.

A rainha das plantas medicinais era o *laserpitium*, cuja raiz dava um suco de virtudes medicatrizes admiráveis, de tal forma que sua importação em Roma chegou a ser objeto das mais altas cogitações administrativas. Sob o consulado de Caio Valério e de Marco Herênio, 93 a.C., foi decidido que se importasse, à custa do Estado, trinta libras de laserpício. No primeiro período de sua ditadura, César comprou mil e quinhentas libras.

Laserpício era um fortificante do estômago muito empregado pelos cozinheiros. Na medicina fazia verdadeiros milagres, obtendo efeitos diversíssimos sobre os animais. Fazia dormir as ovelhas, espirrar as cabras, estourar as serpentes. Para os homens tinha infinitos proveitos. Na reconvalescença, na depressão moral, nas perturbações digestivas, era um fortificante insuperável. Fechava as feridas, amadurecia os abcessos, neutralizava os venenos das cobras e escorpiões. Curava dores de garganta, asma, hidropisia, icterícia e pleurisia.

Empregava-se laserpício em todas as dores, menos nas de dentes. Estas resistiam à toda a cura, mesmo à do laserpício. Para minorá-las empregava-se o sumo da abóbora com absinto e sal. Um bom meio de conservar os dentes era derreter sob a língua, de manhã cedo, em jejum, um pouco de sal, ou mastigar raízes de anemone, ou três vezes ao ano lavar a boca com sangue de tartaruga. Vinagre quente e sumo de abóbora firmavam os dentes moles.

Nada os romanos detestavam tanto como a calvície. Este horror levou-os a procurar muitos meios de evitá-la, e assim se explica o fato de terem chegado até nós muitas receitas contra a queda de cabelo. Citaremos apenas uma a título de curiosidade:

"Esfregar com soda a pele da cabeça, onde os cabelos caíram: em seguida colocar aí uma infusão de vinho, açafrão, pimenta, vinagre, laserpício e excremento de rato". Que tal a receita?

No terceiro século a.C. a medicina, como ciência, entrou em Roma representada por vários médicos gregos, que aí adquiriram grande fama. Desde então houve em Roma especialistas para doenças dos olhos, ouvidos, pulmões, dentes, garganta, ossos, doenças de senhora etc. Os médicos para enfermidades internas chamavam-se *clinici*, e visitavam o enfermo levando consigo bom número de aprendizes, que não raro molestavam os pacientes.

O que, porém, dava mais na vista era a ganância dos médicos por dinheiro. Um tal *Quintus Stertinius* chegou a ter uma renda anual de meio milhão de sestércios, e o afamado cirurgião Alco, perito até em operações de hérnias abdominais, acumulou uma fortuna de dez milhões de sestércios.

Conversação

— Cur Aemilius in lecto iacet?
— *Quia aegrotat.*
— Surrexitne Lesbia e lecto?
— *Lesbia e lecto non surrexit, quia ex capite valde laborabat.*
— Quem arcessivit Cornelia?
— *Cornelia medicum arcessivit.*
— Quale est munus medicorum?
— *Medicorum munus est morbis mederi atque homines a morbis tueri.*
— Quae ars magis magiisque excolitur?
— *Medicorum ars magis magisque excolitur.*
— Apud Romanos quodnam auxilium utilius videbatur, deorum an hominum?
— *Apud Romanos auxilium deorum utilius videbatur quam hominum.*
— Quem Romani praecipue in morbis reverebantur?
— *In morbis Romani praecipue Apollinem reverebantur.*

Sentença

Montes auri polliceri.

Lectio tertia decima

Aemilius moritur

Viginti iam dies Aemilius in lecto iacebat praeceptisque medici obsequebatur, ut valetudinem adipisceretur.

Omnibus diebus Placidus domum Scipionis revertebatur. Sed morbus ingravescebat.

Scipio cum amicis, qui advenerant, maestus de rebus ad alteram vitam pertinentibus in atrio loquebatur.

— Quis in orbe terrarum morti resistere unquam potuit? exclamavit Scipio.

— Unus tantum potuit! respondit Placidus.

— Quis?

— Iesus Christus!

— Iam audivi quaedam de eo et de modo quo omnibus aegrotis medebatur.

— Multi discipuli eum secuti sunt. Ii cibis vescebantur simplicibus, voluptatibus non fruebantur, nunquam querebantur de laboribus et, quia Iesus in caelum revertens iis praeceperat: "Proficiscimini in omnes terras et docete omnes gentes", baculo nixi paucisque rebus contenti profecti sunt. Lingua Graeca uti sciebant, qua etiam multi Romani utebantur. Ita Apostoli facile cum illis collocuti sunt, et doctrina Christiana celeriter progressa est.

— Sed Romani christianos persecuti sunt.

— Christiani autem inter se complectentes et consolantes ita loquebantur: "Reminiscimini mortis, quam Iesus Christus pro nobis passus est! Nolite irasci hostibus, neque eos ulcisci! Nolite oblivisci, quod Dominus pollicitus est: qui propter me in terris sortem nactus erit miserrimam, in caelo aeternam assequetur laetitiam."

In iis colloquiis erant, cum repente Cornelia accurrit et
— Aemilius, inquit, morti proximus est; iam aer eum deficit; moritur.
Omnes ad cubiculum properant.
Aemilius paulo post maximos patiens dolores vita functus est.

Vocabulário

ingravesco, ingravescere, v.: crescer
maestus, a, um, adj.: triste
pertineo, pertinui, pertinere, v.: pertencer

praecipio, praecepi, praeceptum, praecipere, v.: mandar
baculus, i, s. m.: o báculo, o cajado

Verbos depoentes

irasci: irar-se. Verbo depoente da 3ª conjugação. Ex.: irascor, iratus sum

polliceri: prometer. Verbo depoente da 2ª conjugação. Ex.: polliceor, pollicitus sum

Verbos depoentes da 3ª conjugação

obsequi: conseguir. Ex.: obsequor, obsecutus sum
reverti: regressar, tornar. Ex.: revertor, reverti (ou revertisti), reversus
loqui: falar. Ex.: loquor, locutus sum
sequi: seguir. Ex.: sequor, secutus sum
frui: gozar. Ex.: fruor, fruitus sum
fungi: exercer, cumprir. Ex.: fungor, functus sum
queri: queixar-se. Ex.: queror, questus sum
niti: esforçar-se, apoiar-se. Ex.: nitor, nisus (nixus) sum
uti: usar. Ex.: utor, usus sum

colloqui: conversar. Ex.: colloquor, collocutus sum
progredi: progredir. Ex.: progredior, progressus sum
persequi: perseguir. Ex.: persequor, persecutus sum
complecti: abraçar, compreender. Ex.: complector, complexus sum
pati: padecer. Ex.: patior, passus sum
assequi: conseguir. Ex.: assequor, assecutus sum
mori: morrer. Ex.: morior, mortuus sum

Verbos depoentes incoativos da 3ª conjugação

adipisci: alcançar, obter. Ex.: adipiscor, adeptus sum
vesci: nutrir-se, alimentar-se. Ex.: vescor
proficisci: partir. Ex.: proficiscor, profectus sum
reminisci: recordar-se. Ex.: reminiscor

ulcisci: vingar, punir. Ex.: ulciscor, ultus sum
oblivisci: esquecer. Ex.: obliviscor, oblitus sum
nancisci: alcançar, conseguir. Ex.: nanciscor, nanctus ou nactus sum

Comentário gramatical

Verbos depoentes da 3ª conjugação

3ª CONJUGAÇÃO

Pessoas	PRESENTE		IMPERFEITO		FUTURO	IMPERATIVO	
	Indicativo	Subjuntivo	Indicativo	Subjuntivo		Presente	Futuro
1ª pessoa singular	sequ-o-r *sigo*	sequ-a-r *siga*	sequ-eba-r *seguia*	seque-re-r *seguisse*	sequ-a-r *seguirei*		
2ª pessoa singular	sequ-e-ris	sequ-a-ris	sequ-eba-ris	seque-re-ris	sequ-e-ris	sequ-e-re *segue*	sequ-i-tor *segue*
3ª pessoa singular	sequ-i-tur	sequ-a-tur	sequ-eba-tur	seque-re-tur	sequ-e-tur		sequ-i-tor *siga*
1ª pessoa plural	sequ-i-mur	sequ-a-mur	sequ-eba-mur	seque-re-mur	sequ-e-mur		
2ª pessoa plural	sequ-i-mini	sequ-a-mini	sequ-eba-mini	seque-re-mini	sequ-e-mini	sequ-i-mini *segui*	
3ª pessoa plural	sequ-u-ntur	sequ-a-ntur	sequ-eba-ntur	seque-re-ntur	sequ-e-ntur		sequ-u-ntor *sigam*

Conversação

— Cur infirmi praeceptis medici obsequuntur?
— *Infirmi praeceptis medici obsequuntur, ut valetudinem adipiscantur.*
— Quo Placidus omnibus diebus revertebatur?
— *Placidus omnibus diebus domum Scipionis revertebatur.*
— Qua de re Scipio cum amicis loquebatur?
— *Scipio cum amicis de rebus ad alteram vitam pertinentibus loquebatur.*

— Quis solus in orbe terrarum morti resistere potuit?
— *Solus Iesus Christus morti resistere potuit.*
— Quibus medebatur Iesus Christus?
— *Iesus Christus omnibus aegrotis medebatur.*
— Qui secuti sunt eum?
— *Multi discipuli eum secuti sunt.*
— Quomodo Christiani sese gerebant?
— *Christiani cibis vescebantur simplicibus, voluptatibus non fruebantur; nunquam de laboribus querebantur.*
— Quid Iesus in caelum revertens Apostolis praecepit?
— *Iesus in caelum revertens Apostolis praecepit, ut in omnes terras proficiscerentur omnesque gentes docerent.*
— A quibus persecuti sunt Christiani?
— *Christiani a Romanis persecuti sunt.*
— Quomodo vero Christiani loquebantur?
— *Nolite irasci hostibus neque eos ulcisci; qui propter Iesum in terris sortem nactus erit miserrimam, in caelo aeternam assequetur laetitiam.*

Sentença

Hic mortui vivent, hic muti loquuntur.
Inscrição da Biblioteca Universitária de Erfurt.

Lectio quarta decima

Aemilii funus

Aemilium in forum apportant, ut ei iusti honores habeantur

Ubi Aemilius mortuus est, nomen eius magna voce ter vocatum est. Deinde corpus toga velatum et coronis ornatum in lecto collocatur. Mulierum clamore, tibiarum sonitu et carminibus priscis atrium completur.

Iam dies funeris adest. Aemilium in forum apportant, ut ei iusti honores habeantur. Ex antiquis temporibus ea consuetudo non est mutata. Imagines maiorum ex cera formatas et ad capita sua alligatas servi portant.

Iam ad forum pervenerunt.

Scipio ex rostris laudationem habet. Ceteri capitibus velatis adsunt.

— Imperium Romanum, Quirites, inquit Scipio, non subito est ortum, sed Romani Siciliam, Hispaniam, Africam aliasque terras per Scipiones adorti ibique dominatione potiti sunt.

Temporibus liberae rei publicae magistratus, qui provincias sortiti erant, saepe earum salutem neglexerunt; Scipiones vero nunquam.

Mos erat, ut provinciarum incolae largiendo avaritiam tyranni explere conarentur. Si non conabantur, ille rapiebat, quae volebat. Experiri videbatur, quid patientia humana pati posset. Praedam inter amicos latronum modo partiebatur. Magistratus magnis opibus potiti anno post Roman revertebantur. Reversos in iudicium vocare incolis provinciae licebat. Sed illi summo studio id moliebantur, ut absolverentur, et saepe mentiendo et largiendo iudicibus persuadebant, ut magis accusatis quam accusantibus assentirentur. Incolae autem provinciarum exhaustarum dominationem Romanam ita odisse coeperunt, ut etiam seditiones orerentur. Scipiones vero provincias maxima semper iustitia administraverunt, praesertim hic noster Aemilius carissimus, quem nunc saluto.

Fortitudine, probitate, amore patriae exemplum fuisti dignitatis Romanae. Itaque iure laudaris. Quaestor, aedilis, praetor, consul fuisti. Nominis tui memoria nunquam delebitur. Ave, pia anima!

Post ea Scipionis verba corpus Aemilii extra muros crematur. Deinde urna cum reliquiis in terra collocatur.

Vocabulário

ter, num.: três vezes
velo, avi, atum, are, v.: cobrir
tibia, ae, s. f.: a flauta
sonitus us, s. m.: o som
funus, funeris, s. n.: o funeral, o enterro
rostra, orum, s. n. pl.: a tribuna
opes, opum, s. f. pl.: as riquezas
cremo, avi, atum, are, v.: queimar
urna, ae, s. f.: a urna
reliquiae, arum, s. f. pl.: os restos, as relíquias
conari: tentar, esforçar-se. Verbo depoente da 1ª conjugação. Ex.: conor, conatus sum
explere: completar. Verbo da 2º conjugação, perfeito em -**vi**. Ex.: expleo, explevi, expletum

persuadere: persuadir. Verbo da 2º conjugação, perfeito em -**si**. Ex.: persuaeo, persuasi, persuasum
absolvere: absolver. Verbo da 3ª conjugação, tema em **u**. Ex.: absolvo, absolvi, absolutum
rapere: roubar. Verbo da 3ª conjugação, perfeito em -**ui**. Ex.: rapio, rapui, raptum
odisse: odiar. Verbo defectivo. Ex.: Indicativo: odi, oderam, odero; Subjuntivo: oderim, odissem
coepisse: começar. Verbo defectivo. Ex.: Indicativo: coepi, coepiram, coepero; Subjuntivo: coeperim, coepissem

Verbos depoentes da 4ª conjugação

partiri: repartir. Ex.: partior, partitus sum
oriri: nascer, originar-se. Ex.: orior, ortus sum
adoriri: levantar-se contra, atacar. Ex.: adorior, adortus sum
potiri: apoderar-se. Ex.: potior, potitus sum
sortiri: receber em partilha. Ex.: sortior, sortitus sum

largiri: distribuir. Ex.: largior, largitus sum
experiri: experimentar. Ex.: experior, expertus sum
moliri: tramar, construir. Ex.: molior, molitus sum
mentiri: mentir. Ex.: mentior, mentitus sum
assentiri: aprovar, consentir. Ex.: assentior, assensus sum

Comentário gramatical

Verbos depoentes da 4ª conjugação

4ª CONJUGAÇÃO

Pessoas	PRESENTE		IMPERFEITO		FUTURO	IMPERATIVO	
	Indicativo	Subjuntivo	Indicativo	Subjuntivo		Presente	Futuro
1ª pessoa singular	parti-o-r *reparto*	parti-a-r *reparta*	parti-eba-r *repartia*	parti-re-r *repartisse*	parti-a-r *repartirei*		
2ª pessoa singular	parti-ris	parti-a-ris	parti-eba-ris	parti-re-ris	parti-e-ris	parti-re *reparte*	parti-tor *reparte*
3ª pessoa singular	parti-tur	parti-a-tur	parti-eba-tur	parti-re-tur	parti-e-tur		parti-tor *reparta*
1ª pessoa plural	parti-mur	parti-a-mur	parti-eba-mur	parti-re-mur	parti-e-mur		
2ª pessoa plural	parti-mini	parti-a-mini	parti-eba-mini	parti-re-mini	parti-e-mini	parti-mini *reparti*	
3ª pessoa plural	parti-u-ntur	parti-a-ntur	parti-eba-ntur	parti-re-ntur	parti-e-ntur		parti-u-ntor *repartam*

— Preposição: *extra* (fora de, exceto, sem), o contrário de infra. Ex.: *Extra viam* (fora do caminho); *Extra modo* (excessivamente); *Extra culpam esse* (ser inocente, sem culpa);
— Conjunção subordinativa temporal *ubi primum* (logo que, assim que).

Comentário cultural

O FUNERAL ROMANO

Quando um doente estava para morrer, colocavam-no em terra nua, um dos parentes mais próximos recebia-lhe o último suspiro com um ósculo, e fechava-lhe os olhos.

Logo que expirava, seguia-se a *conclamatio*, isto é, todos os presentes chamavam-no pelo nome em alta voz. Era um costume antigo que já se encontra na Odisseia de Homero.

Prepara-se então o corpo. As mulheres da casa ou homens encarregados de enterros (*pollinctores*) lavavam-no com água quente, ungiam-no com perfume, vestiam-no com trajes festivos (a toga, se fora cidadão; a pretexta, se fora magistrado), punham-no sobre o leito mortuário (*lectus funebris*) e preparavam a eça no átrio. Debaixo da língua colocavam pequena moeda, que era o dinheiro destinado a Caronte.

Os cadáveres ou eram queimados ou enterrados: de ambos os costumes o último foi mais empregado na época imperial talvez por influência do cristianismo.

O enterro dos pobres (*funus plebeium* ou *tacitum*) e o das crianças (*funus acerbum*) era realizado às pressas e de noite; o de adultos, durante o dia e com grande pompa, seja que os parentes custeassem as exéquias (*funus privatum*), seja que estas fossem pagas pelo Estado (*funus publicum*).

O convite para as solenidades fúnebres era anunciado por um arauto (*indicere funus*). O modo era sempre o mesmo: comunicava-se a morte da pessoa segundo uma fórmula antiga que Varrão e Festo nos conservaram: *Ollus* (o nome), *Quiris leto datus est*; seguia-se então o dia e a hora do enterro.

O cortejo fúnebre (*pompa*) era precedido por tocadores de flauta, corneta e tuba; vinham logo após os tocheiros, as praeficae, em seguida as carpideiras, vociferando lamentações plangentes (*lugubris eiulatio*), enquanto uma cantava a nênia (*naenia*) ou louvava o falecido.

Dançarinas e comediantes, acompanhando com danças e gestos cômicos o cortejo fúnebre, cantavam sátiras pouco respeitosas ao falecido.

Quando Vespasiano morreu, um *archimimus* seguiu o cortejo fúnebre, imitando-lhe o caminhar e zombando de sua conhecida avareza. O barulho das *praeficae* e as zombarias dos mimi não diminuíam a dignidade e significação do enterro, antes faziam até grande impressão na juventude, como diz Políbio.

O brilho do cortejo era realçado ainda pelas imagens dos antepassados representadas por homens que vestiam as máscaras dos falecidos, que punham as suas vestes de gala e envergavam as insígnias das maiores dignidades que o respectivo alcançara em vida. Fechavam a procissão pessoas com cartazes ou símbolos sobre os títulos e as realizações que haviam celebrizado o morto.

Litores vestidos de preto precediam o esquife. Seguiam os membros da família, trajando luto. As mulheres, sem ornato e cabelos soltos, entregavam-se às lamentações mais comoventes.

O cortejo passava assim pelas ruas até o lugar onde devia ser queimado ou enterrado o cadáver. Quando o morto ocupara lugar importante na vida pública, a procissão parava no *Forum*. Os antepassados tomavam o lugar nos assentos curuis da *Rostra* e um filho ou parente mais chegado pronunciava a *laudatio funebris*.

A lei das Doze Tábuas prescrevia que não se enterrasse nem queimasse nenhum morto dentro da cidade: *Hominem mortuum in urbe ne sepelito neve urito*. Por isso a fogueira se levantava fora dos muros. O modo mais simples era o do bustum. Cavava-se uma sepultura, enchiam-na de madeira.

Colocado o cadáver sobre a fogueira, amigos e parentes jogavam sobre ele peças de vestuário, de ornatos, armas e até víveres, tudo coisas que lhe tinham pertencido ou lhe eram do agrado. Um antigo costume ordenava que se abrisse e fechasse ainda uma vez os olhos ao morto, e se lhe desse um beijo como último adeus. Em seguida um parente ou amigo lançava fogo à madeira que principiava logo a crepitar, enquanto os presentes espalhavam sobre ela flores e resinas aromáticas. Queimada a lenha e apagadas as últimas chamas com vinho, os parentes juntavam os ossos, que eram então postos em unguentos ou mel, até serem depositados na urna.

Depois de breve cerimônia de purificação as pessoas voltavam para casa. Os parentes mais chegados detinham-se ainda algum espaço junto aos restos mortais do falecido, e enquanto não se realizava o enterro, sua família era considerada impura (*familia funesta*).

A cerimônia final consistia em depositar as cinzas em uma urna com o nome do falecido, e esta em um *Columbarium*, onde não raro se colocava também seu busto. Outras vezes levantavam sobre a urna um monumento circundado por belo jardim ou por um terreno consagrado ao morto.

Conversação

— Quid accidit, ubi Aemilius mortuus est?
— *Ubi Aemilius mortuus est, nomen eius magna voce ter vocatum est.*
— Quomodo corpus in lecto collocatur?
— *Corpus toga velatum et coronis ornatum in lecto collocatur.*
— Quibus rebus artrium completur?
— *Mulierum clamore, tibiarum sonitu et carminibus priscis.*

— Ad quid corpus in forum apportatur?
— *Ut ei iusti honores habeantur.*
— Servi quid portant?
— *Servi portant imagines maiorum ex cera formatas et ad capita sua alligatas.*
— Postquam ad forum pervenerunt, quae caerimonia habita est?
— *Scipio ex rostris laudationem habuit.*

— Qui mos erat in provinciarum gubernatione?
— *Provinciarum incolae largiendo avaritiam Romanorum explere conabantur.*
— Quomodo Romam revertebantur magistratus?
— *Magistratus magnis opibus potiti Romam revertebantur.*
— Qua vero ratione Scipiones provincias administraverunt?
— *Scipiones maxima semper iustitia provincias administraverunt.*

Sentenças

Magnos viros virtute metimur, non fortuna.

Vix orimur, morimur.

Lectio quinta decima

Equus et asinus
Pygmaei et grues

Ego pessime ac miserrime vivo

Multis diebus postquam Aemilius mortuus est, Paulus e Ludo rediens a Lesbia interrogatus est:

— Qua de re Orbilius hodie in schola est locutus, Paule?

— Primo de fabula asini, deinde Pygmaeorum historia, postremo de Ulixe et Polyphemo locutus est.

— Narra mihi asini fabulam!

Tum Paulus:

— Asinus sorte non contentus equo: "Quam pulchre et bene, inquit, vivis! Homines corpus tuum diligentissime curant, optime te alunt. Ego vero pessime ac miserrime vivo. Nam magnis oneribus gravissime premor et saepissime vehementer caedor".

Tum equus:

— Ne ego quidem laboribus liber sum.

Asinus autem:

— Recte, sed ab hominibus multo minus vexaris quam ego. Certe ego multo peius ac miserius vivo.

Paulo post bellum geritur. Equites velociter equos conscendunt, audacter et acriter hostes petunt, facile eos fugant.

Sed equus ille hoc in proelio, graviter vulneratus necatur. Tum asinus fortunam suam non diutius deploravit.

— Mihi valde placet haec fabula, ait Lesbia, eamque postea Stellae narrabo. Et quid de Pygmaeis dixit Orbilius?

— Pygmaei sunt homines minusculi qui insidentes arietum caprarumque dorsis, armati sagittis, veris tempore ad mare descendunt.

Ibi casas sedulo construunt, hostibus impavide resistunt, fortiter cum iis pugnant.

Hostes sunt grues.

Tandem, postquam diu et acriter pugnatum est, Pygmaei grues vincunt eorumque ova et pullos consumunt.

In tribus mensibus haec expeditio conficitur, et Pygmaei domum sponte revertuntur.

PYGMÆI ET GRVES.

Vocabulário

Pygmaeus, i, s. m.: o pigmeu
insideo, edi, essum, ere, v.: estar assentado sobre
dorsum, i, s. n.: o dorso, o lombo
aries, arietis, s. m.: o carneiro
capra, ae, s. f.: a cabra
ver, veris, s. n.: a primavera
casa, ae, s. f.: a choupana
construo, construxi, constructum, construere, v.: construir

grus, gruis, s. f.: o grou (ave)
ovum, i, s. n.: o ovo
pullus, i, s. m.: o filhote
consumo, consumpsi, consumptum, consumere, v.: consumir
expeditio, onix, s. f.: a expedição
conficio, confeci, confectum, conficere, v.: fazer, executar

Verbos da 3ª conjugação

petere: pedir. Perfeito em -**vi**. Ex.: peto, petivi, petitum
vivere: viver. Perfeito em -**si**. Ex.: vivo, vixi, victum
gerere: exercer, executar. Perfeito em -**si**. Ex.: gero, gessi, gestum

premere: apertar, espremer. Perfeito em -**si**. Ex.: premo, pressi, pressum
caedere: cair. Perfeito com reduplicação. Ex.: cado, cecidi, casum

Advérbios de ordem

primo: primeiramente
dein(de): depois

postremo: por fim

Advérbios comparativos irregulares

bene: bem
optime: otimamente
pessime: pessimamente

saepissime: muitíssimas vezes
peius: pior
diutius: por mais tempo

Conversação

— Quare plorabat asinus?
— *Quia sorte sua non erat contentus.*
— Cur asinus equo invidebat?
— *Quia homines equum diligentissime curabant optimeque alebant.*
— Quomodo vivebat asinus?
— *Asinus pessime vivebat, magnis oneribus gravissime premebatur, saepissime vehementer caedebatur.*

— Quid geritur paulo post?
— *Paulo post bellum geritur.*
— Equosne conscendunt equites an asinos?
— *Equos equites conscendunt.*
— Quis hoc in proelio necatus est?
— *Equus ille, cui asinus invidebat, hoc in proelio necatus est.*
— Diutiusque deploravit asinus fortunam suam?
— *Asinus fortunam suam non diutius deploravit.*
— Explica mihi, quaeso, sensum huius fabulae!

— Qui sunt Pygmaei?
— *Pygmaei sunt homines minusculi.*

— Quo veris tempore descendunt?
— *Veris tempore ad mare descendunt.*
— Quibus armis utuntur Pygmaei?
— *Pygmaei sagittis armis utuntur.*

— Cum quibus Pygmaei diu acriterque pugnant?
— *Pygmaei cum hostibus diu acriterque pugnant.*
— Qui sunt Pygmaeorum hostes?
— *Pygmaeorum hostes sunt grues.*
— Quot mensibus haec expeditio conficitur?
— *Haec expeditio tribus mensibus conficitur.*
— Quo Pygmaei sponte revertuntur?
— *Pygmaei domum sponte revertuntur.*

Sentença

Qui bene distinguit, bene docet.

Polyphemus ingentia saxa adversus navem Graecorum iactavit

Lectio sexta decima

Polyphemus adversus Ulixem

Paulus denique fabulam de Polyphemo, cuius imaginem in tabula videtis, Lesbiae narravit:

— Ulixes, cum immane illud monstrum uno oculo, quem habebat, dolo privavisset, se socioisque e spelunca Cyclopis clam servaverat et ad navem properaverat.

Iam e turpi periculo servati esse videbantur. Nec fuga eorum impedita esset, si Ulixes sociis paruisset et tacuisset. Sed victoria sublatus iram inimici verbis superbis irritavit.

Polyphemus, cum vocem eius audivisset, ingentia saxa adversus navem Graecorum iactavit.

Tum universi fuga prohibiti et necati essent, nisi summis viribus navem remis incitavissent. Sic etiam e gravi hoc periculo servati sunt.

Vocabulário

Polyphemus, i, s. m.: Polifemo
Ulixes, is, s. m.: Ulisses
immanis, e, adj.: imane, feroz
monstrum, i, s. n.: o monstro
privo, avi, atum, are, v.: privar
dolus, i, s. m.: o dolo, a fraude
spelunca, ae, s. f.: a espelunca, a caverna
Cyclops, Cyclopis, s. m.: Cíclope (que tem um só olho)
clam, adv.: às escondidas
impedio, ivi, itum, ire, v.: impedir

pareo, parui, parere, v.: obedecer
taceo, tacui, tacitum, tacere, v.: calar-se
sublatus, a, um, part.: ensoberbecido
irrito, avi, atum, are, v.: irritar
ingens, entis, adj.: ingente, enorme
saxum, i, s. n.: a rocha
prohibeo, prohibui, prohibitum, prohibere, v.: proibir, impedir
ponere, por. Verbo da 3ª conjugação, perfeito em **-ui**. Ex.: pono, posui, positum

Comentário gramatical

Preposições

A preposição *de* pode significar: do alto de, durante, por causa de, acerca de, a respeito de.

Ex.: *de vita decedere* (morrer); *de medio tolere* (fazer desaparecer); *eicere de civitate* (lançar fora da cidade).

A preposição *in* com o acusativo significa "*para onde?*" e com o ablativo significa "*onde?*".

Ex.: Com o acusativo: *in Latinum convertere* (traduzir para o latim); *oratio in Catilinam* (discurso contra Catilina).

Com o ablativo: *in armis esse* (estar armado); *ter in die* (três vezes ao dia); *in consulatu* (durante o consulado).

A preposição *e (ex)* pode significar: fora de, de cima de, da parte de, desde de, em virtude de.

Ex.: *venio ex urbe* (venho da cidade); *ex animo* (de coração, sinceramente); *ex illo die* (desde aquele dia).

A preposição *ad* pode significar: para, até, ao pé de, conforme, a respeito de. Ex.: *ad Tiberim* (junto ao Tibre).

Ad meridiem (pelo meio dia); *vertere ad litteram* (traduzir ao pé da letra).

As preposições *adversus* (em frente de, contra – expressa sentimento hostil ou benévolo), *contra* (em frente de, contra – só se emprega em sentido hostil) e *erga* (para com – só exprime sentimento benévolo). Ex.: *castra adversus urbem ponere* (por o acampamento em frente da cidade); *meus erga te amor* (o meu amor para contigo).

Conjunções

São as palavras invariáveis que ligam duas orações entre si. Dividem-se em duas espécies: coordenativas (quando ligam orações independentes umas das outras) e subordinativas (quando ligam orações dependentes umas das outras). As conjunções coordenativas podem ser copulativas (*et* = e; *etiam* = também, *tam quam* = tanto como), disjuntivas (*aut/vel* = ou; *ve/sive* = ou, *aut aut/vel vel* = ou ou), adversativas (*sed/verum* = mas, porém; *verum/autem* = mas; *at* = pelo contrário; *tamen* = todavia, contudo), conclusivas (*ergo* = logo; *igitur* = pois; *proinde* = assim, portanto), causais (*nam, enim, etenim* = pois, porque). As conjunções subordinativas podem ser finais (*ut* = para que; *ne* = para que não), consecutivas (*ut* = de maneira que; *ut non* = de maneira que não), causais (*cum* = pois que, porque; *quia* = porque; *quoniam* = visto que), temporais (*cum* = quando; *dum/quoad/donec* = enquanto; *postquam* = depois que; *antequam* = antes que), condicionais (*si* = se; *si non/nisi* = senão) e concessivas (*etsi/tametsi/cum/quamvis* = embora, ainda que; *ne* = dado o caso que não; *ut* = dado o caso que).

Sentenças

Per angusta ad augusta.

Per aspera ad astra.

Lectio septima decima

> Quid pretiosius est quam vir armatus, qui vitam pro patria profundit?

Marcus Curtius

Paulus narrationem de Polyphemo nondum finierat, cum Titus advenit atque ultima fratris verba audire potuit.
— O Tite, cur tam tristis es?
— Rhetor magnum mihi pensum imposuit.
— Quale?
— Habendi cras orationem de Marco Curcio ante auditores rhetoricae.
— Quis fuit Marcus Curtius? interrogavit Lesbia.
— Res longa est, sed tibi, Lesbia, eam paucis verbis narrabo.
— Optime! optime!
— Olim in foro Romano terra ita collapsa est, ut vorago magnae altitudinis ibi esset. Cives humum et magnam vim lapidum in illam coniecerunt; sed spes illam explendi fuit inanis. Tum templa ad orandum et sacrificandum adierunt. Senatus vero ad viros qui libros Sibyllinos custodiebant, nuntios misit, ut eos consulerent.
Hi voluntatem deorum annuntiaverunt:
"Quod pretiosissimum in urbe habetis, id in voraginem iactate, et vorago a diis claudetur."
Cives oboediendi cupidi omnia asportaverunt, quae sibi gratissima erant. Feminae multa et pulchra ornamenta in voraginem iactaverunt. Sed vorago impleri non potuit.
Tum Curtius, nobilis iuvenis: "Quid, inquit, pretiosius est quam vir armatus, qui vitam pro patria profundit? Nunc est occasio patriam liberandi. Paratus sum ad moriendum. Adducite arma et equum meum!"
Armis ornatus equum ascendit et in voraginem se coniecit. Et illico vorago a dis clausa est.
— Pulcherrimum, ait Lesbia, exemplum!
— Ad dicendum, inquit Paulus, maxime accommodatum!

Vocabulário

pensum, i, s. n.: a tarefa
collabor, collapsus sum, collabi, v. dep.: cair
vorago, voraginis, s. f.: a voragem, o abismo
humus, i, s. f.: o humo, a terra
lapis, lapidis, s. m.: a pedra
conicio, conieci, coniectum, conicere, v.: atirar
imanis, e, adj.: vão, inútil

adeo, adii, aditum, adire, v.: visitar
consulo, consului, consultum, consulere, v.: consultar
claudo, clausi, clausum, claudere, v.: fechar
profundo, profudi, profusum, profundere, v.: dar
illico, adv.: imediatamente

Comentário gramatical

Gerúndio das quatro conjugações

Casos	1ª conjugação	2ª conjugação	3ª conjugação	4ª conjugação
GERÚNDIO				
Nominativo	—	—	—	—
Genitivo	lauda-**ndi** *de louvar*	dele-**ndi** *de destruir*	leg-e-**ndi** *de ler*	audi-e-**ndi** *de ouvir*
Dativo	lauda-**ndo** *a louvar*	dele-**ndo** *a destruir*	leg-e-**ndo** *a ler*	audi-e-**ndo** *a ouvir*
Acusativo	ad lauda-**ndum** *para louvar*	ad dele-**ndum** *para destruir*	ad leg-e-**ndum** *para ler*	ad audi-e-**ndum** *para ouvir*
Vocativo	—	—	—	—
Ablativo	lauda-**ndo** *louvando*	dele-**ndo** *destruindo*	leg-e-**ndo** *lendo*	audi-e-**ndo** *ouvindo*
GERUNDIVO				
	lauda-**ndus**, -a, -um *que deve ser louvado*	dele-**ndus**, -a, -um *que deve ser destruído*	leg-e-**ndus**, -a, -um *que deve ser lido*	audi-e-**ndus**, -a, -um *que deve ser ouvido*

Sentenças

Docendo discimus.

Scribere scribendo, dicendo dicere disces.

Eutrópio[1]
Lectio duodevicesima

Rômulo e Remo são encontrados por uma loba

Romulus

Romanum imperium a Romulo[2] exordium habet, qui Reae Silviae[3], Vestalis virginis, filius fuit et Martis.

Romulus decem et octo annos natus[4] urbem exiguam in Palatino monte constituit XI Kalendas Maias[5], Olympiadis sextae anno tertio, post Troiae excidium anno trecentesimo nonagesimo quarto. Postquam condidit civitatem[6], quam ex nomine suo Romam vocavit, multitudinem finitimorum[7] in urbem recepit. Centum ex senioribus elegit, quorum consilio omnia ageret[8], quos senatores nominavit[9] propter senectutem. Tum, cum uxores populus suus non haberet, Romulus invitavit ad spectaculum ludorum[10] vicinas urbis Romae nationes, atque earum virgines rapuit. Bellum subito exarsit propter raptarum iniuriam. Romulus Caeninenses[11] vicit, Antemnates, Crustuminos, Sabinos, Fidenates, Veientes. Haec omnia oppida[12] urbem cingunt. Post subitam tempestatem, cum iam non comparuisset, cives dixerunt: "Romulus noster ad deos transiit."

NOTAS

1. **Eutrópio.** Pouco sabemos da vida de Eutrópio. Viveu no tempo de Constantino Magno, de quem foi secretário, e segundo se presume era grego de origem.
   Acompanhou o imperador Juliano em sua expedição contra os persas em 363 d.C., como ele mesmo diz no capítulo 16 do livro X do *Breviarium*, "*...cui expeditioni ego quoque interfui*". Morreu talvez no ano 370.

Reinando o imperador Valente, Eutrópio ocupou a chancelaria, e redigiu então um resumo cronológico da história romana sob o título: *Breviarium ab urbe condita*.

A obra compõe-se de dez livros. Principia na fundação de Roma e termina com a morte de Joviano, 364 d.C. Dedicou-a ao imperador Valente, nascido na Panônia, a fim de que se comprouvesse em ter sido o continuador das grandes tradições militares romanas, antes mesmo de as haver conhecido historicamente. Talvez por isso no *Breviarum* sejam escassíssimas as alusões ao desenvolvimento social e cultural de Roma, ao passo que são focalizados constantemente os feitos externos: guerras e conquistas. O estilo de Eutrópio é claro, sóbrio e fluente; sua linguagem é bastante correta. Desde logo a obra encontrou aceitação entre os contemporâneos, sendo até adotada como livro de aula e traduzida para o grego.

Paulo Diácono, pelo ano de 770, a pedido de Adelberga, filha de Desidério, rei dos longobardos, acrescentou-lhe alguns livros, estendendo a história até Justiniano.

2. **Rômulo**. Diz a lenda que Amúlio, rei de Alba Longa, subira ao trono, depondo seu irmão Númitor e internando a filha deste, Reia Sílvia, no colégio das Vestais.

   Filhos dela e de Marte, deus da guerra, foram Rômulo e Remo. Amúlio mandou-os jogar no Tibre. Uma loba, animal consagrado a Marte, amamentara-os, até que Fáustulo, pastor do rei, achando-os certo dia, levou-os para casa.

   Rômulo e Remo cresceram fortes, foram salteadores, mais tarde restituíram Númitor ao trono de Alba Longa e fundaram uma cidade no local, onde haviam sido expostos.

3. **Reae Silviae**. Ela pertencia ao colégio das virgens eleitas pelo Pontífice Máximo para guardar o fogo sagrado de Vesta, segundo a lei: *"Virgines vestales in urbe custodiunto ignem foci publici sempiternum"*. Essas virgens estavam livres de todos os cuidados materiais para servirem de exemplo às famílias e ao Estado. A infração do voto de castidade tinha como pena o sepultamento em vida. Reia Sílvia sofreu esta pena. As vestais só podiam se casar depois de trinta anos de serviço no templo.

4. **Decem et octo annos natus**: *tendo dezoito anos de idade*. Em vez de *decem et octo* é mais comum *duodeviginti*. A idade de uma pessoa ou se exprime com *natus, a, um* e o acusativo do cardinal, como aqui em Eutrópio; ou com o genitivo de qualidade: *decem et*

octo annorum; ou ainda com *agens* e o acusativo do ordinal: *agens annum duodevicesimum*. — **In Palatino monte**. Uma das sete colinas de Roma.

5. **XI. Kalendas Maias**, isto é, 21 de abril, dia natalício de Roma. — **Olympiadis sextae anno tertio** equivale a dizer *no ano 753 a.C.* Se a primeira Olimpíada, isto é, o espaço de 4 anos que constituía o cômputo cronológico dos gregos, foi fixada em 776, o terceiro ano da sexta Olimpíada corresponde justamente ao ano 753.
6. **Civitas**, de *civis*, significa a qualidade, o direito de cidadão. Daí passou a significar, em sentido concreto, a sociedade dos cidadãos, o Estado. Na significação de *cidade material*, em vez de *urbs*, encontra-se quase que exclusivamente em autores que viveram depois da época de Augusto.
7. **Finitimorum**. Sabe-se que, para aumentar o número dos habitantes de Roma semideserta, Rômulo e Remo fizeram dela um asilo para todos os fugitivos que desejassem viver protegidos contra a justiça dos povos confinantes.
8. **Quorum consilio omnia ageret** = *ut eorum consilio omnia ageret*. Estão no subjuntivo as orações relativas que exprimem a finalidade de uma oração.
9. **Quos senatores nominavit**. Duplo acusativo. Este é o princípio da instituição romana do Senado. O número de seus membros era de trezentos. Mais tarde, Sila os elevou a seiscentos; César, a novecentos; e os triúnviros, a mais de mil.

   No princípio, a idade mínima que se requeria para alguém ser nomeado senador era de 60 anos. Alguns julgam que se admitiam também homens de 46 anos. No fim da república e ao tempo do império havia senadores de 25 anos.

   O senado discutia os projetos de leis, intervinha na administração da justiça e na política externa.
10. **Ludorum**. Jogos que se realizavam nas festas em honra do deus Conso, protetor da agricultura.
11. **Caeninenses** etc. Nomes dos habitantes de *Caenina*, cidade entre Roma e Tívoli; *Antemnae*, na confluência do Ânio e o Tibre; de *Crustumeria*, hoje Monte Rotondo; de *Amiternum*, hoje S. Vittorino junto de Aquila; de *Fidenae* e *Veii*, a primeira, hoje, Castel Giubileo, a segunda Isola Farnese.
12. **Oppida**: lugares fortificados. — **Urbem**. *Urbs* designa, por antonomásia, a cidade de Roma.

Vocabulário

imperium, i, s. n.: o império
a, prep. c. abl.: de, por
exordium, i, s. n.: o começo, a origem
Rea Silvia, s. f.: Reia Sílvia
Vestalis, e, adj.: vestal, de Vesta
Mars, Martis, s. m.: Marte
exiguus, a, um, adj.: exíguo
Palatinus, a, um, adj.: Palatino, do monte Palatino
constituo, constitui, constitutum, constituere, v.: instituir, criar
cendo, condidi, conditum, condere, v.: fundar
civitas, atis, s. f.: a cidade
multitudo, multitudinis, s. f.: a multidão
finitimi, orum, s. m. pl.: os povos vizinhos
recipio, recepi, receptum, recipere, v.: receber
centum, adj.: cem
senior, oris, comp. de *senex*: mais velho
eligo, elegi, electum, eligere, v.: eleger, escolher
ago, egi, actum, agere, v.: administrar
propter, prep. c. acus.: por causa de
senectus, utis, s. f.: a velhice
uxor, oris, s. f.: a esposa
invito, avi, atum, are, v.: convidar
spectaculum, i, s. n.: o espetáculo
natio, onis, s. f.: a nação
atque, conj.: e
earum, pron.: delas
rapio, rapui, raptum, rapere, v.: roubar
exardesco, exarsi, exarsum, exardescere, v.: acender-se, romper, rebentar
Caeninenses, ium, s. m.: os ceninenses, hab. de Cenina
vinco, vici, victum, vincere, v.: vencer
Antemnas, atis, s. m.: o antemnate, hab. de Antemnas
Crustumini, orum, s. m.: os crustuminenses
Sabinus, i, s. m.: o sabino
Fidenas, atis, s. m.: o fidenate, hab. de Fidenas
oppidum, i, s. n.: a cidade fortificada, a praça
cingo, cinxi, cinctum, cingere, v.: cingir, cercar
tempestas, atis, s. f.: a tempestade
compareo, comparui, comparere, v.: comparecer, aparecer
transeo, transii, transitum, transire, v.: passar

Lectio undevicesima

Juramento dos Horácios

Numa Pompilius et Tullus Hostilius

Postea Numa Pompilius[1] rex fuit, qui bellum nullum quidem gessit, sed non minus civitati, quam Romulus, profuit[2]. Nam et leges Romanis moresque constituit, qui consuetudine proeliorum iam latrones ac semibarbari erant. Annum descripsit[3] in duodecim menses et infinita Romae sacra ac templa constituit. Morbo decessit[4] quadragesimo et tertio[5] imperii anno.

Numae successit Tullus Hostilius[6] qui bella reparavit. Albanos[7] vicit, qui ab urbe Roma[8] duodecimo miliario[9] sunt; Veientes[10] Fidenates, quorum alii sexto miliario absunt ab urbe Roma, alii octavo decimo, bello superavit. Urbem ampliavit Caelio monte[11]. Cum triginta duos annos regnasset, fulmine ictus cum domo arsit.

NOTAS

1. **Numa Pompilius**. Numa era sabino de origem. Natural de Cures, nascera justamente no dia em que Roma se fundara. Homem calmo e de costumes severos.
2. **Profuit**: foi útil. Os compostos do verbo *sum*, excetuando-se *possum* e *absum*, regem o dativo.
3. **Descripsit**: *dividiu*. Numa, vendo que o ano não combinava com o curso do sol e da lua, teria ajustado aos dez meses pré-existentes janeiro e fevereiro, dividindo assim o ano em 12 meses. — **Romae**: *em Roma*.
4. **Morbo decessit**: faleceu de doença. Diz-se ainda *e vita decedere*: afastar-se da vida, morrer.

5. **Quadragesimo et tertio**. A forma usual é *quadragesimo tertio* sem *et*.
6. **Tullus Hostilius**: Tulo Hostílio. Era de origem latina. Caráter guerreiro, deu imediatamente início às guerras com os povos vizinhos. — **Bella reparavit**: renovou as guerras.
7. **Albanos**. Eram os habitantes de Alba Longa, antiga cidade no Lácio, fundada por Ascânio, filho de Eneias. Nesta guerra contra os albanos houve o célebre combate dos Horácios contra os Curiáceos.
8. **Ab urbe Roma**: *da cidade de Roma*. Em latim o nome próprio nas designações geográficas põe-se no *mesmo* caso do apelativo.
9. **Miliário**. *Miliarium* era a pedra situada nos fins de cada milha com a indicação M. P. (*mille passus*) correspondentes mais ou menos a mil e quatrocentos e setenta e nove metros. As distâncias se mediam a começar da pequena coluna dourada que Augusto levantara no *Forum*, perto do templo de Saturno.
10. **Veientes**. Habitantes de Veios, cidade da Etrúria, ao norte de Roma, na margem direita do Tibre.
11. **Caelio monte**: monte Célio, uma das sete colinas de Roma, a leste do Palatino. Segundo a tradição, Tulo Hostílio colocou neste monte os albanos vencidos.

Vocabulário

tricesimus, a, um, adj.: trigésimo
quidem, adv.: em verdade
non minus quam: não menos do que
prosum, profui, prodesse, v.: ser útil
consuetudo, consuetudinis, s. f.: o costume
proelium, i, s. n.: o combate
latro, onis, s. m.: o ladrão
semibarbarus, a, um, adj.: semibárbaro
describo, descripsi, descriptum, describere, v.: descrever, dividir
mensis, is, s. m.: o mês
sacra, orum, s. n. pl.: cerimônias religiosas
morbus, i, s. m.: a doença
decedo, decessi, decessum, decedere, v.: afastar-se, morrer

succedo, successi, successum, succedere, v.: suceder
reparo, avi, atum, are, v.: reparar, renovar
Albanus, i, s. m.: o albano
miliarium, i, s. n.: o marco miliário
Veientes, ium, s. m.: os veientes
absum, abfui, abesse, v.: estar afastado, distar
amplio, avi, atum, are, v.: ampliar, aumentar
triginta, adj.: trinta
fulmen, fulminis, s. n.: o raio
ico, ici, ictum, icere, v.: ferir
domus, us, s. f.: a casa
ardeo, arsi, arsum, ardere, v.: arder, queimar

Lectio vicesima

Ancus Martius et Tarquinius Priscus

Circo Máximo

Post Tullum Ancus Martius[1], Numae ex filia nepos, suscepit imperium. Contra Latinos dimicavit, Aventinum[2] montem civitati adiecit et Ianiculum, Ostiam[3] civitatem supra mare condidit.

Deinde regnum Priscus Tarquinius[4] accepit, qui numerum senatorum duplicavit. Circum[5] Romae aedificavit, ludos[6] Romanos instituit, quid ad nostram memoriam permanent. Primuisque triumphans[7] Urbem intravit, muros fecit et cloacas, Capitolium inchoavit.

NOTAS

1. **Ancus Martius**: Anco Márcio. De origem sabina, teve por mãe a filha de Numa. — **Numae ex filia nepos**: *filho de uma filha de Numa*. O complemento de origem, sendo expresso por um pronome ou pelo nome da mãe, coloca-se no ablativo com *e* ou *ex*. — **Suscepit imperium**: recebeu o governo, empunhou o cetro, subiu ao trono.
2. **Aventinum montem**. O monte Aventino era uma colina de Roma ao sul do Palatino. — **Ianiculum**. O Janículo, outra das sete colinas de Roma, estava na margem direita do Tibre.
3. **Ostiam**. A cidade de Óstia ficava na desembocadura do Tibre. — **Supra mare**: à beira mar.
4. **Tarquinius Priscus**. O rei Tarquínio Prisco era de origem grega.
5. **Circus**. Edifício destinado às corridas de carros, aos combates de gladiadores e às caçadas. O circo constava de três partes: a *arena* para os espetáculos, os *cárceres* para guardar carros e feras, a *cavea*, com arquibancadas, para o público.

A *arena* estava dividida ao meio pela *spina*, espécie de plataforma, onde colocavam estátuas, obeliscos, etc. Nas extremidades da *spina* havia duas metas. Ao redor delas giravam os carros. Depois da sétima volta a corrida terminava na linha chamada *calx*.

6. **Ludi** eram os jogos públicos no circo ou no teatro. Os realizados no circo chamavam-se *circenses*; os no teatro, *scaenici* ou *theatrales*; os em praça pública, *compitalicii*.
7. **Triumphans**: *em triunfo, triunfalmente*. Tarquínio Prisco foi, pois, o primeiro a celebrar um triunfo, cerimônia que nos anos subsequentes se tornou soleníssima. O general vitorioso subia ao Capitólio, em traje de Júpiter Capitolino, com a face tingida de vermelho, já que desta forma se representavam os deuses. Ia num carro puxado por quatro cavalos brancos, vestia túnica ricamente bordada, uma toga de púrpura e ouro, cetro de marfim na mão e uma coroa de louro na cabeça. Cortejo magnífico o escoltava. — **Cloacas**. A cloaca máxima enxugava os terrenos paludosos do vale do foro, transportando a água para o Tibre. — **Capitolium**. O Capitólio levantava-se no Monte Capitolino, entre o Quirinal e o Tibre. Diz a lenda que, escavando-se a colina para os fundamentos do templo de Júpiter, aí se encontrava uma cabeça humana: o *caput* de Roma. Esta a origem do nome.

Vocabulário

suscipio, suscepi, susceptum, suscipere, v.: receber
contra, prep. c. acus.: contra
Latini, orum, s. m.: os latinos
dimico, avi, atum, are, v.: combater, pelejar
Aventinus, i, s. m.: o Aventino
adicio, adieci, adiectum, adicere, v.: ajuntar
Ianiculum, i, s. n.: o Janículo
Ostia, ae, s. f.: Óstia
regnum, i, s. n.: o reino
accipio, accepi, acceptum, accipere, v.: receber

numerus, i, s. m.: o número
duplico, avi, atum, are, v.: duplicar
circus, i, s. m.: o circo
aedifico, avi, atum, are, v.: edificar
incoho, avi, atum, are, v.: começar
instituo, institui, institutum, instituere, v.: instituir
permaneo, permansi, permansum, permanere, v.: permanecer
triumpho, avi, atum, are, v.: triunfar, obter as honras do triunfo
cloaca, ae, s. f.: a cloaca, o esgoto
Capitolium, s. n.: o Capitólio

Lectio vicesima prima

Roma primitiva: Palatino e Capitólio

Servius Tullius et Tarquinius Superbus

Post Tarquinium Priscum Servius Tullius[1] suscepit imperium, genitus ex nobili femina captiva tamen et ancilla. Servius quoque Sabinos subegit; montes tres, Quirinalem[2], Viminalem, Esquilinum, Urbi adiunxit; fossas circa murum duxit, primus omnium censum[3] ordinavit.

Lucius Tarquinius Superbus[4], septimus atque ultimus regum, Volscos vicit. Suessam Pometiam subegit, cum Tuscis pacem fecit, et templum Iovi in Capitolio aedificavit. Postea Ardeam oppugnans, imperium perdidit[5]. Nam, propter scelera filii eius, Brutus populum concitavit, et Tarquinio ademit imperium.

NOTAS

1. **Servius Tullius**. Sérvio Túlio era de origem latina.
2. **Quirinalem**, monte que surge entre o Píncio e o Viminal, a nordeste de Roma, hoje M. Cavallo. — **Viminalem**, monte que se ergue a sudeste do Quirinal. Diz-se que o nome deriva de *vimen*, por causa das moitas de salgueiro que aí cresciam. — **Esquilinum**, monte que se levanta a sudoeste do Viminal, hoje Santa Maria Maggiore.
3. **Censum**. O recenseamento permitia formar a lista dos eleitores e dos contribuintes. Renovava-se a cada cinco anos, precedido por um sacrifício de purificação (*lustrum*). Depois de expulsos os reis, o exercício do recenseamento passou para os cônsules.
4. **Superbus**: *o Soberbo*, alcunha merecida por sua crueldade. — **Volscos**. Povo que morava nas montanhas do sul do Lácio. — **Suessa Pometia**, capital dos Volscos. — **Tusci**. Os tuscos ou etruscos eram

habitantes da Etrúria, ao norte de Roma. — **Iovi**: a Júpiter, dativo de *Iuppiter*. — **Ardeam**. Ardea era capital dos rútulos, a 40 km ao sul de Roma.

5. **Imperium perdidit**: *perdeu o poder supremo*. — **Filii eius**, isto é, Sexto.

Vocabulário

gigno, genui, genitum, gignere, v.: gerar
nobilis, e, adj.: nobre
captiva, ae, s. f.: a prisioneira
tamen, conj.: contudo, entretanto
ancilla, ae, s. f.: a escrava, a criada
quoque, adv.: também, do mesmo modo
subigo, subegi, subactum, subigere, v.: subjugar
Quirinalis mons: o monte Quirinal
Viminalis mons: o monte Viminal
Esquilinus mons: o monte Esquilino
adiungo, adiunxi, adiunctum, adungere, v.: juntar, unir
fossa, ae, s. f.: o fosso
circa, prep. c. acus.: ao redor

duco, duxi, ductum, ducere, v.: traçar, fazer
census, us, s. m.: o censo, o recenseamento
ordino, avi, atum, are, v.: ordenar
Volsci, orum, s. m.: os volscos
Suessa Pometia, s. f.: Suessa Pomécia
Tusci, orum, s. m.: os tuscos
Ardea, ae, s. f.: Ardea
oppugno, avi, atum, are, v.: atacar, sitiar
perdo, perdidi, perditum, perdere, v.: perder
propter, prep. c. acus.: por causa de
scelus, sceleris, s. n.: o crime
adimo, ademi, ademptum, adimere, v.: tirar, privar de

Lectio vicesima altera

Templo de Júpiter no Capitólio

Romani consules creant

Hinc Romani pro uno rege duos consules[1] quotannis creaverunt, ut, si unus malus esse voluisset, alter, habens potestatem similem, alterum coerceret. Fuerunt anno primo consules L. Iunius Brutus et Tarquinius Collatinus.

Commovit tamen bellum urbi Romae rex Tarquinius. In prima pugna Brutus consul et Aruns, Tarquinii filius, invicem se occiderunt. Brutum Romanae matronae quasi communem patrem, per annum[2] luxerunt.

Secundo anno iterum Tarquinius bellum Romanis intulit[3]. Tarquinio auxilium attulit Porsenna[4], Tusciae rex, et Roman paene cepit.

NOTAS

1. **Cônsules**. Os cônsules passaram a exercer todas as atribuições dos reis. Eram escolhidos, a princípio, só entre os patrícios. Acompanhavam-nos doze litores com fasces. — **Voluisset**, tivesse vontade.
2. **Per annum**: *pelo espaço de um ano.*
3. **Bellum Romanis intulit**: *fez guerra aos romanos.*
4. **Porsenna**, cf. *Lectio vicesima septima.*

Vocabulário

hinc, adv.: daqui, deste momento
quotannis, adv.: cada ano
potestas, atis, s. f.: o poder
simitis, e, adj.: semelhante
coerceo, coercui, coercitum, coercere, v.: conter, reprimir
commoveo, commovi, commótum, commovere, v.: mover

Aruns, Aruntis, s. m.: Arunte
invicem, adv.: mutuamente
lugeo, luxi, lugere, v.: chorar, lamentar
itorum, adv.: novamente
infero, intuli, illatum, afferre, v.: levar
affero, attuli, allatum, afferre, v.: levar
capio, cepi, captum, capere, v.: tomar

Lectio vicesima tertia

Romanos contra volscos

Aliae dignitates

Nono anno, cum gener Tarquinii ingentem collegisset exercitum, Romani dictaturam creaverunt. Dictator primus fuit Lartius.

Sexto decimo anno seditionem[1] populus Romae fecit. Tum populus sibi tribunos plebis[2], quasi proprios iudices et defensores, creavit, per quos contra senatum et consules tutus esse posset.

Sequenti anno Volsci bellum reparaverunt et Coriolos[3] civitatem, quam habebant optimam, perdiderunt.

NOTAS

1. **Seditionem**: *a revolta*. Os plebeus não possuíam nenhum direito político em Roma. Revoltaram-se contra a opressão dos patrícios, retirando-se para o Monte Sacro, a três mil passos de Roma, com a intenção de aí fundar nova cidade.
2. **Tribunos plebis**: *tribunos da plebe*. Eram homens eleitos pelo povo, a fim de fazerem frente à opressão dos nobres. Podiam impedir qualquer decreto em desfavor dos plebeus e até prender e depor qualquer magistrado recalcitrante.
3. **Coriolos**: cidade dos volscos, a 35 km de Roma. — **Quam habebant optimam**: *a melhor que tinham*. Esta cidade foi tomada por Quinto Márcio, que, por este feito, ficou sendo chamado Coriolano.

Vocabulário

gener, generi, s. m.: o genro
ingens, ingentis, adj.: enorme
colligo, collegi, collectum, colligere, v.: reunir, juntar
dictator, oris, s. m.: o ditador
Lartius, i, s. m.: Lárcio
seditio, onis, s. f.: a sedição

tribunus, i, s. m.: o tribuno
plebs, plebis, s. f.: a plebe
iudex, iudicis, s. m.: o juiz
tutus, a, um, adj.: seguro
sequens, sequentis, adj.: seguinte
Corioli, orum, s. m.: Coriolos

Lectio vicesima quarta

Vetúria intercede por Roma junto ao filho

Coriolanus

Expulsus ex Urbe Quintus Marcius, dux Romanus, qui Coriolos ceperat, Volscorum civitatem, ad Volscos contendit[1] iratus, et auxilia contra Romanos accepit. Romanos saepe vicit, usque ad quintum miliarium Urbis accessit, oppugnaturus[2] etiam patriam, nisi ad eum mater Veturia et uxor Volumnia ex Urbe venissent, quarum fletu et deprecatione superatus removit exercitum. Atque hic secundus post Tarquinium fuit qui dux contra patriam suam esset[3].

NOTAS

1. **Ad Volscos contendit**: *passou-se para os volscos*. Coriolano era de gênio arrebatado. Como os tribunos da plebe o condenassem à morte, fugiu para os volscos, onde logo foi nomeado chefe do exército que partia contra Roma. Venceu várias vezes os romanos e teria se apoderado da cidade, se sua mãe não intercedesse em favor de Roma.
2. **Oppugnaturus** = *et oppugnavisset*: e teria atacado.
3. **Qui dux esset**: *que chefiou tropas.*

Vocabulário

contendo, contendi, contentum, contendere, v.: dirigir-se
accipio, accepi, acceptum, accipere, v.: receber
accedo, accessi, accessum, accedere, v.: chegar
fletus, us, s. m.: o choro
deprecatio, onis, s. f.: a súplica
hic, pron.: este

Lectio vicesima quinta

Familia Fabia

Os trezentos Fábios marcham para a guerra

Cum essent consules Caius Fabius et Lucius Virginius, trecenti nobiles[1], qui ex Fabia familia erant, contra Veientes bellum soli susceperunt. Omnes nobiles et qui singuli[2] magnorum exercituum duces esse deberent, in proelio conciderunt. Unus omnino superfuit ex tanta familia, qui propter aetatem puerilem pugnae non intererat.

NOTAS

1. **Trecenti nobiles**. Estes trezentos nobres pertenciam à grande família dos Fábios. Eles partiram contra os veientes e os derrotaram. Pouco depois o inimigo reiniciou as hostilidades e, armando-lhes uma emboscada, os matou a todos. Desta família só ficou um menino, que não pudera tomar parte na expedição militar.
2. **Qui singuli**. Em português é necessário empregar outra construção: *cada um dos quais devia*.

Vocabulário

concido, concidi, concidere, v.: cair morto
omnino, adv.: somente
supersum, superfui, superesse, v.: restar, sobreviver

intersum, interfui, interesse, v.: assistir, tomar parte

Romanos contra fidenates

Lectio vicesima sexta

Decemviri
Bellum cum Fidenatibus

Anno trecentesimo et altero ab Urbe condita Romani pro duobus consulibus decem[1] creaverunt, qui summam potestatem haberent. Sed cum primo anno bene egissent[2], secundo unus ex decemviris, Appius Claudius, multa crudeliter gessit. Romani decemviros damnaverunt.

Anno trecentesimo decimo quinto ab Urbe condita, Fidenates contra Romanos rebellaverunt. Auxilium Fidenatibus praestabant Veientes et rex Veientium Tolumnius. Sed Mamercus Aemilius dictator hostes vicit.

NOTAS

1. **Decemviri**. As contínuas dissenções entre patrícios e plebeus, motivadas também pelo modo arbitrário de se decidirem as questões de justiça, fizeram com que uma lei escrita fosse de grande urgência em Roma. Elegeram-se dez patrícios para elaborar a constituição. Os decênviros, como eles se chamavam, tinham poder absoluto.
2. **Bene epissent** = *bene se gessissent*: tivessem procedido bem.

Vocabulário

trecentesimus, a, um, adj.: trecentésimo
ago, egi, actum, agere, v.: agir, proceder
decemvir, decemviri, s. m.: o decênviro
crudeliter, adv.: cruelmente
gero, gessi, gestum, gerere, v.: praticar, fazer
damno, avi, atum, are, v.: condenar

rebello, avi, atum, are, v.: entrar de novo em guerra, revoltar-se
praesto, praestiti, praestitum, praestare, v.: fornecer, dar
Tolumnius, i, s. m.: Tolúmnio
Mamercus, i, s. m.: Mamerco

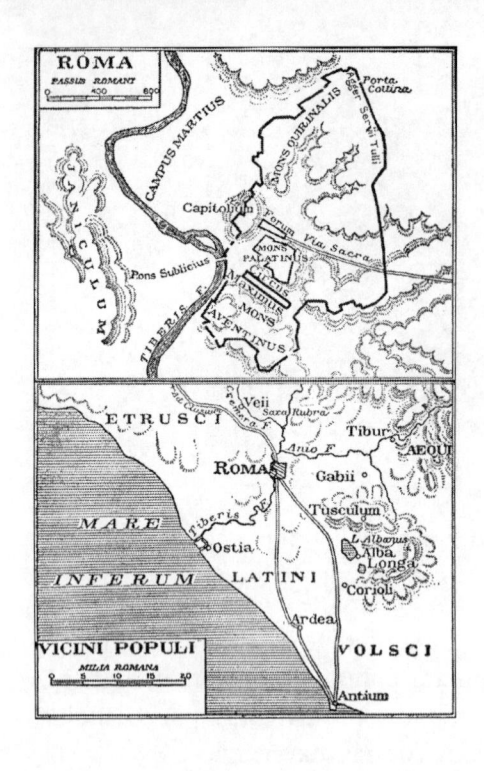

Lectio vicesima septima

Camillus

Post viginti deinde annos[1] Veientani rebellaverunt. Furius Camillus dictator primum Veientanos vicit acie; mox etiam civitatem diu obsidens cepit, antiquissimam Italiae atque ditissimam. Cepit et Faliscos[2], non minus nobilem civitatem. Sed propter invidiam, quasi praedam male divisisset, Romani Camillum damnaverunt et civitate expulerunt.

NOTAS

1. **Post viginti annos**: vinte anos depois, decorridos vinte anos. — **Veientani**. A forma clássica é Veientes. — **Acie**: em batalha campal; é ablativo de meio.
2. **Faliscos** = Falérios. *Falerii, orum*: Falérios, cidade de Etrúria, capital dos faliscos, a 50 km de Roma. — **Quasi**: como se.

Vocabulário

Veientani, orum, s. m.: os veientes
Furius Camillus, s. m.: Fúrio Camilo
acies, ei, s. f.: a batalha
mox, adv.: logo depois, em seguida
diu, adv.: durante muito tempo
obsideo, obsedi, obsessum, obsidere, v.: sitiar, cercar

ditissimus, a, um, adj.: riquíssimo
Falisci, orum, s. m.: os faliscos
invidia, ae, s. f.: o descontentamento
expello, expuli, expulsum, expellere, v.: expelir, expulsar

Lectio duodetricesima

Galli Senones

Os gauleses escalando o Capitólio

Statim Galli Senones[1] ad Urbem venerunt, Romanos undecimo miliario a Roma apud flumen Alliam[2] vicerunt, Urbem occuparunt[3]. Cum diu Capitolium[4] obsedissent, et iam Romani fame loborarent, Camillus, qui in vicina civitate exsulabat, Romanis in Capitolio auxilio venit Gallosque ita cecidit, ut et aurum[5] et omnia, quae ceperant, militaria signa revocaret. Ita tertio triumphans Urbem intravit, et appellatus secundus Romulus[6], quasi patriae conditor.

NOTAS

1. **Galli Senones**. Os sênones eram um povo celta que habitava a Gália Lugdunense, no curso superior do rio Sequana. Sua capital era *Agedincum*. Um ramo deste povo estabeleceu-se na costa oriental da Úmbria entre Ravena e Ancona. Estando descontentes com suas terras, os gauleses lançaram olhares cobiçosos para as dos clusinos. Estes, vendo-se ameaçados, recorreram a Roma, que lhes enviou três embaixadores da família dos Fábios.
   As negociações não surtiram efeito, e na batalha que se travou um dos Fábios matou um chefe gaulês. Enfurecidos, os gauleses marcharam contra Roma.
2. **Apud flumen Alliam**. O rio Alia, a 15 km de Roma, é um pequeno afluente do Tibre. No dia 18 de julho de 390, o exército romano, comandado pelos Fábios, encontrou-se com o gaulês, comandado por Breno. Os romanos foram totalmente derrotados e no calendário esse passou a ser dia nebuloso.

3. **Urbem occuparunt**. Após a batalha do rio Alia, os romanos abandonaram Roma. Uma guarnição subiu ao Capitólio e oitenta anciãos que não podiam fugir ficaram na cidade. Revestidos de suas insígnias senatoriais, lá estavam eles na praça do mercado, sentados em cadeiras de marfim, imóveis como estátuas.
   Os inimigos chegaram. Entraram. Ruas desertas. Casas vazias. Silêncio. Com mil cautelas, os gauleses avançaram. Quando chegaram ao mercado e viram aqueles anciãos majestosamente sentados, julgaram ver seres de outro mundo. Eram deuses ou homens? Vivos ou mortos?
   Finalmente um gaulês ousou aproximar-se do velho Marco Papírio. Examinou-o curiosamente e começou a cofiar-lhe a barba.
   Julgando irreverente esse proceder, o senador deu-lhe com o bastão. O gaulês reagiu, matando o velho Papírio. Igual sorte coube aos demais anciãos. A cidade foi saqueada e incinerada.
4. **Capitolium**. Só a guarnição que estava no Capitólio não se entregou. Os gauleses pretendiam rendê-la à fome. Fecharam ainda mais o cerco.
   Os romanos resolveram pedir auxílio a Camilo, nomeando-o ditador. Um jovem por nome Pôncio foi encarregado de levar-lhe a nomeação do senado.
   Numa noite escura e tenebrosa, o jovem desceu do monte na parte que era mais abrupta e que por isso mesmo se achava desguarnecida. No dia seguinte os gauleses descobriram as pegadas. Resolveram subir ao Capitólio. Feitos os preparativos, escalaram o rochedo, firmando-se uns nos outros.
   A sentinela romana dormia.
   Quando o primeiro gaulês chegou ao topo da muralha, os gansos sagrados levantaram tal grasnido que o senador Mânlio despertou. Tomou o escudo e a espada, correu para ver o que havia. Num instante compreendeu a situação. Atirou-se ao gaulês com redobrado esforço e conseguiu precipitá-lo rochedo abaixo.
5. **Aurum**. Havia sete meses os romanos vinham suportando o cerco e a fome. Enfim faltaram os víveres. Auxílio? Nenhum!
   Iniciaram-se as negociações de paz. Breno exigiu mil libras de ouro. Os romanos reclamaram contra os pesos falsos. Breno lançou a espada ao prato da balança e gritou: *Vae victis!* Ai dos vencidos!

6. **Secundus Romulus**. Camilo vingou a ofensa. Venceu os gauleses, recuperou o ouro entregue, celebrou um triunfo sobre os escombros da cidade e o povo proclamou-o segundo Rômulo, pai da Pátria, e segundo Fundador de Roma.

Vocabulário

Gallus, i, s. m.: o gaulês
Senones, um, s. m.: os sênones
Allia, ae, s. f.: Alia
fames, is, s. f.: a fome
laboro, avi, atum, are, v.: trabalhar, sofrer
exsulo, avi, atum, are, v.: ser desterrado

caedo, cecidi, caesum, caedere, v.: ferir, desbaratar
signum, i, s. n.: a insígnia
revoco, avi, atum, are, v.: recuperar
appellatus, a, um, part.: chamado
conditor, oris, s. m.: o fundador

Lectio undetricesima

Via aeria Flumen Ianuarium ibimus

Felices vacationes!

Pater. — Diligentia tua, Regina, valde laudanda est. Iam ad finem secundi anni pervenisti, iam librum, cui titulus est "Módulo II" ab initio usque ad finem legisti. Nunc vacationes sunt. Discendo animus excolitur, vacationibus autem corporis vires reficiendae et exercendae sunt.

Regina. — Pueritia est tempus discendi, mi pater!

Pater. — Et gaudendi etiam. Itaque voluptatis tuae causa quindecim dies tecum pulcherrimas patriae nostrae regiones peragrabo. In schola audiendo, legendo, scribendo erudiebaris; in hoc itinere videndo disces.

Regina. — Quo ibimus, pater?

Pater. — Primum via aeria Flumen Ianuarium ibimus. Pulchra itinera ibi facientes videbimus ardua montium cacumina, mare immensum, amoenas valles lacusque late patentes.

Regina. — Quanto gaudio afficiemur!

Pater. — Deinde quindecim dies in montibus erimus in villa nostra pulcherrima, quia aer ibi purior est et frigidior quam in vallibus.

Regina. — In montibus flores colorum magnificentissimorum inveniuntur. Flores montium sunt gaudium meum.

Pater. — Sed viae in cacumina maxime ardua montium periculosissimae sunt. Venatores et viatores audacissimi vias periculosissimas amant. Tutior est vita in valle, iucundior et salubrior vita in montibus.

Regina. — Sic vires meas ita reficiam, ut anno proximo librum cui titulus est "Módulo III" magno gaudio legere possim.

Natalem diem Domini Nostri Iesu Christi pie feliciterque transigas, tibi precor.

Módulo III

O Módulo III oferece como texto de leitura as Fábulas de Fedro.

Fedro, gravura de 1745.

Lectio prima

"Erecto atque fidenti animo terram dilige quae te peperit."

Regina ad scholam rediit

Vacationibus transactis Regina diversas patriae nostrae regiones peragravit. Flumine Ianuario etiam fuit. Christi Redemptoris monumentum vidit.

Incredibilem cepit voluptatem, cum, e Corcovado prospiciens, caelum iucundum, alta montium cacumina, mare immensum, amoenas valles, lacus late patentes, urbem denique pulcherrimam admirata est.

Qui fluctus maris! quae splendida, aedificia! quae varietas colorum! qui vestitus terrae! qui odor spirans undique ex arboribus!

Nullus fuit sensus, qui non egregia aliqua voluptate perfrueretur.

Omnibus diebus illam poetae nostri sententiam in ore saepe habuit: "Erecto atque fidenti animo terram dilige, quae te peperit".

Hoc ei, ut omni Brasiliensi, non iam verborum sonantium acervus, verum sacri muneris elocutio videbatur.

Utque patriae melius profundiusque prodesse posset, Regina ad scholam rediit summoque studio in litteris nunc versatur. Iam librum, cui titulus est "Módulo III", apud bibliopolam emit magnaque laetitia primam lectionem legit. Mox de Lesbiae vita audiet.

Vocabulário

redeo, redii, reditum, redire, v.: voltar
vacatio, onis, s. f.: a isenção, as férias
transactus, a, um, part.: passado
peragro, avi, atum, are, v.: percorrer (em viagem)

capio, cepi, captum, capere, v.: experimentar
voluptas, atis, s. f.: o prazer
prospicio, prospexi, prospectum, prospicere, v.: olhar

caelum, i, s. n.: o céu
iucundus, a, um, adj.: agradável
cacumen, cacuminis, s. n.: o pico
lacus, us, s. m.: o lago
late, adv.: ao longe, por largo espaço
late patens: de grande extensão
pateo, patui — patere, v.: ser extenso (um lugar)
admiror, atus sum, ari, v. dep.: admirar
color, coloris, s. m.: a cor
vestitus, us, s. m.: o vestido, o adorno (da terra)
odor, odoris, s. m.: o odor, o aroma
spiro, avi, atum, are, v.: exalar
undique, adv.: de todos os lados
perfruor (perfructus sum), perfrui, v. dep.: gozar
pario, peperi, partum, parere, v.: gerar
acervus, i, s. m.: o acervo, o montão, a cópia
munus, muneris, s. n.: o cargo, o dever
elocutio, onis, s. f.: a expressão
prosum, profui, prodesse, v.: ser útil
versor, versatus sum, versari, v. dep.: viver; ocupar-se com, aplicar-se a
bibliopola, ae, s. m.: o livreiro
mox, adv.: logo

Conversação

— Quis hodie ad scholam rediit?
— *Regina hodie ad scholam rediit.*
— Suntne etiam quidam ex vobis qui iam anno transacto scholae aderant?
— *Multi ex nobis anno transacto scholae iam adfuimus.*
— Adfuitne scholae etiam Regina anno transacto?
— *Certe, propter hoc dicimus: "Regina hodie ad scholam rediit".*
— Regina Flumine Ianuario fuit, nonne?
— *Sane, Regina tempore vacationum Flumine Ianuario fuit.*
— Ubinam fuistis vos tempore vacationum?
— *Tempore vacationum cum parentibus nostris ruri mansimus.*
— Quodnam monumentum Regina vidit?
— *Regina vidit Christi Redemptoris monumentum.*

— Quaenam e Corcovado admirari possumus?
— *Spectacula pulcherrima e Corcovado admirari possumus.*
— Aspexisti iam Flumen Ianuarium e Corcovado?
— *Sane, ego quidem iam e Corcovado Flumen Ianuarium aspexi atque miratus sum.*
— Tu qui ruri mansisti sine dubio magna etiam voluptate fruitus es!
— *Certe, ego latam planitiem montibus cinctam, prata florida, amoenas denique valles contemplatus sum magnamque cepi voluptatem.*
— Quam poetae sententiam habuit Regina semper in ore?
— *Regina habuit in ore illam nostri poetae sententiam: "Erecto atque fidenti animo terram dilige, quae te peperit".*

— Cur discit Regina Latinam linguam?
— *Regina discit Latinam linguam ut patriae melius profundiusque prodesse possit.*
— Vos etiam ut patriae prodesse possitis Latinam linguam discetis, nonne?
— *Certe, nos summo studio in hoc opere versabimur.*
— Emistisne iam omnes apud bibliopolam librum, cui titulus est "Módulo III"?
— *Certe, librum iam omnes hic habemus.*

Sentença

Qui proficit in litteris, et deficit in moribus, plus deficit, quam proficit.
S. Agostinho, *De Verbis Apost.*, 15.

Lectio secunda

Lesbia et Caecilia multis de rebus colloquuntur

Lesbia Caeciliam invisit

Lesbia, bona filia familiae, ad amicam suam hodie venit. Multis de rebus colloquuntur.

— Heri, ait Caecilia, tandem aliquando venit pater meus, qui duos annos in Gallia versatus est. O quam pulchras res mihi narravit! Nunc in campo Martis est, et multa milia modium frumenti militibus distribuit.

— Camillus, ait Lesbia, non minus bonus pater familias est quam strenuus militum dux.

Dum puellae sic loquebantur ecce Catullus et Iulia cum Livia, optima familias matre, adveniunt. Magna laetitia Lesbia affecta est.

Vocabulário

colloquor, collocutus sum, colloqui, v. dep.: conversar
inviso, invisi, invisum, invisere, v.: visitar
tandem aliquando, adv.: enfim, pois
versor, versatus sum, versari, v.: viver
modius, i, s. m.: o módio, o alqueire

frumentum, i, s. n.: o trigo
distribuo, distribui, distributum, distribuere, v.: distribuir
strenuus, a, um, adj.: valente
advenio, adveni, adventum, advenire, v.: chegar

Comentário gramatical

MORFOLOGIA. — *1ª declinação*. Nota 1. O genitivo em **-as** é antigo, mas conserva-se ainda com o substantivo *familia* nas expressões: *pater familias, mater familias, filius familias*. Usa-se também *pater familiae* etc.

Nota 2. O genitivo plural de alguns nomes que indicam medida ou moeda e dos compostos de *-cola* e *-gena*, às vezes, se abrevia por síncope em *-um*.

amphora - amphorarum: **amphorum** = de ânforas
drachma - drachmarum: **drachmum** = de dracmas
caelicola - caelicolarum: **caelicolum** = dos moradores do céu
terrigena - terrigenarum: **terrigenum** = dos nascidos da terra

Nota 3. Para distinguir as palavras femininas das formas correspondentes masculinas usa-se a terminação **-abus** no dativo e no ablativo plural de alguns substantivos, como:

dea: a deusa - **deabus**
filia: a filha - **filiabus**
famula: a criada - **famulabus**

Dis deabusque: aos deuses e às deusas
Filiis ac filiabus: aos filhos e às filhas

Nota 4. Alguns substantivos só existem no plural e são chamados **pluralia tantum**. Ex.:

angustiae: desfileiramento
divitiae: a riqueza
insidiae: a emboscada
nuptiae: as núpcias
Athenae: Atenas
Thebae: Tebas

Nota 5. Alguns substantivos têm, no plural, ainda outra significação, além da própria. Ex.:

aqua: a água; *aquea*: as águas termais
copia: a abundância; *copiae*: os exércitos, as tropas
littera: a letra; *litterae*: a carta, as ciências

2ª declinação. Nota. Substantivos que indicam medida, moeda ou peso podem ter no genitivo plural **-um** em lugar de **-orum**. Ex.: *sestertius, i*: o sestércio – *sestertiorum*: **sestertium**; *nummus, i*: a moeda – *nummorum*: **nummum**.

SINTAXE. — Acusativo de tempo. O complemento que responde à pergunta *durante quanto tempo?* coloca-se no acusativo (raras vezes no ablativo). Ex.: *Vivere unum diem* = viver somente um dia. *Multos annos*: durante muitos anos.

Nota 1. O complemento que responde à pergunta *desde quanto tempo?* (a) vai para o acusativo, se for expresso por adjetivo numeral; ex.: *Regnat annum iam tertium*: reina há três anos; (b) vai para o ablativo com **ab** ou **ex**, se não consta o numeral; ex.: *Ab urbe condita*: desde a fundação da cidade.

Nota 2. Para a idade, usa-se acusativo com **natus**. Ex.: *Filius quindecim annos natus* = filho de quinze anos.

Conversação

— Ubinam Lesbia et Caecilia colloquuntur?
— *Lesbia et Caecilia in domus atrio colloquuntur.*
— Quisnam erat Lesbia?
— *Lesbia erat bona filia familiae.*
— Quam amicam invisit Lesbia hodie?
— *Lesbia hodie Caeciliam invisit.*

— Invisisti heri tu etiam aliquem amicum?
— *Certe, ego amicum meum... heri invisi.*
— De qua re collocuti estis?
— *Multis de rebus collocuti sumus.*
— Ubinam pater Caeciliae versatus est?
— *Pater Caeciliae in Gallia versatus est.*
— Quam Europae partem Romani Galliam vocabant?
— *Romani vocabant Galliam illam Europae partem quam nos lingua Lusitana "França" vocamus.*

— Quid distribuit militibus pater Caeciliae?
— *Pater Caeciliae militibus frumentum distribuit.*
— Quantum frumenti distribuit?
— *Multa milia modium frumenti distribuit.*
— Habueruntne Romani duces strenuos?
— *Certe, Romani duces strenuos non paucos habuerunt.*
— Nonne praestat nummis magis carere quam amicis?
— *Sane malumus nummis carere quam amicis.*

Sentença

Nummis praestat carere quam amicis.

Lectio tertia

Mercurius sum, nuntius caelitum

De miro Catulli somnio

In atrio sedebant Livia, Iulia, Caecilia, Lesbia, Catullus.

— Heri, ait Lesbia, in monte Capitolino mater et ego fuimus. E Capitolio totam urbem spectavimus, Tiberim flumen eiusque pulchros pontes. Extra urbem multos arcus aquaeductuum vidimus, quibus aqua in urbem ducitur.

— Ubi est Titus? interrogat Catullus.

— Titus, respondet Lesbia, Neapolim profectus est. Neapoli exiens Syracusas navigavit, sed eum hodie exspectamus. Tu vero, Catulle, qui multa de vita deorum scis, narra nobis quaedam!

— Libenter hoc faciam, carissima Lesbia. Abhinc decem annos cum amico meo Tito multa de deis deabusque legi. Orbilius nobis libros commodavit. Puer eram et deorum sedem videre maxime desiderabam. Nocte quadam saturnaliorum mirum somniavi somnium.

— Quod somnium? interrogaverunt simul Lesbia et Caecilia.

— Longum est narrare omnia. Hodie vero tantum quaedam memorabo, alia ad aliam occasionem differam.

— Incipe, bone Catulle!

— Dum tempore aestivo Titus et ego sub arbore dormiebamus, nimbus magnus albusque ad nos venit. Medio ex nimbo vir exiit.

— Timorem, liberi, inquit vir, deponite. Mercurius sum, nuntius caelitum.

Tum ego et Titus timorem deposuimos, quia de Mercurio multas fabulas Orbilius nobis narraverat.

— Ubi habitant caelites? interrogavit Titus.

— In Olympo habitant, tibi et Catullo amici erunt. Mecum venite, vos ad caelites ducam!

Tum Mercurius me et Titum per portas nimbi in deorum regnum duxit.

Vocabulário

mirus, a, um, adj.: maravilhoso
somnium, i, s. n.: o sonho
pons, pontis, s. m.: a ponte
arcus, us, s. m.: o arco
aquaeductus, us, s. m.: o aqueduto
Neapolis, is, s. f.: Nápoles
proficiscor, profectus sum, proficisci, v. dep.: partir
exeo, exii, exitum, exire, v.: sair
scio, scivi, scitum, scire, v.: saber
libenter, adv.: de bom grado
abhinc, adv.: desde
   abhinc decem annos: há dez anos
commodo, avi, atum, are, v.: emprestar
saturnalia, ium ou *orum,* s. n.: as saturnais (festas em honra de Saturno)
somnio, avi, atum, are, v.: sonhar
memoro, avi, atum, are, v.: contar, referir
differo, distuli, dilatum, differre, v.: diferir
incipio, incepi, inceptum, incipere, v.: começar
aestivus, a, um, adj.: do estio
nimbus, i, s. m.: o nimbo (nuvem luminosa que circunda os deuses)
caelites, caelitum, s. m. pl.: os celestes, os deuses

Comentário gramatical

MORFOLOGIA. — *3ª declinação.* Particularidades: 1) Os substantivos e os nomes próprios parissílabos terminados em **-is** têm o acusativo singular em **-im** e o ablativo em **-i**. Ex.: *Sitis sitim siti* – a sede, *Vis vim vi* – a força; *Hispalis Hispalim Hispali* – Sevilha, *Tiberis Tiberim Tiberi* – Tibre; 2) São *pluralia tantum:* a) os neutros que indicam festas e solenidades. Ex.: *saturnalia – saturnalium* ou *saturnaliorum*: as saturnais; *sponsalia – sponsalium* ou *sponsaliorum*: os esponsais; b) alguns com genitivo em **-um**. Ex.: *maiores – maiorum*: os antepassados; *viscera – viscerum*: as entranhas; c) e com genitivo em **-ium**. Ex.: *annales – annalium*: os anais; *Alpes – Alpium*: os Alpes.

SINTAXE. — *Acusativo de lugar.* O complemento que responde à pergunta *para onde?* vai para o acusativo com a preposição **in**. Ex.: *In Italiam proficisci*: partir para a Itália. Se o complemento for o nome único de cidade ou de ilha pequena, vai para o acusativo sem preposição. Ex.: *Roman*: para Roma.

Ablativo de lugar. O complemento que responde à pergunta *donde?* vai para o ablativo com a preposição **ex** ou **ab** (de). Ex.: *Ex Italia redire*:

voltar da Itália. Se o complemento for o nome único de cidade ou de ilha pequena, vai para o ablativo sem preposição. Ex.: *Cesar Roma profectus est*: Cesar partiu de Roma. *Athenis*: de Atenas.

Comentário cultural

MITOLOGIA: MERCÚRIO

Mercúrio nasceu na Arcádia. Algumas horas depois do nascimento, saltou do berço e fugiu da gruta. Encontrando uma tartaruga, matou-a e, depois de jogar fora a carne, sobre a carcaça estendeu sete cordas de tripa de ovelha. Estava inventada a lira.

Dirigiu-se até Piéria, na Macedônia, onde roubou cinquenta novilhos de Apolo. Para não ser descoberto, envolveu os pés em pano e voltou de costas, caminhando sobre as pegadas.

Antes de anoitecer estava de retorno à gruta em que nascera. Matou dois novilhos. Fez fogo com a fricção de dois paus e ofereceu uma parte da carne em sacrifício. Apagou o fogo e deitou-se.

A mãe, que tudo vira, ameaçou-o com a cólera de Apolo.

— Que venha! Retorquiu o pequeno atrevido.

Apolo veio de fato. As aves agoureiras contaram-lhe quem era o ladrão e ele correu à gruta.

Mercúrio fingiu dormir a sono solto. Apolo examinou a gruta. Só encontrou ambrosia e néctar. Por fim, resolveu sacudir o pequeno até acordar.

— Onde estão meus novilhos?

— Que novilhos?

— Os meus novilhos que pastavam em Piéria.

— Acaso não sou uma criancinha de peito, que nem sabe sentar no colo da mamãe?

Mas o outro não se deixou enganar e apelou para Júpiter.

Com vestido de criança, Mercúrio caminhou ao lado do forte Apolo. Chegaram. Apolo acusou, Mercúrio desculpou-se, Júpiter sorriu:

— Vai mostrar-lhe os novilhos escondidos na gruta!

Ambos voltaram. Mercúrio devolveu os quarenta e oito restantes, e para serenar o adversário, dedilhou canções na lira.

Apolo ficou embevecido e lhe propôs dar em troca seu bastão de ouro, chamado caduceu, que trazia prosperidade e apaziguava contendas. Mercúrio aceitou.

Apenas se fizera a troca, Mercúrio viu duas serpentes que se picavam. Bateu com o caduceu no meio delas, as serpentes se aquietaram e se enroscaram no bastão.

Mercúrio é representado com o caduceu nas mãos e asas nos pés. Exerce o cargo de mensageiro dos deuses e guia das almas para o reino das sombras.

Entre as árvores, é-lhe consagrada a palmeira; entre os animais, o galo e a tartaruga. Inventou a escrita, a aritmética, a geometria, a previsão do tempo, o peso e a medida. É o protetor dos ladrões e dos comerciantes.

Conversação

— Ubinam sedebant Caeciliae amici?
— *Amici Caeciliae in domus atrio sedebant.*
— Nos autem ubinam sedimus nunc?
— *Nos in schola nunc sedimus.*
— Quonam ibis post scholam?
— *Domum meam ibo.*

— Aspice picturam in libro! Quomodo vides duos pueros?
— *Alterum sedenten video, alterum iacentem.*
— Ubi sunt duo pueri?
— *Sub arbore sunt.*
— Quis apparuit in somnio Catullo?
— *Mercurius ei apparuit in somnio.*

— Quisnam est Mercurius?
— *Mercurius est apud Romanos nuntius deorum.*
— Ubi natus est Mercurius?
— *Mercurius in Arcadia natus est.*
— Quid rapuit Mercurius in Pieria?
— *In Pieria Mercurius Apollini boves rapuit.*

— Quodnam musicae instrumentum invenit Mercurius?
— *Mercurius invenit lyram, qua optime ludebat.*
— Quid fecit Mercurius ut Apollinem pacificaret?
— *Mercurius pulcherrimos ei hymnos lyra cecinit.*
— A quo accepit Mercurius aureum baculum?
— *Aureum baculum ab Apolline accepit.*
— Mercurius quid in pedibus habet?
— *In pedibus alas habet, quia deorum nuntius est.*

Sentença

Non vi, virtute.

Lectio quarta

Titus et Catullus ad Olympum perveniunt

> Simul cum Mercurio pro porta regiae stetimus et deos deasque spectavimus

Simul cum Mercurio pro porta regiae stetimus et deos deasque spectavimus.

Iuppiter, quem poetae patrem deorum hominumque appellant, in regia magna sedebat.

— Iuppiter, ait Mercurius, est Saturni filius. Postquam patrem in fugam egit, regnum mundi cum fratribus ita divisit, ut caelum sibi vindicaret, aquas Neptuno, inferos Plutoni concederet. Tellus enim dolens filios suos Titanes a Iove interfectos, Gigantes procreavit, qui Iovem caelo detrudere aggressi sunt. Sed fulminibus interfecti poenas Iovi dedere.

Multi di cum Iove in Olympo habitant, ait Catullus, sed illo Saturnaliorum die tantum paucos vidimus.

Iuno, regina caeli terraeque, prope Iovem erat.

Minerva, Iovis filia, dea sapientiae et bonarum artium, bellum armaque amat.

Vidi etiam Apollinem, ut semper a nobis fingebatur, pulchrum adulescentem vel iuvenem qui arcum aut lyram manibus tenebat.

Diana, Apollinis soror, dea venationis, cum grege canum velocium silvas peragrabat.

Etiam ibi erat Mars, deus belli, qui apud bellicosum populum Romanum summo in honore est.

Neptunus, deus maris, est Iovis frater.

Pluto, rex Tartarorum, est quoque frater Iovis, sed in sua regno manet.

Praeterea Venerem, amoris reginam, ibi vidimus.

Vocabulário

pervenio, perveni, perventum, pervenire, v.: chegar
simul, adv.: juramento, em companhia
pro, prep. c. abl.: diante de
regia, ac, s. f.: a residência real, o palácio
Iuppiter, Iovis, s. m.: Júpiter
ago, egi, actum, agere, v.: impelir
vindico, avi, atum, are, v.: reivindicar, atribuir
inferi, orum, s. m. pl.: os infernos
Pluto, onis, s. m.: Plutão
Tellus, uris, s. f.: a Terra
Titanes, um, s. m. pl.: os titãs
interficio, interfeci, interfectum, interficere, v.: matar
detrudo, detrusi, detrusum, detrudere, v.: derrubar
aggredior, aggressus sum, aggredi, v. dep.: agredir, empreender
fulmen, fulminis, s. n.: o raio
prope, prep. c. acus.: perto de
fingo, finxi, fictum, fingere, v.: representar
grex, gregis, s. f.: a grei, a matilha
Venus, Veneris, s. f.: Vênus

Comentário gramatical

MORFOLOGIA. — *3ª declinação – Substantivos anômalos.* São, por exemplo:

O boi – Singular: nom. e voc. *bos,* gen. *bov-is,* dat. *bov-i,* acus. *bov-em* e abl. *bov-e* – Plural: nom., acus. e voc. *bov-es,* gen. *bo-um,* dat. e abl. *bobus* ou *bubus.*

A carne – Singular: nom. e voc. *caro,* gen. *carn-is,* dat. *carn-i,* acus. *carn-em,* abl. *carne.*

SINTAXE. — *Duplo acusativo.* Muitos verbos transitivos em latim pedem duplo acusativo, um do *objeto,* outro do nome *predicativo.* a) Os que significam *nomear, eleger, constituir, proclamar* etc... Ex.: *Te consulem appello:* chamo-te cônsul; b) Os que significam *ter por, tomar por, reconhecer por, mostrar-se tal* etc... Ex.: *Habere (sumere, cognoscere) aliquem amicum:* ter alguém por amigo; c) Os que significam *ter na conta de, considerar.* Ex.: *Te beatum existimo:* julgo-te feliz.

Ablativo de companhia. Em latim, geralmente emprega-se o ablativo com a preposição **cum** para designar *companhia, união,* tanto localmente quanto temporalmente. Ex.: *Vivit habitatque cum Balbo:* vive e mora com Balbo.

Comentário cultural

MITOLOGIA:

JUNO

Juno, esposa de Júpiter, bela e vaidosa, fiel e ciumenta, era a rainha dos deuses e protetora do matrimônio. Certa vez, numa raiva imensa o marido amarrou-a no éter com corrente de ouro e lhe pendurou aos pés duas bigornas pesadíssimas. Sempre que Juno começa a brigar, Júpiter lembrava-lhe este fato e ela se aquietava.

Como pouco ou nada consegue com a violência, recorre aos enfeites, aos perfumes, cujo aroma enche o Olimpo e embriaga os deuses. A sua ave consagrada é o pavão.

MINERVA

Certa vez Júpiter engoliu Metis, sua primeira esposa. Atormentado por violentíssima dor de cabeça, mandou chamar Vulcano, que lhe abriu o crânio a machadada. Pela brecha saiu uma deusa com escudo, lança e capacete. Era Minerva. Ela bateu no escudo com tal vigor que o Olimpo se abalou, o mar se enfureceu, a terra se partiu e o sol se deteve no percurso para admirar o milagre. Os guerreiros de cem cidades não podiam levantar-lhe o capacete.

Protetora da batalha dirigida com estratégia, ela toma parte em todas as guerras dos deuses e dos homens. É também a deusa da sabedoria e das artes. Com muita perícia executa qualquer trabalho de agulha. Veneram-na os arquitetos, os pintores, os escultores, os médicos, os poetas e os oradores.

Inventou a flauta e, como algumas deusas sorrissem ao vê-la de bochechas estufadas ao tocar tal instrumento, Minerva lançou-a fora e amaldiçoou a todo homem que a levantasse. Dentre seus animais, a coruja é a predileta, por ser símbolo da sabedoria. A coruja vela à noite e o amigo da ciência tem à noite o maior sossego para o estudo.

APOLO

Apolo nasceu na ilha de Delfos. As Ninfas envolveram-no em faixas tecidas de ouro e lhe deram néctar e ambrosia. Mas a criança, rasgando as faixas, apareceu como jovem formosíssimo, de cujos lábios brotaram palavras admiráveis: "A cítara e o arco serão o meu passatempo; aos homens descobrirei o conhecimento do futuro".

Delfos rejubilou. Circundado de raios e tirando sons maviosíssimos da cítara, Apolo entrou na mansão dos deuses. Todos se levantaram para o receber, exceto Júpiter e Latona, sua mãe.

Cinco dias depois de nascer, Apolo matou na Fócida a serpente monstruosa Pitão, pelo que ficou sendo chamado "Pítico". No local deste feito heroico levantou-se mais tarde o templo de Delfos.

Apolo anuncia aos homens a vontade de Júpiter e mata o que se opõe à lei divina. É o deus da profecia, o guia das Musas, o protetor da poesia e da música.

Na antiguidade muitos oráculos lhe foram dedicados, entre os quais o de Delfos, que exerceu grande influência na vida religiosa e política dos gregos.

DIANA

Era irmã gêmea de Apolo e amiga da caça. Os Ciclopes lhe fabricaram arco e aljava, Pã da Arcádia lhe deu os cães, e ela mesma capturou quatro veados com chifres de ouro e os atrelou ao carro.

Chegando ao Olimpo, carregada de caça, Apolo a foi receber, Mercúrio lhe tomou o arco e as Ninfas amarraram os veados em manjedouras de ouro, onde corria néctar para os refrescar.

Com Apolo era a autora da morte repentina. Morria um jovem, Apolo o matara com seu arco; morria uma jovem, Diana a alvejara com sua flecha.

Júpiter a amava por sua pureza. Desde que Juno ralhara certa vez com ela, nunca mais tomou parte em guerras. Vivia modestamente e retirada.

MARTE

O deus mais selvagem dos olímpicos era Marte. Alegrava-se com o próprio tumulto das batalhas. Odiava a paz e vivia em contínua rixa com Minerva, sua irmã. Herdara da mãe o caráter rixento.

Em sua comitiva sempre se encontrava Éris, a deusa da vingança. Quando se dirigia para a guerra, o Medo e o Terror, filhos seus, preparavam-lhe o carro e o acompanhavam. A guerra era seu prazer, mas nunca permanecia fiel por longo tempo a um partido. Variável é a sorte da guerra.

Nos combates dos homens, Minerva não raro era adversária de Marte e na maioria das vezes o derrotava. A sabedoria sempre vence a força bruta.

Na guerra de Troia combateu contra os gregos. Ferido pelo príncipe Diomedes, soltou um grito equivalente aos dez mil guerreiros.

O cão e o abutre, hóspedes dos campos de batalha, são os animais consagrados a Marte.

NETUNO

Netuno, filho de Saturno e Reia, após a guerra contra o pai recebeu o mar como esfera de seu domínio. Os Ciclopes confeccionaram-lhe o poderoso tridente, com o qual revolve e sossega as ondas do mar, levanta quando quer a terra, abala os rochedos, reúne as nuvens e comanda as tempestades.

Seu magnífico palácio está nas profundezas do mar, não longe da ilha Eubeia. Quando viaja, cercam-no deuses marinhos, delfins e baleias. Puxado por corcéis possantes, seu carro corre mar afora sem ir ao fundo.

Netuno deu aos homens o cavalo, animal criado por ele, tornando-se assim grande benfeitor da humanidade.

VÊNUS

Vênus nasceu da espuma do mar. Quando chegou a Chipre, rosas brotaram de suas pegadas, e o Amor e a Saudade a cumprimentaram.

Extasiados ante sua formosura, no Olimpo os deuses disputaram sobre quem seria seu marido.

Momo, o deus da zombaria, para acalmar os espíritos propôs que Vulcano a recebesse por esposa. A proposta foi aceita e assim a mais formosa das deusas se casou com o mais feio dos deuses.

Consagradas a Vênus eram a pomba, a maçã e a rosa.

PLUTÃO

Plutão é o rei do inferno. Sombrio, sinistro, sentado num trono de ébano, traz na mão o cajado com duas pontas e na cabeça o capacete misterioso que faz desaparecer.

A Plutão é consagrado o cipreste. Nos sacrifícios, os homens, voltando o rosto para trás, matam-lhe uma ovelha preta.

O inferno situa-se no interior da terra. É tão profundo quanto é alto o céu. Tempestades horrorosas ribombam incessantemente naquela região de treva e de pavor.

Levanta-se na entrada o palácio da Noite, onde moram o Sono, o Remorso, as Doenças, a Velhice, o Medo, a Fome, a Guerra, a Inveja, a Morte, e outros sofrimentos humanos deificados.

Depois de passar esse palácio, a alma chega a dois rios: o Estige, frigidíssimo, e o Cócito, cheio de lamentos. Na confluência de ambos, forma-se uma lagoa preta que a alma deve atravessar. O barqueiro Caronte, velho sombrio de barba hirsuta e veste esfarrapada, por um óbulo transporta a alma em sua frágil canoa. As almas dos que não foram sepultados, ele as deixa na margem do Estige durante cem anos.

Atrás do Estige está o cão de três cabeças chamado Cérbero, que não permite a nenhum mortal entrar vivo no reino das sombras.

Por fim, a alma chega diante dos juízes Minos, Êaco e Radamanto. Conforme a sentença por eles pronunciada, a alma ou entra no Elísio, paraíso dos bem-aventurados, ou precipita-se no Tártaro, abismo dos condenados.

O Elísio fica à direita, tendo à entrada o palácio de Plutão, e é cercado pelo rio Lete, de cuja água limpidíssima a alma bebe para esquecer os sofrimentos passados.

As almas felizes vivem numa sociedade alegre. Passeiam junto de regatos cristalinos, por sobre prados verdejantes, por bosques ameníssimos. O perfume das flores, o cântico das aves, o sopro da brisa as acariciam. A primavera é perpétua e a terra, sem trabalho, sazona os frutos três vezes ao ano.

Horroroso é o martírio dos maus no Tártaro. Logo que Radamanto profere a sentença, Tisífone com outras duas Fúrias açoitam a alma até o lugar do castigo. Para que ninguém fuja, o inferno está cercado por dois rios: o Aqueronte, com água lamacenta e amarga, e o Piriflegetonte, com água semelhante ao fogo.

Todos os condenados executam trabalhos inúteis.

As Danaides enchem barris sem fundo.

Tântalo, com água até os lábios, sofre sede abrasadora; quando procura beber, a água lhe foge. Padece atormentadora fome; galhos carregados de apetitosas frutas pendem-lhe sobre a cabeça; tenta apanhá-las, mas os galhos se levantam.

Sísifo rola pesado bloco de mármore morro acima. Quase no topo escapa-lhe o bloco morro abaixo. Começa de novo. E assim eternamente.

A alma recebe o castigo conforme o crime praticado.

Conversação

— Quem poetae appellabant Iovem?
— *Poetae Iovem appellabant patrem deorum.*
— Quid fecit Iuppiter patri suo Saturno?
— *Iuppiter Saturnum in fugam coniecit.*
— Quomodo divisit regnum mundi cum fratribus suis? cui dedit aquarum imperium?
— *Aquarum imperium dedit Neptuno.*
— Cui vero inferos?
— *Inferos dedit Plutoni.*
— Cui denique caelum?
— *Caelum sibi ipsi Iuppiter vindicavit.*
— Quid fecit Tellus contra Iovem?
— *Gigantes procreavit, qui Iovem de caelo detrudere aggressi sunt.*
— Ubi sedebat Iuno?
— *Iuno sedebat prope Iovem, quia erat eius coniux.*
— Quaenam est Minerva?
— *Minerva est filia Iovis, dea sapientiae et bonarum artium.*
— Quomodo nata est Minerva?
— *Minerva nata est ex capite Iovis.*
— Ubi natus est Apollo?
— *Apollo Delphi natus est.*
— Quare Apollo Pythicus appellatur?

— *Pythicus appellatur quia Pythonem serpentem necavit.*
— Ubi Apollo templum celeberrimum habuit?
— *Apollo Delphi templum celeberrimum habebat ex quo etiam sacerdos illius templi pythonissa appellabatur.*

— Cuius erat dea Diana?
— *Diana erat dea venationis et cum grege canum silvas peragrabat.*
— Quare Mars erat summo in honore apud Romanorum populum?
— *Mars summo in honore erat apud Romanos, quia deus belli putabatur.*
— Quaenam dea est Venus?
— *Venus est amoris regina.*

Sentenças

Quod licet Iovi, non licet bovi.
Sêneca, Herc. fur., 489.

Procul a Iove, procul a fulmine.

Ubi amici sunt, ibi sunt opes.

Lectio quinta — Jupiter sum

Iovis verba ad pueros

Tum Mercurius me et Titum ante Iovem duxit. Rex deorum hominumque verba sic fecit:

— Timorem, pueri, deponite. Iuppiter sum. Quercus et aquila mihi sacrae sunt. Hominum tribubus aequas leges do. Homines, qui has leges non observant, Apollo arcu suo morte afficiet. Vobis autem, qui deos deasque magnopere amatis in regno meo manere licet.

Post haec verba Iuppiter in terram descendit. Titus et ego cum Mercurio in regia Iovis mansimus.

— Estne Iuppiter hominibus amicus? interrogavit Titus.

— Hominibus, qui sunt boni, amicus semper est, respondit Mercurius. Duo homines boni, quibus Iuppiter amicus fuit, Baucis et Philemon appellabantur.

Tum ego:

— Narra nobis, Mercuri, historiam horum hominum!

Vocabulário

quercus, us, s. f.: o carvalho
tribus, us, s. f.: a tribo
aequus, a, um, adj.: justo
maneo, mansi, mansum, manere, v.: permanecer

Baucis, Baucidis, s. f.: Baucis
Philemon, Philemonis, s. m.: Filêmon

Comentário gramatical

MORFOLOGIA. — *4ª declinação*. Fazem o dativo e o ablativo plural em **-ubus**. Ex.: *arcus, arcus*, m.: o arco – *arcubus*. Nota 1. Jesus tem no acusativo *Iesum*, nos demais casos, *Iesu*. Nota 2. O locativo da palavra *domus* (casa), **domi**, significa *em casa*; o acusativo, **domum**: *para casa* e o ablativo, **domo**: (*vindo*) *de casa*.

SINTAXE. — *Acusativo*. O acusativo é o caso do objeto direto. Ex.: *Amo Deum* = amo a Deus; *Patriam defendemus*: defenderemos a Pátria.

Ablativo de instrumento. Emprega-se o ablativo de instrumento com os verbos *utor, fruor, fungor, potior, nitor, vescor*. Ex.: *Otio fruor*: gozo descanso. Emprega-se ainda em algumas locuções e com vários verbos que em português não apresentam propriamente a ideia de meio. Ex.: *Afficere aliquem honore, gaudio, poena, praemio, supplico*: honrar, alegrar, punir, premiar, suplicar a alguém.

Oração relativa. Relativas são orações dependentes iniciadas por um *pronome* ou *advérbio relativo*. Estão no indicativo quando encerram exposição objetiva de um fato. Ex.: *Vos, qui affuistis, testes esse poteritis*: vós, que estivestes presentes, podereis ser testemunhas.

Comentário cultural

MITOLOGIA: JÚPITER

Júpiter era filho de Saturno. Como Geia profetizasse que Saturno seria destronado por um filho, para evitar o cumprimento do oráculo Saturno devorava os filhos logo que nasciam. Tal sorte já coubera a Vesta, Ceres, Juno, Plutão e Netuno. Quando lhe nasceu Júpiter, sua mãe, penalizada, resolveu salvá-lo. Em lugar do filho deu a Saturno uma pedra que envolvera cuidadosamente em faixas. O pai engoliu-a como se fosse o filho esperado.

Entregue à deusa Têmis, o menino permaneceu escondido em uma caverna da ilha de Creta. Era amamentado pela cabra Amalteia, cujo leite poderosamente nutritivo fez com que em um ano Júpiter fosse o mais forte dos deuses.

Tendo Metis dado a Saturno um vomitório, ele restituiu os filhos à vida na ordem inversa: a pedra, Netuno, Plutão, Juno, Ceres e Vesta.

Júpiter coligou-se com os irmãos e juntos declararam guerra ao desalmado pai.

A luta durou dez anos. Saturno era auxiliado pelos Titãs; Júpiter pelos Centímanos e Ciclopes. Os Centímanos possuíam cinquenta cabeças e cem braços que em um lanço atiravam cem blocos de rochedo contra o inimigo. Os Ciclopes, gigantes de proporções descomunais, tinham um só grande olho na testa. Como fossem bons ferreiros, fabricavam para Júpiter os raios e os trovões.

Vencida a guerra e destronado Saturno, Júpiter dividiu o governo do mundo entre os irmãos, dando a Netuno o mar e a Plutão o inferno. Ele é o chefe da família dos deuses, o soberano supremo. Como símbolo de seu poder foi-lhe consagrada a águia, rainha das aves. Com pequeno movimento das sobrancelhas Júpiter faz tremer o universo, mas não é todo-poderoso. Sobre ele e sobre os deuses paira o Destino, chamado Moira pelos gregos, Fatum pelos romanos.

Conversação

— Quousque duxit Mercurius Catullum et Titum?
— *Mercurius Catullum et Titum ante Iovem duxit.*
— Quibus dat leges Iuppiter?
— *Iuppiter leges hominum tribubus dat.*
— Quid facit Apollo hominibus qui has leges non observant?
— *Homines, qui leges non observant, Apollo sagittis transfigit.*
— Quid fecit Tellus, ut Saturnus Iovem puerum non devoraret?
— *Petram pannis involutam dedit ei, ut comederet.*
— Quos filios devoravit Saturnus?
— *Saturnus Vestam, Cererem, Iunonem, Plutonem, Neptunum pueros devoravit.*
— Cur Saturnus pueros, quos genuerat, devorabat?
— *Saturnus filios devorabat, ne imperio suo potirentur.*

— Quinam iuvabant Iovem, cum bellum cum patre gessit?
— *Iovem Centimani et Cyclopes iuvabant.*
— Quid faciebant Cyclopes?
— *Cyclopes etiam fulmina Iovi fabricabant.*
— Quomodo Iuppiter mortales puniebat?
— *Iuppiter fulminibus homines puniebat.*

Sentença

Abusus non tollit usum.

Lectio sexta

> Salvete, amici, et sub nostram casam humilem intrate!

Iuppiter et Mercurius in terram descendunt

Certa die, ait Mercurius, Iuppiter et ego de caelo in terram descenderamus. Totum diem ignoti per agros et urbes Asiae iter fecimus. Tandem ad oppidum magnum et pulchrum pervenimus et, eo quod nox aderat, locum quietemque petimus.

Difficile autem erat locum idoneum invenire. Sub vesperum ad multa domicilia appropinquavimus; sed adventus noster nullo in loco gratus erat. Eo quod incogniti eramus, ab omnibus civibus, qui inimico erant animo, ianuis prohibiti sumus. Pars civium etiam vim ostenderunt.

Ut accidit, non longe ab oppido et domiciliis superborum civium erat casa parva et misera. Hic habitabant senex, nomine Philemon, et Baucis, uxor eius. Pauperes et diligentes erant hi senes, et ad multam noctem laborabant.

— Salvete, amici, inquit Philemon, et sub nostram casam humilem intrate. Cum gaudio vobis cibum et vinum ego et Baucis dabimus.

His verbis senex nos benigne excepit. Interim Baucis, femina singularis virtutis, sine mora cenam frugalem paravit.

Vocabulário

iter, itineris, s. n.: o caminho
iter facere: viajar
pervenio, perveni, perventum, pervenire, v.: chegar
eo quod, conj.: porque, por isso que
nox, noctis, s. f.: a noite
quies, quietis, s. f.: o repouso
sub vesperum: à tardinha
janua, januae, s. f.: porta
ostendo, ostendi, ostensum, ostendere, v.: mostrar
accido, accidi — accidere, v.: cair, acontecer
uxor, oris, s. f.: a esposa

cibus, i, s. m.: o alimento
excipio, excepi, exceptum, excipere, v.: receber

mora, ae, s. f.: a demora
praeditus, a, um, adv.: que possui, provido de

Comentário gramatical

MORFOLOGIA. — *5ª declinação*. Nota. Todos os substantivos da 5ª declinação são **femininos**, exceto *dies*, que no plural sempre é masculino e no singular pode ser masculino ou feminino; *meridies* é sempre masculino. *Dies* é masculino quando indica dia: período de 24 horas; e feminino quando indica uma data fixa: *Certa die*: em dia determinado, *exspectata dies*: o dia esperado.

SINTAXE. — *Genitivo de qualidade*. Exprime uma qualidade ou propriedade do objeto. Vem acompanhado de um adjetivo. Ex.: *Homo magni ingenii*: homem de grande talento.

Ablativo de qualidade. Emprega-se o ablativo de qualidade quando se trata de disposições passageiras da alma, ou quando se fala do corpo e de suas partes. Ex.: *Cato in omnibus rebus singulari fuit prudentia*: Catão era dotado de singular prudência em todas as coisas; *Britanni sunt promisso capillo*: os habitantes da Britânia têm cabelo comprido.

Quod *causal*. São orações subordinadas que exprimem o motivo do que é enunciado na oração principal. Empregam-se as conjunções: **quia, quod** = porque; **quoniam** = já que; **cum** = como, pois que. Ex.: *Edo, quia esurio*: como, porque tenho fome. *Noctu ambulabat quod somnum capere non posset*: caminhava de noite porque não podia conciliar o sono.

Conversação

— Quomodo Iuppiter et Mercurius in terram descenderunt?
— *Iuppiter et Mercurius humano aspectu induti in terram descenderunt.*
— Quibus dotibus erant hi dii praediti?
— *Iuppiter magna virtute praeditus erat, Mercurius incredibili celeritate.*
— Cur Iuppiter et Mercurius agros et urbes Asiae peragrarunt?
— *Iuppiter et Mercurius agros et urbes Asiae peragrarunt, quod humanas res inspicere volebant.*

— Cur Iuppiter et Mercurius locum quietemque non invenerunt?
— *Quia adventus eorum non erat gratus.*

— Quinam Iovem et Mercurium receperunt?
— *Philemon et Baucis humanitate ornati eos receperunt.*
— Quomodo hi pauperes eos receperunt?
— *Cum gaudio et simplicitate eos receperunt.*
— Qualis erat Baucis, Philemonis uxor?
— *Baucis erat mulier singularis virtutis.*
— Cur pauperes iuvare debemus?
— *Pauperes iuvare debemus, quod sunt fratres nostri.*

Sentença

Rem tene, verba sequentur.
Catão.

Lectio septima

Philemon et Baucis in arbores mutati sunt

Philemon et Baucis

Dum Iuppiter et ego cenamus, pocula, quotiens hausta sunt, vino optimo sua sponte per se replentur.

Tum dixit Iuppiter:

— Dei sumus. Quod bene nos excepistis, vos incolumes eritis. Sed vestri vicini mali, a quibus iniurias accepimus, poenam meritam dabunt.

Post moram parvam Iuppiter senes ad collem proximum duxit. Casa ipsorum in templum pulchrum subito mutatur. Oppidum propinquum in paludem latam versum est. Tum Iuppiter:

— Quid cupitis, iuste senex et femina digna marito iusto?

Philemon commune consilium nuntiat:

— Cupimus custodes illius templi esse et eodem tempore a vita discedere.

Postea, dum vita manebat, per aestatem hiememque Philemon et Baucis illius templi custodes erant. Neque ab eo loco post mortem excesserunt; nam a deis in arbores mutati sunt, quae prope illud templum multos annos steterunt.

Vocabulário

poculum, i, s. n.: o copo
quotiens, adv. e conj.: todas as vezes que
excipio, is, epi, eptum, excipere, v.: receber, hospedar
haurio, hausi, haustum, haurire, v.: esvaziar
sua sponte, adv.: espontaneamente
repleo, replevi, repletum, replere, v.: encher
vicinus, i, s. m.: o vizinho
consilium, ii, s. n.: deliberação, resolução
meritus, a, um, part.: que mereceu, merecido

poenam dare: cumprir a pena, ser punido
verto, verti, versum, vertere, v.: mudar, transformar
custos, custodis, s. m.: o guarda
hiems, eminis, s. f.: o inverno
discedio, discessi, discessum, discedere, v.: apartar-se, afastar-se
excedo, excessi, excessum, excedere, v.: afastar-se, partir
prope, prep. c. acus.: perto de
palus, udis, s. f.: lagoa, brejo

Comentário gramatical

MORFOLOGIA. — *Pronomes e adjetivos interrogativos*. São pronomes interrogativos: **quis** (masc. e fem.), **quid**: quem? que? qual? (substantivo); **qui, quae, quod**: quem? que? que coisa? (adjetivo); **uter, utra, utrum**: qual dos dois?

Casos	Singular
Nominativo	quis? quid?
Genitivo	cuius?
Dativo	cui?
Acusativo	quem? quod?
Ablativo	quo?

Nota 1. O plural de *quis?* e os dois números de *qui? quae? quod?* se declinam como o pronome relativo (cf. *Lectio secunda, Módulo II*).

Nota 2. O masculino *quis?* não só é empregado como substantivo, mas também como adjetivo; *quid?* tem sempre valor de substantivo e *quod* sempre de adjetivo, por isso *quid* exige o genitivo partitivo, quando seguido de substantivo: *Quis is (ea) est?* quem é aquele (aquela)? *Quis rex?* que rei? *Qui vir?* homem de que natureza (qualidade)? *Quid feci?* que fiz? *Quid consilii cepisti?* que determinação tomaste? *Quod consilium cepisti?* qual determinação tomaste?

Nota 3. Nas perguntas, quando se trata de *duas* pessoas, em vez de *quis* usa-se *uter*. Ex.: *Uter venit?* qual dos dois veio? *Utra manus est?* qual das duas mãos?

O plural *utri, utrae, utra* emprega-se com palavras que não têm singular ou com as que estão no plural. Ex.: *Utrae litterae?* qual das duas cartas? *Utra castra?* qual dos dois acampamentos?

Pronomes interrogativos compostos. Há os compostos do sufixo **nam** e dos prefixos **ec** e **num**:

quisnam e **quinam, quaenam; quidnam** e **quodnam** = quem pois? quê? qual?

ecquis e **ecqui, ecquae** ou **ecqua; ecquid** e **ecquod** = acaso alguém? e quem?

numquis e **numqui, numquae** ou **numqua, numquid** e **numquod** = porventura alguém (alguma, alguma coisa)?

Nota. Todos se declinam como *quis*, conservando-se invariável *nam, num*: *cuiusnam?* etc.

Adjetivos pronominais interrogativos.

qualis? qual?	**cuius, a, um?** de quem?
quantus? quão grande?	**cuias, cuiatis?** de que país?
quantulus? quão pequeno?	**quotus, a, um?** qual da série?

quotusquisque, quotaquaeque, quotumquodque? quão poucos?

SINTAXE. — *Ablativo de separação*. Emprega-se com os verbos que indicam separação. Não raro se lhe ajuntam as preposições *a, de, ex*. Tratando-se de pessoas, é obrigatório o emprego da preposição *a*. Ex.: *Abstinere proelio*: abster-se do combate; *Cedere loco*: abandonar o lugar; *Decedere de vita*: morrer.

Conversação

— Quid, pueri, hodie in schola a magistro vobis narratum est?
— *Hodie in schola a magistro nobis de fabula Philemonis et Baucidis narratum est.*
— A quibus Iuppiter et Mercurius iniurias acceperunt?
— *Iuppiter et Mercurius a vicinis Philemonis et Baucidis iniurias acceperunt.*
— Apud quem Iuppiter et Mercurius manserunt?
— *Iuppiter et Mercurius apud Philemonem et Baucidem manserunt.*
— Cui cenam Philemon et Baucis paraverunt?
— *Philemon et Baucis Iovi et Mercurio cenam paraverunt.*
— Quo liquore pocula Iovis et Mercurii sua sponte replebantur?
— *Pocula Iovis et Mercurii vino optimo sua sponte replebantur.*
— Quam poenam Iuppiter Philemonis et Baucidis vicinis imposuit?
— *Iuppiter eorum oppidum in paludem vertit.*
— Quod praemium Philemon et Baucis a Iove receperunt?
— *Philemon et Baucis a Iove immortalitatem receperunt.*
— In quid ipsorum casa mutata est?
— *Ipsorum casa in templum mutata est.*

— In quas res Philemon et Baucis post mortem mutati sunt?
— *Post mortem Philemon et Baucis a deis in arbores mutati sunt.*
— Ubi hae arbores steterunt?
— *Hae arbores prope Iovis templum multos annos steterunt.*

Sentença

Quis ut Deus?

Lectio octava

Gallus et latrones

At hominibus multum prosum

Postquam Catullus miri sui somnii narrationem finivit, omnes ei de hac felicitate gratulati sunt.

— Nunc etiam tu, Lesbia, fabulam aliquam narrare debes! dixerunt omnes.

— Libenter fabulam de gallo vobis narrabo. Vultisne eam audire!

— Volumus.

— Duo latrones gallum tollunt. Ille autem clamat: "Cur me vexatis? Nihil peccavi. Nemo me increpat, a nullo vexor, nullius inimicus sum, nemini noceo, neminem violo. At hominibus multum prosum".

Latrones ei respondent:

"Qua re hominibus prodes?"

Gallus superbus:

"Totius anni fructus, inquit, homines mihi uni ac soli debent. Nam mane ad labores eos voco".

Deinde latrones inter se:

"Ob eandem causam eum necabimus. Nulla enim re tanta pericula nobis parantur, quanta eius clamore".

Quid haec fabula docet? Dic, Catulle!

— Quod alteri prodest, alteri obest. Nam aliud boni, aliud mali optant.

— Recte respondisti, ait Lesbia.

Vocabulário

felicitas, atis, s. f.: a felicidade, a ventura
gratulor, atus sum, ari, v. dep.: congratular
latro, latronis, s. m.: o ladrão
tollo, sustuli, sublatum, tollere, v.: apanhar
vexo, avi, atum, are, v.: vexar, maltratar
nihil, s. n.: nada, coisa nenhuma
nemo, nullius, s. m.: ninguém
increpo, increpui, increpitum, increpare, v.: increpar, censurar
violo, avi, atum, are, v.: violar, ofender
at, conj.: mas
prosum, profui, prodesse, v.: ser útil
totus, a, um, adj.: todo, inteiro
fructus, us, s. m.: o fruto
solus, a, um, adj.: só
mane, adv.: de manhã
ob, prep. c. acus.: por, em consequência de
neco, avi, atum, are, v.: matar
nullus, a, um, adj.: nenhum
tantus... quantus, adj.: tanto... quanto
clamor, clamoris, s. m.: o clamor, o grito
doceo, docui, doctum, docere, v.: ensinar
alter, altera, alterum, adj.: outro, o segundo (entre dois)
alter... alter: um... outro
obsum, obfui, obesse, v.: prejudicar
alius, alia, aliud, adj.: outro (entre vários)
alius... alius: um... outro
opto, avi, atum, are, v.: optar, desejar

Comentário gramatical

MORFOLOGIA. — *Pronomes indefinidos* são: 1. **quis, quid** (substantivo); **qui, quae (qua), quod** (adjetivos) = alguém, algum. Nota. Declinam-se como o pronome relativo, mas o nominativo e acusativo neutro do plural e o nominativo singular feminino têm forma dupla: **quae** e **qua** (mais frequente).

Compostos de **quis**. 2. **aliquis, aliqua, aliquid** (substantivo): alguém, algum, algo. Declinam-se ambos como *quis* com a diferença que no feminino singular e no neutro têm somente *aliqua*:

Casos	Singular	Plural
Nominativo	aliquis, aliqua, aliquid (aliquod)	aliqui, aliquae, aliqua
Genitivo	alicuius	aliquorum, aliquarum, aliquorum
Dativo	alicui	aliquibus
Acusativo	aliquem, aliquam, aliquid (aliquod)	aliquos, aliquas, aliqua
Ablativo	aliquo, aliqua, aliquo	aliquibus

3. **quispiam, quaepiam, quidpiam**: alguém, algum, alguma;
4. **quisquam**, (sem feminino), **quidquam**: alguém, algum. Não tem plural;
5. **quisque, quaeque, quidque (quodque)**: cada um, cada qual;
6. **unusquisque, unaquaeque, unumquidque**: cada qual. Não tem plural.

Compostos de **qui**. 7. **quicumque**: Declina-se como os pronomes relativos.
8. **quidam, quaedam, quiddam (quoddam)**: um certo.

Casos	Singular	Plural
Nominativo	quidam, quaedam, quiddam (quoddam)	quidam, quaedam, quaedam
Genitivo	cuiusdam	quorundam, quarundam, quorundam
Dativo	cuidam	quibusdam
Acusativo	quendam, quandam, quiddam (quoddam)	quosdam, quasdam, quaedam
Ablativo	quodam, quadam, quodam	quibusdam

9. **quilibet, quaelibet, quidlibet (quodlibet)**: qualquer.
10. **quivis, quaevis, quidvis (quodvis)**: qualquer.
    Compostos de **Uter**. 11. **uterque, utraque, utrumque**: um e outro, ambos.

Casos	Singular	Plural
Nominativo	uterque, utraque, utrumque	utrique, utraeque, utraque
Genitivo	utriusque	utrorumque, utrarumque, utrorumque
Dativo	utrique	utrisque
Acusativo	utrumque, utramque, utrumque	utrosque, utrasque, utraque
Ablativo	utroque, utraque, utroque	utrisque

12. **utercumque, utracumque, utrumcumque**: qualquer dos dois que.
13. **uterlibet, utralibet, utrumlibet** ⎫
14. **utervis, utravis, utrumvis** ⎬ qualquer dos dois.
    Declinam-se ambos como *uterque*.
15. **neuter, neutra, neutrum**: nenhum dos dois
16. **alteruter, alterutra, alterutrum**: um ou outro dos dois. Declinam-se separadamente: *alterius ultrius, alteri utri* etc., ou somente a segunda parte: *alterutrius, alterutri* etc.
17. **nemo**: ninguém
    Genitivo: *nullius*   Acusativo: *neminem*
    Dativo: *nulli* ou *nemini*   Ablativo: *nullo*
18. **nihil**: nada
    Genitivo: *nullius rei*   Acusativo: *nihil*
    Dativo: *nulli rei*   Ablativo: *nulla re*

Adjetivos Pronominais:
> **unus, solus, totus, ullus**
> **alius, alter, neuter, nullus.**

Todos esses seguem a declinação de **unus**. Nota 1. É raro encontrar-se o genitivo *alius*. O genitivo de *alter* é *alteríus* com *i* longo, mas no verso o *i* abrevia-se, às vezes, lendo-se *altérius*, pronúncia que alguns preferem também na prosa. Nota 2. **Nemo non**: cada um, todos; **non nemo** ou **nonnemo**: alguém – declinam-se como *nemo*. **Nullus non**: cada um, todos; **non nullus** ou **nonnullus**: alguém – declinam-se como *nullus*. **Nihil non**: tudo; **non nihil** ou **nonnihil**: alguma coisa, algo – declinam-se como *nihil*.

Pronomes correlativos. São os que se correspondem mutuamente pela forma e pela significação. Aos interrogativos *quis? qualis? quantus? quot?* respondem os demonstrativos, relativos e indefinidos na seguinte ordem:

Interrogativo	Demonstrativos	Relativos	Indefinidos
quis? quem?	**hic** etc.: este **ille** etc.: aquele	**quicumque, quisquis**: quem quer que	**quivis, quilibet**: qualquer
qualis? qual? de que qualidade?	**talis**: tal	**qualis**: qual **qualiscumque**: de qualquer qualidade	**qualislibet**: de qualquer qualidade que vos apraza
quantus? quanto? quão grande?	**tantus**: tanto, tão grande	**quantus**: quanto, quão grande **quantuscumque**: por maior que	**aliquantus**: um tanto grande **quantusvis**, **quantuslibet**: da grandeza que vos aprouver
quot? quantos?	**tot**: tantos **totidem**: outros tantos	**quot**: quantos **quotcumque**, **quotquot**: por maior que seja o número que	**aliquot**: alguns

*Os pronomes na última linha da tabela são todos indeclináveis.

SINTAXE. — Muitos outros verbos exigem o dativo, como *gratulari* – felicitar, *nocere* – prejudicar, *confido* – confio e *nubere* – casar. Ex.: *Venus nupsit Vulcano*: Vênus casou com Vulcano. *Militum virtuti confidere*: confiar na coragem dos soldados.

Conversação

— Quare omnes post narrationem Catullo gratulabantur?
— *Omnes Catullo gratulabantur, quod mirum somniavit somnium.*
— Quam fabulam Lesbia tunc narravit?
— *Lesbia fabulam de gallo tunc narravit.*

— Quibus oberat gallus?
— *Gallus latronibus oberat.*
— Quare galli latronibus obsunt?
— *Galli latronibus obsunt, quod eorum praesentiam nuntiant.*
— Quibus vero prosunt galli?
— *Galli prosunt agricolis, quia eos ad labores vocant.*
— Si quaeret fortasse quispiam, quid Deo obesse possit, quid respondebis?
— *Nihil Deo obesse potest.*

Exercício

Si **quis** rex, si **qua** civitas exterarum gentium, si **qua** natio **aliquid** in civem Romanum fecisset, publice poenas solvisset. Agricolae fossam fecerunt, ut partem **aliquam** fluminis in agros suos averterent. Quaeret fortasse **quispiam**: quid igitur facerem? Mors est quasi **quaedam** migratio commutatioque vitae. **Utri** epistulam meam tradidisti, serve, ipsi amico meo an matri eius? **Neutri**; **alter** enim aegrotus fuit, **altera** me non admisit. **Tanta** contentione decertavi, **quanta** nunquam in **ulla** causa. Vir **talis** muit Caesar, **qualem** neque antea neque postea Roma vidit.

Vocabulário

exterus, a, um, adj.: exterior, estrangeiro
solvo, solvi, solutum, solvere, v.: solver; pagar, sofrer
averto, averti, aversum, avertere, v.: desviar
fortasse, adv.: talvez
migratio, onis, s. f.: a passagem

commutatio, onis, s. f.: a mudança, a variação
admitto, admisi, admissum, admittere, v.: admitir
contentio, onis, s. f.: a contenção, o esforço
decerto, avi, atum, are, v.: combater

Sentença

Suae quisque fortunae faber est.

Lectio nona

Ex urbe Neapoli Syracusas navigavi

Magna Graecia

Nondum Lesbia fabulam finierat, rumor in vestibulo auditus est. Servus aperit ianuam et Titus intrat.

— O Tite carissime! exclamat Catullus. Iamdiu te exspectavimus. Titus omnes salutat.

— Unde venis, Tite? interrogat Livia.

— E Sicilia venio. Roma exiens Neapolim profectus sum. Ex hac urbe Syracusas navigavi. Venio nunc ex ea parte Italiae, ubi coloniae Graecorum erant ac nomine uno appellabantur Magna Graecia vel Maior Graecia.

— Cur vocatur Maior Graecia?

— Quia Graecia ipsa tum minor erat illis regionibus. Graeci plerumque oras maritimas Siciliae Italiaeque incolebant et meliores Agros occupaverant; peiores prisci incolae colebant.

— Quae illarum coloniarum veterrima erat?

— Veterrima illarum coloniarum erant Cumae. Cumarum quasi flia erat Neapolis, id est "nova urbs". Omnes coloniae initio erant minimae. Postea longe maximae et ditissimae et honorificentissimae erant Neapolis et Syracusae. Syracusani quidem plus valebant ceteris Graecis. Longe notissimi Syracusanorum reges erant Dionysius maior et Dionysius minor. Ii complura bella gesserunt cum Carthaginiensibus; sed pessimis factis gloriam suam obscuraverunt. Primo bello Punico Romani Siciliam occupaverunt.

De his rebus loquebantur, cum e foro venit Camillus, pater Caeciliae, Iuliae, Catulli. Is duos annos in Gallia vixit et proximis diebus magnis itineribus Romam venit, ut a senatu auxilium peteret contra novas barbarorum copias, quae Rhenum transire cupiebant.

Vocabulário

nondum, adv.: ainda não
iamdiu, adv.: durante muito tempo
plerumque, adv.: geralmente
ora, ae, s. f.: a região, a praia
Cumae, arum, s. f. pl.: Cumas
dives, divitis, adj.: rico;
   comp. *ditior*; superl. *ditissimus*
Syracusae, arum, s. f. pl.: Siracusa
quidem, adv.: em verdade, certamente
valeo, valui, valiturus, valere, v.: ser forte, poder, exceder
incolo, incolui, incultum, incolere, v.: habitar

priscus, a, um, adj.: antigo
vetus, veteris, adj. m. f. n.: velho, antigo;
   comp. *veterior*; superl. *veterrimus*
longe, adv.: longe; muito
notus, a, um, adj.: conhecido
complures, complura, adj. pl.: muitos
gero, gessi, gestum, gerere, v.: fazer
Carthaginienses, ium, s. m. pl.: os cartagineses
forum, i, s. n.: o foro, a praça pública
copiae, arum, s. f. pl.: as tropas

Comentário gramatical

MORFOLOGIA. — *Formação irregular do comparativo e superlativo dos adjetivos*. Os seguintes adjetivos em **-ilis** acrescentam **-limus, -a, -um** em lugar de **-issimus, -a, -um**: *facilis, facil***limus**: facílimo; *difficilis, difficil***limus**: dificílimo; *similis, simil***limus**: simílimo; *dissimilis, dissimil***limus**: dissimílimo; *gracilis, gracil***limus**: delgadíssimo; *humilis, humil***limus**: humílimo. Os demais adjetivos seguem a regra geral. Ex.: *nobilis, nobi***lissimus**.

Os adjetivos terminados em **-dicus** (de *dico*), **-ficus** (de *facio*), **-volus** (de *volo*) fazem o comparativo em **-entior, -entius** e o superlativo em **-entissimus, -a, -um**. Ex.: *benevolus*: benévolo; *benevolentior, ius; benevolentissimus, a, um*.

Há comparativos superlativos especialmente irregulares: *bonus*: bom; ótimo; *magnus*: grande; *maior*: maior; *maximus*: o maior, máximo.

SINTAXE. — O *genitivo partitivo* designa o todo do qual se tira uma parte. Usa-se também com os comparativos e superlativos. Ex.: *Socrates sapientissimus omnium Graecorum erat*: Sócrates era o mais sábio de todos os gregos.

Comentário cultural

AS VIAGENS DOS ROMANOS

A completa falta de meios de transporte rápido, como os temos hoje, não impedia que os homens civilizados de outras eras percorressem o mundo em todas as direções. Diga-se isto sobretudo dos romanos, que dispunham de uma excelente rede de estradas. As famílias ricas mandavam os filhos visitar a Grécia, a fim de aprimorarem a educação frequentando as aulas de sábios afamados. Outros viajavam por motivos militares ou comerciais, e ainda outros para conhecer lugares históricos ou quebrar a monotonia da vida.

Desde tempos imemoriais preferiu-se o caminho marítimo, por oferecer maiores comodidades. A falta de hotéis bons e limpos tornava desconfortável a viagem por terra. Quem não dispunha de um amigo que o hospedasse à noite, devia contentar-se com o alojamento em uma das muitas *cauponae* que marginavam as vias movimentadas de comércio ou enxameavam as grandes metrópoles. Como se verifica em Pompeia, estas albergarias tinham quartos estreitos e imundos. Nas camas se aninhava toda a espécie de sevandija. Os desenhos obscenos e as inscrições indecentes das paredes bem demonstram o nível cultural dos inquilinos. O estalajadeiro nos é representado como tipo do perfeito velhaco: *"perfidus hic caupo"*, diz Horácio; e o Direito Romano era rigorosíssimo para com esta classe.

Apesar de todos estes incômodos, o romano viajava sem a mínima preocupação.

Quem tinha encargo oficial, por obrigação trajava a toga. As outras pessoas vestiam a túnica; sobre ela uma capa com capuz (*paenula*) e no verão um chapéu de abas largas. A túnica, apertada nos quadris e aberta até o joelho, era feita de maneira a não impedir os movimentos. Do cinto pendia a bolsa (*marsupium*), a mala daquele tempo.

A maioria viajava a cavalo. "Ninguém, se eu quiser, diz Horácio, pode impedir-me de ir a Tareno, montado em um cavalo sem cauda, de ancas esfoladas pelas malas, e de pernas escoriadas pelo cavaleiro".

A pé viajava-se raramente.

Os amigos do conforto viajavam de carro, principalmente quando acompanhados de senhoras.

A variedade que mostram os carros romanos em forma, elegância e rapidez, deduz-se do próprio vocabulário com o qual eram designados. Distinguiam-se três espécies:

1. O carro de esporte e de luxo (*currus*) de duas rodas, empregado nos jogos e no triunfo.

2. O carro para o transporte de mercadorias (*plaustrum*), de duas rodas inteiriças, de muita estabilidade.

O *serracum*, de rodas mais baixas, tinha mais estabilidade do que o *plaustrum* e servia para o transporte de cargas pesadas.

O *carrus*, de origem céltica, era carro militar de transporte.

A *arcera*, muito usada em tempos posteriores, era um carro coberto no qual se levavam as pessoas que não podiam andar ou os enfermos.

3. Carros de viagem. Havia-os de duas e de quatro rodas.

Entre os de duas rodas convém lembrar o *cisium*, caleche rápida e leve, usada pelos que tinham pressa e não traziam bagagem. Alugavam-no os *cisiarii*.

O *essedum* era um carro de viagem, cuja forma os romanos tomaram dos carros de guerra dos gauleses e britanos.

Havia carros pequenos, guiados pelo próprio viajante, e grandes, governados por um *essedarius*. Conhecemos o *carpentum*, carro de duas rodas, cômodo e belo, de origem itálica, puxado por dois burros. Usavam-no as senhoras da família imperial.

Dentre os carros de quatro rodas, o de maior uso no transporte de pessoas e de bagagem era a *raeda*.

O *pilentum*, semelhante ao *carpentum*, utilizado em tempos antigos só pelas sacerdotisas e matronas em dias de festa, passou mais tarde para o uso comum.

A *carruca* era considerada a carruagem de viajar, mais luxuosa e cômoda. Nela se podia até dormir.

Do Oriente veio o costume da *lectica* e da *sella gestatoria*. Na primeira o viajante ia deitado em uma cama, na segunda ia sentado em uma cadeira; ambas podiam ser providas de travesseiros (*pulvinaria*) e cortinas (*vela*). Eram transportadas por escravos fortes, iguais em altura, cujo número variava de dois até oito. Todos envergavam um fardamento de várias cores, semelhante ao dos soldados. Este meio de transporte era cômodo, porém vagaroso. Usavam-no quase só na cidade, onde o movimento de carros durante o dia era proibido. Os antigos tinham grande respeito ao pedestre. Um carro de transporte rápido não dava ao possuidor o direito de atropelar o próximo.

Conversação

— Fiuntne itinera nunc ocius quam tempore Romanorum?
— *Certe nunc ocius itinera fiunt.*
— Magna Graecia eratne maior quam ipsa Graecia?
— *Sane, Magna Graecia maior erat quam ipsa Graecia.*
— Quae erat veterrima coloniarum in Magna Graecia?
— *Veterrima coloniarum in Magna Graecia Cumae erant.*
— Quae civitas longe erat ditissima atque honorificentissima?
— *Neapolis longe ditissima atque honorificentissima erat.*

— Qui reges fuerunt longe notissimi Syracusanorum?
— *Notissimi Syracusanorum fuerunt Dionysius maior et Dionysius minor.*
— Cum quibus gesserunt hi reges complura bella?
— *Hi reges complura bella cum Carthaginiensibus gesserunt.*

Exercício

Nero ventre proiecto, **gracillimis** cruribus fuit. Ciceronis filius patri **dissimillimus** fuisse dicitur. E duobus malis **minus** eligere oportet; e **plu-**

ribus vero **minimum**. Res **minimae** sunt saepe causa **plurimorum** et **maximorum** malorum. Multi ex imperatoribus Romanis **pessimi** fuerunt.

Vocabulário

ventre, ventris, s. m.: o ventre, a barriga
proiectus, a, um, part.: lançado para diante, proeminente
crus, cruris, s. n.: a perna
oportet, v.: é necessário

Sentença

Malum consilium consultori pessimum.
Varrão, *De re rustica*, 3, 2, 1.

Lectio decima

Britanni ad bellum contra Romanos incitati sunt

Celtae vel Galli

Postquam Camillus omnes salutavit, Lesbia ab eo petivit, ut quaedam de Gallia diceret.

Camillus sic eius desiderio satisfecit:

— Sicut Graeci inferiores Italiae regiones incolebant, ita Italia superior incolebatur a Celtis vel potius, ut dicimus, a Gallis. Itaque illi planitiei nomen est Gallia Citerior, id est, Gallia citra Alpes sita.

Incolae Galliae Citerioris ex Gallia Ulteriore venerunt, in interiores Italiae partes penetrarunt Romamque inflammaverunt.

Tum Romani Gallis erant inferiores. Paulo autem post iis multo superiores erant, et paulo ante secundum bellum Punicum Galliam Citeriorem expugnaverunt.

Centum annis post in Gallia Ulteriore provinciam Narbonensem constituerunt.

Valles quoque inter suprema et maxime ardua iuga montium sitae incolebantur a Gallis. Caesar vero Galliam omnem usque ad extremum Oceanum expugnavit.

Celeberrimae Galliae urbes sunt Massilia, Burdigala, Lugdunum, Alesia.

Etiam maior est numerus Gallorum extra Galliam et Italiam habitantium. Incolunt Germaniam Superiorem, habitant etiam in Hispania, potissimum autem in Britannia et Hibernia.

Mense superiore Britanni ad bellum contra Romanos incitati sunt. Etiam Germani, qui trans Rhenum incolunt, flumen transire et Galliam aggredi cupiunt. Propterea Romam veni, ut copias rogarem, et hodie Imperator me ducem contra Britannos et Scipionem contra Germanos elegit.

Lesbia et Titus, cum hoc audivissent, omnibus valedixerunt et domum properarunt.

Vocabulário

Celta, ae, s. m.: o celta
vel, conj.: ou
potius, adv.: antes, de preferência
Gallus, i, s. m.: o gaulês
itaque, conj.: por isso; e assim
planities, ei, s. f.: a planície
citerior, oris, adj. comp.: citerior, que está mais para cá, que é mais próximo; anterior
citra, prep. c. acus.: aquém de, do lado de cá de
ulterior, oris, adj. com.: ulterior, que está da parte de lá
inflammo, avi, atum, are, v.: incendiar
tum, adv.: então
autem, conj.: mas
Punicus, a, um, adj.: púnico, cartaginês
expugno, avi, atum, are, v.: submeter, subjugar
Narbonensis, is, adj.: narbonense, de Narbona
constituo, constitui, constitutum, constituere, v.: constituir, estabelecer
iugum, i, s. n.: o cimo, o pico, o cume
situs, a, um, part.: situado
usque, ad, prep. c. acus.: até
scilicet, adv.: evidentemente, é claro
Oceanus, is, s. m.: o Oceano (Atlântico)
Massilia, ae, s. f.: Massília, Marselha
Burdigala, ae, s. f.: Burdígala, hoje Bordéus
Lugdunum, i, s. n.: Lugduno, hoje Lião
Alesia, ae, s. f.: Alésia
Hibernia, ae, s. f.: Hibérnia, hoje Irlanda
aggredior, aggressus sum, aggredi, v. dep.: agredir, atacar
propterea, adv.: por esta razão
valedico, valedixi, valedictum, valedicere, v.: dizer adeus

Comentário gramatical

MORFOLOGIA. — *Formação irregular do comparativo e superlativo dos adjetivos*: há comparativos cujo *positivo* não existe ou se supre por preposição ou advérbio.

Ex.: *extra*: de fora   *exterior*: exterior   *extremus*: extremo
     post: depois   *posterior*: posterior *postremus*: último

Quando for necessário formar o comparativo e o superlativo de adjetivos que não os têm, usamos para:
1. advérbios: para o comparativo, **magis** = mais; para o superlativo, **maxime, valde** etc. = muito, em sumo grau. Ex.: *mirus*: admirável, *magis mirus, maxime mirus*;
2. preposição **per**. Ex.: *percommodus* = muito favorável; *praegelidus*: sumamente frio (**prae** é menos clássica).

SINTAXE. — *Orações comparativas* são as orações subordinadas que *comparam* o fato da oração principal com o fato nelas enunciado.

Exigem o *indicativo*:
1. As conjunções **ut, sicut, velut, prout, quomodo, quemadmodum** = como, de modo que; **ita, sic** = assim; **item** = do mesmo modo. Ex.: *Ut magistratibus leges, ita populo praesunt magistratus:* como as leis guiam os magistrados, assim os magistrados, o povo.
2. Os adjetivos, pronomes e advérbios correlativos: **tantus... quantus**: tão grande... quão grande; **talis... qualis**: tal... qual; **ut... ita, quo... eo**: quanto... tanto. Ex.: *Quo quis est doctior, eo modestior est*: quanto mais sábio é alguém, tanto mais modesto é.

Orações temporais iniciadas por *cum vere temporale* indicam a data de um acontecimento e estão com o *indicativo*; as iniciadas por *cum historicum* estão no subjuntivo e indicam as circunstâncias da ação principal. Ex.: *Ligarius eo tempore paruit, cum parere senatui necesse erat*: Ligário obedeceu naquele tempo em que era necessário obedecer ao senado; *Cum meridies appropinquaret, dux milites in castra redire iussit*: quando se aproximava o meio-dia, ordenou o comandante que os soldados voltassem ao acampamento.

Conversação

— Quinam habitabant superiores Italiae regiones?
— *Superiores Italiae regiones Galli habitabant.*
— Quomodo nominabatur haec regio?
— *Haec regio Gallia Citerior nominabatur.*

— Quid accidit, cum incolae ex Gallia Ulteriore in Galliam Citeriorem venerunt?
— *Incolae ex Gallia Ulteriore in Citeriorem venientes, Romam iter prosecuti sunt eamque inflammaverunt.*
— Quinam tum erant inferiores?
— *Romani tum Gallis inferiores erant.*

— Quandonam Romani provinciam Narbonensem constituerunt?
— *Romani provinciam Narbonensem constituerunt, postquam Galliam Ulteriorem expugnaverunt.*
— Quid vero accidit, cum Caesar exercitum duxit?
— *Cum Caesar exercitum duxit, Romani omnem Galliam usque ad extremum Oceanum expugnaverunt.*
— Quaenam erant celeberrimae Galliae urbes?
— *Celeberrimae Galliae urbes erant Massilia, Burdigala, Lugdunum, Alesia.*

— Ubi maior Gallorum numerus habitabat?
— *Maior Gallorum numerus extra Galliam et Italiam habitabat, scilicet, in Germania Superiore, in Hispania et potissimum in Britannia et Hibernia.*

— Inspice, quaeso, picturam in libro! Quid facit orator super currum stans?
— *Incitat Britannos ad bellum cum Romanis.*
— Quis dux in bello cum Britannis eligitur?
— *Camillus in bello cum Britannis dux eligitur.*

Exercício

Dux equitibus imperavit, ut hostes in **extremas** Galliae partes persequerentur. Socrates **supremo** vitae die multa de immortalitate animi locutus est. Multi homines **infimo** loco nati antiquissimis temporibus **summos** honores assecuti sunt. Quo **magis** arduae viae sunt, eo molestiores sunt; viae **maxime** arduae molestissimae sunt. **Perdifficilis** et **perobscura** est quaestio de natura deorum.

Vocabulário

quo... eo, adv.: quanto... tanto

Sentença

Salus rei publicae suprema lex esto.

Lectio undecima

> Maximo strepitu armorum gaudium omnium significatur. Melior magisque idoneus nemo est quam Teutobocus

Germanorum concilium

Nocte praeterita Lesbia dormire non potuit. Bene mane Scipio Corneliae, uxori dilectae, Lesbiae atque Stellae, filiabus carissimis, valedixit, et cum exercitu Romano, in Germaniam profectus est. Titus eum comitatus est.

In Germania magna iam barbarorum manus undique conveniunt, ut in sacerrimo dei bellorum luco concilium habeant. Sub alta arbore sedes principum sunt.

Silentium a sacerdotibus imperatur.

Tum unus ex nobilissimis sic locutus est:

— Iterum adest exercitus Romanus, cui Scipio praeest. Pugnemus pro patria! Moneo quoque, ut dux fortissimus creetur. Id maxime est necessarium.

Omnes clamant:

— Melior magisque idoneus nemo est quam Teutobocus.

Maximo strepitu armorum gaudium omnium significatur.

Tum Teutobocus:

— Dux vester ero, inquit. In bello multum potest fortitudo, plus prudentia, plurimum concordia et constantia. Germanorum discordia saepe Romanis profuit. Si maiores nostri concordiam servare potuissent, condicio eorum fuisset melior. Nunc vero concordes simus et victores erimus! Tu autem, domine huius luci, nobis adsis!

Vocabulário

nox, noctis, s. f.: a noite
praeteritus, a, um, part.: passado
mane, adv.: de manhã
comitor, atus sum, ari, v. dep.: acompanhar

manus, us, s. f.: a mão; o bando
convenio, conveni, conventum, convenire, v.: reunir-se

lucus, i, s. m.: o bosque
sacer, sacra, sacrum, adj.: sagrado; sup. *sacerrimus*
concilium, i, s. n.: a assembleia
princeps, principis, s. m.: o chefe
iterum, adv.: novamente
quoque, conj.: também
strepitus, us, s. m.: o estrépito, o estrondo

Comentário gramatical

MORFOLOGIA. — *O verbo* **sum** *e compostos*. O verbo auxiliar **esse** forma os tempos de duas maneiras: **es** (tema do *infectum*) e **fu** (tema do *perfectum*).

O tema do *infectum* perde em algumas formas o **e**; o **s** entre vogais muda-se em **r**.

Tema do Infectum: es		
INDICATIVO		
Presente	**Imperfeito**	**Futuro**
s-u-m: *sou*	er-a-m: *era*	er-o: *serei*
es	er-a-s	er-i-s
es-t	er-a-t	er-i-t
s-u-mus	er-a-mus	er-i-mus
es-tis	er-a-tis	er-i-tis
s-u-nt	er-a-nt	er-u-nt

SUBJUNTIVO		IMPERATIVO	
Presente	**Imperfeito**	**Presente**	**Futuro**
s-i-m: *seja*	es-se-m: *fosse ou seria*		
s-i-s	es-se-s	es: *sê*	es-to: *sê*
s-i-t	es-se-t		es-to: *seja*
s-i-mus	es-se-mus		
s-i-tis	es-se-tis	es-te: *sede*	es-tote: *sede*
s-i-nt	es-se-nt		s-u-nto: *sejam*

INFINITIVO PRESENTE: **es-se**: *ser*

Tema do Perfectum: fu		
INDICATIVO		
Perfeito	Mais-que-perfeito	Futuro anterior
fu-**i**: *fui* ou *tenho sido*	fu-**eram**: *fora* ou *tinha sido*	fu-**ero**: *terei sido*
fu-**i**-sti	fu-**eras**	fu-**eris**
fu-**i**-t	fu-**erat**	fu-**erit**
fu-**i**-mus	fu-**eramus**	fu-**erimus**
fu-**i**-stis	fu-**eratis**	fu-**eritis**
fu-**e**-runt	fu-**erant**	fu-**erint**

SUBJUNTIVO		INFINITIVO	
Perfeito	Mais-que-perfeito	Perfeito	Futuro
fu-**erim**: *tenha sido*	fu-**issem**: *tivesse sido*	fu-**isse**: *ter sido*	fu-**turum, -am, -um** fu-**turos, -as, -a** esse = **fore**: *haver de ser*
fu-**eris**	fu-**isses**		
fu-**erit**	fu-**isset**		
fu-**erimus**	fu-**issemus**		
fu-**eritis**	fu-**issetis**		
fu-**erint**	fu-**issent**		

Particípio futuro: **fu-turus, -a, -um**: *o que há de ser, havendo* ou *tendo de ser*.

Nota 1. O verbo *esse* não tem supino nem gerúndio. O particípio presente não se emprega como verbo; encontra-se como substantivo na linguagem filosófica *ens*: o ser.

Alguns compostos de **sum**:

absum, afui, abesse: estar ausente.

adsum, adfui ou **affui, adesse**: estar presente.

intersum, interfui, interesse: estar entre, assistir.

prosum, profui, prodesse: ser útil.

Nota 2. Só os verbos *abesse* e *praeesse* têm particípio presente: *absens, entis*: ausente; *praesens, entis*: presente.

Possum, potui, posse: poder. Compõe-se de *sum* e do adjetivo indeclinável *potis* (*pote*): ser capaz de.

	Presente		Imperfeito	
	Indicativo	Subjuntivo	Indicativo	Subjuntivo
	pos-**sum**: *posso*	pos-**sim**: *possa*	pot-**eram**: *podia*	pos-**sem**: *pudesse*
	pot-**es**	pos-**sis**	pot-**eras**	pos-**ses**
	pot-**est**	pos-**sit**	pot-**erat**	pos-**set**
	pos-**sumus**	pos-**simus**	pot-**eramus**	pos-**semus**
	pot-**estis**	pos-**sitis**	pot-**eratis**	pos-**setis**
	pos-**sunt**	pos-**sint**	pot-**erant**	pos-**sent**

FUTURO

pot-ero, pot-eris, pot-erit, pot-erimus, pot-eritis, pot-erunt: *poderei*

Perfeito		Mais-que-perfeito	
Indicativo	Subjuntivo	Indicativo	Subjuntivo
pot-**ui**: *pude*	pot-**uerim**: *tenha podido*	pot-**ueram**: *pudera*	pot-**uissem**: *tivesse podido*
pot-**uisti**	pot-**ueris**	pot-**ueras**	pot-**uisses**
...	...	...	...

Futuro anterior
pot-**uero** / pot-**ueris** / pot-**uerit**.../ pot-**uerint**: *terei podido*

Infinitivo
Pres: pos-se: *poder*   /   Perf: pot-uisse: *ter podido*

Verbo **edere** *ou* **esse**. **Edo**, **edi**, **esum**, **edere** ou **esse**: *comer*.

O verbo *edere* além das formas regulares tem outras semelhantes às do verbo *esse* (ser), no presente do indicativo, do imperativo e do infinitivo, e no imperfeito do subjuntivo.

PRES. INDICATIVO	IMPERF. SUBJUNTIVO
edo	ederem *ou* **essem**
edis *ou* **es**	ederes *ou* **esses**
edit *ou* **est**	ederet *ou* **esset**
edimus	ederemus *ou* **essemus**
editis *ou* **estis**	ederetis *ou* **essetis**
edunt	ederent *ou* **essent**
IMPERATIVO	
S. 2ª p. ede *ou* **es**	edito *ou* **esto**
3ª p.	edito *ou* **esto**
P. 2ª p. edite *ou* **este**	editote *ou* **estote**
3ª p.	edunto

INFINITIVO PRESENTE edere *ou* **esse**

Na voz passiva diz-se *editur* e **estur**; *ederetur* e **essetur**. As outras formas são regulares.

Compostos: *comedo, comedi, comesum, comedere*: comer, dilapidar; *exedo, exedi, exesum, exedere*: roer, consumir, devorar.

SINTAXE. — Pedem dativo muitos verbos com as preposições *ad, ante, in* etc. Ex.: *Scholae interesse*: assistir à aula. *Antecellere omnibus ingenii gloria*: exceder a todos em fama e talento.

Subjuntivo exortativo exprime uma exortação. Emprega-se na 3ª pessoa do singular e na 1ª e 3ª do plural do presente. A negativa é *ne*. Ex.: *Eat*: vá. *Ne eat*: não vá. *Imitemur maiores nostros*: imitemos nossos antepassados.

Subjuntivo optativo. Se o desejo é *realizável*, usa-se o *presente* para um desejo atual e o *perfeito* para um desejo passado, acompanhados geralmente de *utinam*: oxalá, ou dos subjuntivos potenciais: *velim, nolim, malim*. Ex.: *Velim mihi ignoscas*: desejaria que me perdoasses.

Conversação

— Quis praefuit Romanis contra Germanos?
— *Contra Germanos Romanis praefuit Scipio.*
— Quinam praesunt Germanorum concilio?
— *Germanorum concilio sacerdotes praesunt.*
— Ubi convenerunt Germani?
— *Germani in sacerrimo dei bellorum luco convenerunt.*
— Quid unus ex nobilissimis locutus est?
— *Pugnemus pro patria!*

— Cur Scipio electus est dux?
— *Scipio electus est dux, quia in eo virtus inerat.*
— Quid saepe profuit Romanis in bello?
— *In bello saepe discordia hostium Romanis profuit.*

— Cur Germani Teutobocum ducem creaverunt?
— *Germani Teutobocum ducem creaverunt eo quod magis idoneus illo nemo erat.*
— Quid hortatus est Teutobocus?
— *Teutobocus Germanos hortatus est, ut concordes essent.*

Exercício

Este modestae, virgines; nam modestia laudem magnam parat. Saepe corpus discipuli **adest**, mens abest. Catilina in unum omnes convocat, quibus maxima necessitudo et plurimum audacine **inerat**. Inter primum et sextum consulatum Valerii Corvi sex et quadraginta anni **interiuerunt**. Non modo nihil **prodest**, sed **obest** etiam Clodii mors Miloni. Eo proelio perexigua pars illius exercitus **superfuit**.

Vocabulário

paro, avi, atum, are, v.: alcançar
perexiguus, perexigua, perexiguum, adj.: muito pequeno, pouquíssimo
necessitudo, necessitudinis, s. f.: a necessidade, a indigência

Exercício

Ut ager quamvis fertilis sine cultura fructuosus esse non **potest**, sic sine doctrina animus. Atticus mendacium neque dicebat neque pati **poterat**. Miseris succurrere **potuisse** non parva delectatio est bonorum hominum. **Esse** oportet ut vivas, non vivere, ut **edas**. Aegritudo moerorque animum hominis **exest** planeque conficit.

Vocabulário

mendacium, i, s. n.: a mentira
aegritudo, aegritudinis, s. f.: a doença
moeror, oris, s. m.: a tristeza
exedo, exedi, exesum, exedere, v.: roer, consumir
plane, adv.: totalmente
conficio, confeci, confectum, conficere, v.: destruir

Sentenças

Absit iniura verbo.
Si rota defuerit, *tu pede carpe viam.*

Quod potui feci; faciant meliora potentes.
Pisces minutos magnus comest.
Qui e nuce nucleum esse vult, frangit nucem.

Lectio duodecima

> Robur exercitus Scipionis est peditatus. Eius legiones denas cohortes continent

Scipionis exercitus

Robur exercitus Scipionis est peditatus militum legionariorum. Eius legiones denas cohortes continent, quae in ternos manipulos vel senas centurias dividuntur; manipuli enim binarum centuriarum sunt. Legiones igitur tricenum manipulorum vel sexagenarum centuriarum sunt.

Centuriae primo centenos milites continuisse videntur. Sed iam antiquitus in singulis legionibus terna milia peditum et treceni equites fuerunt; postea quaterna fere milia peditum: num vero legiones circiter quina vel sena milia militum, cohortes igitur quingenos vel sescenos milites continent.

Vocabulário

robur, roboris, s. n.: a força
legionarius, i, s. m.: o legionário
legio, onis, s. f.: a legião
denus, dena, denum, adj.: dez de cada vez, de dez em dez
cohors, cohortis, s. f.: a corte
manipulus, i, s. m.: o manípulo

senus, sena, senum, adj.: seis de cada vez, de seis em seis
centuria, ae, s. f.: a centúria
primo, adv.: no começo
antiquitus, adv.: antigamente
circiter, adv.: pouco mais ou menos

Comentário gramatical

MORFOLOGIA. — *Adjetivos numerais* são os que exprimem a quantidade. Dividem-se em *cardinais, ordinais* e *distributivos*. A estes se juntam os advérbios numerais. Os *distributivos* respondem à pergunta **quoteni?** quantos de cada vez? quantos para cada um? Ex.: *singuli, bini, terni* etc. Os *multiplicativos* ou *advérbios numerais* respondem à pergunta **quoties** ou **quotiens?** quantas vezes? Ex.: *semel, bis, ter, quater* etc.

SINTAXE. — *Nominativo com infinitivo*. Muitos verbos que na voz ativa exigem *acusativo* com o *infinitivo*, na voz passiva tomam construção pessoal e se constroem com o *nominativo* com o *infinitivo*. Tais são:

dicor: diz-se que eu

iudicor: julga-se que eu

fertur, traduntur: conta-se, narra-se

videor: parece que eu

Ex.: *Homerus caecus fuisse dicitur*: diz-se que Homero foi cego; *Lycurgi temporibus Homerus fuisse traditur*: conta-se que Homero viveu no tempo de Licurgo; *Athenienses adversus Socratem iniusti videntur fuisse*: os atenienses **parecem ter sido** (ou **parece terem sido**) injustos contra Sócrates; ou: **parece que** os atenienses **foram** injustos contra Sócrates.

Conversação

— Quid existimabatur robur exercitus Scipionis?
— *Robur exercitus Scipionis existimabatur peditatus militum legionariorum.*
— Quomodo cohortes distribuebantur in Scipionis legionibus?
— *Scipionis legiones denas cohortes continebant.*

— Quoties manipulus in cohorte continebatur?
— *Manipulus ter in cohorte continebatur.*
— Quoties centuria in manipulo continebatur?
— *Centuria in manipulo bis continebatur.*

— Quot milites centuriae videntur primo continuisse?
— *Centuriae videntur continuisse primo centenos milites.*
— Quot milites videntur legiones continuisse?
— *Legiones videntur circiter sena milia militum continuisse.*

Sentença

Bis dat, qui cito dat.
Publílio Siro.

Lectio tertia decima

Germanorum audaciam, quam diu tulimus

Scipio milites alloquitur

Ante pugnam Scipio milites sic allocutus est:
— Romani, Germani bellum nobis inferre constituerunt. Germanorum audaciam, quam diu tulimus, non iam feremus. Ad me defertur summa imperii. Mortem cladi praeferrem. Vos autem, milites fortissimi, qui vix a dis differtis, nisi quod mortales estis, adsitis mihi virtute vestra! Bellum non est differendum. Hostibus maximas clades afferetis. Tolletur audacia Germanica. Vobis a Romanis referetur gratia, vos summis laudibus efferent posteri. Fortiter ergo pugnate. Di nobis erunt propitii!

Hac oratione adducti Romani acriter pugnaverunt Germanosque vicerunt. Cum ex captivis magnam abstulissent praedam, pretiosa dona dis oblata sunt.

Vocabulário

alloquor, allocutus sum, alloqui, v. dep.: dirigir a palavra
infero, intuli, illatum, inferre, v.: declarar
fero, tuli, latum, ferre, v.: suportar
defero, detuli, delatum, deferre, v.: conferir, entregar
summa, ae, s. f.: a soma, a totalidade
imperium, i, s. n.: o comando, o poder, *summa imperii*: o supremo poder
clades, is, s. f.: a derrota
praefero, praetuli, praelatum, praeferre, v.: preferir
differo, distuli, dilatum, differre, v.: diferir

affero, attuli, allatum, afferre, v.: levar, causar
tollo, sustuli, sublatum, tollere, v.: dar cabo de, destruir
refero, rettuli, relatum, referre, v.: referir, dar
effero, extuli, elatum, efferre, v.: exaltar
adduco, adduxi, adductum, adducere, v.: levar
aufero, abstuli, ablatum, auferre, v.: tirar, arrebatar
offero, obtuli, oblatum, offerre, v.: oferecer

Comentário gramatical

MORFOLOGIA. — *Verbo* **fero** *e compostos.* **Fero, tuli, latum, ferre**: *levar.*

VOZ ATIVA		VOZ PASSIVA	
Indicativo	Subjuntivo	Indicativo	Subjuntivo
Presente		**Presente**	
fero	feram	feror	ferar
fers	feras	**ferris**	feraris
fert	ferat	**fertur**	feratur
ferimus	feramus	ferimur	feramur
fertis	feratis	ferimini	feramini
ferunt	ferant	feruntur	ferantur
Imperfeito		**Imperfeito**	
ferebam	**ferrem**	ferebar	**ferrer**
ferebas	**ferres**	ferebaris	**ferreris**
ferebat	**ferret**	ferebatur	**ferretur**
ferebamus	**ferremus**	ferabamur	**ferremur**
ferebatis	**ferretis**	ferebamini	**ferremini**
ferebant	**ferrent**	ferebantur	**ferrentur**

VOZ ATIVA		VOZ PASSIVA	
Imperativo		**Imperativo**	
Presente	Futuro	Presente	Futuro
S. 2ª p. **fer**	ferto	S. 2ª p. **ferre**	fertor
3ª p.	ferto	3ª p.	fertor
P. 2ª p. **ferte**	fertote	P. 2ª p. **ferimini**	
3ª p.	ferunto	3ª p.	feruntur
INFINITIVO PRES.: **ferre**		INFITINIVO PRES.: **ferri**	

O perfeito: **tuli**, *tulisti* etc.; *tuleram, tulero, tulerim, tulissem, tulisse; latus sum; latus eram* etc.; *laturus.* Os compostos conjugam-se como os simples.

Ex.: *affero, attuli, allatum, afferre*: trazer; *differo, distuli, dilatum, differre*: diferir, adiar.

SINTAXE. — O *gerundivo* é um adjetivo verbal triforme que tem significação passiva. Concorda em gênero, número e caso com o substantivo a que se refere, ajuntando-lhe o caráter de obrigação.

Emprega-se: 1. *Atributivamente*. Ex.: *Discipulus monendus*: aluno que **deve** ser admoestado ou digno de ser admoestado; 2. *Predicativamente*. Ex.: *Epistula mihi scribenda est*: devo escrever uma carta.

O gerundivo dos verbos intransitivos emprega-se impessoalmente. Ex.: *Dimicandum est*: deve-se pelejar. **A me** *tibi consulendum est*: devo cuidar de ti.

Conversação

— Quid vides in pictura?
— *In pictura milites stantes video.*
— Cur Scipio manum attollit?
— *Scipio manum attollit, quia milites hortatur.*
— Cur Scipio ante pugnam milites allocutus est?
— *Scipio ante pugnam milites allocutus est ut eorum animos extolleret.*

— Quae audacia non erat ferenda?
— *Germanorum audacia non erat ferenda.*
— Cui delata est summa imperii?
— *Scipioni delata est summa imperii.*
— Mortemne cladi an cladem morti Scipio praetulit?
— *Scipio mortem cladi praetulit.*

— Qua re milites a dis differebant?
— *Milites a dis eo differebant quod mortales erant, di vero immortales.*
— Cui milites virtute sua auxilium attulerunt?
— *Milites virtute sua Scipioni auxilium attulerunt.*
— Quae clades hostibus allata est?
— *Hostibus clades allata est maxima.*
— Quae audacia sublata est?
— *Germanorum audacia sublata est.*

— Utrum magnam an parvam praedam e captivis milites abstulerunt?
— *Milites magnam e captivis praedam abstulerunt.*
— Cui milites pretiosa dona obtulerunt?
— *Dis pretiosa dona milites obtulerunt.*
— Quibus laudibus posteri militum victoriam extulerunt?
— *Posteri militum victoriam laudibus extulerunt summis.*

Exercício

Somnus **aufert** sensus actionemque **tollit** omnem. Coriolanus ad Volscos se **contulit**, cum cives ei iniuriam **attulissent**. Ager, cum multos annos quievit, uberiores fructus **efferre** solet. Facilius reperiuntur, qui in pugna morti se **offerant**, quam qui dolorem patienter **ferant**. **Relata refero**.

Sentenças

Timeo Danaos et dona ferentes.
Virgílio, *Eneida*, II, 49.

Quod differtur, non aufertur.

Lectio quarta decima

Limes muniendus est

Limes muniendus est novis castellis, turribus, palis

Post Germanorum cladem Scipio ad Rhenum se contulit. Ibi duas provincias constituit populisque sic verba fecit:

— Audite quid velim! Quamquam pacem esse malo quam bella, tamen rem militarem neglegi nolo. Ipse curabo, ut omnes idem velint, quod ego volo: salutem publicam. Vultisne mihi adesse?

Omnes clamaverunt:

— Volumus!

— Gratias vobis ago, inquit Scipio. Nam si nolletis, ego mallem esse homo privatus quam dux Romanus. Nunc audite cetera! Limes muniendus est novis castellis, turribus, palis. Cum Germani iterum bellum inferre volent, omni modo iis erit occurrendum. Nolite existimare me Germanis cedere velle! Nunc dicite, quid iudicetis!

Tum unus ex centurionibus:

— Audire vis, Scipio, inquit, quae nostra sit sententia. Equidem omnes idem velle atque idem nolle existimo. Pristina populi Romani gloria digni esse volumus. Nolumus castella, agros, oppida barbaris tradi.

Vocabulário

confero, contuli, collatum, conferre, v.: dirigir
volo, volui — velle, v.: querer
malo, malui — malle, v.: preferir
nolo, nolui — nolle, v.: não querer
quamquam, conj.: embora, apesar de
adsum, adfui, adesse, v.: estar presente, assistir, favorecer

limes, limitis, s. m.: o limite, a fronteira
munio, munivi, munitum, munire, v.: munir, fortificar
castellum, i, s. n.: o castelo, a fortaleza
turris, is, s. f.: a torre
palus, i, s. m.: o mourão, o poste
occurro, occurri, occursum, occurere, v.: sair ao encontro, atacar

existimo, avi, atum, are, v.: julgar
equidem, adv.: certamente, sem dúvida
pristinus, a, um, adj.: antigo

trado, tradidi, traditum, tradere, v.: entregar

Comentário gramatical

MORFOLOGIA. — *Verbos* **volo**, **nolo** *e* **malo**.

Volo, volui — velle: querer; **nolo, nolui — nolle**: não querer; **malo, malui — malle**: preferir.

Presente					
INDICATIVO			SUBJUNTIVO		
vol-o	nol-o	mal-o	**vel-im**	**nol-im**	**mal-im**
vi-s	**non-vi-s**	**mavi-s**	vel-is	nol-is	mal-is
vul-t	**non-vul-t**	**mavul-t**	vel-it	nol-it	mal-it
vol-u-mus	nol-u-mus	mal-u-mus	vel-imus	nol-imus	mal-imus
vul-tis	**non-vul-tis**	**mavul-tis**	vel-itis	nol-itis	mal-itis
vol-u-nt	nol-u-nt	mal-u-nt	vel-int	nol-int	mal-int
Imperfeito					
INDICATIVO			SUBJUNTIVO		
vol-ebam	nol-ebam	mal-ebam	**vel-lem**	**nol-lem**	**mal-lem**
vol-ebas	nol-ebas	mal-ebas	ve-les	nol-les	mal-les
...	...	...	...	...	...

Futuro			IMPERATIVO	
			Presente	Futuro
vol-am	nol-am	mal-am	S. 2ª p. **nol-i**	**nol-ito**
vol-es	nol-es	mal-es	3ª p.	**nol-ito**
vol-et	nol-et	mal-et		
vol-emus	nol-emus	mal-emus	P. 2ª p. **nol-ite**	**nol-itote**
vol-etis	nol-etis	mal-etis		
vol-ent	nol-ent	mal-ent	3ª p.	**nol-unto**
			velle e **malle** não têm imperativo	

Part. presente: *volens*, querendo; *nolens* é raro, substituído por *invitus*.

SINTAXE. — *Acusativo com infinitivo com os verbos* volo, nolo, malo. Os verbos que exprimem *desejo* ou *tendência* pedem geralmente o *infinitivo*, havendo o mesmo sujeito nas orações principal e secundária; *acusativo com infinitivo, ut, ne* (alguns sem o *ut*), quando o sujeito for diverso.

Ex.: *Cupio hoc scire*: desejo saber isto; *Volo hoc nobis contingat*: desejo que isto nos aconteça; *Malebam dedisses*: preferia que tivesses dado.

Conversação

— Post Germanorum cladem quo Scipio se contulit?
— *Post Germanorum cladem Scipio ad Rhenum se contulit.*
— Quid malebat Scipio?
— *Scipio pacem esse malebat quam bellum.*
— Maluntne semper homines pacem esse quam bellum?
— *Nequaquam, homines saepe bellum esse malunt quam pacem.*

— Voluitne Scipio rem militarem diligenter curare?
— *Certe, Scipio rem militarem diligenter curare voluit.*
— Quod opus Scipio perficiendum curavit?
— *Scipio limitem novis castellis, turribus, palis muniendum curavit.*
— Volueruntne milites Scipionem iuvare?
— *Sane, milites omnes Scipionem iuvare voluerunt.*

— Maluitne Scipio privatus homo esse quam dux exercitus?
— *Non, Scipio dux exercitus quam privatus homo esse maluit.*
— Quid Romani barbaris tradi nolebant?
— *Romani castella, agros, oppida barbaris tradi nolebant.*
— Quod est signum verae amiticiae?
— *Signum verae amiticiae idem velle atque idem nolle.*

Exercício

Quid **vultis** amplius? Q. Fabius Maximus ab hoste metu quam a stultis civibus laudari **maluit**. Te valde amamus nosque a te amari **volumus**. Me **velim** diligas. Nisi Alexander essem ego **vellem** esse Diogenes. **Nolito** imperare, antequam didiceris oboedire.

Vocabulário

amplius, adv.: mais

nequaquam, adv.: de modo algum, de jeito nenhum

disco, didici — discere, v.: aprender

Sentença

Si vis pacem, para bellum.

Lectio quinta decima

Germani ad limites

Aliquando complures Germani in fines Romanorum introire volebant

Postea Romani fines imperii a Rheno fluvio usque ad Danubium vallo fossaque ingentis longitudinis muniverunt. Certis intervallis in vallo erant turres, unde stationes vias custodiebant.

Aliquando complures Germani in fines Romanorum introire volebant. Subito militis clamantis vocem audiverunt:

— Heus, quid vultis? Hic transire non licet.

Cum Germani linguae Latinae imperiti essent, miles alium militem advocavit:

— I, inquit, cum iis ad castellum.

Eunt. Postquam in praetorium introierunt, Scipio per interpretem eos interrogavit, quo essent ituri.

— Imus, inquiunt, Mogontiacum; nam multas merces ibi venire audivimus. Ubi emerimus, quod opus est, domum redibimus.

Tum Scipio:

— Ite! inquit, sed tradite arma! Ubi redieritis, ea vobis reddentur.

Germani abierunt. Euntes cum admiratione muros castelli spectabant. Mogontiaci ibant per vias et mercatorum tabernas adibant. Postquam negotia perfecerunt, urbe exierunt, ut domum redirent. Eadem via iis erat redeundum.

Multis annis postquam Scipio Romam rediit, cum ingentes Germanorum manus ex silvis prodissent, Romani frustra iis obviam ierunt. Partim fortiter pugnantes mortem obierunt partim in Germanorum servitute perierunt. Etiam castella fere omnia interierunt.

Vocabulário

Danubius, i, s. n.: o Danúbio
vallum, i, s. n.: a paliçada, a trincheira, a estacada
fossa, ae, s. f.: o fosso
ingens, ingentis, adj.: ingente, grande
longitudo, longitudinis, s. f.: o comprimento
intervallum, i, s. n.: o intervalo
statio, onis, s. f.: a guarnição
aliquando, adv.: outrora, certa ocasião
heus, interj.: olá
imperitus, a, um, adj.: imperito, ignorante
eo, ii, itum, ire, v.: ir
praetorium, i, s. n.: o pretório, a tenda do general
interpres, interpretis, s. m.: o intérprete
Mogontiacum, i, s. n.: Mogoncíaco (de Mogúncia, hoje Mainz)
merx, mercis, s. f.: a mercadoria
veneo, venii — venire, v.: ser vendido
ubi, conj.: logo que
emo, emi, emptum, emere, v.: comprar
opus est: é necessário, é preciso
obviam, adv.: ao encontro
redeo, redii, reditum, redire, v.: voltar
abeo, abii, abitum, abire, v.: ir-se embora
mercator, oris, s. m.: o mercador, o negociante
adeo, adii, aditum, adire, v.: visitar
perficio, perfeci, perfectum, perficere, v.: concluir
exeo, exii, exitum, exire, v.: sair
prodeo, prodii, proditum, prodire, v.: avançar
obeo, obii, obitum, obire, v.: enfrentar
partim, adv.: em parte
partim... partim: uma parte deles... outra parte
servitus, utis, s. f.: a escravidão
pereo, perii, peritum, perire, v.: perecer
fere, adv.: quase
intereo, interii, interitum, interire, v.: perder-se, perecer

Comentário gramatical

MORFOLOGIA. — *Verbo* **eo** *e compostos.* **Eo, ii, itum, ire**: *ir.* O verbo **ire** segue a 4ª conjugação com as seguintes variantes: 1. **i** passa para **e** diante de **a, o** e **u**; 2. o imperfeito do indicativo é **ibam**, o futuro **ibo**; 3. o gerúndio e o particípio presente, exceto o nominativo singular **iens**, têm a vogal de ligação **u**.

INDICATIVO	SUBJUNTIVO	INDICATIVO	SUBJUNTIVO
Presente			
eo vou	eam vá	abeo *eu me retiro*	abeam *eu me retire*
is	eas	abis	abeas
it	eat	abit	abeat
imus	eamus	abimus	abeamus
itis	eatis	abitis	abeatis
eunt	eant	abeunt	abeant

INDICATIVO	SUBJUNTIVO	INDICATIVO	SUBJUNTIVO
Imperfeito			
ibam *ia*	irem *fosse*	abibam *eu me retirava*	abirem *eu me retirasse*
ibas	ires	abibas	abires
ibat	iret	abibat	abiret
ibamus	iremus	abibamus	abiremus
ibatis	iretis	abibatis	abiretis
ibant	irent	abibant	abirent
Futuro			
ibo *irei*	—	abibo *eu me retirarei*	—
ibis		abibis	
ibit		abibit	
ibimus		abibimus	
ibitis		abibitis	
ibunt		abibunt	
IMPERATIVO			
Presente	Futuro	Presente	Futuro
S. 2ª p. i	S. 2ª, 3ª p. ito, ito	S. 2ª p. abi	S. 2ª, 3ª p. abito, abito
P. 2ª p. ite	P. 2ª, 3ª p. itote, eunto	P. 2ª p. abite	P. 2ª, 3ª p. abitote, abeunto

INDICATIVO	SUBJUNTIVO	INDICATIVO	SUBJUNTIVO
Perfeito			
ii *fui*	ierim *tenha ido*	abii *eu me retirei*	abierim *eu me tenha retirado*
isti	ieris	abisti	abieris
iit	ierit	abiit	abierit
iimus	ierimus	abiimus	abierimus
istis	ieritis	abistis	abieritis
ierunt	ierint	abierunt	abierint
Mais-que-perfeito			
ieram *fora*	issem *tivesse ido*	abieram *eu me retirara*	abissem *eu me tivesse retirado*
ieras	isses	abieras	abisses
ierat	isset	abierat	abisset
ieramus	issemus	abieramus	abissemus
ieratis	issetis	abieratis	abissetis
ierant	issent	abierant	abissent

INDICATIVO	SUBJUNTIVO	INDICATIVO	SUBJUNTIVO
Futuro anterior			
iero *terei ido*	—	abiero *eu me terei retirado*	—
ieris		abieris	
ierit		abierit	
ierimus		abierimus	
ieritis		abieritis	
ierunt		abierint	

FORMAS NOMINAIS	
Infinitivo	
Pres.: ire: *ir*	Pres: abire: *retirar-se*
Fut.: iturum, a, um, esse: *haver* ou *ter de ir*	Fut.: abiturum, a, um esse: *haver* ou *ter de retirar-se*
Perf.: isse: *ter ido*	Perf.: abisse: *ter-se retirado*

Gerúndio	
Gen. **eundi**: *de ir*	Gen. abeundi: *de retirar-se*
Dat. **eundo**	Dat. abeundo
Acus. (ad) **eundum**	Acus. (ad) abeundum
Abl. **eundo**	Abl. abeundo

Particípio	
Pres.: iens, euntis: *indo, que vai*	Pres.: abiens, abeuntis: *retirando-se, que se retira*
Fut.: iturus, a, um: *que há de ir*	Fut.: abiturus, a, um: *que há de se retirar*

Supino	
itum: *a, para ir*	abitum: *a, para retirar-se*

Nota. Na voz passiva só se encontra a terceira pessoa do singular: *itur*: vai-se; *ibatur*: ia-se; *itum est*: foi-se.

Compostos

abeo, abii, abitum, abire: retirar-se, ir-se embora
adeo, adii, aditum, adire: ir ter com, visitar
exeo, exii, exitum, exire: sair
ineo, inii, initum, inire: entrar, começar
intereo, interii, interitum, interire: perecer, perder-se

obeo, obii, obitum, obire: enfrentar, empreender, morrer
pereo, perii, peritum, perire: perecer
praetereo, praeterii, praeteritum, praeterire: passar ao pé, preterir
prodeo, prodii, proditum, prodire: avançar, mostrar-se
redeo, redii, reditum, redire: voltar
subeo, subii, subitum, subire: ir para baixo, expor-se a, arrostar
transeo, transii, transitum, transire: passar
veneo, venii — venire: ser vendido

Nota 1. Estes compostos conjugam-se como o verbo simples, mas alguns como *adire, praeterire* e *transire* são transitivos e têm toda a voz passiva:

Presente: *adeor, adiris, aditur, adimur, adimini, adeuntur; adear, adearis, adeatur, adeamur, adeamini, adeantur.*

Imperfeito: *adibar, adibaris* etc.; *adirer, adireris* etc.

Futuro: *adibor, adiberis* etc.

Part. Perf.: *aditus.*

Gerundivo: *adeundus, a, um.*

Nota 2. O verbo **perire**, perecer, supre o passivo de *perdere*: arruinar. Diz-se **pereo** e não *perdor*; **peribam**, não *perdebar* etc.

Nota 3. O verbo **venire** (*venum ire*), ser vendido, supre o passivo de *vendere*: vender, que na voz passiva só tem as formas *venditus* e *vendendus*. *Venire* não tem imperativo, nem particípio, nem gerundivo.

Verbo **queo**, *quire*, poder, ser capaz de; *nequeo, nequire*, não ser capaz de. Conjuga-se como o verbo *ire*. Muitas formas, porém, são de pouco uso ou não existem. As mais empregadas são as seguintes:

Pres. ind.: **queo, queunt; nequeo, nequit, nequeunt.**
Pres. subj.: **queam, queas, queat, queamus, queant, nequeam** etc.
Imperf. ind.: **nequibam, nequibat, nequibant.**
Impef. subj.: **nequirem, nequiret, nequirent.**

As formas do tema do *perfectum* conservam geralmente o v.: **quivi, quivero, nequiverat**. Mas também se encontram as formas *nequisti, nequiere, nequierat.*

SINTAXE. — Emprega-se o gerundivo predicativamente: (a) com o verbo *esse* para exprimir que uma coisa *deve* ser feita. A pessoa que deve fazer a coisa, sendo nomeada, vai para o dativo, ou, em caso de ambiguidade, para o ablativo com *a*. O *gerundivo dos verbos intransitivos* só se pode empregar impessoalmente. Ex.: *Dimicand***um est:** deve-se pelejar. *Epistula* **mihi** *scribenda* **est**: devo escrever uma carta. *Omnibus hominibus moriendum est*: todos os homens devem morrer. **A me** *tibi consulendum* **est**: devo cuidar de ti; (b) com os verbos *accipere, attribuire, curare, dare, tradere* etc. para designar o *fim*, a *intenção*. Ex.: *Pueris sententias virorum sapientium ediscendas damus:* damos aos meninos as máximas de homens sábios.

Conversação

— Quomodo Romani fines imperii a Rheno fluvio usque ad Danubium muniverunt?
— *Fines imperii a Rheno fluvio usque ad Danubium vallo fossaque ingentis longitudinis muniverunt.*
— Quid dicit miles Germanis in Romanorum fines introeuntibus?
— *Hic transire non licet.*
— Quo eunt Germani, ut veniam per fines transeundi petant?
— *In praetorium eunt.*
— Quis Germanos ibi interrogat?
— *Ibi Scipio eos interrogat, quo sint ituri.*

— Cur Germani Mogontiacum eunt?
— *Quia merces multae Mogontiaci venibant.*
— Quas tabernas Germani adierunt?
— *Germani mercatorum tabernas adierunt.*
— Cum negotia perfecissent, manseruntne Germani in urbe?
— *Non, sed urbe exierunt ut domum redirent.*
— Qua via Germanis erat redeundum?
— *Eadem via, qua Mogontiacum ierunt, iis erat redeundum.*
— Ad limites cum pervenissent, quid Germanis redditum est?
— *Cum Germani ad limites pervernissent, eis arma reddita sunt.*

— Semperne Romani Germanorum impetus continere potuerunt?
— *Non semper, sed aliquando, cum ingentem Germanorum manus ex silvis prodissent, Romani frustra iis obviam ierunt.*
— Quae fuit tum sors militum Romanorum?
— *Partim in bello mortem obierunt, partim in servitute perierunt.*

Exercício

Potest e casa magnus vir exire. **Ineuntis** aetatis (*juventude*) inscitia senum prudentia regenda est. Alexander tertio et trigesimo aetatis anno mortem **obiit**. Consuli in urbem **redeunti** multi cives Romani obviam **ierunt**. Hostes, qui in proelio capti erant, sub corona **venibant**. **Nequeunt** sine luce colores esse.

Vocabulário

inscitia, ae, s. f.: a ignorância

sub corona vendere: vender prisioneiros de guerra (porque eram expostos à venda coroados de flores)

Sentenças

Fama crescit eundo.

Occurrunt homines, nequeunt occurrere montes.

Lectio sexta decima

> Tanden Scipio appropinquat. Quam magnificus est!

Scipionis triumphus

Lesbia, quae tristis erat, adventu patris sui laeta facta est. Scipio etiam multa de Germania narravit. Apud Germanos latrocinia, quae extra ipsorum fines fiebant, nullam infamiam habebant. Nemo eorum ignavia immortalis fiet.

Quamvis Germani essent fortissimi, tamen a Romanis victi sunt. Quod factum est, infectum iam fieri nequit. Scipio vero prudentia sua id egit, ut ex inimicis Germani fierent amici.

Hodie Scipionis triumphus Romae celebratur. Templa patefiunt et coronis ornantur.

Lesbia et Stella et Cornelia in foro sunt prope Viam Sacram. Pompa longa portas intrat et per Circum et Viam Sacram ad Capitolium procedit.

Ex loco, ubi Lesbia est, primum videt praedam et arma Germanorum, quae in carris portantur. Etiam picturae agrorum et oppidorum Germaniae videntur. Tum tauri albi, tum captivi vincti ambulant. Miseri captivi, nunquam liberi fietis!

Tandem Scipio appropinquat. Quam magnificus est! Quam magna est eius gloria! Quam laeta est Lesbia!

Pompa usque ad Capitolium procedit, ubi gratiae deis aguntur.

Vocabulário

triumphus, i, s. m.: o triunfo
adventus, us, s. f.: a chegada
fio, factus sum, fieri, v.: ser feito, tornar--se, ficar
latrocinium, i, s. n.: o roubo
infamia, ae, s. f.: a infâmia, a desonra
ignavia, ae, s. f.: a covardia
infectus, a, um, adj.: não feito, não realizado
patefio, patefactus sum, patefieri, v.: abrir-se, escancarar-se
prope, prep. c. acus.: perto de

pompa, ae, s. f.: a pompa, o cortejo
procedo, processi, processum, procedere, v.: adiantar-se, avançar
praeda, ae, s. f.: a presa

carrus, i, s. m.: o carro, a carroça
vincio, vinxi, vinctum, vincire, v.: amarrar, acorrentar

Comentário gramatical

MORFOLOGIA. — *Verbo* **fio** *e compostos*. **Facio, feci, factum, facere**: *fazer*. Imperativo pres.: **fac**: *faze*; passivo: **fio, factus sum, fieri**: *ser feito, tornar-se, acontecer*.

a) - Os compostos formados de *verbos* conservam *facio* na voz ativa e *fio* na passiva.

Ex.: *assuefacio* (do verbo desaparecido *sue-re*), *assuefeci, assuefactum, assuefacere*: acostumar.

b) - Os compostos de *preposições* têm na voz ativa: *-ficio, -feci, -fectum, -ficere*; na voz passiva: *-ficior, -fectus sum, -fici*; imperativo em *-fice*.

Ex.: *Afficio (afficis), affeci, affectum, afficere*: causar, influir, atuar em; imperativo pres.: *affice*; voz passiva: *afficior, affectus sum, affici*.

Há formação especial só nos tempos do tema do *infectum*, suprindo neles a voz passiva de *facere*.

	INDICATIVO	SUBJUNTIVO
Pres.	**fio,** fis, *fit*, (fimus), (fitis), fiunt	**fiam, fias,** fiat, fiamus, fiatis, fiant
Imperf.	**fiebam**, fiebas, fiebat etc.	**fierem**, fieres, fieret etc.
Fut.	**fiam, fies**, fiet etc.	—
Pret. perf.	factus, a, um sum, es, est etc.	factus, a, um sim, sis, sit etc.
Mais-q.-perf.	factus, a, um eram, eras, erat etc.	factus, a, um essem, esses, esset etc.
Fut. ant.	factus, a, um ero, eris, erit etc.	—

Imperativo: **fi, fite** (raro)
Part. pres.: —
Part. pref.: factus, a, um
Gerundivo: **faciendus**

Infinitivo
Pres.: **fieri**
Fut.: factum iri
Perf.: factum, am, um esse

SINTAXE. — *Ablativo de causa*. Emprega-se para indicar a *causa eficiente* de uma ação. Ocorre principalmente com os verbos na *voz passiva*. Sendo a causa uma pessoa, o ablativo deve ser precedido da preposição *a*. Ex.: *Alexandria ab Alexandro condita est*: Alexandria foi fundada por Alexandre.

Conversação

— Qua re laetata est Lesbia?
— *Lesbia adventu patris laetata est.*
— Cur hodie Romae templa patefiunt?
— *Hodie Romae templa patefiunt, quia Scipionis triumphus celebratur.*
— Quomodo hic triumphus celebratur?
— *Pompa longa portas intrat et per Circum et Viam Sacram ad Capitolium procedit.*
— Quae res in carris portantur?
— *In carris praeda et Germanorum arma portantur.*

— Videnturne in pompa etiam picturae quaedam?
— *Sane, etiam picturae agrorum et oppidorum Germaniae in pompa videntur.*
— Quomodo ambulant captivi?
— *Captivi vincti ambulant.*
— Quis tandem appropinquat?
— *Tandem aliquando Scipio curru vehens appropinquat.*
— Qua de causa triumphans pompa ad Capitolium procedebat?
— *Triumphans pompa ad Capitolium procedebat, ut ibi gratiae deis agerentur.*

Exercício

Quod tibi **fieri** non vis, alteri ne feceris. Duobus modis, aut vi aut fraude, **fit** inuria. Quil **fiat**, **factum**, futurumque sit, Deus unus scit. Rex Midas a Baccho petivit, ut, quidquid tangeret, aurum **fieret**; quod cum impetravisset, quidquid tetigerat, aurum **fiebat**, etiam cibi. Uri **mansuefieri** possunt.

Vocabulário

tango, tetigi, tactum, tangere, v.: tocar
mansuefieri, v.: amansar-se
urus, i, s. m.: o uro (espécie de boi)

Sentença

Fiat iustitia, pereat mundus!

Lectio septima decima

Preparação ao estudo de Fedro

Acusativo com infinitivo

Esta construção é uma das principais particularidades da língua latina. Compõe-se de um *acusativo* acompanhado por um *infinitivo*. É empregado:

1) depois de muitas expressões com *est, erat* etc. Ex.: *Aequum est nos Deo semper gratias agere*: é justo que sempre agradeçamos a Deus.
2) depois de muitos verbos *impessoais*. Ex.: *Hoc factum esse apparet*: é evidente que isto se fez.
3) com os verbos *sentiendi*. Ex.: *Censeo te errare*: julgo que erras.
4) com os verbos *declarandi*. Ex.: *Thales dixit aquam esse initium rerum*: Tales disse que a água era o princípio de tudo.
5) com os verbos que exprimem *querer e não querer*. Ex.: *Cupio hoc scire*: desejo saber isto.
6) com os verbos que expressam *mandar ou proibir*. Ex.: *Caesar milites pontem facere iussit*: César mandou que os soldados fizessem uma ponte.
7) com os verbos que exprimem *afetos*, como:
   angor: aflijo-me; **aegre, graviter, moleste** = **fero**: levo a mal; **doleo**: sinto dor, lastimo; **glorior**: glorio-me; **gaudeo, laetor**: alegro-me; **indignor, suscenseo**: estou indignado; **miror, admiror**: admiro-me. Ex.: *Dux exercitum hostium tam facile vince potuisse admiratus est*: o general se admirou que o exército dos inimigos tivesse podido ser derrotado tão facilmente.

Já que em Fedro muitas vezes ocorre a construção chamada acusativo com infinitivo, julgamos necessário antepor esta lição ao seu estudo.

Deus est.	Scimus *Deum esse.*
Arbores florent.	Video *arbores florere.*
Amicus meus scribit.	Videbam *amicum meum scribere.*
Legati in castra venerunt.	Scio *legatos in castra venisse.*
Rex a civibus amatur.	Scio *regem a civibus amari.*
Hostes victi sunt.	Nuntius *hostes victos esse* dixit.
Carthago deleta est.	Livius *Carthaginem deletam esse* narrat.
Mater veniet.	Spero *matrem venturam esse.*
Fratres venient.	Spero *fratres venturos esse.*
Hostes vincentur.	Spero *hostes victum iri.*
Mortalis sum.	Scio *me esse mortalem.*
Verum dixi.	Confiteor *me* verum *dixisse.*

Lectio duodevicesima — De vulpe et uva

Fedro: vida e obra

A vida particular de Fedro nos é quase desconhecida. Nenhum escritor de seu tempo o nomeia. Nós o conhecemos apenas por suas obras.

Nasceu na Trácia, filho de escravo. Muito jovem partiu para Roma, onde se dedicou à poesia e foi alforriado por Augusto – Liberto de Augusto (*Augusti Libertus*) são os dizeres que lhe vêm por baixo do nome nos manuscritos de suas fábulas. Não se envergonhava desta origem servil, antes mais de uma vez salientou ambicionar o patriciado da inteligência, preferível ao do sangue.

Ainda jovem estreou na literatura com uma pequena coletânea de fábulas semelhantes às de Esopo. Era no tempo de Tibério, em que as rédeas do governo estavam nas mãos de seu favorito, Lúcio Élio Sejano.

Este homem, filho de um simples cavaleiro romano, galgando o posto de Prefeito do Pretório, exerceu o mais absoluto poder sobre as pessoas, os bens e o próprio Estado.

Era ele quem recebia as súplicas dos cidadãos, quem decidia da vida e da morte de senadores ilustres, quem mandava eliminar misteriosamente membros da família imperial, quem mantinha uma rede ativa de espiões por toda parte e em todos os meios sociais.

A estas violências de Sejano refere-se a fábula do lobo e do cordeiro.

O pseudossoberano vingou-se. Fedro foi exilado e seu livro não pôde ser publicado. A obra permaneceu desconhecida durante todo o reinado de Tibério. Mais tarde, Sêneca ainda não a conhecia; ao falar da fábula esópica, disse que era *intemptatum Romanis ingeniis opus*.

Após a morte de Sejano, 31 da nossa era, Fedro voltou à capital do Império, onde continuou sua atividade literária. Morreu em idade avançada.

Fedro é, pois, o introdutor da fábula na literatura latina. De Esopo hauriu quase todo o argumento de suas fábulas, mas o enriqueceu e transformou de tal maneira que se pode considerar novo quer por seu estilo, quer por suas alusões.

Não é moralista nem observador. O epíteto que lhe quadra melhor é o de satírico. A seu ver, a fábula é um ardil de guerra, inventada para encobrir o pensamento de quem não está livre. Para ele, esta segunda intenção é mais importante que a ideia manifesta, clara, direta. Quem não a compreende, não sabe ler.

Sua linguagem é viril. Delata o esforço contínuo de exprimir-se com a maior concisão possível, o que lhe dá vigor extraordinário.

Suas obras integram cinco livros. Os dois primeiros aparecem juntos; o terceiro dedicou-o a Êutiques, amigo e protetor seu; o quarto a Particulão. O quinto supõe-se que o tenha escrito durante o reinado de Nero ou Vespasiano.

Na antiguidade, Fedro passou quase despercebido. Só o mencionam Prudêncio e Marcial.

Mas durante a Idade Média exerceu influência considerável. Já no século V Avieno parafraseou suas fábulas em dísticos elegíacos.

No século X apareceu a versão conhecida com o nome de Rômulo; no século XI, a de Ademar e a anônima de Wissemburgo. Todas em prosa.

A primeira edição dos cinco livros de Fedro foi organizada por Pithou (Troyes, 1595).

No início do século XVIII descobriu-se em Parma o manuscrito de Perotti (1430-1480), que contém 64 fábulas. Delas, 32 não se acham na anterior. Foi publicado por Cassitto (Nápoles, 1808) e pouco depois de um modo mais correto por Jannelli (Nápoles, 1811).

Em 1831, Ângelo Mai editou um manuscrito descoberto no Vaticano, cuja autenticidade foi posta em dúvida durante algum tempo por trazer um sexto livro.

As fábulas de Fedro estão traduzidas total ou parcialmente em quase todas as línguas e foram imitadas por não poucos escritores.

Lectio undevicesima

Fabularum prologus[1]

Aesopus[2] auctor[3] quam materiam repperit[4],
Hanc ego polivi versibus senariis.
Duplex libelli dos[5] est: quod risum movet[6]
Et quod prudenti vitam consilio[7] monet.
Calumniari[8] si quis autem voluerit,
Quod arbores loquantur[9], non tantum ferae,
Fictis iocari nos meminerit[10] fabulis.

Comentário

1. **Prólogo**. O estilo do primeiro livro de Fedro, escrito na mocidade, é mais vivo do que os outros e alude mais a personagens eminentes da sociedade romana.
2. **Aesopus**: Esopo. Diz a lenda que Esopo nasceu na Frígia em 620 a.C., e morreu em Delfos no ano 564 a.C. Na antiguidade várias cidades disputaram a honra de lhe ter embalado o berço.
   Esopo era corcunda, tartamudo e feio. Vendido como escravo, conseguiu a liberdade por sua agudeza de espírito e boa conduta.
   Viajou pela Ásia, Egito e Grécia. Encontrou-se com Sólon na corte de Creso, assistiu ao famoso banquete dos sete sábios em casa de Periandro e visitou Atenas, quando seus habitantes, desgostosos com o tirano Pisístrato, tramavam sua deposição.
   Esopo contou-lhes a fábula das rãs que pediam um rei. Os atenienses agradecidos levantaram uma estátua ao célebre fabulista.
   A mandado de Creso, foi a Delfos com magníficos presentes para o templo de Apolo e com o encargo de distribuir quatro minas de prata a cada um de seus habitantes.

Indignado com a avareza e fraude daquele povo, Esopo dirigiu-lhes amargas sátiras, cumprindo só a primeira parte da missão e devolvendo a Creso o dinheiro restante.

Para se vingarem de Esopo, os delfianos ocultaram em sua bagagem uma taça de ouro consagrada a Apolo, acusaram-no de roubo e precipitaram-no do alto de um rochedo.

3. **Auctor** é, em sentido genérico, todo aquele que descobre ou propõe uma ideia nova, ou se empenha em realizá-la. Por isso a frase *auctor repperit* serve para pôr em evidência a prioridade absoluta de Esopo na invenção da fábula.
4. **Repperit**: descobriu. É o pretérito perfeito do v. *reperire*; perfeito com reduplicação. — **Ego polivi versibus senariis hanc materiam, quam Aesopus auctor repperit**: eu poli (aperfeiçoei) em versos senários (de seis pés) a matéria que Esopo, como autor, descobriu. — *Quam materiam*: quando a proposição relativa aparece no começo da frase, muitas vezes o antecedente passa para a proposição relativa e, obedecendo à atração, vai para o caso do pronome relativo. — *Materiam*: metáfora continuada por *polivi*; Esopo descobriu a matéria bruta, Fedro a cinzelou.
5. **Libelli dos**: mérito (vantagem) do livrinho. O diminutivo considera certamente o tamanho do livro e também a modéstia do gênero literário ao qual a fábula pertence.
6. **Quod risum movet**: move o riso, provoca o riso, faz rir, diverte. — *Quod* explicativo, não causal. — *Movet*: modo ordinário de exprimir o sentimento.
7. **Prudenti consilio**: com prudente conselho. *Consilio*, dado pela moral da fábula. Fedro põe o ensinamento moral antes ou no fim da narração da fábula; às vezes, porém, omite-o. — **Vitam monet**: a vida admoesta, dá prudentes conselhos, admoesta os vivos (*vitam* em lugar de *viventes*).
8. **Calumniari**: criticar, censurar injustamente. — **Voluerit**: quiser. É o futuro anterior do v. *velle*.
9. **Quod et arbores loquantur**: que também as árvores falem, não só os animais. Fedro alude a uma fábula deste livro I que se perdeu. Das fábulas que se conservaram, nenhuma se refere a árvores que falam. — *Quod loquantur*: emprega-se o subjuntivo depois de *quod*, se o motivo que se segue não for do autor, mas de quem fala. Fedro exprime aqui o pensamento de seus críticos.

10. **Meminerit**: lembre-se. Verbos defectivos, cf. *Lectio quarta decima, Módulo II*. — **Fictis fabulis**: com narrações fingidas. *Fabula* deriva-se do verbo *for, faris* etc. e significa narração, conto. Pode corresponder à verdade ou ser completamente inventada; por isso, Fedro usou com propriedade o particípio *ficta* junto com *fabula*. — **Nos iocari**: que nós gracejemos. O verbo *iocari* é depoente. A oração *nos iocari* é um acusativo com infinitivo dependente do verbo sentiendi *meminerit*.

Vocabulário

Aesopus, i, s. m.: Esopo
auctor, oris, s. m.: o autor
materia, ae, s. f.: o assunto, a matéria
reperio, repperi, repertum, reperire: descobrir
polio, ivi, itum, ire: aperfeiçoar, polir
versus, us, s. m.: o verso
senarius, a, um, adj.: senário, de seis pés
duplex, duplicis, adj.: duplo
libellus, i, s. m.: o livrinho
dos, dotis, s. m.: o dote, o merecimento
prudens, entis, adj.: prudente

consilium, i, s. n.: o conselho
moneo, monui, monitum, ere: admoestar
calumnior, atus sum, ari: caluniar, criticar
risus, us, s. m.: o riso
moveo, movi, motum, ere: mover, provocar
autem, conj.: mas, porém
volo, volui, velle: querer
loquor, locutus sum, loqui: falar
fictus, a, um, adj.: inventado
iocor, atus sum, ari: gracejar

Lectio vicesima

Lupus et agnus

Ad rivum eundem[1] lupus et agnus venerant
Siti compulsi[2]; superior[3] stabat lupus
Longeque inferior agnus. Tunc fauce[4] improba
Latro[5] incitatus iurgii causam intulit.
"Quare", inquit, "turbulentam fecisti mihi
Aquam bibenti[6]?" Laniger[7] contra timens[8]:
"Qui[9] possum, quaeso, facere quod quereris, lupe?
A te decurrit ad meos haustus[10] liquor".
Repulsus ille veritatis viribus[11]:
"Ante hos sex menses[12] male", ait, "dixisti mihi".
Respondit agnus: "Equidem[13] natus non eram".
"Pater hercle[14] tuus", ille inquit "male dixit mihi".
Atque ita correptum Iacerat[15], iniusta nece.
Haec propter illos[16] scripta est homines fabula,
Qui fictis causis innocentes opprimunt.

Comentário

1. **Ad rivum eundem**: ao mesmo riacho. — **Agnus**: cordeiro. De *agnus* temos a palavra portuguesa *anho*.
2. **Siti compulsi**: levados, impelidos pela sede. *Sitis* forma o acusativo em **-im** e o ablativo em **-i**;.
3. **Superior**: mais acima. — **Longeque inferior**: e muito mais abaixo. *Longe* aqui reforça o comparativo; em geral costuma reforçar o superlativo. *Superior* e *inferior* são adjetivos empregados como determinativos do predicado. Em português, neste caso se lança mão de um advérbio ou de uma expressão adverbial.

4. **Fauce improba**: com insaciável voracidade. *Fauce* foi empregado figuradamente (concreto pelo abstrato); em sentido próprio designa *garganta*. O uso mais comum é o plural: *fauces, faucium*, que são *pluralia tantum* com genitivo em **-ium**.
5. **Latro**. Com esta palavra, Fedro caracteriza muito bem o lobo que toma tudo à força. Fedro dá aos animais sentimentos humanos e epítetos que só convêm aos homens. Aqui chama o lobo de ladrão, assassino. — **Iurgii causam intulit**: *aduziu um pretexto para litigar*.
6. **Turbulentam mihi fecisti aquam bibenti**: turvaste-me a água, enquanto estava bebendo. — **Bibenti** = *dum bibebam*.
7. **Laniger**. Esta palavra deriva de *lana* (lã) e *gerere* (trazer): em português, lanígero. Muitas vezes o poeta designa um objeto indicando-lhe a qualidade; assim, pouco antes disse *latro* em vez de *lupus* e mais adiante dirá *stagni incola* por *rana* (cf. *Lectio* 25) e *auritulus* por *asinus* (cf. *Lectio* 28). — **Contra**: por sua parte, por sua vez.
8. **Timens**: *a tremer*. Apavorado pela presença do lobo e por suas palavras que não prometiam nada de bom. Não é um equivalente de *timidus*, marcando uma qualidade permanente. *Timens* nota aqui uma circunstância transitória. — **Inquit** não vem expresso. Esta supressão do verbo é muito frequente nas citações.
9. **Qui** (= *quomodo*): *como*; é o antigo ablativo neutro do pronome relativo. — **Possum**: *poderia*. É um dos casos em que o latim emprega o presente do indicativo, quando nós empregamos o condicional. — **Quaeso**: *por favor, dize-me*. Emprega-se para reforçar as perguntas, estando ora no início, ora no corpo da frase. O cordeiro responde com doçura às palavras ameaçadoras do lobo prepotente. — **Quod quereris**: *aquilo de que te queixas*, ou seja, de turvar-te a água. *Quod*: o seu antecedente não vem expresso na frase. Muitas vezes esta omissão ocorre quando o antecedente é o demonstrativo *is*.
10. **Haustus**: goles, tragos, sorvos. Desde aí, onde estás, corre para baixo a água que bebo.
11. **Veritatis viribus**: *pela força da verdade*. O cordeiro tinha razão, não havia nada a replicar; mas o lobo, não podendo insistir sobre aquele pretexto, alega outro que valia tanto quanto o primeiro. O prepotente encontra sempre algum pretexto para oprimir os fracos. — **Viribus**: *pelas forças*. Emprego do plural pelo singular: rebatido pela força da verdade. É a continuação da metáfora começada por *repulsus*.
12. **Ante hos sex menses**: antes destes últimos seis meses disseste mal de mim. — *Hos* indica o tempo mais próximo ao da pessoa que fala.

— *Male dixisti*: tmese (mesóclise). Repare-se que, em latim, *maledicere* exige o *dativo*, ao passo que, em português, dizemos *falar mal de alguém*.
13. **Equidem**: eu, na verdade. Emprega-se ordinariamente com a 1ª pessoa; no texto exprime surpresa.
14. **Hercle**: por Hércules, valha-me Hércules. Diz-se também *Hercules, me Hercules, Hercule, mehercle, mehercule* ou *mehercules*. Era uma fórmula de juramento, interjeição que exprimia a dor, a alegria, o desejo etc., que tomava a Hércules por testemunha da verdade de uma afirmação. Já que estavam excluídas do culto de Hércules, em seus juramentos as mulheres substituíam a fórmula *Mehercules* por *Mecastor*.
15. **Atque ita correptum lacerat**: e assim, arrebata-o e o despedaça com morte injusta. Em vez de usar dois verbos coordenados, como acontece a miúdo em português, em latim substitui-se o primeiro deles por um particípio: *correptum*; *correptum lacerat* = *corripit et lacerat*.
16. **Propter illos homines**: por causa daqueles homens. — **Fictis causis**: por falsos motivos.

Vocabulário

rivus, i, s. m.: o regato
idem, eadem, idem, adj.: o mesmo
lupus, i, s. m.: o lobo
agnus, i, s. m.: o cordeiro
sitis, i, s. f.: a sede
sto, steti, statum, stare: estar em pé
compello, compuli, compulsum, compellere: impelir
latro, onis, s. m.: o salteador, o ladrão
incito, avi, atum, are: incitar
iurgium, i, s. n.: a briga, o litígio
infero, intuli, illatum, inferre: apresentar, introduzir
facio, feci, factum, facere: fazer
bibo, bibi, bibere: beber
laniger, lanigeri, s. m.: o lanígero, o cordeiro
queror, questus sum, queri: queixar-se
decurro, decurri, decursum, decurrere: descer correndo

haustus, us, s. m.: o gole, o trago
liquor, oris, s. m.: o líquido, a água
repello, reppuli, repulsum, repellere: repelir
veritas, atis, s. f.: a verdade
maledico, dixi, dictum, dicere: maldizer, falar mal
respondeo, respondi, responsum, ere: responder
nascor, natus sum, nasci: nascer
corripio, corripui, correptum, corripere: agarrar, arrebatar
lacero, avi, atum, are: dilacerar, despedaçar
nex, necis, s. f.: a morte
causa, ae, s. f.: a causa, o motivo
innocens, entis, adj.: o inocente
opprimo, oppressi, oppressum, opprimere: oprimir

Lectio vicesima prima

Ranae regem petierunt

Athenae[1] cum[2] florerent aequis legibus[3]
Procax[4] libertas civitatem miscuit[5]
Frenumque solvit pristinum licentia[6].
Hic[7] conspiratis factionum partibus[8]
Arcem tyrannus occupat[9] Pisistratus[10].
Cum tristem servitutem[11] flerent Attici
(Non quia crudelis, ille, sed quoniam grave
Omnino insuetis[12] onus) et coepissent queri[13].
Aesopus talem tum fabellam rettulit[14].
Ranae vagantes liberis paludibus[15]
Clamore magno regem petiere[16] ab Iove,
Qui dissolutos mores vi compesceret[17].
Pater deorum[18] risit atque illis dedit
Parvum tigillum, missum quod subito vadis[19]
Motu sonoque[20] terruit pavidum genus.
Hoc[21] mersum limo cum iaceret diutius,
Forte una tacite profert e stagno caput[22]
Et explorato rege[23] cunctas evocat.
Illae timore posito[24] certatim adnatant
Lignumque supra turba petulans[25] insilit.
Quod cum inquinassent[26] omni contumelia,
Alium rogantes regem misere ad Iovem[27],
Inutilis quoniam esset qui fuerat datus.
Tum misit illis hydrum[28], qui dente aspero
Corripere coepit singulas. Frustra[29] necem
Fugitant inertes, vocem praecludit metus[30].

Furtim[31] igitur dant Mercurio[32] mandata ad Iovem
Afflictis ut succurrat. Tunc contra deus:
"Quia noluistis vestrum ferre", inquit, "bonum,
Malum perferte[33]". "Vos quoque, o cives", ait,
"Hoc sustinete, maius ne veniat malum[34]".

Comentário

1. **Athenae**: Atenas, capital da Ática (Grécia). Em latim a palavra *Athenae, arum*, só se usa no plural e leva também o predicado ao plural. Em português, embora conserve a forma plural, considera-se *Atenas* singular; por isso, traduz-se *florerent* por *florescesse*. — Antes da própria fábula é narrado o fato que deu ensejo a Esopo de a contar. Fedro o resume com a máxima brevidade, cuidando principalmente de pôr em relevo o que na história corresponde ao conteúdo da fábula; assim, *Athenae* no início, *ranae* no fim da narração; *aequis legibus* de uma parte, e *liberis paludibus* de outra.
2. **Cum**: quando. É conjunção temporal; cf. *Lectio sexta decima, Módulo II.*
3. **Aequis legibus**: com leis iguais (para todos), democráticas. *Leges aequae* eram as leis que davam igual direito aos cidadãos. Fedro refere-se às leis de Sólon, um dos sete sábios da Grécia que, sendo arconte em 594, dera à sua pátria organização política e social. — Este *aequis legibus* pode-se considerar também como ablativo absoluto equivalente a *cum aequae essent leges*. Em português, poderíamos traduzi-lo por um adjunto adverbial de tempo, como *durante o governo popular*. Antes de haver um tirano, os cidadãos eram iguais diante da lei e podiam tomar parte no governo da república. Esta circunstância política era chamada pelos atenienses de *isonomia*, que significa precisamente *igualdade perante a lei*.
4. **Procax libertas**: *descarada, desenfreada liberdade*. É o equivalente de *licentia*, que vem mais abaixo. *Procax* deriva-se de *proco* ou *procor* = exijo descaradamente.
5. **Civitatem miscuit**: conturbou (alvoroçou) o Estado.
6. **Licentia solvit pristinum frenum**: a licença (a indisciplina, a licenciosidade) soltou o antigo freio. *Solvit* pode ser presente do indicativo e pretérito perfeito do v. *solvere*. Verbo da 3ª conjugação, tema em **u: solvo, solvi, solutum, solvere.** No texto é pret. perf., como o demonstra *miscuit*, que é pret. perf. do v. *miscere* (**misceo, miscui, mixtum**), verbo de 3ª conjugação sem vogal de ligação no supino. — *Frenum*: imagem

continuada por *solvit*: o freio das leis. Enquanto o Estado possuía boa organização, todos os cidadãos, por serem livres, eram mantidos no bem pelo freio das leis; depois que se quebrou este freio, já não havia liberdade, havia licenciosidade. *Licentia* é coisa bem diversa de *libertas*: esta é a faculdade de agir no âmbito da lei; aquela é a violação arbitrária da lei e dos direitos de outrem. — Considerando-se *libertas* o sujeito de *solvit*, teríamos *licentia* no ablativo a indicar aquilo com que foi solto o freio.

7. **Hic**, adv.: então. Sentido temporal; enquanto predominavam os tumultos e era perturbada a vida civil.
8. **Conspiratis factionum partibus**: tendo conspirado os partidários das facções (para depor o governo). *Factio* chama-se o partido permanente; *partes*, as pessoas que o compõem. Fedro quer dizer que não haviam chegado a um acordo os vários partidos, mas somente os chefes.
9. **Arcem occupat**: apodera-se da cidadela (a Acrópole). — **Tyrannus**: o tirano, o usurpador. É o que exerce o poder absoluto, lançando mão da força, mas nem sempre cruel e tirânico.
10. **Pisistratus**: Pisístrato. Político ateniense. Astuto, ambicioso, eloquente, desde cedo obteve popularidade.

    Ao se reavivarem as lutas políticas em Atenas por causa da promulgação das leis de Sólon, levou a efeito uma série de façanhas belicosas que lhe granjearam fama e autoridade.

    Certa ocasião, depois de se ferir a si mesmo, apareceu com o corpo ensanguentado em praça pública, afirmando que alguns indivíduos do partido aristocrata o haviam agredido.

    Em consequência disto, concedeu-se a ele, apesar da oposição de Sólon, uma guarda de 50 homens armados. Com eles, Pisístrato se apoderou da Acrópole e de Atenas.

    Promoveu o aformoseamento e bem-estar da cidade, edificando templos e provendo-a de água. Favoreceu o comércio, procurando reatar as relações com o estrangeiro. Desenvolveu as ciências e as artes. Viveu com esplendor.

    Entre outros trabalhos ordenou a recompilação dos cantos de Homero, empresa de grandíssima importância e utilidade.

    Pisístrato morreu em 527 a.C., perpetuando a soberania em seus filhos Hípias e Hiparco.
11. **Tristem servitutem**: funesta escravidão. — **Attici**: os *atenienses*. Fedro nunca emprega a palavra *Athenienses*.

12. **Non quia crudelis ille** *(esset)*, **sed quoniam grave omnino insuetis onus** *(esset ille)*: não porque Pisístrato fosse cruel, mas porque lhes pesava aquele jugo a eles que eram completamente desacostumados.
13. **Et coepissent queri**: *e começassem a queixar-se.*
14. **Rettulit**: referiu, contou. É o pret. perf. do v. *referre.*
15. **Ranae... paludibus**: as rãs, que vagueavam em seus livres pauis (que vagueavam livremente em suas lagoas). Os pauis são chamados *liberae*, porque ninguém aí dominava despoticamente, e as rãs viviam em plena liberdade, como os cidadãos em regime popular.
16. **Petiere = petierunt**: pediram. É a 3ª pes. do pret. perf. do v. *petere.* — **A Iove**, que é o rei do universo.
17. **Qui compesceret vi mores dissolutos**: que reprimisse com energia os costumes dissolutos, a vida licenciosa. Também as rãs percebiam que o *frenum pristinum* estava solto. Fedro tem diante de si a sociedade humana quando conta as suas fábulas. Vê-se claramente que os personagens são homens que agem sob a máscara de animais. — **Qui** com o subjuntivo para indicar o fim de uma ação, uma intenção.
18. **Pater deorum** = *Iuppiter*. É um apelativo frequente de Júpiter, não porque ele fosse verdadeiramente considerado pai dos outros deuses, mas porque, sendo rei, sua autoridade lhe dava direito de ser chamado *pater*, título honorífico dos reis, dos heróis, dos que regem a pátria, ou lhe têm prestado grandes benefícios. — **Risit**. Júpiter riu-se de compaixão e desprezo pelas estúpidas rãs que se desgostavam da vida livre.
    Apesar de *tigillum* ser diminutivo de *tignum*, Fedro acrescenta o adjetivo *parvum* para declarar melhor a sua mísera imbecilidade. O estrépito com que o rei se precipita e o medo que incute aos súditos formam contraste com a fraqueza do pobre soberano.
19. **Quod missum subito vadis**: o qual atirado de súbito ao charco (paul). — *Missum* verbo simples em lugar de *demissum*. Júpiter não só deu este rei-de-pau às rãs, mas para divertir-se, em vez de mandar alguém para colocá-lo no trono, jogou-o do alto ao meio do paul.
20. **Motu sonoque**: com o movimento e o barulho. São os dois efeitos da queda. — **Pavidum genus** *(ranarum)*: *a raça tímida, medrosa das rãs*. As rãs, quando ouvem rumores vizinhos, saltam à água e se escondem no fundo do pântano.
21. **Hoc** refere-se a *tigillum*. — **Mersum**: mergulhado. É o particípio do v. *mergere* (**mergo, mersi**). Verbo da 3ª conjugação, perfeito em **-si**. — **Limo**: no lamaçal. Ablativo de lugar sem *in*. — **Iaceret**: *jazesse*. É a 3ª

pes. sing. do imperf. subj. do v. *iacere* (**iaceo, iacui**). Verbo da 2ª conjugação, perfeito em **-ui**. — Outra interpretação seria referir *hoc* a *genus ranarum*. O sentido da frase seria então que o medo experimentado pelas rãs fora tão grande, que permaneceram longo tempo escondidas, ou melhor, imersas na lama do paul, ou por outra, é tal o medo, que as rãs não se creem suficientemente escondidas no fundo do paul, imergem na própria lama.

22. **Forte... caput**: sucedeu que uma delas, em silêncio, põe a cabeça para fora do paul. — **Forte**: acaso. No texto pode traduzir-se por *sucedeu que*. — **Tacite**: *em silêncio, cautelosamente*. A rã desafia o perigo, mas com toda a cautela, porque, se o rei foi precipitado com tanto barulho, quer dizer que com ele não se brinca. É, pois, necessário usar toda a prudência para não ser vítima de suas iras.

23. **Explorato rege** = **cum regem explorasset**: observado bem o rei, depois que observou bem o rei. É ablativo absoluto: o sujeito da oração circunstancial vai para o ablativo e o verbo para o particípio, também no ablativo, omite-se a conjunção. — **Cunctas evocat**: chama todas para fora. Este verso e os dois seguintes formam belo contraste com os três que precedem. Passado o medo, começa a balbúrdia. A investigadora não somente viu de que espécie era o rei, mas chama para fora todas as companheiras. É evidente a contraposição entre as palavras *una tacite* e *cunctas evocat*.

24. **Timore posito** (= **deposito**): livrando-se do temor. Ablativo absoluto. — **Adnatant**: achegam-se nadando. — **Certatim**: à porfia, com emulação. Que diferença com o *iaceret*! Pareciam mortas pelo medo, e agora nadam, rivalizando umas com as outras.

25. **Petulans**: petulante, desavergonhado. — **insilit supra lignum**: salta sobre o madeiro. Temos no texto um caso de anástrofe, em que a preposição vem depois da palavra regida. — Ao grande pavor sucede nas rãs um desprezo descarado. As pessoas vis se comportam assim!

26. = **Quod cum** (= **cumque id**) **inquinassent**: depois de havê-lo manchado. Muitas vezes o relativo é empregado no início da oração subordinada para substituir um pronome demonstrativo e uma conjunção coordenativa como *et, enim, autem, igitur* etc. — **Omni contumelia**: com todo o gênero de afrontas. — As rãs nadam para o rei-de-pau, saltam por cima dele, cobrem-no de sujidades.

27. **Misere ad Iovem rogantes** (= *legatos rogaturos, qui rogarent*) **alium regem**: mandaram a Júpiter quem pedisse outro rei. *Rogantes* é um

particípio presente que indica o fim da ação; está substituindo uma oração relativa no subjuntivo. — **Quoniam esset inutilis** *(rex)* **qui fuerat datus** *(sibi)*. — *Quoniam* levou o verbo ao subjuntivo, porque o autor exprime o pensamento de seus personagens. Em discurso direto o pedido das rãs seria expresso por *quoniam inutilis est*; se fosse Fedro que ajuntasse como em parêntese o motivo da prece, diria: *quoniam inutilis erat*. O subjuntivo *esset* indica, pelo contrário, que estas palavras se unem a *rogantes misere* e tornam indireto o discurso das rãs.

28. **Hydrum... singulas**: então lhes mandou uma hidra (cobra d'água) que, com dente cruel, começou a apanhá-las uma a uma.
29. **Frustra**: em vão. — **Fugitant**: procuram fugir. É frequentativo. — **Inertes**: incapazes de se defenderem.
30. **Vocem praecludit metus**: o medo embarga-lhes a voz.
31. **Furtim**: furtivamente, como se praticassem um furto. É que temiam a serpente. Se o soubesse, com certeza ela não deixaria de vingar-se mais ferozmente.
32. **Mercurio**: a Mercúrio. Era o mensageiro dos deuses. As rãs não ousam dirigir-se diretamente a Júpiter.
33. **Quia noluistis... perferte**: já que não quisestes suportar, disse, o vosso bom (rei), aturai agora o vosso mau. Subentende-se *regem*. — Júpiter dá o qualificativo de *bom* àquele que as rãs tinham desprezado como inútil.
34. **Vos quoque... malum**: também vós, ó cidadãos, disse, suportai o mal presente, para que não venha outro pior. — *O cives*: é Esopo que se dirige aos atenienses. Forma grega do vocativo com a interjeição *ó*.

Vocabulário

floreo, florui, ere: florescer
aequus, a, um, adj.: igual, equitativo, justo
procax, acis, adj.: descarada, desenfreada
civitas, atis, s. f.: o Estado
misceo, miscui, mixtum, ere: misturar, perturbar
frenum, i, s. n.: o freio
solvo, solvi, solutum, solvere: soltar
pristinus, a, um, adj.: primitivo, antigo
conspiro, avi, atum, are: conspirar, maquinar

factio, onis, s. f.: o partido
arx, arcis, s. f.: a cidadela, a fortaleza
tyrannus, i, s. m.: o tirano
occupo, avi, atum, are: ocupar
tristis, e, adj.: triste, funesto
fleo, flevi, fletum, ere: chorar
Atticus, a, um, adj.: ateniense
quia e *quoniam*, conj.: porque
crudelis, e, adj.: cruel
insuetus, a, um, adj.: desacostumado
onus, oneris, s. n.: o peso, a opressão

refero, rettuli, relatum, referre: relatar
liber, libera, liberum, adj.: livre
palus, udis, s. f.: o paul, a lagoa
peto, ivi, itum, petere: pedir
Iuppiter, Iovis, s. m.: Júpiter
dissolutus, a, um, adj.: dissoluto
compesco, compescui, compescere: reprimir
rideo, risi, risum, ere: rir
tigillum, i, s. n.: pedacinho de pau
subito, adv.: subitamente, de repente
vadus, i, s. m.: o vau, fundo do rio, o charco
motus, us, s. m.: o movimento
sonus, i, s. m.: o som
terreo, terrui, territum, ere: atemorizar
pavidus, a, um, adj.: pávido, medroso
genus, generis, s. n.: a raça
mergo, mersi, mersum, mergere: mergulhar
limus, i, s. m.: o lodo, o lamaçal

iaceo, iacui, iacere: jazer
profero, protuli, prolatum, proferre: pôr para fora
stagnum, i, s. n.: a lagoa
caput, capitis, s. n.: a cabeça
evoco, avi, atum, are: chamar para fora
adnato, avi, atum, are: nadar
certatim, adv.: à porfia
petulans, antis, adj.: petulante, atrevido
insilio, insilui, ire: saltar sobre
inquino, avi, atum, are: manchar, sujar
hydrus, i, s. m.: a cobra d'água, hidra
corripio, corripui, correptum, corripere: arrebatar, apanhar
singuli, ae, a, adj.: um a um
praecludo, usi, usum, praecludere: embargar
perfero, pertuli, perlatum, perferre: suportar
sustineo, sustinui, ere: suportar, conservar

Lectio vicesima altera
Graculus superbus et pavo

Ne gloriari libeat alienis bonis[1]
Suoque potius habitu vitam degere[2],
Aesopus nobis hoc exemplum prodidit[3].
Tumens inani graculus[4] superbia
Pennas pavoni quae deciderant[5] sustulit
Seque exornavit. Deinde contemnens[6] suos
Immiscet se pavonum formoso gregi.
Illi[7] impudenti pennas eripiunt avi
Fugantque rostris[8]. Male mulcatus[9] graculus
Redire maerens coepit[10] ad propium genus,
A quo repulsus[11], tristem sustinuit notam[12].
Tum quidam ex illis quos prius despexerat:
"Contentus nostris si fuisses sedibus[13],
Et quod natura dederat voluisses pati,
Nec illam expertus esses[14] contumeliam,
Nec hanc repulsam tua sentiret calamitas[15]".

Comentário

1. **Ne libeat gloriari alienis bonis**: para que não apraza gloriar-se dos bens alheios. Quem pretende ser o que não é corre perigo de cair no ridículo. — **Ne** é conjunção final negativa. Depende de *exemplum prodidit* que vem mais abaixo.
2. **Et potius (libeat) degere vitam suo habitu**: e para que, pelo contrário, apraza a cada um levar a vida conforme o próprio estado. — *Suo* se opõe a *alienis*. *Suo habitu*: maneiras condizentes com o próprio esta-

do. Esopo quer, portanto, dizer que não só não devemos apropriar-nos dos méritos alheios, mas nem mesmo aparecer diversos do que somos, assumindo atitudes desnaturais a nós ou introduzindo-nos em uma sociedade que, com ou sem razão, nos considera estranhos.

3. **Prodidit**: propôs, pôs diante. É o pret. perf. do v. *prodere* (de *pro* e *dare*); verbo da 1ª conjugação, perfeito com reduplicação. **Prodo, prodidi, proditum** = trair, referir.
4. **Graculus tumens inani superbia**: um galho inchado de vã soberba. — **Inanis**, porque se pavoneia com a roupa de outro. Não se trata aqui da pessoa que sente orgulho quando repara grandes qualidades em si.
5. **Deciderant**: haviam caído. É o mais-que-perfeito do v. *decidere* composto de *cadere*. Verbo da 3ª conjugação, perfeito com reduplicação. — **Sustulit**: apanhou, recolheu. É o pret. perf. do v. *sufferre*.
6. **Contemnens** (**contemno, contempsi, contemptum, contemnere**): desprezando. Verbo da 3ª conjugação, perfeito em -**si**. — **Pavonum formoso gregi**: com o formoso bando de pavões. Naquele tempo se criavam pavões para a mesa. Havia na Itália grandes parques com essas aves.
7. **Illi eripiunt pennas impudenti avi**: esses (os pavões) arrancam as penas à ave impudente. Enfeitar-se com as penas era vaidade escusável, mas jactar-se entre os próprios pavões era o cúmulo da impudência.
8. **Fugant rostris**: afugentam-na com os bicos, às bicadas.
9. **Male mulcatus**: maltratado, escorraçado. Expressão usual para designar os maus tratos corporais.
10. **Ceopi redire maerens ad propium genus**: começou a voltar, triste, para a própria grei. A expressão *redire coepit* em lugar de *rediit* demonstra a hesitação e o desânimo do gralho, que antevê como será recebido por seus companheiros.
11. **A quo repulsus**: da qual repelido.
12. **Tristem sustinuit notam**: teve de suportar vergonhoso vexame. *Nota* era a marca feita com ferro quente na testa ou na espádua dos escravos fugitivos. Era também a pena ignominiosa que os censores aplicavam aos indivíduos que se comportavam de modo indigno, privando-os dos direitos de sua classe.
13. **Si fuisses contentus nostris sedibus**: se foras contente com as nossas moradas e quiseras suportar o que a natureza te havia dado. Depois do castigo físico, a lição moral. Um gralho, com ares de mestre, explica ao infeliz porque foi justa a lição recebida.

14. **Expertus esses**: terias experimentado. Do v. *experiri* (**experior, expertus sum**), verbos depoentes da 4ª conjugação.
15. **Nec tua calamitas sentiret hanc repulsam**: nem a tua desgraça (tu, desgraçado) sentiria cada (a presente) repulsa. — Note-se o uso do abstrato *tua calamitas* em lugar de *tu in calamitate tua*.

Vocabulário

glorior, atus sum, ari: gloriar-se
libet, libuit, libitum est: aprazer
alienus, a, um, adj.: alheio
dego, degere: passar, gastar
prodo, prodidi, proditum, prodere: propor, mostrar
tumens, entis, adj.: inchado, entumecido
inanis, e, adj.: vão, inútil
graculus, i, s. m.: o gralho
decido, decidi, decidere: cair
suffero, sustuli, sufferre: apanhar, recolher
exorno, avi, atum, are: ornar, enfeitar
contemno, contempsi, contemptum, contemnere: desprezar
immisceo, immiscui, immixtum, ere: misturar
pavo, onis, s. m.: o pavão
grex, gregis, s. m.: o bando, o rebanho
impudens, entis, adj.: impudente, descarado

eripio, eripui, ereptum, eripere: arrancar, arrebatar
fugo, avi, atum, are: afugentar
rostrum, i, s. n.: o bico
redeo, redivi ou *redii, reditum, ire*: voltar
nota, ae, s. f.: o vexame, a infâmia
despicio, exi, ectum, despicere: desprezar
prius, adv.: antes
sedes, sedis, s. f.: a morada
patior, passus sum, pati: sofrer
experior, expertus sum, iri: experimentar
contumelia, ae, s. f.: a contumélia, a afronta, a injúria
sentio, sensi, sensum, sentire: sentir
repulsa, ae, s. f.: a repulsa
calamitas, atis, s. f.: a calamidade, a desgraça

Lectio vicesima tertia

> Et quem tenebat
> ore demisit cibum
> Nec quem petebat
> adeo potuit
> tangere

Canis per fluvium carnem ferens

Amittit merito propium qui alienum appetit[1].
Canis per flumen[2] carnem cum ferret natans.
Lympharum in speculo[3] vidit simulacrum suum,
Aliamque praedam ab alio cane ferri putans[4],
Eripere voluit; verum decepta aviditas[5]
Et quem tenebat ore demisit[6] cibum
Nec quem petebat adeo[7] potuit tangere.

Comentário

1. **Qui alienum appetit, merito amittit propium**: quem cobiça o bem alheio, merecidamente perde o próprio. — *Propium... alienum*. O neutro do adjetivo assume não raro o valor de substantivo.
2. **Per flumen**: por um rio.
3. **In speculo lympharum**: no espelho das águas, isto é, nas águas límpidas que refletiam as imagens como um espelho.
4. **Et putans aliam praedam ferri ab alio cane**: e julgando que outra presa era levada por outro cão. Depois de *putans* segue-se um acusativo com infinitivo. Oração integrante objetiva com verbos que exprimem qualquer *percepção* pelos sentidos ou qualquer *conhecimento intelectual*. **Puto, putas, putavi, putatum, putare** = julgar.
5. **Verum decepta aviditas**: mas a avidez enganada. É metonímia; como se dissesse: *canis aviditate deceptus*: o cão enganado por sua cobiça.
6. **Demisit ore cibum quem tenebat**: e deixou cair da boca o alimento que segurava.

7. **Nec (= et non) adeo potuit tangere quem petebat**: nem por isso pôde alcançar aquele que apetecia.

Vocabulário

amitto, amisi, amissum, amittere: perder
merito, adv.: merecidamente
appeto, ivi, itum, appetere: cobiçar
canis, canis, s. m.: o cão
flumen, fluminis, s. m.: o rio
caro, carnis, s. f.: a carne
fero, tuli, latum, ferre: levar
nato, avi, atum, are: nadar
lympha, ae, s. f.: a água
speculum, i, s. n.: o espelho
video, vidi, visum, ere: ver
simulacrum, i, s. n.: a imagem
alius, a, aliud, adj.: o outro
praeda, ae, s. f.: a presa
puto, avi, atum, are: julgar

eripio, eripui, ereptum, eripere: arrebatar
volo, volui, velle: querer
verum, conj.: mas
decipio, decepi, deceptum, decipere: enganar
aviditas, atis, s. f.: a avidez, a cobiça
os, oris, s. n.: a boca
demitto, demisi, demissum, demittere: deixar cair
cibus, i, s. m.: a comida, o alimento
possum, potui, posse: poder
adeo, adv.: de tal modo, por isso
tango, tetigi, tactum, tangere: tocar, alcançar

Lectio vicesima quarta

Vacca, capella, ovis et leo

Nunquam est fidelis cum potenti societas[1]:
Testatur[2] haec fabella propositum meum.
Vacca et capella et patiens ovis[3] iniuriae
Socii fuere cum leone in saltibus[4].
Hi cum cepissent cervum vasti[5] corporis,
Sic est locutus partibus factis[6] leo:
"Ego primam tollo, nominor quoniam[7] leo;
Secundam, quia sum fortis, tribuetis mihi;
Tum, quia plus valeo, me sequetur tertia[8];
Malo afficietur[9], si quis quartam tetigerit[10]".
Sic[11] totam praedam sola improbitas abstulit.

Comentário

1. **Societas cum potenti nunquam est fidelis**: a companhia com o poderoso nunca é segura. — *Fidelis*: leal, de quem se pode fiar, a quem se pode prestar fé.
2. **Testatur**: atesta, comprova. — **Propositum** (= **sententiam**): asserto, afirmação.
3. **Ovis patiens iniuriae** *(quae iniuriam patitur)*: a ovelha sofredora de injustiça, a paciente ovelha. A ovelha não se revolta jamais, nem mostra os dentes a ninguém: suporta sempre as injúrias. — **Socii**: companheiros de empresa. É significado técnico; por isso não escreveu *sociae*, embora os três sujeitos fossem femininos.
4. **In saltibus**: nos bosques. *Saltus* pode significar também *pastagens de montanha*, *garganta* (entre montes), *desfiladeiro*.

5. **Cervum vasti corporis**: um veado corpulento. É genitivo de qualidade, exprime uma qualidade do objeto, vem acompanhado de um adjetivo.
6. **Partibus factis**: feitas as partes. É ablativo absoluto. Também *partes facere* é termo técnico da linguagem comercial.
7. **Quoniam nominor leo**: porque me chamo leão. O leão é o rei dos animais, por isso lhe pertence de direito a primeira parte da presa. — **Secundam** (partem). — **Tribuetis mihi**: me oferecereis de presente, como é de praxe com os poderosos.
8. **Plus valeo**: *sou mais forte do que vós*, e como tal **me sequetur tertia**, *me há de acompanhar a terceira parte*. No fundo, *sum fortis* e *plus valeo* dizem a mesma coisa. O direito do leão é sempre o mesmo, é o direito do mais forte; mas vem apresentado sob uma forma sempre diversa.
9. **Malo afficietur**: passará mal. *Afficere aliquem aliqua re*: fazer provar alguma coisa a alguém. *Afficere aliquem honore, gaudio, poena, praemio, supplicio*: honrar, alegrar, punir, premiar, supliciar alguém. *Affici morbo, vulnere*: adoecer, ser ferido. Ablativo de instrumento, usado com algumas locuções e vários verbos que em português não apresentam a ideia de meio.
10. **Si quis tetigerit quartam**: se alguém tocar na quarta. *Tetigerit* é o futuro anterior do v. *tango, tetigi, tactum, tangere*. Verbo da 3ª conjugação, perfeito com reduplicação. O futuro anterior designa uma ação terminada no futuro e anterior a outra ação também futura.
11. **Sic... abstulit**: e assim, só a improbidade (o ímprobo) arrebatou toda a presa. *Improbitas* é metonímia de que já tivemos exemplo acima = *solus improbus*. — *Abstulit* é pret. perf. do v. *auferre* (**aufero, abstuli, ablatum**).

Vocabulário

nunquam, adv.: nunca
fidelis, e, adj.: seguro, fiel
cum, prep. c. abl.: com
potens, entis, adj.: poderoso
societas, atis, s. f.: a sociedade, a companhia
testor, atus sum, ari: atestar
propositum, i, s. n.: o propósito, a afirmação

vacca, ae, s. f.: a vaca
capella, ae, s. f.: a cabrinha, a cabra
patiens, entis, adj.: paciente
ovis, ovis, s. f.: a ovelha
saltus, us, s. m.: o bosque
capio, sepi, captum, capere: apanhar, pegar
cervus, i, s. m.: o servo, o veado
loquor, locutus sum, loqui: falar

tollo, sustuli, sublatum, tollere: tomar
nomino, avi, atum, are: chamar
tribuo, tribui, tributum, tribuere: atribuir
valeo, valui, ere: ser forte

sequor, secutus sum, sequi: seguir, caber
afficio, affeci, affectum, afficere: afetar
aufero, abstuli, ablatum, auferre: arrebatar

Lectio vicesima quinta
Ranae ad solem

Vicini[1] furis celebres vidit nuptias[2]
Aesopus et continuo narrare incipit;
Uxorem quondam Sol cum[3] vellet ducere,
Clamorem ranae sustulere ad sidera[4].
Convicio permotus[5] quaerit Iuppiter
Causam querelae[6]. Quaedam tum stagni incola[7]:
"Nunc", inquit, "omnes unus[8] exurit lacus
Cogitque miseras arida sede emori[9].
Quidnam futurum est, si crearit liberos[10]?"

Comentário

1. **Vicini (sui) furis**: de um ladrão seu vizinho. A moral dessa fábula não está na conclusão, mas no princípio, a saber, que filho de peixe, peixe é. Deus nos guarde, exclama Esopo, dos filhos de ladrões, que têm a rapinagem na massa do sangue! Segundo alguns, a presente fábula dirige-se também contra Sejano.
2. **Celebres nuptias**: casamento muito concorrido. Às núpcias do ladrão assistem os parentes, os convidados, os curiosos, incluindo-se Esopo. — **Continuo**: imediatamente. Esopo já traz pronta sua fábula e sem perder tempo começa a narrá-la. — **Narrare incipit**. O presente usado para tornar mais viva a narração de um fato passado chama-se presente histórico.
3. **Cum vellet ducere uxorem**: como se quisesse casar.
4. **Ad sidera**: aos astros. Singular: *sidus, sideris*, s. n. Júpiter habita no céu, e os gritos das rãs indignadas chegam até ele.

5. **Convicio permotus**: muito abalado pela gritaria. O barulho é tal, que o próprio Júpiter quer saber o que se passa.
6. **Quaerit causam querelae**: informa-se do motivo de tal queixume.
7. **Tum quaedam incola stagni**: então uma das moradoras do charco.
8. **Unus exurit omnes lacus**: um só seca inteiramente todos os lagos. *Lacus* tem sentido mais amplo que o correspondente português *lago*, podendo indicar também *charco*, *paul* ou *poça d'água*. — Note-se que Fedro colocou *omnes* junto a *unus* de propósito, para que, pelo contraste dos dois termos, ressalte mais o poder e o ardor do sol.
9. **Emori**: morrer aos poucos, definhar. É a sorte das pobres rãs privadas de seu elemento natural, a água.
10. **Quidnam futurum est** (= *fiet*): que acontecerá. — **Si crearit liberos**: se tiver filhos. *Crearit* é forma sincopada de *creaverit*. Na preocupação das rãs vem expressa a das pessoas que assistem ao casamento do ladrão e pensam consigo: "Esse constitui família agora; no dia de amanhã encherá de ladrõezinhos a cidade, e ninguém mais viverá descansado".

Vocabulário

vicinus, i, s. m.: o vizinho
fur, furis, s. m.: o ladrão
nuptiae, arum, s. f.: o casamento
continuo, adv.: imediatamente
incipio, incepi, inceptum, incipere: começar
uxor, uxoris, s. f.: a esposa
duco, duxi, ductum, ducere: levar, conduzir
quondam, adv.: outrora
clamor, oris, s. m.: o clamor

sidus, sideris, s. m.: a estrela
convicium, i, s. n.: a gritaria
stagnum, i, s. n.: o charco
exuro, exussi, exustum, exurere: secar
lacus, us, s. m.: o lago
cogo, coegi, coactum, cogere: obrigar, coagir
aridus, a, um, adj.: seco
emorior, emortuus sum, emori: morrer
quidnam, pron. interr.: que pois
liberi, orum, s. m.: os filhos

CEREBRVM NON HABET

Lectio vicesima sexta

Vulpes ad personam tragicam

Personam tragicam[1] forte vulpes viderat:
"O quanta species", inquit, "cerebrum non habet[2]!"
Hoc illis dictum est quibus honorem et gloriam[3]
Fortuna tribuit, sensum communem[4] abstulit.

Comentário

1. **Persona tragica**: *a máscara trágica*. No teatro antigo o ator cobria a cabeça com uma máscara chamada *persona*, que se destinava a manifestar os sentimentos do personagem representado. Na tragédia as máscaras exprimiam fisionomias nobres, sérias, avassaladas pela dor; na comédia, fisionomias vulgares, grotescas, amesquinhadas pelo escárnio. A *persona* contribuía também para reforçar a voz do ator e permitir-lhe a representação de vários papéis. Insensivelmente a acepção do vocábulo se ampliou, passando a significar também o personagem do drama, o seu caráter, até chegar, como que por degraus, ao uso que agora persiste em nossa língua.
2. **O quanta species cerebrum non habet**: oh! que tão formosa cabeça não tenha cérebro! (Oh! que bela cabeça, mas não tem miolos!).
3. **Honorem et gloriam**, a honra e a glória que não adquiriram com o talento e a virtude, mas que receberam ou em herança de seus pais, ou de presente pela cega fortuna. Estas honras e glórias pouco valem, basta um breve sopro do vento para varrê-las da memória.
4. **Sensum communem**. Senso comum é o critério natural que normalmente todo ser humano possui. Aqui poderíamos traduzir por *bom*

senso. — **Abstulit**. A natureza concede a todos o bom senso; a fortuna, enquanto de uma parte distribui cegamente honras e glórias, de outra pode roubar o bom senso, que pertence a cada um por concessão da natureza.

Vocabulário

persona, ae, s. f.: a máscara
tragicus, a, um, adj.: trágico, da tragédia
forte, adv.: por acaso
quantus, a, um, adj.: quanto
species, ei, s. f.: a formosura

cerebrum, i, s. n.: o cérebro
tribuo, tribui, tributum, tribuere: atribuir, conceder
sensus, us, s. m.: o senso, o sentido
communis, e, adj.: comum
aufero, abstuli, ablatum, auferre: tirar

Lectio vicesima septima

Lupus et gruis

Qui pretium meriti[1] ab impobris desiderat
Bis peccat[2]: primum, quoniam indignos adiuvat,
Impune abire deinde quia iam non potest[3].
Os devoratum fauce cum[4] haereret lupi,
Magno dolore victus[5] coepit singulos
Illicere pretio[6] ut illud extraherent malum[7].
Tandem[8] persuasa est iure iurando gruis,
Gulaeque credens[9] colli longitudinem
Periculosam fecit[10] medicinam lupo.
A quo cum[11] pactum flagitaret praemium:
"Ingrata es", inquit, "ore quae[12] nostro caput
Incolume abstuleris et mercedem postules".

Comentário

1. **Pretium meriti**: a paga de um benefício.
2. **Bis peccat**: erra duas vezes.
3. **Deinde quia iam non potest abire impune**: em segundo lugar, porque já não pode retirar-se impunemente.
4. **Cum os devoratum haereret lupi fauce** (*in faucibus*): havendo-se atravessado a um lobo na garganta um osso, que devorara.
5. **Victus magno dolore**: vencido pela grande dor, cheio de grandes dores.
6. **Illicere singulos pretio**: aliciar a cada um com ofertas.
7. **Ut extraherent illud malum**: para que lhe extraíssem aquele mal (a causa daquele mal) = *ut extraherent os causam illius mali*.

8. **Tandem gruis persuasa est iure iurando**: afinal, o grou deixou-se persuadir pelo juramento. *Gruis* é nominativo raro; a forma comum é *grus*, genitivo *gruis*, fem. O lobo jura ao grou dar-lhe uma grande recompensa, caso o libertar daquele tormento.
9. **Et credens gulae longitudinem colli**: e confiando à garganta (do lobo) o comprimento de seu pescoço (o seu pescoço comprido).
10. **Fecit lupo periculosam medicinam**: fez ao lobo a perigosa operação. — **Periculosam**, porque, se a operação houvesse corrido mal, o lobo se teria vingado, matando o grou.
11. **Cum flagitaret ab eo** (= *a quo*) **praemium pactum**: como pedisse dele a paga pactuada.
12. **Quae incolume abstuleris caput ore nostro et mercedem postules**: que (pois) tendo tirado incólume a cabeça de nossa garganta e (ainda) pedes a recompensa (do serviço). O lobo diz, portanto, ao grou que o fato de não ter recebido nenhum dano da parte dele já é de per si grande recompensa.

Vocabulário

pretium, i, s. n.: a recompensa, a paga
meritum, i, s. n.: o mérito, o benefício
desidero, avi, atum, are: desejar, pretender
bis, adv.: duas vezes
pecco, avi, atum, are: pecar, errar
adiuvo, adiuvi, adiutum, are: ajudar, favorecer
impune, adv.: impunemente
abeo, abii, abitum, abire: sair, retirar-se
os, ossis, s. n.: o osso
devoro, avi, atum, are: devorar, engolir
haereo, haesi, haesum, ere: estar pegado
illicio, illexi, illectum, illicere: aliciar
extraho, extraxi, extractum, extrahere: extrair

persuadeo, persuasi, persuasum, ere: persuadir
iusiurandum, iurisiurandi, s. n.: o juramento
grus (gruis), gruis, s. f.: o grou
gula, ae, s. f.: a garganta, a goela
collum, i, s. n.: o pescoço
medicina, ae, s. f.: a operação
pactus, a, um, adj.: combinado, pactuado
flagito, avi, atum, are: pedir, exigir
os, oris, s. n.: a boca
caput, capitis, s. n.: a cabeça
incolumis, e, adj.: incólume
merces, mercedis, s. f.: a recompensa
postulo, avi, atum, are: pedir, exigir

Lectio duodetricesima

Novoque turbat bestias miraculo

Asinus et leo venantes

Virtutis expers[1] verbis iactans[2] gloriam
Ignotos fallit[3], notis est derisui[4].
Venari asello comite cum[5] vellet leo,
Contexit illum frutice[6] et admonuit simul[7]
Ut[8] insueta voce terreret feras,
Fugientes ipse exciperet[9]. Hic[10] auritulus[11]
Ciamorem subito totis tollit viribus
Novoque[12] turbat bestias miraculo.
Quae dum[13] paventes exitus notos petunt,
Leonis affliguntur horrendo impetu[14].
Qui postquam[15] caede fessus est, asinum evocat[16]
Iubetque[17] vocem premere. Tunc[18] ille insolens:
"Qualis[19] videtur opera tibi vocis meae?"
"Insignis", inquit, "sic ut[20], nisi[21] nossem tuum
Animum genusque, simili fugissem metu".

Comentário

1. **Virtutis expers**: o falto de coragem, o covarde. Genitivo com adjetivo relativo. O genitivo é ainda empregado com os *adjetivos* que exprimem *desejo, experiência, conhecimento, lembrança, poder, participação, riqueza, abundância* e *contrários*.
2. **Iactans gloriam**: alardeando glória, vangloriando-se.
3. **Ignotos fallit**: engana os desconhecidos, os que o não conhecem.
4. **Notis est derisui**: serve de escárnio aos conhecidos, aos que o conhecem. O verbo *esse* com a significação de *causar, servir de, redundar*

em, constrói-se com duplo dativo: um da pessoa, outro do efeito. Outro exemplo: **tribuere**, *imputar a*.

5. **Cum leo vellet venari asello comite**: como se um leão quisesse caçar em companhia de um burrinho. Fedro emprega o diminutivo *asellus* em sentido depreciativo. — *Asello comite* é ablativo absoluto; na construção, podem ser empregados também substantivos e adjetivos em vez do particípio.
6. **Contexit illum frutice**: cobriu-o com ramagem. *Contexit* é o pret. perf. do v. *contegere* (**contego, contexi, contectum**): cobrir inteiramente, composto de *tegere* (**tego, texi, tectum**). Verbo da 3ª conjugação, perfeito em **-si**.
7. **Admonuit simul**: admoestou-o ao mesmo tempo.
8. **Ut terreret feras insueta voce**: que espantasse as feras com voz desacostumada. O verbo *admonere* exige *ut* com o subjuntivo. *Terreret* está no imperfeito do subjuntivo e não no presente, porque o verbo da oração principal está num dos tempos secundários, o pretérito perfeito (os outros tempos secundários são: imperfeito e mais-que-perfeito). — **Insueta**: *nova*, porque os animais da floresta não tinham ouvido jamais os zurros do asno. — **Terreret**: *atemorizasse*, e com isso pusesse em fuga.
9. **Ipse exciperet fugientes**: ele mesmo receberia as fugitivas. *Exciperet* está no subjuntivo, porque é proposição adversativa do discurso indireto: *Leo dixit asello ut terreret feras cum ipse fugientes exciperet*.
10. **Hic**, adv.: aqui, nisto.
11. **Auritulus subito tollit clamorem totis viribus**: de súbito, o orelhudo levanta um clamor com todas as forças. — **Auritulus**. Note-se que o diminutivo latino não implica sempre ideia de pequenez; no caso atual, por exemplo, deve-se entender *com enormes orelhas*.
12. **Et novo miraculo turbat bestias**: e com novo prodígio espanta os animais. *Miraculum* tem a mesma raiz de *mirari*, admirar; é o objeto da admiração. Desta palavra se originou em português *milagre*.
13. **Dum paventes petunt exitus notos**: enquanto, apavoradas, procuram as saídas conhecidas.
14. **Affliguntur horrendo impetu leonis**: são atropeladas pelo horrendo ímpeto do leão.
15. **Qui postquam** (= *sed postquam hic*) **caede fessus est**: mas este, depois que se cansou com a matança.
16. **Evocat**: chama para fora, isto é, faz sair do seu esconderijo.

17. **Et iubet premere vocem**: e manda reprimir a voz, calar-se.
18. **Tunc ille insolens**: então este insolente, com arrogância.
19. **Qualis videtur tibi opera vocis meae?** que te parece o préstimo de minha voz?
20. **Sic ut fugissem simili metu**: a tal ponto que teria fugido com igual medo. *Fugissem*: caso irreal. Nesse caso, a condição é expressa como *não sendo real* e por isso a consequência não o é.
21. **Nisi nossem (= novissem) tuum animum et genus**: se eu não conhecesse teu caráter e tua linhagem (espécie).

Vocabulário

iacto, avi, atum, are: alardear, jactar-se
derisus, us, s. m.: o escárnio, a zombaria
venor, atus sum, ari: caçar
asellus, i, s. m. (dim. de *asinus, i*): o burrinho
contego, contexi, contectum, contegere: cobrir inteiramente
frutex, fruticis, s. m.: o arbusto, a ramagem
terreo, terrui, territum, ere: atemorizar, espantar

excipio, excepi, exceptum, excipere: receber
auritulus, i, s. m.: o orelhudo
miraculum, i, s. n.: o milagre, o prodígio
paveo, pavi, ere: estar apavorado
exitus, us, s. m.: a saída
impetus, us, s. m.: o ímpeto, o ataque
caedes, is, s. f.: a matança
fessus, a, um, adj.: fatigado, cansado
iubeo, iussi, iussum, iubere: mandar
insolens, entis, adj.: insolente, arrogante

Lectio undetricesima

> Per campum fugere coepit et cursu levi canes elusit

Cervus ad fontem

Laudatis utiliora quae contempseris
Saepe inveniri haec asserit narratio[1].
Ad fontem[2] cervus cum bibisset restitit[3]
Et in liquore vidit effigiem suam.
Ibi dum[4] ramosa mirans laudat cornua
Crurumque nimiam tenuitatem vituperat[5],
Venantum subito vocibus conterritus[6]
Per campum fugere coepit et cursu levi
Canes elusit[7]. Silva tum excepit[8] ferum;
In qua retentis impeditus cornibus[9]
Lacerari coepit morsibus saevis canum[10].
Tunc moriens edidisse vocem hanc[11] dicitur:
"Oh! me infelicem, qui nunc demum[12] intelligo
Utilia mihi quam[13] fuerint quae despexeram,
Et quae laudaram quantum luctus habuerint".

Comentário

1. **Haec narratio asserit** *(ea)* **quae contempseris saepe inveniri utiliora laudatis** (= *quam ea quae laudaveris*): a presente narração afirma serem muitas vezes mais úteis as coisas que se desprezavam que as louvadas. *Laudatis* é ablativo de comparação dependente de *utiliora*. — **Narratio** = *fabula, fabella*.
2. **Ad fontem**: à fonte.
3. **Restitit**: parou. É o pret. perf. do v. *resistere*: parar, deter-se, ficar.

4. **Dum mirans laudat cornua ramosa**: enquanto, admirado, louva os chifres esgalhados. — **Mirans laudat** = *miratur et laudat*.
5. **Et vituperat nimiam tenuitatem crurum**: e critica a demasiada finura das pernas. — **Vituperat** contrapõe-se a *mirans laudat*.
6. **Conterritus vocibus venantum** *(= venatorum)*: assustado pelas vozes dos caçadores.
7. **Elusit canes cursu levi**: livrou-se dos cães com fuga veloz.
8. **Excepit ferum**: acolheu o animal.
9. **Impeditus retentis cornibus**: impedido pelos chifres presos.
10. **Coepit lacerari morsibus saevis canum**: começou a ser dilacerado pelas mordeduras cruéis dos cães. — **Coepit**. A construção normal seria *coeptus est*.
11. **Edidisse hanc vocem**: ter proferido esta palavra.
12. **Nunc demum**: só agora.
13. **Quam utilia fuerint mihi quae despexeram et quantum luctus habuerint quae laudaram** *(= laudaveram)*: de quanta utilidade me foram as coisas que desprezara e que de prantos tiveram as que louvara. *Quantum luctus*: quanto de luto, quanto luto. *Luctus* é genitivo partitivo, que designa o todo do qual se tira uma parte.

Vocabulário

contemno, contempsi, contemptum, contemnere: desprezar
invenio, inveni, inventum, invenire: achar
assero, asserui, assertum, asserere: afirmar
fons, fontis, s. m.: a fonte
resisto, restiti, restitum, resistere: parar, ficar
cornu, us, s. n.: o chifre
ramosus, a, um, adj.: ramoso, esgalhado
crus, cruris, s. n.: a perna

conterreo, conterrui, conterritum, ere: aterrar, assustar
eludo, elesi, elusum, eludere: escapar, evitar
cursus, us, s. m.: a carreira, a corrida
impedio, ivi, itum, ire: impedir, embaraçar
lacero, avi, atum, are: dilacerar
morsus, us, s. m.: a mordedura, a dentada
soevus, a, um, adj.: cruel
edo, edidi, editum, edere: proferir
luctus, us, s. m.: o luto, o pranto

Lectio tricesima

Vulpes et corvus

Qui se laudari gaudet[1] verbis subdolis[2]
Sera dat poenas[3] turpes paenitentia[4].
Cum[5] de fenestra corvus raptum caseum
Comesse vellet celsa[6] residens arbore,
Vulpes ut[7] vidit blande sic coepit loqui:
"O qui[8] tuarum, corve, pennarum est nitor!
Quantum decorem corpore et vultu geris[9]!
Si vocem haberes, nulla prior ales[10] foret".
At ille stultus dum vult vocem ostendere,
Emisit[11] ore caseum, quem[12] celeriter
Dolosa vulpes avidis rapuit dentibus.
Tunc demum[13] ingemuit corvi deceptus stupor[14].

Comentário

1. **Qui gaudet se laudari**: quem gosta de ser louvado. O vaidoso é vítima fácil do respeito humano. Os verbos que exprimem um sentimento, como *gaudere*, exigem acusativo com infinitivo: *se laudari*. Em português o *se* pode ser omitido.
2. **Verbis subdolis**: com palavras lisonjeiras. O adulador o louva para depois o despojar.
3. **Dat poenas**: paga as penas, expia as culpas. — **Turpes** é atributo de *poenas*, mas aqui pode ser traduzido pelo advérbio *vergonhosamente*. O vaidoso, além de perder o que tinha, faz papel de tolo.
4. **Sera paenitentia**: com tardio arrependimento.
5. **Cum vellet comesse caseum raptum de fenestra**: como quisesse comer um queijo furtado de uma janela. Ladrão refinado, o corvo pre-

tende comer o queijo com todo o sossego, ao ar livre, num lugar onde ninguém o possa perturbar.

6. **Residens celsa arbore**: pousado em árvore alta. — O adjetivo *celsa* não é inútil, porque denota a circunstância que impedia a raposa de apoderar-se do queijo sem recorrer à astúcia.
7. **Vulpes ut vidit... coepit**: a raposa logo que viu... começou. Com grande habilidade e arte o fabulista nos apresenta quase de improviso o personagem principal. Tudo teria corrido sem o menor incidente, mas... *vulpes ut vidit*; e o leitor já prevê o desfecho. — **Blande**: lisonjeiramente.
8. **O qui nitor est pennarum tuarum**: oh! que brilho é o de tuas penas! que vistoso é o lustre de tuas penas. As asas do corvo foram celebradas em todos os tempos pela sua cor negra luzente.
9. **Quantum decorem geris corpore et vultu**: quão grande beleza ostentas em teu corpo e semblante. Não confundir *decor, decoris*, m.: a beleza, com *decus, decoris*, n.: o ornamento, a glória, o brilho. — *Corpore*: abl. de lugar sem *in*. — *Vultus*: ao corvo se atribuem qualidades humanas.
10. **Si vocem haberes, nulla ales foret prior**: se tivesse voz, nenhuma ave seria superior (a ti). Aqui a raposa dulcifica a voz. Terminando o louvor enfático, assume um ar compungido de quem reconhece a contragosto um defeito no amigo, como se quisesse dizer: "Pena que tão belo pássaro não tenha voz!" *Ales, alitis* é, em latim, a ave maior; *avis, avis* refere-se tanto aos pássaros como às grandes aves. Até na escolha da palavra se faz sentir a lisonja da raposa.
11. **Emisit ore caseum**: deixou cair do bico o queijo.
12. **Quem vulpes dolosa celeriter rapuit dentibus avidis**: ao qual a raposa ardilosa arrebatou com dentes ávidos.
13. **Tum demum**: só então.
14. **Stupor deceptus corvi** (= *corvus stupidus*) **ingemuit**: o estúpido corvo chorou seu engano. Vendo a ação ágil da raposa, o corvo compreendeu a comédia. Mas era tarde...

Vocabulário

gaudeo, gavisus sum, gaudere: alegrar-se
subdolus, a, um, adj.: lisonjeiro, enganador
serus, a, um, adj.: tardio
fenestra, ae, s. f.: a janela
caseus, i, s. m.: o queijo
rapio, rapui, raptum, rapere: roubar, arrebatar
comedo, comedi, comesum, comedere ou *comesse*: comer

resideo, resedi, resessum, residere: estar assentado
corvus, i, s. m.: o corvo
nitor, oris, s. m.: o brilho, o lustre
decor, oris, s. m.: a beleza
ales, alitis, s. m.: a ave
ostendo, ostendi, ostensum, ostendere: mostrar

emitto, emisi, emissum, emittere: deixar cair
decipio, decepi, deceptum, decipere: enganar
stupor, oris, s. m.: a estupidez

Lectio tricesima prima
Canis fidelis

Repente liberalis[1] stultis gratus est,
Verum[2] peritis irritos tendit dolos.
Nocturnus cum fur[3] panem misisset cani,
Obiecto tentans[4] an cibo posset capi:
"Heus[5]!" inquit, "linguam vis[6] meam praecludere,
Ne latrem[7] pro re domini? Multum falleris[8],
Namque[9] ista subita me iubet benignitas
Vigilare, facias ne[10] mea culpa lucrum".

Comentário

1. **Repente liberalis**: quem de repente se mostra liberal. — **Gratus**: agradável.
2. **Verum tendit peritis irritos dolos**: mas arma aos entendidos vãs ciladas.
3. **Fur**: ladrão (que furta às ocultas). *Latro* é o salteador *Nocturnus*: a lei romana punia mais severamente o roubo noturno por causa do maior perigo.
4. **Tentans an cibo obiecto posset capi**: tentando, se o cão poderia ficar preso (seduzido) com o alimento atirado diante dele. Na prosa clássica se diria *tentans si*. — O ladrão oferece de comer ao cão, esperando fechar-lhe a boca e torná-lo cumplice do seu furto.
5. **Heus**: olá! — Interjeição.
6. **Vis praecludere linguam** (= *vocem*) **meam**: queres tapar-me a boca? Na linguagem normal a interrogação exigiria a partícula *ne* ou *num*: *visne? num vis?*

7. **Ne latrem pro re domini**: para que eu não ladre pela fazenda do (meu) dono.
8. **Multum falleris**: muito te enganas. *Falleris* é a 2ª pess. sing. do pres. indic. do verbo *fallere* (*fallo, fefelli,* —). Verbo da 3ª conjugação, perfeito com reduplicação.
9. **Nam ista subita benignitas iubet me vigilare**: porquanto essa tua súbita benignidade manda que eu vigie. *Ista* é o demonstrativo da 2ª pessoa e designa aquilo que está perto da pessoa com quem falamos, que se refere a ela. Muitas vezes denota ironia. *Me vigilare* é acusativo com infinitivo dependente de *iubet*.
10. **Ne facias lucrum mea culpa**: para que não tires lucro por culpa minha. Oração final. *Ne* e *ut* são conjunções finais que exigem o subjuntivo. — **Mea culpa**: é ablativo de causa. Ocorre principalmente com os verbos na *voz passiva*.

Vocabulário

stultus, a, um, adj.: tolo, insensato, estúpido
liberalis, e, adj.: liberal, generoso
irritus, a, um, adj.: vão, inútil, ineficaz
dolus, i, s. m.: o dolo, a fraude
tendo, tetendi, tentum, tendere: estender, armar
fur, furis, s. m.: o ladrão

praecludo, praeclusi, praeclusum, praecludere: tapar, fechar
latro, avi, atum, are: ladrar
fallo, fefelli, fallere: enganar
subitus, a, um, adj.: súbito, repentino
benignitas, atis, s. f.: a benignidade
lucrum, i, s. n.: o lucro, o proveito

Lectio tricesima altera

Rana rupta et bos

Inops[1], potentem dum vult imitari, perit.
In prato quondam[2] rana conspexit bovem
Et tacta[3] invidia tantae magnitudinis
Rugosam inflavit[4] pelem; tum natos suos
Interrogavit an[5] bove esset latior.
Illi negarunt. Rursus[6] intendit cutem
Maiore nisu, et simili quaesivit modo,
Quis[7] maior esset. Illi dixerunt bovem.
Novissime[8] indignata dum[9] vult validius
Inflare sese, rupto iacuit[10] corpore.

Comentário

1. **Inops perit, dum vult imitari potentem**: o fraco perece, enquanto quer imitar o poderoso. Quem busca subir mais alto do que as forças consentem, expõe-se a sofrer graves revezes. Comparando esta fábula com a do gralho soberbo, vemos que o gralho se perdeu por vaidade, a rã, por ambição.
2. **Quondam**: uma vez. — **Conspexit**: viu.
3. **Tacta invidia tantae magnitudinis**: movida da inveja de tamanha corpulência. *Tacta* é o particípio passado do v. *tangere* (*tango, tetigi, tactum*). Verbo da 3ª conjugação, perfeito com reduplicação.
4. **Inflavit pellem rugosam**: inchou a pele rugosa. — **Natos**: filhos. — **Rugosam**: o adjetivo não tem simples função de ornamento: a pele da rã em seu estado natural é rugosa; à medida que se enche de vento, começa a ficar lisa e fina.

5. **An esset latior bove**: se era maior que o boi. Feito o primeiro esforço, a rã julga possível já ter superado o boi, e pergunta aos filhos: Quem é maior?
6. **Rursus intendit cutem maiore nisu** *(quam antea)*: de novo esticou a pele com maior esforço.
7. **Quis esset maior**: quem era maior. Em lugar de *quis* era de esperar que Fedro empregasse *uter*, porque se trata de dois. — **Bovem** *(esse maiorem)*.
8. **Novissime**: por último. Isto é próprio dos ambiciosos: se não alcançam logo o que pretendem, zangam-se com todos e consigo mesmos.
9. **Dum indignata vult validius inflare sese**: enquanto, cheia de indignação, quer inchar-se mais.
10. **Iacuit rupto corpore**: ficou estendida no chão, com o corpo arrebentado. A frase de Fedro é mais expressiva do que o modo comum de se dizer: *rupta est et iacuit*.

Vocabulário

inops, inopis, adj.: fraco
potens, entis, adj.: poderoso
imitor, atus sum, ari: imitar
pereo, perii, peritum, perire: perecer, arruinar-se
pratum, i, s. n.: o prado
quondam, adv.: certa vez
conspicio, conspexi, conspectum, conspicere: ver
bos, bovis, s. m.: o boi
invidia, ae, s. f.: a inveja
magnitudo, magnitudinis, s. f.: a grandeza
rugosis, a, um, adj.: rugoso, cheio de rugas

inflo, avi, atum, are: inchar
pellis, is, s. f.: a pele
natus, a: o filho (a)
nego, avi, atum, are: negar
rursus, adv.: novamente, outra vez
intendo, endi, tum, intendere: estender, esticar
cutis, is, s. f.: a pele
nisus, us, s. m.: o esforço
iaceo, iacui, ere: jazer
rumpo, rupi, ruptum, rumpere: romper, arrebatar

Lectio tricesima tertia
Canes et corcodili

Consilia qui[1] dant prava cautis hominibus,
Et perdunt operam[2] et deridentur turpiter.
Canes currentes bibere in Nilo flumine,
A corcodilis ne[3] rapiantur, traditum est.
Igitur cum currens bibere coepisset canis,
Sic corcodilus: "Quamlibet lambe otio[4],
Noli vereri[5]". At ille: "Facerem mehercule[6],
Nisi[7] esse scirem carnis te cupidum meae".

Comentário

1. **Qui dant prava consilia cautis hominibus**: os que dão maus conselhos a homens prudentes (acautelados). — **Prava**: *maus, insidiosos*, porque sob a aparência de desinteresse e de afeto escondem uma insídia.
2. **Perdunt operam**: perdem o seu trabalho. — **Deridentur turpiter**: são vergonhosamente escarnecidos.
3. **Ne rapiantur a corcodilis**: para que não sejam apanhados pelos crocodilos. Em latim se diz *crocodilus*, mas Fedro, por razões métricas, usa a forma *corcodilus*, como provavelmente pronunciou o povo, fazendo uma metátese do **r**. — **Traditum est**: contou-se, foi contado, consta que. Esta tradição acha-se comprovada por Macróbio, Plínio e outros. Daqui se originou o provérbio latino *ut canis e Nilo* para designar grande pressa.
4. **Quamlibet lambe otio**: bebe com vagar quanto quiseres. — **Otio** é ablativo de modo com valor adverbial: *com vagar, em paz*.

5. **Noli vereri**: não temas. Entre os vários meios de exprimir o mando negativo, costuma-se empregar também o imperativo do verbo *nolle* acompanhado de um infinitivo presente; *noli fugere*: não fujas, *nolite mentiri*: não mintais.
6. **Facerem mehercule**: fá-lo-ia sem a menor dúvida.
7. **Nisi scirem te esse cupidum carnis meae**: se não soubesse que estás desejoso de minha carne. Depois de *scirem* há um acusativo com infinitivo: *te esse cupidum carnis meae*; os verbos que exprimem qualquer *percepção* pelos sentidos ou qualquer *conhecimento intelectual*, por exemplo, *sentio (sinto)* e *scio (sei)*, estão no acusativo com infinitivo. Eis o verdadeiro motivo que induzia o crocodilo a usar de palavras fraudulentas para o cão que bebia água sem se deter.

Vocabulário

cautus, a, um, adj.: acautelado, prudente
perdo, perdidi, perditum, perdere: perder
derideo, derisi, derisum, ere: escarnecer, zombar
corcodilus, i, ou *crocodilus, i*, s. m.: o crocodilo
lambo, lambi, lambere: lamber
otium, i, s. n.: a ociosidade, o vagar
vereor, veritus sum, eri: temer
scio, scivi, scitum, scire: saber
cupidus, a, um, adj.: cobiçoso, desejoso

Lectio tricesima quarta

Aesopus

Aesopus et petulans

Successus[1] ad perniciem multos devocat.
Aesopo quidam petulans[2] lapidem impegerat.
"Tanto", inquit, "melior[3]!" Assem[4] deinde illi dedit,
Sic[5] prosecutus: "Plus non habeo, mehercules,
Sed[6] unde accipere possis monstrabo tibi;
Venit ecce[7] dives et potens: huic[8] similiter
Impinge lapidem, et dignum accipies praemium".
Persuasus ille[9] fecit quod monitus fuit;
Sed spes[10] fefellit impudentem audaciam;
Comprensus[11] namque poenas persolvit cruce.

Comentário

1. **Successus... devocat**: o sucesso leva muitos à ruína.
2. **Petulans**: petulante, atrevido, insolente. — **Impegerat**: atirara. É o mais-que-perf. do v. *impingere*.
3. **Tanto melior**: tanto melhor. É um idiotismo em lugar de *tanto melius* de que os romanos se serviam para louvar uma ação. Nós diríamos: Bravo!
4. **Assem**: um asse. O asse era uma moeda romana de cobre, que no tempo de Cícero valia mais ou menos três centavos de nossa moeda.
5. **Sic prosecutus: Plus non habeo, mehercules**; e acrescentou: Mais não tenho, valha-me Hércules! — **Plus** *(pecuniae)*.
6. **Sed monstrabo tibi** *(eum)* **unde** *(= a quo)* **possis accipere**: mas mostrar-te-ei aquele de onde (de quem) possas receber (mais dinheiro).
7. **Ecce venit dives et potens**: eis que vem vindo um homem rico e poderoso.

8. **Huic... lapidem**: a este igualmente atira uma pedra. — **Praemium**: Esopo usa aqui de uma expressão ambígua. *Praemium* pode significar *prêmio* e *castigo*. Esopo entende o segundo; o atrevido entende o primeiro significado.
9. **Ille persuasus... fuit**: este persuadido fez o que lhe fora aconselhado. *Moritus fuit* está em lugar de *monitus erat*.
10. **Sed spes... audaciam**: mas a esperança enganou o audaz e insolente. — **Audaciam** = *audacem*.
11. **Comprensus... cruce**: porquanto, preso, expiou sua culpa com a morte na cruz. — *Comprensus est et persolvit*. — **Cruce**: com a cruz, com o suplício da crucifixão. Os malfeitores e os escravos réus de delito eram punidos com a crucifixão, o maior dos suplícios. Aquele homem que era *dives et potens* deu tal pena ao insolente.

Vocabulário

successus, us, s. m.: o sucesso
pernicies, ei, s. f.: a ruína
devoco, avi, atum, are: chamar, levar
petulans, antis, adj.: petulante, atrevido
lapis, lapidis, s. m.: a pedra
impingo, impegi, impactum, impingere: atirar, lançar
as, assis, s. m.: o asse (moeda)
prosequor, prosecutus sum, prosequi: prosseguir

accipio, accepi, acceptum, accipere: receber
dives, divitis, adj.: rico
impudens, entis, adj.: insolente
comprehendo (ou *comprendo*), *comprehendi, comprehensum, comprehendere*: prender
persolvo, persolvi, persolutum, persolvere: pagar
crux, crucis, s. f.: a cruz

Lectio tricesima quinta

De vulpe et uva

Fame coacta¹ vulpes² alta in vinea
Uvam appetebat summis saliens viribus;
Quam³ tangere ut non potuit, discedens ait:
"Nondum matura est⁴; nolo acerbam sumere⁵".
Qui facere quae non possunt verbis elevant,
Adscribere hoc debebunt⁶ exemplum sibi.

Comentário

1. **Fame coacta**: coagida pela fome. *Coacta* é particípio do v. *cogere*: co-agir, constranger.
2. **Vulpes saliens summis viribus appetebat uvam in alta vinea**: uma raposa, saltando com todas as forças, cobiçava um cacho de uvas numa vinha alta (numa vinha, onde as uvas ficavam alto).
3. **Quam tangere... ait**: a qual, como não pôde atingir, disse ao retirar-se.
4. **Nondum matura est**: ainda não está madura.
5. **Nolo sumere acerbam**: não quero colher a amarga (verdes não as quero, porque amargam).
6. **Debebunt adscribere sibi hoc exemplum, qui non possunt facere, quae elevant verbis**: deverão aplicar a si este exemplo (esta fábula) os que rebaixam com palavras o que não podem fazer. *Elevant* significa no trecho *diminuem com palavras, desdenham, deprimem*.

Vocabulário

fames, famis, s. f.: a fome
cogo, coegi, coactum, cogere: coagir, obrigar
vinea, ae, s. f.: a videira, a vinha
appeto, ivi, itum, appetere: desejar, cobiçar
salio, salui, salire: saltar, pular
discedo, discessi, discessum, discedere: afastar-se

nondum, adv.: ainda não
maturus, a, um, adj.: maduro
acerbus, a, um, adj.: amargo
sumo, sumpsi, sumptum, sumere: tomar, colher
adscribo, adscripsi, adscriptum, adscribere: aplicar

Lectio tricesima sexta

Vale, praeceptor carissimo!

Valete, discipulae!

Regina. — Dicendi amore permotae, praeceptor carissime, libenter per totum annum scholam frequentavimus.

Praeceptor. — Officia scholastica implevistisne omnia?

Vera. — Implevimus, et librum, cui titulus est "Módulo III", a lectione prima usque ad tricesimam quintam attente legimus.

Praeceptor. — Hoc quidem libenter audio.

Fabiola. — Etiam libros latine scriptos, ut Christi evangelia, legere iam possumus.

Praeceptor. — Magnos fecistis progressus. Gratulor diligentiae vestrae! Latine vos loqui oportet, quotiescumque occasio data erit.

Fabiola. — At metuo, ne vitiose loquar.

Praeceptor. — Non est, cur metuas, Fabiola. Recte Latine loqueris.

Caelia. — Linguam Latinam scire valde utile est.

Praeceptor. — Immo, ad linguas recentiores bene addiscendas scriptoresque nostros plenius intelligendos utilissima.

Claudia. — Hoc verum est. Amicae meae, quae linguam Latinam ignorant, multa de ipsa lingua Lusitana atque de scriptoribus nostris non intelligunt.

Pomponia. — Praeterea Phaedri fabulae, quas hoc anno legimus, animum nostrum voluptatis sensu vere afficiunt.

Praeceptor. — Anno sequenti plura alia, quae pulchri speciem exprimunt, legetis. Annum novum felicem faustumque vobis ex corde precor. Valete, discipulae!

— Vale, praeceptor carissime!

Módulo IV

No Módulo IV são lidos capítulos da obra *De Bello Gallico*, de César.

Corria o ano 58 antes da era cristã.

César viajou às pressas para o norte. Soube que os helvécios pretendiam incendiar suas quatrocentas aldeias e procurar, à beira do grande Oceano, clima agradável e vida tranquila. Com os aliados da margem direita do Reno, formavam um agrupamento de 368.000 pessoas.

Para Roma havia perigo duplo nesse projeto. A Helvécia abandonada seria presa dos suevos, cuja vizinhança era para recear; e atravessando a Gália, esses 368.000 emigrantes deviam causar desordens, cujas consequências não se podiam prever.

César chegou a Genebra e mandou cortar imediatamente a ponte da cidade. Hesitando em passar pela garganta do Jura, onde alguns homens decididos podiam deter um exército, os helvécios pediram ao procônsul passagem pelas terras dos alóbroges. Como César não tivesse mais que uma legião, disse que só a 18 de abril daria resposta.

Quando os deputados reapareceram, viram que esses poucos dias bastaram a César para fortificar todos os pontos facilmente acessíveis da margem esquerda do rio, desde o Jura até a ponte do lago Léman, numa extensão de 28 quilômetros. Coroavam o entrincheiramento outras tropas vindas de todas as partes da Província. Assim abortaram todas as tentativas dos bárbaros de passar o Ródano. Tiveram de voltar à estrada do Jura.

Dumnorige e Cástico fizeram com que os sequanos lhes dessem a permissão do que pediam. Não se importando com a recusa dos éduos, os emigrantes encaminharam-se devagar para o rio Saone, satisfeitos por deixarem atrás de si esses perigosos desfiladeiros.

César vigiava-lhes a marcha. Foi bastante vagarosa, a ponto de lhe dar tempo de buscar na Itália cinco legiões e de encontrar os bárbaros depois de vinte dias, ainda passando o Saone.

Esmagou-lhes a retaguarda que ficara na margem oriental do rio, e lançando num dia seu exército à margem oposta, achou-se à vista de toda a horda que subia para o norte.

Durante quinze dias acompanhou-a a pequena distância, sem lhe oferecer ocasião de travar combate. Faltando víveres pela traição de Dumnorige, resolveu buscá-los em Bibracta, capital dos éduos.

Julgando que César fugia, os helvécios lançaram-se à retaguarda romana. Encontraram, porém, todo o exército formado em ordem de batalha nos flancos de uma colina, donde caiu uma chuva de flechas que lhes pôs as fileiras em desordem.

Os romanos desceram para atacar à espada. O combate durou até altas horas da noite. Foram mortos ou dispersos 230.000 helvécios. O resto apressou-se em alcançar o norte para chegar ao Reno e à Germânia. Apanhados por César, entregaram as armas, e por ordem do procônsul voltaram às suas montanhas.

Lectio prima

> Audierunt
> Ypirangae ripae
> placidae heroicae
> gentis validum
> clamorem

Hymnus Brasiliensis

I
Audierunt Ypirangae ripae placidae
Heroicae gentis validum clamorem,
Solisque libertatis flammae fulgidae
Sparsere Patriae in caelos tum fulgorem.

Pignus vero aequalitatis
Possidere si potuimus brachio forti,
Almo gremio en libertatis,
Audens sese offert ipsi pectus morti!

O cara Patria,
Amoris atria,
Salve! Salve!

Brasilia, somnium tensum, flamma vivida
Amorem ferens spemque ad orbis claustrum,
Si pulchri caeli alacritate limpida,
Splendescit almum, fulgens, Crucis plaustrum.
Ex propria gigas positus natura,
Impavida, fortisque, ingensque moles
Te magnam praevidebunt iam futura.

Tellus dilecta,
Inter similia
Arva, Brasilia,
Es Patria electa!

Natorum parens alma es inter lilia,
        Patria cara,
        Brasilia!

II
In cunis semper strata mire splendidis,
Sonante mari, caeli albo profundi,
Effulges, o Brasilia, flos Americae,
A sole irradiata Novi Mundi!

        Caeterisque in orbe plagis
    Tui rident agri florum ditiores;
        "Tenent silvae en vitam magis".
"Magis tenet" tuo sinu "vita amores".

        O cara Patria,
        Amoris atria,
        Salve! Salve!

Brasilia, aeterni amoris fiat symbolum,
Quod affers tecum, labarum stellatum
En dicat aurea viridisque flammula
— Ventura pax decusque superatum.

Si vero tollis Themis clavam fortem,
Non filios tu videbis vacillantes,
Aut, in amando te, timentes mortem.

        Tellus dilecta,
        Inter similia
        Arva, Brasilia,
        Es Patria electa!

Natorum parens alma es inter lilia,
        Patria cara,
        Brasilia!

MENDES DE AGUIAR
Tradutor
(A tradução é homométrica. Pode ser cantada
pela música do Hino Nacional)

Concordância do verbo com o sujeito

O verbo concorda com o sujeito em número e pessoa. Ex.: *Arbores florent*: as árvores florescem.

Nota. Muitas vezes o predicado não concorda com a forma gramatical do sujeito, mas com o sentido, daí o nome: *constructio ad sensum*. Ex.: **Capita** *coniurationis* **caesi sunt**: os cabeças da conjuração foram mortos.

Havendo mais de um sujeito singular, o verbo deverá estar no plural. Ex.: *Romulus et Remus Romam condider***unt**: Rômulo e Remo fundaram Roma.

Sendo os diversos sujeitos de gênero igual, coloca-se o predicado no mesmo gênero. Ex.: *Ma****ter*** *et filia mortu****ae*** *sunt*: mãe e filha morreram.

Quando houver sujeitos de gênero diferente, o predicado irá para o *masculino*, se os sujeitos forem *pessoas*; para o gênero e o número do sujeito mais próximo ou para o neutro plural se forem *coisas*; para o gênero da pessoa, se forem *pessoas* e *coisas*, devendo-se preferir o masculino ao feminino. Ex.: *Frater et soror mortui sunt*: o irmão e a irmã morreram.

Se os diversos sujeitos forem diferentes pessoas gramaticais, o verbo concorda no plural com a pessoa que tem precedência. Ex.: *Si* **tu** *et Tulia vale***tis** *bene est,* **ego** *et Cicero vale***mus**: se tu e Túlia estais em boa saúde, folgo com isso, eu e Cícero passamos bem.

Lectio secunda

Clara Lesbiae auxilium praestat

Clara est serva Lesbiae

Lesbiae servam, cui nomen erat Clara, Galba, Scipionis villicus, dedit. Clara, quae est serva fida, nunc Lesbiae auxilium praestat. Dum laborat, dominae suae hanc narrat fabulam:
— Stellae de principatu contendebant. Luna oritur, subito tacent.
— Quid docet haec fabula? interrogavit Lesbia.
— Ceterarum puellarum superbia, ait Clara, deficere solet, si Lesbia adest.
Subridens Lesbia adiunxit:
— Ista dicere, mea Clara, non oportebat.

Vocabulário

villicus, i, s. m.: o feitor
praesto, praestiti, praestitum, praestere, v.: prestar
dum, conj.: enquanto
laboro, avi, atum, are, v.: trabalhar
sequens, sequentis, part.: que segue, seguinte
principatus, us, s. m.: o principado, a primazia
contendo, contendi, contentum, contendere, v.: contender, porfiar, discutir
orior, ortus sum, oriri, v. dep.: nascer, levantar-se
subito, adv.: subitamente

taceo, tacui, tacitum, tacere, v.: calar-se
doceo, docui, doctum, docere, v.: ensinar
ceteri, ae, a, adj.: restante, os outros
superbia, ae, s. f.: a soberba
deficio, defeci, defectum, deficere, v.: faltar, desaparecer
soleo, solitus sum, solere, v. semidep.: costumar
adsum, adfui, adesse, v.: estar presente
subrideo, subrisi, subrisum, subridere, v.: sorrir
adiungo, adiunxi, adiunctum, adiungere, v.: ajuntar
oportet, tuit, ere, v. imp.: é necessário

Concordância do pronome. Nominativo

Nominativo: é o caso do sujeito, como também do nome predicativo. Ex.: *Rex bonus est*: o rei é bom.

Concordância do pronome. O pronome relativo concorda em gênero e número com a palavra a que se refere; o *caso* é determinado pela função que exerce na frase em que se encontra. Ex.: **Litterae, quas** *accepi, a te scriptae sunt*: a carta que recebi foi escrita por ti.

Referindo-se o pronome relativo sujeito a *vários substantivos*, cumpre observar as regras da concordância verbal. Ex.: *Rex et regina,* **qui** *in Graeciam profecti sunt, mox redibunt*: o rei e a rainha, que partiram para a Grécia, voltarão em breve.

Referindo-se o pronome relativo a uma *oração inteira*, vai para o *neutro*. Neste caso, em lugar de *quod*, pode também estar *id quod*. Ex.: *Urbs hostium,* **quod (id quod)** *nemo speraveret, primo impetu capta est*: a cidade dos inimigos, o que ninguém esperara, foi tomada no primeiro assalto.

Assimilação do pronome. Se na frase em que o *pronome demonstrativo, interrogativo* ou *relativo* for sujeito ou complemento objetivo houver um predicado formado de um dos verbos que exigem duplo acusativo (*ter por, tomar por, dar por, reconhecer por, mostrar-se tal ou tal* etc.), ou formado de *esse* com um nome predicativo, o pronome concorda em *gênero* e *número* com este nome predicativo. Ex.: *Idem velle atque idem nolle,* **ea** (em lugar de **id**) *demum firma amicitia est*: querer e não querer a mesma coisa, eis afinal a verdadeira amizade.

Nota. Referindo-se o pronome relativo a um nome próprio modificado por substantivo aposto, o pronome pode concordar com qualquer dos substantivos. Ex.: *Flumen Rhenus,* **qui** (ou **quod**) *agrum Helvetiorum a Germanis dividiti, ex Alpibus Lepontinis oritur*: o rio Reno, que divide o território dos helvécios do dos germanos, nasce nos Alpes Lepontinos.

Conversação

— Quaenam puellae in imagine repraesentatur?
— *In imagine Lesbia et eius serva Clara repraesentatur.*
— Quis Lesbiae servam dedit?
— *Galba Lesbiae servam dedit.*
— Quis erat Galba?
— *Galba Scipionis villicus erat.*

— Eratne Clara serva fida?
— *Sane, Clara serva fida erat.*
— Quid Clara Lesbiae nunc facit?
— *Clara Lesbiae nunc auxilium praestat.*
— In quo hoc auxilium consistit?
— *Hoc auxilium in eo consistit, quod Clara Lesbiae vestem induit.*
— Quid praeterea in Lesbiae cubiculo vides?
— *In Lesbiae cubiculo praeterea mensam, duas sellas, lectum video.*

— Clara, dum laborat, quid dominae suae narrat?
— *Clara, dum laborat, dominae suae fabulam narrat.*
— Quinam agentes in hac fabula finguntur?
— *In hac fabula Stellae agere finguntur.*
— In Phaedri fabulis, quas anno praeterito legisti, quinam agentes plerumque fingebantur?
— *In Phaedri fabulis, quas anno praeterito legi, plerumque animalia agere fingebantur.*

— De quanam re Stellae contendebant?
— *Stellae de principatu contendebant.*
— Quid fecerunt Stellae, cum Luna orta est?
— *Cum Luna orta est, Stellae subito tacuerunt.*
— Cur tacuerunt Stellae, cum Lunam viderunt?
— *Stellae tacuerunt, quia Lunae pulchritudinem viderunt.*
— Quid deficit, si Lesbia adest?
— *Si Lesbia adest, ceterarum puellarum superbia deficit.*

Sentença

Quidquid honestum est, idem utile est.

Lectio tertia

Nemesii machinatio

In Catulli bibliotheca sunt pulchri libri. Ipse nunc legit Ciceronis orationem pro Archia poeta, in qua invenitur haec sententia: "Gloria maximum et periculorum incitamentum est et laborum".

Catullus puer hanc Ciceronis sententiam memoriae mandavit, nam ut aiebat Orbilius, pueri est sententias virorum sapientium ediscere.

Hodie vero Catullus de quodam periculo cogitat, quod Lesbiae eiusque patri imminet, sed gloriae causa et Lesbiae memor multa faciet, quae sua causa nunquam facturus erat.

Quintus, qui olim simul cum Catullo scholam frequentavit, patrem habuit Nemesium. Hic anno praeterito, cum dux exercitus Romani electus non esset, inimicus Scipionis factus est.

Nunc vero Corvinus sibi aliquid auctoritatis apud Nemesium conciliare volens, ingentem numerum perditorum hominum collegit, ut Lesbiam e manu patris eriperet. Nemesii consilium erat Lesbiam occidere.

Vocabulário

Nemesius, i, s. m.: Nemésio
machinatio, onis, s. f.: a maquinação, a trama
bibliotheca, ae, s. f.: a biblioteca
pulcher, pulchra, pulchrum, adj.: bonito, belo
liber, libri, s. m.: o livro
oratio, onis, s. f.: o discurso
pro, prep. c. abl.: em favor de
invenio, inveni, inventum, invenire, v.: achar
periculum, i, s. n.: o perigo
incitamentum, i, s. n.: o incitamento
labor, oris, s. m.: o trabalho
aiebat, v. def.: dizia
edisco, edidici, ediscere, v.: aprender de cor
immineo, imminere, v.: estar iminente, ameaçar

olim, adv.: outrora
simul, adv.: juntamente
Corvinus, i, s. m.: Corvino
perditus, a, um, part.: perdido
colligo, collegi, collectum, colligere, v.: coligir, reunir

eripio, eripui, ereptum, eripere, v.: arrancar
consilium, i, s. n.: o plano
occido, occidi, occisum, occidere, v.: matar

Genitivo

A função primária do *genitivo* é *modificar o substantivo como um atributo*. Aos poucos, porém, alargou sua esfera de ação, começando a modificar adjetivos e verbos intransitivos. Ex.: *Amor patriae*: o amor da pátria; *Misereamur pauperum*: compadeçamo-nos dos pobres.

Usa-se também predicativamente com o verbo impessoal *est, erat...* significando: *é dever de, é próprio de, é costume de*. Ex.: *Adulescentis est maiores natu vereri*: é dever do moço respeitar os mais velhos.

Genitivo Partitivo. Designa o todo do qual se tira uma parte. Usa-se:

a) com substantivos que designam *quantidade, medida*. Ex.: *Copia frumenti*: abundância de trigo;

b) com vários adjetivos e pronomes neutros usados substantivamente. Ex.: *Aliquid auctoritatis*: algo de autoridade;

c) com numerais e certas palavras que exprimem a ideia de número. Ex.: *Primus omnium*: o primeiro de todos;

d) com os comparativos e superlativos. Ex.: *Socrates sapientissimus omnium Graecorum erat*: Sócrates era o mais sábio de todos os gregos;

e) com os advérbios *parum* (pouco), *nimis* (demais), *satis* (bastante). Ex.: *In Catilina erat satis eloquentiae, sapientiae parum*: Catilina possuía bastante eloquência, mas pouca sabedoria;

f) com os advérbios de lugar: *ubi, nusquam, unde* etc. Ex.: *Nusquam terrarum*: em nenhuma parte do mundo.

Genitivo com adjetivos relativos. O genitivo é empregado também com os *adjetivos* que exprimem *desejo, experiência, conhecimento, poder, riqueza* e *contrários*. Ex.: *Avidus (cupidus) potentiae, honoris, divitiarum*: ávido de poder, de honra e de riqueza.

Conversação

— Inspice imaginem! Quinam sub arboribus sedent?
— *Sub arboribus Nemesius, Quintus, Corvinus sedent.*
— Cuius inimicus est Nemesius?

— *Nemesius Scipionis inimicus est.*
— Ex quo tempore Nemesius Scipionem inimicum habuit?
— *Nemesius Scipionem inde ab electionibus anno praeterito habitis inimicum habuit.*
— Quis in illis electionibus dux exercitus Romani creatus est?
— *In illis electionibus Scipio dux exercitus Romani creatus est.*

— Quemnam habuit filium Nemesius?
— *Nemesius filium habuit Quintum, qui olim simul cum Catullo scholam frequentavit.*
— Quis sibi aliquid auctoritatis apud Nemesium conciliare vult?
— *Corvinus sibi aliquid auctoritatis apud Nemesium conciliare vult.*
— De quanam re tres hi homines loquuntur?
— *Tres hi homines de modo raptandi Lesbiam loquuntur.*

— Quisnam vero Lesbiam defendet?
— *Catullus certe Lesbiam defendet.*
— Qua de causa Catullus eam defendet?
— *Gloriae causa Catullus eam defendet.*
— Ubi sedet nunc Catullus?
— *Catullus in bibliotheca sua nunc sedet legitque Ciceronis orationem pro Archia poeta.*

— Dic, Paule, sententiam, quae in hac oratione invenitur!
— *Gloria maximum et periculorum incitamentum est et laborum.*
— Potestis hanc sententiam memoriae mandare?
— *Certe hanc sententiam memoriae mandabimus.*
— Quid iuxta Orbilium pueri est?
— *Iuxta Orbilium pueri est sententias virorum sapientium ediscere.*

Sentença

Iustitia nihil expetit praemii.

Lectio quarta

Lesbia domum Nemesiae proficiscitur

Lesbia in insidias incidit

Lesbia domum Nemesiae proficiscitur. In via obviam ei venit Catullus, qui eam invisere volebat:

— Quo vadis, Lesbia?

— Domum Nemesiae, Catulle. Heri litteras ab ea accepi, ut eam inviserem; nam mecum loqui maxime desiderat.

Litteras vero Nemesia scripserat iussu Quinti et Corvini, iuvenum magnae crudelitatis.

Catullus, iuvenis magni ingenii, animum patris Nemesiae probe noverat, quapropter haec Lesbiae profectio ei non placuit; sed, cum in omnibus rebus Catullus singulari semper esset prudentia, Lesbiae nihil dixit tantumque flores, quas attulerat, ei obtulit.

— Vale, carissima Lesbia!

— Vale, mi Catulle!

Vocabulário

insidiae, arum, s. pl. f.: a emboscada
incido, incidi, incidere, v.: cair
Nemesia, ae, s. f.: Nemésia
proficiscor, profectus sum, proficisci, v. dep.: ir, partir
obviam, adv.: ao encontro
inviso, invisi, invisum, invisere, v.: visitar
vado, vadere, v.: ir
accipio, accepi, accéptum, accipere, v.: receber
loquor, locutus sum, loqui, v. dep.: falar
probe, adv.: bem
quapropter, adv.: por esta razão
placeo, placui, placitum, placere, v.: agradar
affero, attuli, allatum, afferre, v.: trazer
offero, obtuli, oblatum, oferre, v.: oferecer

Genitivo e ablativo de qualidade

O *genitivo de qualidade* exprime uma qualidade ou propriedade do objeto; vem acompanhado de um adjetivo. Ex.: *Homo magni ingenii*: homem de grande talento.

O *ablativo de qualidade* é empregado quando se trata de *disposições passageiras da alma*, ou *quando se fala do corpo e de suas partes*. Ex.: *Cato in omnibus rebus singulari fuit prudentia*: Catão era dotado de singular prudência em todas as coisas.

Conversação

— Quem vides in curru stantem?
— *Lesbiam duasque ancillas in curru stantes video.*
— Quo vehitur Lesbia?
— *Lesbia domum Nemesiae vehitur.*
— Quis Lesbiae obviam venit?
— *Catullus Lesbiae obviam venit.*
— Estne Catullus iuvenis magni an parvi ingenii?
— *Catullus iuvenis magni ingenii est.*

— Quo proficiscebatur Catullus?
— *Catullus domum Lesbiae proficiscebatur.*
— Cur Lesbiam Catullus invisere vult?
— *Lesbiam Catullus invisere vult, ut eam de Nemesii machinatione certiorem faciat.*
— Quinam iuvenes magnae crudelitatis in Lesbiam insidias parabant?
— *Quintus et Corvinus, iuvenes magnae crudelitatis, in Lesbiam insidias parabant.*

— A quo litteras acceperat Lesbia?
— *Lesbia a Nemesia litteras acceperat.*
— Quid credidit Lesbia?
— *Lesbia Nemesiam cum ea loqui desiderare credidit.*
— Quare Catullus Lesbiae insidias nunc non aperit?
— *Catullus Lesbiae insidias nunc non aperit, quia iuvenis singulari prudentia est.*
— Quid ei offert Catullus?
— *Catullus ei flores, quas attulerat, offert.*

Sentença

Este, milites, animo forti: Caesar adest.

Lectio quinta

Ex muro prospicientes tres illi homines Lesbiam vident

Quintus Catulli reminiscitur

Nemesius, Quintus, Corvinus in horto deambulabant, cum Chilon, Corvini servus, accurrens:

— Lesbia, inquit, iam adest maritimamque ad oram cum Nemesia descendit.

Hortus murum trium pedum habebat. Ex muro prospicientes tres illi homines omnis virtutis expertes Lesbiam vident Scipionisque meminerunt.

— Haec est hora ultionis! exclamavit Nemesius.

— Sine me, pater, prius cum Lesbia loqui. Si uxor mea esse voluerit, nihil ei amplius faciemus; si noluerit, ipse iram meam in futura Catulli uxore exercebo. Quoties Catulli mihi in mentem venit! Quoties in schola meae me cupiditatis monuit! Quoties me pigritiae accusavit. Hodie vero etiam ego habeo aliquid proponere.

Vocabulário

deambulo, avi, atum, are, v.: passear
Chilon, Chilonis, s. m.: Quílon
accurro, accurri, accursum, accurrere, v.: correr para, acorrer
pes, pedis, s. m.: o pé
prospicio, prospexi, prospectum, prospicere, v.: olhar

expers, expertis, adj.: desprovido
memini, meminisse, v. def.: lembrar-se
ultio, onis, s. f.: a vingança
prius, adv.: antes, em primeiro lugar
quoties, adv.: quantas vezes
moneo, monui, monitum, monere, v.: advertir

Genitivo de medida

Em lugar do *genitivo de qualidade*, em geral pode-se empregar o *ablativo de qualidade*. Porém, nas expressões que indicam *peso, medida, tempo, espaço, número, espécie* e *classe*, deve-se empregar o genitivo. Ex.: *Muri altitudo fuit pedum viginti*: a altura do muro atingia a vinte pés.

Genitivo com verbos

Os verbos *meminisse, reminisci: lembrar-se; oblivisci: esquecer-se*, regem o genitivo da pessoa e o genitivo ou acusativo da coisa. Ex.: *Memini Ciceronis*: lembro-me de Cícero.

Com os verbos *monere, admonere, commonere: lembrar, advertir*, a pessoa à qual se lembra alguma coisa está no acusativo e aquilo que se lembra, no genitivo, ou principalmente o verbo *admonere*, com *de* e ablativo. Ex.: *Catilina alium admonebat egestatis, alium cupiditatis suae*: Catilina a uns lembrava a penúria, a outros, sua cobiça.

A expressão *mihi venit in mentem*: recordo-me, vem-me ao pensamento, constrói-se impessoalmente com o genitivo. Ex.: *Venit mihi Platonis in mentem*: recordei-me de Platão.

Os verbos que significam ação judiciária, como *acusar, condenar, absolver*, expressam a *culpa* ou o *crime* no genitivo, o qual pode ser substituído pelo ablativo com a preposição *de* ou sem ela. Ex.: *Miltiades ab Atheniensibus proditionis est accusatus*: Milcíades foi acusado de traição pelos atenienses.

Conversação

— Quis accurrit, cum Nemesius, Quintus, Corvinus in horto deambulabant?
— *Cum hi homines in horto deambulabant, Chilon, Corvini servus, accurrit.*
— Quem nuntium eis affert Chilon?
— *Chilon eis dicit Lesbiam iam adesse maritimamque ad oram cum Nemesia descendere.*
— Ad quemnam locum tres illi homines accedunt?
— *Tres illi homines ad murum horti accedunt.*
— Quaenam erat muri altitudo?
— *Muri altitudo erat trium pedum.*

— Quid vident homines illi ex muro prospicientes?
— *Ex muro prospicientes homines illi vident Lesbiam ad oram maritimam cum Nemesia descendentem.*
— Cuiusnam reminiscitur Nemesius, cum Lesbiam videt?
— *Cum Lesbiam videt, Nemesius Scipionis reminiscitur.*
— Virtutisne compos erat Nemesius?
— *Nemesius omnis virtutis expers erat.*
— Cur Nemesius ultionem petere voluit?
— *Nemesius ultionem petere voluit, primum quia Scipio dux exercitus Romani factus est, deinde quia Catullus Quintum in schola pigritiae cupiditatisque accusavit.*

— Quid faciet Nemesius, si Lesbia Quinti uxor esse noluerit?
— *Si Lesbia uxor Quinti esse noluerit, Nemesius eam occidet.*
— Quis vero Lesbiae meminit his in periculis?
— *Catullus, qui animum Nemesii probe noverat, Lesbiae his in periculis meminit.*

Sentença

Olim haec meminisse iuvabit.

Lectio sexta

Inde a prima aetate vehementi amore meum ardet cor erga te

Nihil pluris aestimandum est quam fides

— Salve, Lesbia!
— Salve, Quinte! Quid hic agis?
— Huc veni, ut te viderem.
— Cur sororem tuam domum remisisti?
— Ut tecum solus loquerer. Lesbia!…
— Quid?!
— Inde a prima aetate vehementi amore meum ardet cor erga te. Me meae piget vitae sine te, Lesbia. Etiam patris tui maxime interest, ut uxor mea sis.
— Non possum, Quinte. Iam Catullo cor meum promisi. Nihil pluris aestimandum est quam fides.

Quintus Catulli nomen audiens vehementi odio exarsit. Iamiam manus sceleratas in Lesbiam inicere volebat, cum repente Chilonis vocem audivit.

Vocabulário

aestimo, avi, atum, are, v.: estimar, apreciar
fides, fidei, s. f.: a fidelidade
hic, adv.: aqui
soror, sororis, s. f.: a irmã
remitto, remisi, remissum, remittere, v.: reenviar
inde, adv.: de lá, desde
aetas, atis, s. f.: a idade
ardeo, arsi, arsum, ardere, v.: arder, abrasar-se

cor, cordis, s. n.: o coração
erga, prep. c. acus.: para com
piget, piguit, pigere, v. imp.: ter repugnância, ter pesar
interest, interfuit, interesse, v. imp.: importar, ser do interesse
exardesco, exársi, exarsum, exardescere, v.: inflamar-se
iamiam, adv.: já
inicio, inieci, iniectum, inicere, v.: lançar

Verbos impessoais

Verbos *impessoais* são os que exprimem ação ou estado sem referência a um sujeito determinado. Empregam-se unicamente na 3ª pessoa do singular. Tais são:

1. Verbos que exprimem fenômenos meteorológicos: **fulget (fulsit)**: relampejar; **ningit (ninxit)**: nevar; **pluit**: chover; **tonat (tonuit)**: trovejar; **vesperascit (vesperavit)**: anoitecer;
2. Verbos da 2ª conjugação que exprimem *afeição da alma* ou *necessidade*. Ex.: **pudet (puduit) me**: envergonho-me; **paenitet (paenituit) me**: arrependo-me; **miseret (-) me**: compadeço-me; **licet (licuit** ou **licitum est)**: é lícito; **refert (retulit)**: importa;
3. Verbos impessoais com certa significação, como: **accidit (accidit)**: acontece; **apparet (apparuit)**: é claro, é evidente; **constat (constitit)**: consta, é sábido; **contingit (contigit)**: acontece; **expedit (expedivit)**: é útil; **patet (patuit)**: é claro; **placet (placuit** ou **placitum est)**: agrada;
4. *Impessoal* é também a voz passiva de alguns verbos intransitivos. Ex.: *Dormitur*: dorme-se; *Vivitur*: vive-se; *Itur*: vai-se; *Ventum est*: veio-se; *Veniendum est*: precisa-se vir; *Tibi eundum est*: deves ir.

Genitivo com verbos (cont.)

Os verbos *aestimare, ducere, facere, habere, putare*: estimar, avaliar em, apreciar; *esse*: valer; *fieri*: ser estimado, empregam-se com genitivo dos adjetivos para designar de um modo geral o grau do apreço, da estima, da avaliação e do valor: *genitivo de preço*. Ex.: *Nihil pluris aestimandum est quam virtus*: nada se deve ter em maior estima do que a virtude.

Os verbos impessoais *piget, pudet, paenitet, taedet, miseret* constroem-se com o *acusativo da pessoa* que tem arrependimento etc., e o *genitivo do objeto* que exprime arrependimento etc. Ex.: *Me piget stultitiae meae*: estou aborrecido da minha estultícia.

O verbo impessoal *interest, refert*: importa, é do interesse de, tem a pessoa a quem importa alguma coisa no genitivo. Ex.: *Omnium interest*: é do interesse de todos.

Conversação

— Quos vides in imagine colloquentes?
— *In imagine Lesbiam et Quintum colloquentes video.*

— Ubi colloquuntur?
— *Ad oram maritimam colloquuntur.*
— Cur Quintus sororem domum remisit?
— *Quintus sororem domum remisit, ut solus cum Lesbia loqueretur.*

— Quid Lesbiae dixit Quintus?
— *Quintus Lesbiae dixit se sine ea vitae suae pigere.*
— Ex quo tempore Quintus Lesbiam amavit?
— *Inde a prima aetate Quintus Lesbiam amavit.*
— Quid Scipionis maxime intererat iuxta Quinti sententiam?
— *Iuxta Quinti sententiam Scipionis maxime intererat ipsi Lesbiam in matrimonium dare.*

— Quinti amor a Lesbia magni an parvi habebatur?
— *Quinti amor a Lesbia parvi habebatur.*
— Quem magni faciebat Lesbia?
— *Lesbia Catullum magni faciebant.*
— Quid iuxta Lesbiae sententiam plurimi aestimandum est?
— *Iuxta Lesbiae sententiam fides plurimi aestimánda est.*

— Quo odio exarsit Quintus, cum Catulli nomen audivit?
— *Cum Catulli nomen audivit, Quintus odio exarsit vehementi.*
— Quid tum Quintus facere voluit?
— *Quintus manus sceleratas in Lesbiam tum inicere voluit.*

Sentença

Miserrimi sunt homines, qui permagni pecuniam aestimant.

Lectio septima

Aut Quinto nubes aut interficiam te

Morti obvia

Chilon Lesbiam arripuit et in silvam duxit. Ibi gladium destrinxit et voce terribili sic locutus est:

— Aut Quinto nubes aut interficiam te!

Lesbia primum timore oppressa est. Paulo vero post ei venit in mentem Placidi, medici christiani, qui ante duos fere annos eam sanaverat eique dixerat: "Est, Lesbia, Deus Omnipotens, Pater noster, qui preces omnes, quas imo ex corde fundimus, exaudit. Eum in omni periculo invocare debemus". Hoc Placidi verbum reminiscens, Lesbia Deum christianorum invocavit. Repente irresistibilem sensit animi fortitudinem atque Chiloni:

— Gratius, inquit, Deo nihil quam animus fidelis. Aut Catullo nubam aut moriar.

Hac puellae constantia commotus Chilon:

— Habes, ait, diem ad deliberandum. Cras inexorabilis ero!

Vocabulário

obvius, a, um, adj.: que vai ao encontro
arripio, arripui, arreptum, arripere, v.: agarrar, tomar, arrebatar
destringo, destrinxi, destrictum, destringere, v.: desembainhar
nubo, nupsi, nuptum, nubere, v.: casar-se (com dativo)
interficio, interfeci, interfectum, interficere, v.: matar
opprimo, oppressi, oppressum, opprimere, v.: oprimir

fere, adv.: quase, pouco mais ou menos
sano, avi, atum, are, v.: curar
fundo, fudi, fusum, fundere, v.: derramar
preces fundere: dirigir súplicas
exaudio, exaudivi, exauditum, exaudire, v.: ouvir, atender
sentio, sensi, sensum, sentire, v.: sentir
inexorabilis, e, adj.: que não pode ser comovido, inexorável

Dativo

É o caso do *objeto indireto*. Os seguintes verbos intransitivos exigem o dativo: **confido** (confio), **credo** (creio), **invideo** (invejo), **noceo** (prejudico), **studeo** (aplico-me, estudo) etc. Ex.: *Militum virtuti confidere*: confiar na coragem dos soldados.

Os seguintes verbos compostos com as preposições *ad, ante, in, inter, post, prae, sub, super* etc. pedem dativo. Ex.: *Antecellere omnibus*: exceder a todos. *Scholae interesse*: assistir à aula.

Dativo de proveito. Muitos verbos transitivos e intransitivos querem o dativo da *coisa* ou da *pessoa*, em proveito ou desaproveito da qual se dá a ação. Ex.: *Non scholae sed vitae discimus*: não aprendemos para a escola, mas para a vida.

Dativo de fim. Alguns verbos admitem dois dativos, o da *pessoa* e o do *fim* para que serve uma coisa. Ex.: *Pericles agros suos rei publicae dono dedit*: Péricles deu de presente os seus campos à república.

Dativo de efeito. Com dois dativos igualmente, um da *pessoa*, outro do *efeito*, estão os verbos *dare, ducere, tribuere, vertere*: imputar a, tomar por; *esse*: causar, servir de, redundar em. Ex.: *Id tibi ducis gloriae*: isso tens por glória.

Dativo de posse. Emprega-se o verbo *esse*, significando *ter*, com o dativo do *possuidor* e o nominativo da coisa possuída. Ex.: *Croeso duo filii fuerunt*: Creso teve dois filhos. *Est homini cum Deo similitudo*: o homem tem semelhança com Deus.

Orações coordenadas

Oração coordenada é:
1. a que não constitui elemento de outra, nem a completa intrinsicamente;
2. a que tem sentido perfeito por si mesma.

Duplo é o modo como se unem as orações coordenadas:
1. *sem partículas*, o que sucede poucas vezes. Ex.: *Abiit, excessit, evasit, erupit*: saiu, retirou-se, evadiu-se, fugiu;
2. *por partículas* que podem ser: copulativas, disjuntivas, adversativas, conclusivas etc. De acordo com esta conexão a oração pode ser:
   - a) *Coordenada copulativa*. Ex.: *Quasi vero consilii sit res* **ac** *non necesse sit nobis Gergoviam contendere*: como se fosse coisa de conselho e não nos fosse necessário ir a Gergóvia.

b) *Coordenada disjuntiva*. Ex.: *Aut vivam aut moriar*: ou viverei, ou morrerei.
c) *Coordenada adversativa*. Ex.: *Gyges a nullo videbatur, ipse **autem** omnia videbat*: Giges não era visto por ninguém, mas ele mesmo via tudo.
d) *Coordenada conclusiva*. Ex.: *Caret senectus epulis et frequentibus poculis, caret **ergo** etiam vinolentia et cruditate*: a velhice carece de banquetes e frequentes beberes, por conseguinte carece também da embriaguez e da indigestão.

Conversação

— Cur Chilon gladium manu tenet?
— *Chilon gladium manu tenet, quia Lesbiam interficere vult.*
— Cur eam interficere vult?
— *Quia Lesbia Quinto nubere non vult.*
— Quod ei dilemma tunc posuit Chilon?
— *Aut Quinto nubes aut interficiam te.*
— Quid est dilemma?
— *Dilemma est argumentatio constans duabus partibus contrariis, quae utrinque adversarium capiunt.*
— Quo dilemmate Chiloni respondit Lesbia?
— *Aut Catullo nubam aut moriar.*

— Cur Lesbia mortem non timet?
— *Lesbia mortem non timet, quia Deum Christianorum invocavit.*
— Quid Deus nobis concedit, cum eum in periculis invocamus?
— *Cum Deum in periculis invocamus, ipse nobis irresistibilem animi fortitudinem concedit.*

— Interfectane est Lesbia a Chilone?
— *Lesbia a Chilone interfecta non est, sed diem ad deliberandum accepit.*
— Qua re commotus est Chilon?
— *Chilon constantia Lesbiae commotus est.*

Exercício

Gallus et margarita

Gallo nihil ingratius quam fames. Cum ante domum agricolae escam sibi quaereret idque optaret quod naturae suae esset accommodatum, vidit margaritam magni pretii.

— Si homo hanc videret, dixit gallus, magnopere gauderet. Sed mihi quid prodest, cum fame premar? Magis gauderem, si granum frumenti viderem.

Non omnibus omnia sunt utilia.

Vocabulário

gallus, i, s. m.: o galo
margarita, ae, s. f.: a pérola
ingratus, a, um, adj.: desagradável
fames, is, s. f.: a fome
ante, prep. c. acus.: diante de
esca, ae, s. f.: o alimento
quaero, quaesivi, quaesitum, quaerere, v.: procurar
opto, avi, atum, are, v.: desejar, optar
accommodatus, a, um, adj.: acomodado

pretium, i, s. n.: o preço, o valor
magnopere, adv.: muito
gaudeo, gravisus sum, gaudere, v. semi-dep.: alegrar-se
prosum, profui, prodesse, v.: ser útil
premo, pressi, pressum, premere, v.: oprimir
granum, i, s. n.: o grão
frumentum, i, s. n.: o trigo

Sentença

Sol omnibus lucet.

Lectio octava

Scipio maxima qua potuit celeritate ostiam profectus est

Scipio Ostiam proficiscitur

Clara, Lesbiae serva, quae dominam suam comitata erat, cum eam vidit a Chilone apprehensam, aufugit, Romamque veniens, Catullo et Scipioni, quod evenerat, nuntiavit.

Scipio statim milites servosque congregavit et maxima qua potuit celeritate Ostiam profectus est, domum Nemesii circumiit imperavitque, ut Lesbia sibi restitueretur.

Nemesium animus deficit. Mortem, quam ei Scipio minatus est, horrens, Lesbiam restituit.

Iam Scipio inimicum ulcisci volebat, cum Lesbia patrem oravit, ut ei ignosceret.

— Te misericordi animo esse, ait Scipio, valde me iuvat. Tua causa Nemesio ignosco; sed verissimum hoc iuro iusiurandum: Si Nemesius iterum aliquid simile tentaverit, mortem non fugiet.

— O me miserum! ait Nemesius.

— Heu me infelicem! exclamavit Quintus.

Vocabulário

comitor, atus sum, comitari, v. dep.: acompanhar
apprehendo, apprehendi, apprehensum, apprehendere, v.: prender
aufugio, aufugi, aufugere, v.: fugir
evenio, eveni, evenire, v.: acontecer
statim, adv.: imediatamente
circumeo, circumii, circumitum, circumire, v.: cercar
restituo, restitui, restitutum, restituere, v.: restituir
deficio, defeci, defectum, deficere, v.: abandonar
minor, minatus sum, minari, v. dep.: ameaçar
ulciscor, ultus sum, ulsisci, v. dep.: vingar
ignosco, ignovi, ignotum, ignoscere, v.: perdoar

iuvat, iuvit, iuvare, v. imp.: agradar
iuro, iuravi, iuratum, iurare, v.: jurar
iusiurandum, iurisiurandi, s. n.: o juramento

iterum, adv.: novamente

Acusativo

É o caso do objeto direto. Ex.: *Patriam defendemus*: defendemos a pátria.

São transitivos em latim: *aemulor* (rivalizo com); *curo* (cuido de); *deficio* (falto a); *fugio* (fujo de), *ulciscor* (vingo-me de). Ex.: *Virtutes maiorum aemulari*: competir com as virtudes dos antepassados. *Nemo fugit mortem*: ninguém escapa à morte.

Acusativos com *verbos intransitivos* empregados *transitivamente* são os que exprimem um sentimento ou estado de alma: admirar, lamentar, chorar. Ex.: *Dionysii crudelitatem horrere (perhorrescere):* horrorizar-se da crueldade de Dionísio.

Verbos intransitivos que expressam movimento tornam-se transitivos pelo acréscimo de preposições; são também empregados na voz passiva como verbos transitivos. Isto se dá:

a) sempre, com os verbos compostos com as preposições *circum, praeter, trans*. Ex.: *Transire Alpes*: atravessar os Alpes;
b) não sempre, com os verbos compostos com as preposições *ad, ante, in, inter, ob, per, prae, sub, subter, super*. Ex.: *Ingredi urbem*: entrar na cidade. *Subire dolorem*: suportar a dor.

Acusativo neutro. Verbos que exprimem *sentimento, pergunta, advertência*, admitem o *acusativo neutro* de um pronome ou de um adjetivo de quantidade. Ex.: *Id nos admonet (admonet nos de re)*: lembra-nos isto. *Id glorior (glorior re):* disto me glorio.

Acusativo cognato. Verbos intransitivos que admitem no acusativo um substantivo formado da mesma raiz, com o fim de salientar o conceito verbal. Este substantivo está geralmente acompanhado de um atributo. Ex.: *Beatam vitam vivere*: viver vida feliz. *Mirum somniavi somnium*: sonhei um sonho esquisito.

Acusativo de pessoa com verbos impessoais: fallit, fugit, iuvat, decet, dedecet. Ex.: *Neminem fallit (fugit)*: a ninguém passa despercebido. *Oratorem irasci dedecet*: não convém ao orador enraivecer-se.

Acusativo adverbial. Em algumas locuções, o acusativo assumiu significação de advérbio. Ex.: *Magnam partem* (por *magna ex parte*): em grande parte. *Id genus* (por *eius generis*): dessa espécie.

Duplo acusativo. Há verbos que exigem duplo acusativo: um do *objeto*, outro do *nome predicativo*. Tais são:
- a) os que significam *nomear, tornar tal, eleger, constituir, proclamar.* Ex.: *Te consulem appello*: chamo-te cônsul. *Virtus sola vitam efficit beatam*: só a virtude torna a vida feliz.
- b) os que significam *ter por, tomar por, dar por, reconhecer por, mostrar-se tal.* Ex.: *Habere (sumere, dare, cognoscere) aliquem amicum*: ter alguém por amigo.
- c) os que significam *ter na conta de, considerar.* Ex.: *Te beatum existimo*: julgo-te feliz.

Constróem-se com o acusativo da pessoa e da coisa os verbos *doceo, edoceo* (ensino), *celo* (oculto), *posco, reposco, flagito* (exijo). Ex.: *Cato senex ipse filium litteras docuit*: Catão já velho ensinou pessoalmente as letras a seu filho.

Igual à construção de *docere* têm os verbos *orare* e *rogare*: *pedir*, quando a coisa que se pede for expressa por pronome ou adjetivo neutro. Ex.: *Filius patrem multa oravit (rogavit)*: o filho pediu muitas coisas ao pai.

Os verbos *rogo* e *interrogo*: *pergunto*, além do acusativo de *pessoa* têm ainda o acusativo da *coisa*, quando esta é expressa pelo adjetivo ou pronome neutro; exigem *de* com ablativo ou pergunta indireta: Ex.: *Interrogo vos de causa*: pergunto-vos a causa.

Acusativo de lugar. O complemento que reponde à pergunta *para onde?* coloca-se no acusativo, precedido da preposição *in*. Ex.: *In Italiam proficisci*: partir para a Itália.

Acusativo de medida. O complemento que responde à pergunta *de que altura? de que largura? de que profundidade? de que comprimento?* vai para o acusativo, se depende de um verbo, adjetivo ou advérbio; para o genitivo, se depende de um substantivo. Ex.: *Mille et ducentos passus ibi latitudo patet*: ali se estende a largura por mil e duzentos passos.

Acusativo de distância. A distância entre dois lugares pode estar no acusativo ou no ablativo. Ex.: *Oppidi murus a planitie MCC passus aberat*: a muralha da cidade ficava a uma distância de mil e duzentos passos da planície.

Acusativo de tempo. O complemento que responde à pergunta *durante quanto tempo?* é colocado no acusativo, raramente no ablativo. Ex.: *Sunt bestiolae, quae unum diem vivunt*: existem animalejos que vivem apenas um dia.

Nota 1. O complemento que responde à pergunta *quanto tempo?* vai:

a) para o *acusativo*, se for expresso por numeral (geralmente ordinal), incluindo-se na contagem também o ano, mês ou dia que vai correndo. Ex.: *Mithridates annum iam tertium et vicesimum regnat = viginti duos iam annos*: já há 22 anos que Mitridates reina ou já é o vigésimo terceiro ano que Mitridates reina.

b) para o *ablativo* com **ab** ou **ex**, se não for expresso por numeral. Ex.: *A prima aetate*: desde os primeiros anos.

Nota 2. Para indicar **idade**, usa-se igualmente o *acusativo*, acompanhado, porém, de **natus**. Ex.: *Filius quindecim annos natus*: filho de quinze anos.

Conversação

— Quis simul cum Lesbia Ostiam profecta erat?
— *Clara, serva Lesbiae, dominam suam comitata erat.*
— Quid fecit Clara, cum Lesbiam vidit a servo apprehensam?
— *Cum Lesbiam vidit a servo apprehensam, Clara aufugit.*
— Quo se contulit Clara?
— *Clara Romam se contulit, ut Scipionem de rebus apud Nemesium gestis certiorem faceret.*
— Cur Scipio nunc milites servosque congregat?
— *Scipio nunc milites servosque congregat, ut Lesbiam salvam faciat.*
— Quomodo Scipio Ostiam proficiscitur?
— *Scipio Ostiam proficiscitur maxima qua potest celeritate.*
— Cum ante Nemesii portas pervenit, quid Scipio ei minatus est?
— *Scipio Nemesio tum mortem minatus est, nisi Lesbiam restitueret.*
— Quid Nemesium deficit?
— *Nemesium animus deficit.*
— Qua de causa animus eum deficit?
— *Animus eum deficit, quia victoriam desperat et mortem horret.*

— Cur Scipio inimicum non ulciscitur?
— *Scipio inimicum non ulciscitur, quia Lesbia patrem orat, ut ei ignoscat.*
— Qua re praesertim Scipio valde gaudet?
— *Scipio valde gaudet, quod Lesbia animo sit misericordi.*
— Quod iusiurandum iuravit Scipio?
— *Scipio hoc verissimum iuravit iusiurandum: Si Nemesius iterum aliquid contra Lesbiam tentaverit, mortem non fugiet.*

Exercício

Animi notae in hominis vultu.

Frons magna significat animum segnem; parva, mobilem; rotunda, iracundum.

Supercilia in rectum molles significant; iuxta nasum flexa, austeros; iuxta tempora inflexa, derisores; in totum demissa, malivolos et invidos.

Auricularum magnitudo loquacitatis et stultitiae nota est.

Vocabulário

frons, frontis, s. f.: a fronte, a testa
segnis, e, adj.: lento, preguiçoso
mobilis, e, adj.: móvel, inconstante
iracundus, a, um, adj.: iracundo
rotundus, a, um, adj.: redondo
supercilium, i, s. n.: a sobrancelha
rectum, i, s. n.: a linha reta
iuxta, prep. c. acus.: perto de, junto a, ao lado de
nasus, i, s. m.: o nariz
flecto, flexi, flexum, flectere, v.: curvar, dobrar
tempora, temporum, s. n. pl.: as fontes da cabeça
inflecto, inflexi, inflexum, inflectere, v.: encurvar
derisor, oris, s. m.: o zombador
demitto, demisi, demissum, demittere, v.: abaixar, descer
malivolus, a, um, adj.: malévolo
invidus, a, um, adj.: invejoso
auricula, ae, s. f.: a orelha
loquacitas, atis, s. f.: a loquacidade

Sentença

Nosce te ipsum.
Sócrates em Cícero, *Tusc.*, 1, 22, 52.

Lectio nona

> Postridie Lesbia domum Placidi profecta est

Culpa vacare magnum solacium

Postridie Lesbia domum Placidi, medici christiani, profecta est eique narravit ea quae sibi acciderant.

Placidus cum pessimo Nemesii delicto dolens tum optima Lesbiae valetudine gaudens, gratias quam maximas Deo egit.

— Culpa enim vacare, ait ille, in omni vitae periculo magnum solacium est et Dei auxilium nobis semper meretur. Nemesius, qui divitiis suis semper male usus est, et qui in bello Germanico eodem munere fungi volebat ac pater tuus, quo divitior evaderet, cum ei res non bene accidisset, te, Lesbia, morte afficere voluit. Ex avaritia scelus erumpat necesse est. Tu vero, Lesbia, virtutem semper cole, nam virtus imitatione digna est nihilque virtute in vita est amabilius.

Vocabulário

postridie, adv.: no dia seguinte
accido, accidi, accidere, v.: acontecer
cum... tum, conj.: tanto... como, não só... mas também
doleo, dolui, doliturus, dolere, v.: sentir dor, lastimar, deplorar
valetudo, valetudinis, s. f.: a saúde
gaudeo, gavisus sum, gaudere, v.: semi-dep.: alegrar-se
ago, egi, actum, agere, v.: agir
gratias agere: agradecer
vaco, avi, atum, are, v.: estar isento
solacium, i, s. n.: a consolação
semper, adv.: continuamente

mereor, meritus sum, mereri, v. dep.: merecer
utor, usus sum, uti, v. dep.: usar
munus, muneris, s. n.: o cargo
fungor, functus sum, fungi, v. dep.: exercer
evado, evasi, evasum, evadere, v.: tornar-se; escapar, fugir
afficio, affeci, affectum, afficere, v.: afetar
morte afficere aliquem: matar alguém
erumpo, erupi, eruptum, erumpere, v.: sair impetuosamente, romper
colo, colui, cultum, colere, v.: cultivar

Ablativo

Exerce papel adverbial, isto é, exprime as circunstâncias em que se opera a ação do predicado. Inclui em si o locativo e o instrumental, casos do antigo latim.

Ablativo de causa. Emprega-se para indicar a *causa eficiente* de uma ação. Sendo a causa uma pessoa, o ablativo deve estar precedido da preposição *a*. Ex.: *Urbs Alexandria ab Alexandro condita est*: a cidade de Alexandria foi fundada por Alexandre.

Emprega-se também o ablativo de causa com os verbos e adjetivos que exprimem uma disposição de ânimo. Ex.: *Ardet desiderio*: arde em desejo.

Ablativo de origem. Emprega-se com os particípios que designam nascimento: *natus, ortus*, o nome dos pais, da família ou da condição. Ex.: *Mercurio Iove et Maia natus erat*: Mercúrio era filho de Júpiter e de Maia.

Ablativo de instrumento. Emprega-se também para indicar o *meio* ou o *instrumento* com que se faz alguma coisa. Sendo o meio uma pessoa, emprega-se *per* com acusativo ou genitivo dependente de *opera, ope, auxilio, beneficio*. Ex.: *Cornibus tauri se defendunt* = os touros se defendem com os chifres.

Emprega-se, entre outros, o ablativo de instrumento com os verbos: *utor, fruor, fungor, potior, nitor, vescor*.

Ex.: *Divitiis multi male utuntur*: muitos usam mal das riquezas.

Ablativo de abundância e carência. Emprega-se com os verbos que significam:

Intransitivamente

    a) ter abundância de uma coisa: *abundare, redundare, affluere, circumfluere*;

    b) ter carência de uma coisa: *carere, vacare, egere, indigere*.

Ex.: *Culpa vacare magnum solatium est*: é grande consolação estar isento de culpa.

Transitivamente

    a) encher, prover de: *complere, explere, implere, replere, imbuere, onerare, augere* etc.;

    b) privar de uma coisa: *orbare, privare, spoliare, nudare, exuere*.

Ex.: *Sol cuncta sua luce complet*: o sol enche o universo com sua luz.

O mesmo ablativo de abundância e carência se emprega com os *adjetivos* que correspondem aos verbos acima ou que têm sentido semelhante: *onustus, praeditus, refertus, orbus, vacuus, nudus, liber*.

Ex.: *Vulneribus onustus*: coberto de ferida.

Ablativo com opus est. O verbo *opus est* exige o *dativo da pessoa* e o *ablativo da coisa*: construção impessoal. Ex.: *Auctoritate tua nobis opus est*: precisamos de tua autoridade.

Ablativo de modo. O substantivo que designa o modo como uma coisa se faz, põe-se no ablativo com a preposição *cum*. Ex.: *Oratores cum severitate audiuntur*: ouvem-se os oradores com seriedade.

Ablativo de companhia. Emprega-se com a preposição *cum* para designar companhia, união, tanto localmente como temporalmente. Ex.: *Egredi cum manu sceleratorum*: sair com um bando de celerados.

Ablativo de separação. Emprega-se com os verbos que indicam separação. Não raro, ajuntam-se a ele as preposições *a, de, ex*. Tratando-se de pessoas, é obrigatório o emprego da preposição *a*. Ex.: *Arcere aliquem (a) moenibus*: afastar alguém das muralhas.

Os verbos compostos com *ab, dis* e *se* estão quase sempre com a preposição *a*. Ex.: *Abalienare aliquem ab aliquo*: alienar uma pessoa de outra.

Ablativo de respeito (ou de limitação). Emprega-se para designar *com relação, com respeito a que?* se afirma alguma coisa. Ex.: *Homo natione Gallus*: gaulês de nascimento.

Emprega-se o ablativo de respeito com os seguintes adjetivos: *(in)dignus*: (in)digno; *fretus*: confiado. Ex.: *Virtus imitatione digna est*: a virtude é digna de imitação.

Ablativo de comparação. Pode ser empregado também com os comparativos em lugar de *quam* seguido de um nominativo ou acusativo. Ex.: *Nihil est amabilitus virtute = nihil est amabilitus quam virtus*: nada é mais amável do que a virtude.

Ablativo de medida. Emprega-se para designar o quanto uma coisa excede a outra. Usa-se principalmente com palavras comparativas ou com verbos e advérbios de significação comparativa. Ex.: *Sol multo maior est quam terra*: o sol é muito maior do que a terra.

Ablativo de preço. A palavra que indica o preço de uma coisa vai para o ablativo, quer designe o preço de um modo determinado ou indeterminado. Ex.: *Ternis denariis aestimare*: avaliar em três denários.

Ablativo de lugar. O complemento que responde à pergunta *donde?* coloca-se no ablativo precedido da preposição *ex* ou *ab* (*de*). Ex.: *Ab Aegypto venere primi legum latores*: os primeiros legisladores vieram do Egito.

Sendo o complemento o nome de uma *cidade* ou de *ilha pequena*, vai este para o ablativo *sem preposição*. Ex.: *Caesar Roma profectus est*: César partiu de Roma.

Seguem a regra dos nomes de cidades os substantivos *humus, rus* e *domus*, podendo-se a este último acrescentar o genitivo do possuidor ou um adjetivo que indica o possuidor. Ex.: *Domo Ciceronis, domo mea venio*: venho da casa de Cícero, da minha casa.

O complemento que responde à pergunta *onde?* coloca-se no ablativo precedido da preposição *in*. Ex.: *Praesidium in urbe collocare*: colocar na cidade uma guarnição.

Os nomes de *cidades* e de *ilhas pequenas*, que são *nomina singularia* e pertencem à 1ª e à 2ª declinações, vão para o genitivo (propriamente para o locativo). Os nomes das cidades que pertencem à 3ª declinação e todos os *pluralia tantum* vão para o ablativo sem preposição. Ex.: *Romae consules, Athenis archontes, Carthagine iudices quotannis creabantur*: cada ano eram criados cônsules em Roma, arcontes em Atenas, juízes em Cartago.

Seguem a regra acima os substantivos *humus, rus, domus*. Ex.: *Domi Ciceronis*: em casa de Cícero.

Determinações de lugar que se podem também considerar como designação de meio ou de causa exprimem-se em latim pelo ablativo. Isso tem lugar principalmente quando se fala de *caminho, rio, monte, porta, ponte* etc., onde ou por onde se executa um movimento. Ex.: *Mari Aegaeo navigare*: navegar no mar Egeu.

Ablativo de tempo. O complemento que responde à pergunta *quando?* coloca-se no ablativo. Ex.: *Media nocte*: pela meia-noite.

O complemento que corresponde à pergunta *em quanto tempo? durante quanto tempo?* coloca-se no ablativo, sem ou às vezes com *in*, ou no acusativo precedido da preposição *intra* ou *inter*. Ex.: *Vix decem annis*: em dez anos.

O complemento que corresponde à pergunta *quanto tempo depois?* vai para o ablativo, colocando-se os advérbios *ante* ou *post* depois da expressão de tempo, ou se inclui nela. Ex.: *Triduo ante (post)*: três dias antes (depois).

O complemento que corresponde à pergunta *quanto tempo antes da época presente?* coloca-se no ablativo acompanhado de *hic* ou no acusativo precedido do advérbio *abhinc*. Ex.: *His quinque annis*: nestes últimos cinco anos.

Conversação

— Quo se confert Lesbia?
— *Lesbia domum Placidi se confert.*

— Quisnam erat Placidus?
— *Placidus medicus Christianus erat, qui ante duos fere annos Lesbiae valetudinem restituerat.*
— Qua re Placidus nunc valde gavisus est?
— *Placidus optima Lesbiae valetudine valde gavisus est.*
— Qua re vero doluit?
— *Placidus pessimo Nemesii delicto doluit.*

— In omni vitae periculo quid nobis magnum solacium est?
— *In omni vitae periculo nobis magnum solacium est culpa vacare.*
— Quomodo Nemesius divitiis utebatur?
— *Nemesius divitiis male utebatur.*
— Quo munere Nemesius fungi volebat?
— *Nemesius eodem munere fungi volebat ac Scipio.*
— Cum res ei non bene accidisset, quid facere voluit?
— *Cum res ei non bene accidisset, Lesbiam morte afficere voluit.*
— Estne aliquid in vita virtute amabilius?
— *Nihil in vita virtute est amabilius.*

Exercício

Cum quidam in patriam rediisset, unde aliquot annos abfuerat, in omni coetu iactabat praeclara sua facinora. Inter alia narrabat:
— **In insula Rhodo saliendo** vici optimos **in hac exercitatione** artifices.
Et ostendebat spatii longitudinem, quam praeter se nemo potuisset **saltu** superare.
— Huius saltus, dicebat ille, testes habeo universos Rhodios.
Tum unus **de circulo**:
— Heus tu, inquit, si vera narras, nobis non opus est **istis testibus**; hic Rhodum esse existima, hic salta.

Vocabulário

redeo, redii, reditum, redire, v.: voltar
coetus, us, s. m.: o ajuntamento de homens, a assembleia
iacto, avi, atum, are, v.: gabar
praeclarus, a, um, adj.: preclaro, admirável
facinus, facinoris, s. n.: o feito, a façanha

Rhodus, i, s. f.: Rodes
salio, salui, salire, v.: saltar, pular
exercitatio, onis, s. f.: o exercício
artifex, artificis, s. m.: o artista
ostendo, ostendi, ostensum, ostendere, v.: mostrar
spatium, i, s. n.: o espaço

longitudo, longitudinis, s. f.: a extensão (em comprimento)
praeter, prep. c. acus.: além de
saltus, us, s. m.: o salto
supero, avi, atum, are, v.: superar, ultrapassar, vencer

testis, is, s. m. e f.: a testemunha
Rhodius, i, s. m.: o Ródio
salto, avi, atum, are, v.: dançar, saltar
heus, interj.: oh! ah!
existimo, avi, atum, are, v.: julgar

Sentença

Ferro nocentius aurum.
Ovídio, *Metam.*, 1, 141.

Lectio decima

Accipe, Lesbia, hunc a me anulum

Exspectata sponsalium dies

Post aliquot menses quam Lesbia e mortis periculo liberata est, luxit tandem aliquando expectata sponsalium dies. Camillus cum Catullo multisque propinquis domum Scipionis venit. In atrio magna iam clientium multitudo aderat.

— Salve, Scipio!

— Salve, Camille! Salvete, vos omnes! Camillus Lesbiam nostram, Cornelia, in matrimonium petit, itaque huic officio operam demus.

— Spondesne, Scipio, filiam tuam filio meo uxorem dari?

— Spondeo. Di testes sint verbis meis!

— Di et maxime Iuno, dea nuptiarum, bene vertant.

Tum Catullus Lesbiae ferreum dedit anulum:

— Accipe, Lesbia, hunc a me anulum. Hic anulus per omnes annos in testimonium sponsalium nostrorum a te habeatur.

— Ego quoque, ait Lesbia, tibi, Catulle, donum paravi. Hic servus a te in testimonium sponsalium nostrorum retineatur.

Tum Scipio:

— In tablinum autem intremus et de condicionibus dotis agamus.

Vocabulário

exspectatus, a, um, part.: esperado
sponsalia, ium, s. n. pl.: os esponsais
aliquot, indecl.: alguns
luceo, luxi, lucere, v.: brilhar
tandem aliquando, adv.: enfim, pois
propinquus, i, s. m.: o parente

atrium, i, s. n.: o átrio
cliens, clientis, s. m.: o cliente
adsum, adfui, adesse, v.: estar presente
itaque, conj.: por isso, portanto
spondeo, spopondi, sponsum, spondere, v.: prometer

testis, is, s. m. e f.: a testemunha
bene vertere: permitir que saia bem
anulus, i, s. m.: o anel
quoque, conj.: também
tablinum, i, s. n.: o tablino
dos, dotis, s. f.: o dote

Concordância do adjetivo

O adjetivo concorda com o substantivo a que se refere em *gênero, número e caso*. Ex.: *Amicus certus in re incerta cernitur*: o amigo verdadeiro se conhece na adversidade.

Pertencendo a vários substantivos de gêneros diferentes, o adjetivo concorda com o mais próximo e coloca-se ou antes ou depois do primeiro ou depois do último (não antes do último). Ex.: *Res erat multae operae ac laboris* ou *res erat multae operae multique laboris*: era um empreendimento de muito cansaço e trabalho.

Conversação

— Inspice imaginem? Quinam ibi adsunt?
— *Ibi Lesbia et Catullus eorumque parentes adsunt.*
— Quid Catullus Lesbiae offert?
— *Catullus Lesbiae anulum ferreum offert.*
— In cuius rei testimonium hic anulus ferreus habebatur?
— *Hic anulus ferreus in testimonium sponsalium habebatur.*
— Quod donum Lesbia obtulit Catullo?
— *Lesbia servum Catullo obtulit.*

— Quam maxime deam Romani tamquam nuptiarum testem invocabant?
— *Romani tamquam nuptiarum testem maxime Iunonem invocabant.*
— Cur Iunonem praeter alios deos hoc sponsalium die praesertim adorabant?
— *Quia Iuno regina erat deorum Iovisque coniux et custos nuptiarum.*

Exercício

Muscae **cupidae effusum** mel vident. Advolant. Pascuntur. At mox adhaerent et revolare nequeunt.
— Heu, **miseram**, inquiunt, sortem **nostram**! Cibus **iste dulcis**, qui dolose nos allexit, quam crudeliter nunc nos necat!
Perfida voluptas **hac** fabula depingitur.

Vocabulário

musca, ae, s. f.: a mosca
cupidus, a, um, adj.: cobiçoso
effundo, effudi, effusum, effundere, v.: derramar
mel, mellis, s. n.: o mel
advolo, avi, atum, are, v.: voar (para)
pascor, pastus sum, pasci, v. dep.: comer, apascentar-se
mox, adv.: em breve
adhaereo, adhaesi, adhaesum, adhaerere, v.: aderir

revolo, avi, atum, are, v.: revoar
dolose, adv.: dolosamente, traiçoeiramente
allicio, allexi, allectum, allicere, v.: atrair (com afago), chamar a si
neco, avi, atum, are, v.: matar
perfidus, a, um, adj.: pérfido, traidor
voluptas, voluptatis, s. f.: o prazer
depingo, depinxi, depictum, depingere, v.: pintar

Comentário cultural

O CASAMENTO EM ROMA

Ao contrário dos gregos, que obrigavam suas mulheres a ficar em casa e passavam o tempo na rua a tagarelar e discutir, os romanos sentiam-se atraídos pela vida em família. Este é um dos traços característicos de sua cultura. A esposa é a companheira que participa com o esposo das recepções e dos festins, com ele reparte a autoridade sobre os filhos e os escravos.

Esta posição honrosa não a privava de certo rigor e comedimento. Ao banquete não assistia reclinada, mas sentada; não bebia vinho, e sim mosto.

A educação da donzela era bastante rigorosa. Chegando à idade núbil, aguardava que o pai lhe escolhesse um noivo. Namoro não havia, ou era muito raro, dadas as circunstâncias e os costumes romanos.

A festa nupcial constituía o acontecimento mais importante da vida familiar. Escolhia-se cuidadosamente o dia, para que não caísse em algum dos muitos de mau agouro. Neste particular vigorava muita superstição entre os romanos. Para eles a melhor época de casar era a segunda quinzena de junho.

À tarde, na véspera do casamento, a noiva oferecia aos deuses os trajes e objetos usados na meninice.

Na manhã seguinte, ornava-se a casa toda. Estendiam-se tapetes no vestíbulo. Das portas e umbrais pendiam grinaldas, ramos verdes de murta e louro, e fitas coloridas. Como em grandes ocasiões festivas, abriam-se os armários que continham as imagens em cera dos antepassados.

Dedicava-se especial atenção à noiva. Característico era-lhe o penteado e o vestido com véu. Pela primeira vez ela enfeitava o cabelo com fitas, e para reparti-lo em seis tranças, empregava um ferro especial com ponta em forma de lança, destinado unicamente a este fim.

O vestido branco descia até os pés e assemelhava-se à estola das matronas. O cinto que o acomodava era atado nas extremidades com o nó de Hércules. Pendia-lhe da cabeça um véu alaranjado.

Em todas as funções do rito a noiva era acompanhada pela prônuba, matrona que, para merecer esta honra, devia ter tido um só esposo.

O rito começava com um sacrifício dos áugures, em que se verificavam os auspícios. Se tudo corria bem, era sinal de que os deuses não se opunham ao casamento.

Concluído o sacrifício, assinava-se o contrato em presença de dez testemunhas. A prônuba, tomando a seguir a mão direita dos noivos, juntava-as. Era o momento mais solene da cerimônia, o voto silencioso de fidelidade, a promessa mútua de viverem sempre juntos. Numerosos sarcófagos representam esta cena.

Os noivos assentavam-se então em duas cadeiras sobre as quais se havia estendido o pelo do animal imolado, e comiam um bolo de farinha de trigo.

Findas as cerimônias, iniciava-se o banquete nupcial.

Depois do banquete organizava-se o cortejo para a casa do esposo. A cena representava o rapto das sabinas. O esposo fingia arrebatar dos braços da mãe a jovem esposa que, assustada, se lhe opunha. Formava-se o cortejo com a noiva à frente, levando fuso e roca, símbolos da nova atividade como dona de casa e mãe de família. Acompanhavam-na três meninos, cujos pais ainda viviam, dois a seu lado e um na frente, agitando um facho de espinheiro aceso na lareira da casa da noiva. Distribuíam-se os restos carbonizados desse facho entre os convidados como sinal de bom agouro.

A multidão alegre e rumorosa seguia a noiva, gritando "Talasse" ou "Talassio", palavra cujo sentido ainda não nos é bastante claro.

Chegados à casa do marido, a esposa enfeitava a soleira da porta com fitas de lã e a ungia com óleo. À entrada o esposo perguntava-lhe o nome. Ela respondia: "Ubi tu Gaius, ego Gaia". Os companheiros levantavam-na sobre a soleira, para que não a tocasse. O esposo a recebia, dando-lhe fogo e água. Ela pronunciava uma oração aos deuses da nova residência, e assim terminava a cerimônia. A multidão espalhava-se. Os convidados tornavam às suas casas.

No dia seguinte a jovem esposa apresentava-se pela primeira vez com traje de matrona, oferecia um sacrifício aos deuses tutelares e recebia os presentes do marido. Coroava o dia um banquete, em que só os parentes do novo casal tomavam parte.

Sentença

Amicus certus in re incerta cernitur.

Lectio undecima

Lesbia Catullo nubit. Catullus Lesbiam in matrimonium ducit

Nuptiae

Proxima nuptiarum nocte Lesbia bullam suam, togam praetextam, pupas Laribus multis cum lacrimis dedicavit; nam post nuptias omnia ei erant omittenda, quibus usque ad id tempus gavisa erat.

Prima luce Cornelia:

— Surge, inquit, filia! Hodie nubes adulescenti optimo.

Lesbia, postquam surrexit, deis sacrificium fecit. Tum a matre ornatur. Tunica se alba induit et flammeo. Eius coma ominis boni causa in sex crines cuspide hastae dividitur.

— Videte, ait quidam ex invitatis, Lesbia iam appropinquat! Spectate! Coronam et vittas gerit atque flores a se lectos portat. Quam pulchra est! Quam laetissima!

Re enim vera Lesbia cum matre aliisque matronis, inter quas erat pronuba, atrium nunc intravit.

Eodem temporis momento etiam Catullus cum propinquis et amicis multis advenit.

Pronuba, matrona quae cum virgine propinquitate coniuncta erat, dextras sponsi et sponsae iungens:

— Vestras, ait, manus iungo.

Et Lesbia Catullo:

— Ubi tu Gaius, ego Gaia.

Ambo tum ad aram progrediuntur et in sedibus sibi paratis sedent.

— Deos, ait Pontifex, et maxime Iunonem adoremus. Iuppiter, qui deorum pater est et hominum rex, his sponsis per annos faveat. Iuno, regina deorum Iovisque coniux et custos nuptarum, his sponsis felix sit. Hic dies et Catullo et Lesbiae feliciter eveniat.

Deinde Pontifex ad aram sese vertens sacrum facit. Postquam hoc finivit, sponsis dixit:
— Felicia videntur omina.
Tum etiam qui aderant clamaverunt:
— Feliciter! Feliciter! Vobis gratulamur. Beati sitis! Vitam longam di vobis duint! O Catulle omnium fortunatissime! O Lesbia carissima! Feliciter! Feliciter!
— Cena nuptialis, ait Scipio, iam parata est. Ad triclinium progrediamur.

Vocabulário

interim, adv.: entrementes
Lares, Larium, s. m. pl.: os Lares (deuses protetores)
gaudeo, gavisus sum, gaudere, v. semidep.: alegrar-se
surgo, surrexi, surrectum, surgere, v.: levantar-se
induo, indui, indutum, induere, v.: vestir
flammeum, i, s. n.: o véu (de um vermelho alaranjado, com o qual as noivas se cobriam)
coma, ae, s. f.: a cabeleira

omen, ominis, s. n.: o agouro
crinis, crinis, s. m.: a trança
cuspis, cuspidis, s. f.: a ponta
vitta, ae, s. f.: a fita, o laço de fitas
pronuba, ae, s. f.: a prônuba, a madrinha
progredior, progressus sum, progredi, v. dep.: avançar
faveo, favi, fautum, favere, v.: ser favorável
duint, v. arc.: deem, concedam
triclinium, i, s. n.: o triclínio, sala de jantar

Verbos semidepoentes

Verbos semidepoentes são os que nos tempos derivados do perfeito seguem a forma passiva (depoente). São quatro:

Como *delere*: **audeo, ausus sum, audere**: ousar
gaudeo, gavisus sum, gaudere: alegrar-se
soleo, solitus sum, solere: costumar

Como *legere*: **fido, fisus sum, fidere**: confiar
confido, confisus sum, confidere: confiar
diffido, diffisus sum, diffidere: desconfiar

Conversação

— *Quaenam Laribus proxima nuptiarum nocte Lesbia dedicat?*
— *Proxima nuptiarum nocte Lesbia bullam suam, togam praetextam, pupas Laribus dedicat.*

— Cur plorat Lesbia?
— *Lesbia plorat, quia post nuptias multa ei sunt omittenda.*
— Cur laetatur Cornelia?
— *Cornelia laetatur, quod filia sua optimo adulescenti nubet.*

— Quibus se vestibus induit Lesbia?
— *Lesbia tunica se alba induit et flammeo.*
— Cur eius coma, in sex crines, cuspide hastae, dividitur?
— *Ominis boni causa, eius coma, in sex crines, cuspide hastae, dividitur.*
— Quid sponsa etiam portat?
— *Sponsa etiam coronam, vittas, flores portat.*

— Quisnam dextras sponsi et sponsae iungere solebat?
— *Pronuba dextras sponsi et sponsae iungere solebat.*
— Quaenam verba tum sponsa pronuntiabat?
— *Ubi tu Gaius, ego Gaia.*

— Inspice picturam! Ubi sedent Catullus et Lesbia?
— *Catullus et Lesbia ante aram sedent.*
— Quid iam fecit Pontifex?
— *Pontifex sacrum iam fecit.*
— Nonne omina sunt felicia?
— *Certe, omina sunt felicia.*

— Quinam novis sponsis gratulantur?
— *Propinqui et amici novis sponsis gratulantur.*
— Quid eis dicunt?
— *Beati sitis! Vitam longam di vobis duint!*
— Quo tunc omnes progressi sunt?
— *Omnes ad triclinium tunc progressi sunt, ubi cena nuptialis iam parata erat.*

Exercício

Graeci eos, qui Olympiae vicerant, oliva ornare **solebant**. Ecce Diogenes, philosophus se ipse oliva coronare **audet** neque tamen veretur, ne puniatur.

Tum ii, qui certaminibus illis praeerant, severo vultu illum intuentes:
— Honorem illius ornamenti arrogare tibi non licet! Profitere, cur olivam vindicare **ausus sis**! Confesso impunitatem concedemus.

Respondet ille se purgans:

— Veniamne mihi polliciti estis? At ego, ut reor, omni culpa vaco. Plures enim adversarios vici, quam vos rati estis: paupertatem vici, voluptates, iram, odium, invidiam. Quibus victoriis **gavisus** oliva me coronavi; neque enim minor victor mihi visus sum quam illi, qui Olympiae vicerunt.

Vocabulário

vinco, vici, victum, vincere, v.: vencer
oliva, ae, s. f.: a oliveira
soleo, solitus sum, solere, v. semidep.: costumar
ecce, adv.: eis aqui, de repente
audeo, ausus sum, audere, v. semidep.: ousar
vereor, veritus sum, vereri, v. dep.: recear
punio, punivi, punitum, punire, v.: punir
certamen, certaminis, s. n.: a luta, a peleja, a competição
praesum, praefui, praeesse, v.: presidir
vultus, us, s. m.: o rosto
intueor, intuitus sum, intueri, v. dep.: encarar
honor, oris, s. m.: a honra
arrogo, avi, atum, are, v.: arrogar, atribuir a si sem fundamento
profiteor, professus sum, profiteri, v. dep.: confessar
vindico, avi, atum, are, v.: reivindicar, fazer uso de
confiteor, confessus sum, confiteri, v. dep.: confessar
concedo, concessi, concessum, concedere, v.: conceder
purgo, avi, atum, are, v.: limpar; fig.: justificar-se
venia, ae, s. f.: o perdão
polliceor, pollicitus sum, polliceri, v. dep.: prometer
reor, ratus sum, reri, v. dep.: julgar, pensar
victor, oris, s. m.: o vencedor
videor, visus sum, videri (pass. de *videre*), v.: parecer

Sentença

Non minus stulte egeris, si omnibus diffisus eris quam si omnibus confisus eris.

Lectio duodecima

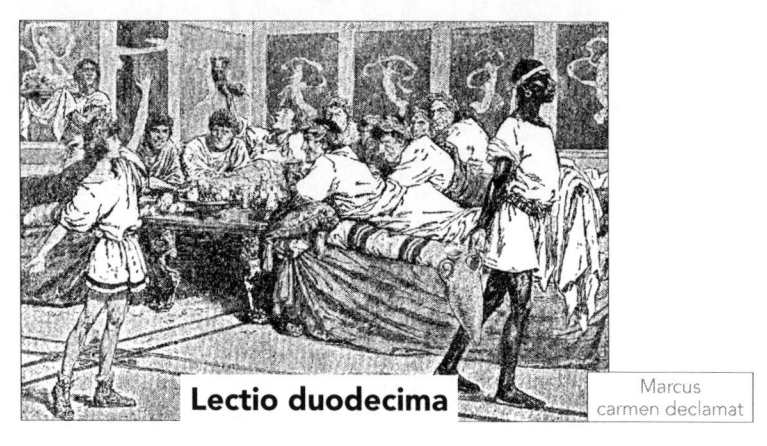

Cena nuptialis

Scipionis triclinium in hac pictura videtur.
Cena iam coepit. Hic Scipio cum amicis; Catullus, Lesbia, ceteri convivae altera in parte cenant.
Cornelia Lesbiam collocavit in aurea sede, strata pulcherrimo textili stragulo, magnificis operibus picta, abacosque complures ornavit argento auroque caelato. Pueri eximia forma ad mensam consistebant. Aderant unguenta, coronae. Incendebantur odores. Mensae conquistissimis epulis exstruebantur. Fortunata sibi Lesbia videbatur.
Etiam Scipio operam dedit ut eius convivae maxima laetitia afficerentur. Circum mensam parvam tres lecti, in quibus Scipio et amici eius accumbunt, locantur. Scipio tertius a sinistra accumbit. Prope Scipionem est Camillus, amicus eius clarissimus.
A sinistra servus intrat. Ab eo ferculum, in quo est cibus, portatur. A dextra servus ex triclinio aquam et mappas portat.
Ante mensam Marcus, Galbae filius carmen declamat.
Tum unus e convivis:
— Quaero, inquit, a te, Camille, quid Marcus dicat.
— Catulli carmen in honorem Lesbiae.
Convivae omnes Catulli nuptias commemorant. Cena profecto fuit splendida.

Vocabulário

stratus, a, um, part.: estendido
textilis, e, adj.: tecido
stragulum, i, s. n.: tapete

pictus, a, um, part.: bordado
abacus, i, s. m.: o aparador
caelatus, a, um, part.: cinzelado

consisto, constiti, consistere, v.: parar
unguentum, i, s. n.: o óleo perfumado, a essência aromática
incendo, incendi, incensum, incendere, v.: queimar
odor, odoris, s. m.: o aroma, o perfume
conquisitus, a, um, part.: buscado com empenho
conquisitissimae epulae: iguarias muito procuradas
exstruo, exstruxi, exstructum, exstruere, v.: amontoar, acumular

lectus, i, s. m.: o leito
accumbo, accubui, accubitum, accumbere, v.: deitar-se, acomodar-se (à mesa)
loco, avi, atum, are, v.: colocar
prope, prep. c. acus.: perto de
ferculum, i, s. n.: a bandeja
cibus, i, s. m.: a comida
mappa, ae, s. f.: o guardanapo
profecto, adv.: realmente

Verbos defectivos

Verbos defectivos são os que carecem de algum modo, tempo ou pessoa. Têm somente as formas do tema do *perfectum*: **coepisse**: *ter começado*; **meminisse**: *lembrar-se*; **odisse**: *odiar*.

INDICATIVO		
Perfeito		
coepi comecei	memini lembro-me	odi odeio
coepisti	meministi	odisti
coepit	meminit	odit
coepimus	meminimus	odimus
coepistis	meministis	odistis
coeperunt	meminerunt	oderunt
Mais-que-perfeito		
coeperam começara	memineram lembrava-me	oderam odiava
coeperas	memineras	oderas
coeperat	meminerat	oderat
...	...	...
Futuro anterior		
coepero terei começado	meminero eu me lembrarei	odero odiarei
coeperis	memineris	oderis
coeperit	meminerit	oderit
...	...	...

SUBJUNTIVO		
Perfeito		
coeperim tenha começado	meminerim eu me lembre	oderim odeie
coeperis	memineris	oderis
coeperit	meminerit	oderit
...	...	...
SUBJUNTIVO		
Mais-que-perfeito		
coepissem tivesse começado	meminissem eu me lembrasse	odissem odiasse
coepisses	meminisses	odisses
coepisset	meminisset	odisset
...	...	...
IMPERATIVO		
—	memento: *lembra-te*	—
	mementote: *lembrai-vos*	
PARTICÍPIO		
Perfeito passivo		
coeptus: *começado*	—	—
Futuro ativo		
coepturus: *há de começar*	—	osurus: *que há de odiar*

Verbos que significam dizer.

1. **aio**: *digo, afirmo, sustento.*
   Pres. ind.: **aio, ais, ait – aiunt**
   Pres. subj.: **– aias, aiat – – aiant**
   Imperf. ind.: **aiebam, aiebas, aiebat, aiebamus, aiebatis, aiebant**
   Partic. pres.: **aiens, aientis**.
   Pres. ind.: **ait**.
2. **inquam**: *digo*.
   Pres. ind.: **inquam, inquis, inquit, (inquimus), inquiunt**.
   Imperf. ind.: **inquiebat**.
   Pret. perf.: **inqui, inquisti, inquit**.
   Futuro: **inquies, inquiet**.

Ave, salve (regozija-te) é um imperativo. Assim também **salve**: salve, bom dia (tem saúde) e **vale**: adeus (passar bem).

Exercício

Philippus, rex Macedonum, cum regnare **coepisset**, permultos homines auro corrupit.

Ille, cum aliquando interrogaretur, quos homines maxime **odisset** et quorum hominum libentissime **meminisset**:

— Eorum, inquit, libentissime **memini**, qui prodituri sunt; eos autem, qui iam prodiderunt, maxime **odi**.

Vocabulário

permultus, a, um, adj.: muitíssimo
aurum, i, s. n.: o ouro
corrumpo, corrupi, corruptum, corrumpere, v.: corromper
aliquando, adv.: outrora
odisse, v. def.: odiar

libentissime, adv.: com muitíssimo gosto
meminisse, v. def.: lembrar-se
prodo, prodidi, proditum, prodere, v.: trair, atraiçoar

Comentário cultural

O JANTAR ENTRE OS ROMANOS

Para o jantar estava reservada uma sala especial que se chamava triclínio. Nela havia uma mesa com três leitos: o *imus*, ocupado pela família, o *medius*, por convivas de honra, e o *summus*, por outros convivas.

Sobre a mesa dispunham-se os pratos de comida e os cântaros de vinho. Só no primeiro século depois de Cristo é que se introduziu o uso da toalha. O dono da casa fornecia guardanapos. Alguns convidados o levavam de casa para nele guardarem os restos de comida.

Os hóspedes comiam reclinados, apoiando o cotovelo esquerdo numa almofada e estendendo os pês para a direita. A esquerda segurava o prato, e a outra levava à boca os alimentos. Não se conhecia garfo. Atribuía-se especial distinção a quem comia com todo o asseio.

Antes de se passarem os pratos, um escravo dividia as porções, o que quase dispensava a faca. Muito em uso estava a colher, que tinha diferentes formas, segundo o fim ao qual se destinava.

A louça era variada. Os pobres tinham-na de barro; os ricos, de prata. Havia taça de cristal e de ouro, algumas trabalhadas artisticamente.

Os romanos bebiam vinho quente e diluído. Para isso havia no triclínio uma jarra de vinho, outra de água e um cântaro para a mistura de ambos. Daí se tirava o líquido para as taças com uma vasilha de cabo comprido. Usava-se também uma espécie de coador ou filtro, porque os antigos não conheciam a arte de fabricar vinho completamente puro.

Os escravos mais simpáticos deitavam o vinho nas taças ou cortavam os alimentos com gestos elegantes. Sua roupa era de cores variegadas e vivas, o cabelo comprido e crespo. Os demais que trabalhavam no triclínio usavam cabelo cortado e roupa de tecido tosco. Cabia a estes juntar os restos atirados para debaixo da mesa, como era costume na época.

Os convivas levavam também escravos de confiança, que os assistiam durante o banquete, prestando serviços pouco agradáveis e até humilhantes.

Depois de os convidados se acomodarem nos lugares, os escravos apresentavam-lhes água para lavarem as mãos, e dava-se início ao banquete.

Distinguiam-se três partes principais.

A *gustatio*, prato inicial com manjares leves e apetitosos, acompanhado de mulso, bebida feita de vinho e mel. Indispensáveis eram os ovos.

A *cena*, jantar propriamente dito, composto de diversos pratos, acompanhados de vinho.

Por fim a sobremesa, que em grandes banquetes, se chamava *comissatio*. Comiam-se passas e alimentos picantes que despertassem o desejo de beber.

Antes da *comissatio* colocavam-se à mesa as estatuetas dos Lares. Era o momento de se lhes oferecer a libação.

A parte principal do banquete era a *cena*. Apresentavam-se as iguarias mais deliciosas e raras, preparadas com suma arte. No jantar de Trimalquião um ganso gordo, rodeado de peixes e pássaros, era preparado com carne de porco. "O meu cozinheiro, diz o dono da casa, é um grande artista; de um filé de porco prepara uma pomba, e de massa de pastel, uma galinha". Macróbio fala-nos de animais recheados de carne de outros animais para serem cozinhados. Trimalquião apresenta à mesa pássaros recheados de ovos de pavão, embebidos em molho apimentado. Era o estilo da época.

Durante a *comissatio* os hóspedes ornavam-se de flores e friccionavam-se com perfumes. O "rei do banquete" determinava então a mistura de vinho e água e a hora a ser tomada. Bebia-se à saúde de um dos convidados, de ausentes, de amigos; no tempo do império brindava-se o imperador e o exército.

Achamos interessante que os romanos em tal exuberância de vida costumassem lembrar a morte. No jantar de Trimalquião, depois da *gustatio* exibiu-se um esqueleto de prata, cujos membros se moviam, e se inclinavam, e se punham em variadas e grotescas posições, enquanto o dono da casa discursava sobre temas filosóficos. O assoalho de mosaico de um triclínio romano era decorado com enorme caveira de órbitas vazias. Apesar disso o apetite não se alterava.

Entre os antigos romanos o banquete durava mais ou menos das três da tarde até altas horas da noite. Era o meio mais comum de manter a cordialidade. Hoje em dia, quem pretende encontrar-se com amigos, procura-os no clube ou no café; quem deseja distrair-se, vai ao teatro, ao cinema. Na antiguidade não era assim. Quem procurava passatempo durante o dia, ia às termas; à noite, a possibilidade única de ver os amigos era o jantar. Erraria quem julgasse que em todo esse tempo só se pensava em comer e beber. Além da conversação animada, sempre bem-vinda entre pessoas de bom gosto, havia divertimentos de toda a espécie. Muito em voga estava a leitura de alguma passagem interessante e bela de escritor notável, ou a declamação acompanhada de música. Artistas tocavam lira e cantavam, palhaços divertiam os convivas com anedotas e trejeitos, dançarinas e acrobatas exibiam suas habilidades e, casos houve, em que se apresentavam até gladiadores que se combatiam e se matavam.

Sentenças

In vino veritas, in aqua sanitas.

Intemperantia est medicorum nutrix.

Modicus cibi, medicus sibi.

Lectio tertia decima

Pompa instituitur et per vias progreditur

Deductio

Cena nuptiali confecta Catullus uxorem domum deduxit.

Lesbia a matre per vim abstracta pompa instituitur et per vias progreditur. Omnes amici et hospites canunt laeti et rident.

Ante Catulli domum pompa stetit.

Tum Lesbia:

— Date, inquit, mihi laneas vittas et oleum.

Deinde postes domus vittis ornat et oleo ungit.

— Quis es? interrogat Catullus.

— Ubi tu Gaius, ego Gaia! respondet Lesbia.

Hoc dicto Lesbia trans limina in domicilium introducitur.

Sic pompa finita est. Posthac Lesbia in potestate Catulli, non Scipionis, vivet.

Antiqui Romani uxores valde amabant. Magno cum dolore procul ab ea, a liberis, a familia morabantur. Maximo cum gaudio bellis aut laboribus finitis a terris longinquis domum revertebantur.

Familia Romana erat principium urbis et seminarium rei publicae.

Vocabulário

deductio, onis, s. f.: a dedução, a ação de levar a noiva para a casa do marido
conficio, confeci, confectum, conficere, v.: terminar
deduco, deduxi, deductum, deducere, v.: levar, conduzir
abstraho, abstraxi, abstractum, abstrahere, v.: tirar, arrebatar
pompa, ae, s. f.: a procissão, o cortejo
laneus, lanea, laneum, adj.: de lã
postis, postis, s. m.: o umbral
ungo, unxi, unctum, ungere, v.: ungir, untar

limen, liminis, s. n.: o limiar, a soleira
procul, adv.: longe
moror, atus sum, ari, v. dep.: morar

seminarium, i, s. n.: o viveiro, fig.: a fonte

Ablativo absoluto

No ablativo absoluto, o sujeito da oração circunstancial vai para o ablativo e o verbo para o particípio, também no ablativo; omite-se a conjunção. Ex.: **Bello finito** *milites Romam redierunt*: depois que terminou a guerra, os soldados voltaram para Roma.

Na construção do ablativo absoluto podem ser empregados também substantivos e adjetivos em vez do particípio. Ex.: *Cicerone et Antonio consulibus*: sob o consulado de Cícero e Antônio.

Conversação

— Quid imago repraesentat?
— *Imago pompam nuptialem repraesentat.*
— Unde venit pompa?
— *Pompa domo Scipionis venit.*
— Quo progreditur pompa?
— *Pompa domum Catulli progreditur.*
— Postquam omnes ad portas domus Catulli pervenerunt, quid fecit Lesbia?
— *Postquam omnes ad portas domus Catulli pervenerunt, Lesbia postes vittis ornavit et oleo unxit.*
— Catullo interroganti quis ipsa esset, quid respondit Lesbia?
— *Ubi tu Gaius, ego Gaia.*
— Hoc dicto ubi Lesbia introducta est?
— *Hoc dicto Lesbia trans limina in domicilium introducta est.*

— Quomodo antiqui Romani uxores dilexerunt?
— *Antiqui Romani uxores valde dilexerunt.*
— Quid erat familia Romana?
— *Familia Romana erat principium urbis et seminarium rei publicae.*

Exercício

Tiberio imperante, Christus mortuus est. **Perditis omnibus rebus**, tamen ipsa virtus se sustentare potest. Caesar **Gallis subactis** Britanniam adire voluit. **Cicerone consule** coniuratio Catilinae patefacta est. **Miltiade duce** Athenienses in Chersonesum colonos miserunt.

Vocabulário

perdo, perdidi, perditum, perdere, v.: deitar a perder

subigo, subegi, subactum, subigere, v.: subjugar

adeo, adii, aditum, adire, v.: dirigir-se

patefacio, patefeci, patefactum, patefacere, v.: descobrir

Chersonesus, i, s. f.: Quersoneso

Sentença

Duobus litigantibus tertius gaudet.

Lectio quarta decima

Nemo unquam cum exercitu ante Hannibalem Alpes transferat

Hannibal ante Alpes

Sequenti post triumphum die Lesbia ad Scipionem sic locuta est:
— Oro te, mi pater, ut notitiam quandam itineris in Germaniam mihi des.
— Quam notitiam desideras, mea Lesbia, iam tibi dabo. Scriptores tradunt, quanta virtute Marius ingentem Cimbrorum exercitum perdiderit; non minore virtute nos Germanorum impetus reppulimus. Barbari pulsi terga dederunt atque in silvas se abdiderunt. Reliqui, cum a nobis circumdati essent, arma obsidesque tradiderunt. Postquam novas in Limite firmioresque stationes condidi, iter in Italiam arripui. Ad Alpes veni. Hic idem iter feci atque Hannibal. Nemo unquam cum exercitu ante eum Alpes transierat.
— Quibus verbis, mi pater, Hannibal milites hortatus est, ad Alpes postquam venit?
— Ante Alpes, quae Italiam a Gallia dividunt, Hannibal his fere verbis militum animos confirmat:

Miror, quod pectora **vestra** semper impavida repens terror **invasit**. Per tot annos vincentes stipendia **facitis** neque ante Hispania **excessistis**, quam omnes gentes Hispaniae Carthaginiensium **fuerunt**.
Hiberum **traiecistis** ad delendum nomen Romanorum liberandumque orbem terrarum.
Tum nemini **visum** est iter longum, cum **proficiscebamini**; nunc post-

*Mirari se, quod pectora **eorum** semper impavida repens terror **invaserit**. Per tot annos vincentes **eos** stipendia **facere** neque ante Hispania **excessisse**, quam omnes gentes Hispaniae Carthaginiensium **essent**. Hiberum **eos traiecisse** ad delendum nomen Romanorum liberandumque orbem terrarum.
Tum nemini **visum** (esse) iter longum, cum **proficiscerentur**; nunc post-*

quam in conspectu Alpes **habetis**, quarum alterum latus Italiae **est**, in ipsis portis hostium **fatigati subsistitis**! Militi armato quid invium aut insuperabile **est**? **Ceperunt** quondam **Galli** ea, quae adiri posse Poenus **desperat**. Proindo aut **cedite** animo atque virtute Gallis aut itineris finem **sperate** campum ad Tiberim situm!

quam in conspectu Alpes **habeant**, *quarum alterum latus Italiae* **sit**, *in ipsis portis hostium* **fatigatos subsistere**! *Militi armato quid invium aut insuperabile* **esse**? **Cepisse** *quondam* **Gallos** *ea, quae adiri posse Poenus* **desperet**. *Proinde aut* **cedant** *animo atque virtute Gallis aut itineris finem* **sperent** *campum ad Tiberim situm*!

Vocabulário

notitia, ae, s. f.: a noção, a ideia
do, dedi, datum, dare, v.: dar
trado, tradidi, traditum, tradere, v.: entregar, referir
Cimber, bri, s. m.: o cimbro
perdo, perdidi, perditum, perdere, v.: deitar a perder
impetus, us, s. m.: o ímpeto, o ataque
repello, reppuli, repulsum, repellere, v.: repelir
pello, pepuli, pulsum, pellere, v.: rebater
tergum, i, s. n.: as costas (das pessoas)
abdo, abdidi, abditum, abdere, v.: esconder
circumdo, circumdedi, circumdatum, circumdare, v.: cercar
obses, obsidis, s. m.: o refém
condo, condidi, conditum, condere, v.: fundar
arripio, arripui, arreptum, arripere, v.: tomar
confirmo, avi, atum, are, v.: fortificar
pectus, pectoris, s. n.: o peito
impavidus, a, um, adj.: impávido, sem medo
repens, entis, adj.: repentino, súbito

invado, invasi, invasum, invadere, v.: invadir, assaltar
stipendium, s. n.: o estipêndio
stipendia facere: ser soldado, servir no exército
excedo, excessi, excessum, excedere, v.: retirar-se, sair
Hiberus, i, s. m.: o Íbero (rio da Espanha, hoje Ebro)
traicio, traieci, traiectum, traicere, v.: atravessar
latus, lateris, s. n.: o lado
subsisto, substiti, subsistere, v.: parar, fazer alto
invius, a, um, adj.: ínvio, em que não há caminho aberto, inacessível
insuperabilis, e, adj.: insuperável, intransitável
adeo, adii, aditum, adire, v.: visitar, percorrer
despero, avi, atum, are, v.: desesperar
cedo, cessi, cessum, cedere, v.: ceder, dar-se por vencido
spero, avi, atum, are, v.: esperar
situs, a, um, part.: situado

Comentário gramatical

MORFOLOGIA. — Verbos da 1ª conjugação, perfeitos com reduplicação. *Verbo* **do** *e compostos*.

Do, dedi, datum, dare: dar
circumdo, circumdedi, circumdatum, circumdare: rodear
Os compostos dissílabos pertencem à 3ª conjugação. Formam o pretérito perfeito em -**didi**, o supino em -**ditum**:
abdo, abdi, abditum, addere: esconder
condo, condidi, conditum, condere: fundar, recolher
credo, credidi, creditum, credere: crer
perdo, perdidi, perditum, perdere: deitar a perder, arruinar – voz passiva: *perire*. O verbo **perire** (perecer) supre o passivo do verbo *perdere*. Diz-se **pereo** e não *perdor*; **peribam**, não *perdebar* etc.;
prodo, prodidi, proditum, prodere: trair, referir
reddo, reddidi, redditum, reddere: restituir
trado, tradidi, traditum, tradere: entregar, referir
vendo, vendidi, venditum, vendere: vender – voz passiva: *venire*. O verbo **venire** (*venum ire*) = ser vendido, supre o passivo de *vendere*, que na voz passiva só tem as formas *venditus* e *vendendus*.

SINTAXE. — *Noções sobre o estilo indireto*. Há dois modos de referir palavras de alguém:
1. Referindo-se do mesmo modo como foram pronunciadas, temos o *discurso direto* (*oratio recta*). Ex.: *Legatus: "Pacem, inquit, habemus!"*: o embaixador disse: "Temos paz!".
2. Referindo as palavras de alguém de modo *narrativo*, tornando-as dependentes de um verbo *sentiendi* ou *declarandi*, temos o *discurso indireto* (*oratio obliqua*). Ex.: *Legatus dixit nos habere pacem*: o embaixador disse que tínhamos a paz.

Ao discurso indireto aplicam-se as regras seguintes:

I. Modo

1. As orações principais do discurso direto que contêm uma *narração* ou *declaração* (orações enunciativas), passando para o discurso indireto colocam-se no *acusativo com infinitivo*. Ex.: *Nuntius allatus est pacem esse compositam* (discurso direto: *Pax est composita*): foi trazida a notícia de que a paz estava feita.
2. As orações principais do discurso direto que contêm uma *ordem, desejo, súplica, exortação*, e as que têm verbo no *imperativo* ou no *subjuntivo*, passando para o discurso indireto vão para o *subjuntivo*. Sendo negativas, *não* se traduz sempre por *ne*, a não ser que a negação se

refira a uma só palavra; e *não* por *neve*. Ex.: *Caesar milites hortatus est: Ne ea quae accidissent, graviter ferrent neve his rebus terrerentur*: César exortou os soldados a não levarem a mal o que tinha acontecido, e a não se atemorizarem com isso.

3. As orações principais que contêm uma pergunta exprimem-se no discurso indireto ou pelo *acusativo com infinitivo* ou pelo *subjuntivo*. Ex.: *Num etiam recentium iniuriarum memoriam se deponere posse?* (disc. dir.: *Num... possum*): posso acaso apagar também a memória das ofensas recentes?

4. Todas as orações secundárias tornam-se subjuntivas no discurso indireto, a não ser que encerrem uma explicação dada pelo próprio escritor ou sirvam de simples perífrase de uma palavra isolada. Ex.: *Dixit miles se omnia fecisse, quae sibi imperata essent* (disc. dir.: *omnia feci, quae mihi imperata erant*): disse o soldado que tinha feito tudo o que lhe fora ordenado.
Caesari nuntiatur Sulmonenses, quod oppidum a Corfinio septem millium intervallo **abest** (explicação acrescentada pelo autor), *cupere ea facere*: anuncia-se a César que os sulmonenses, cuja cidade fica de Corfínio a uma distância de sete mil passos, desejavam fazer aquilo.

II. Tempo

O *tempo* das orações conjuncionais é determinado pela *consecutio temporum*, tendo-se em vista o *verbum declarandi* de que depende o discurso indireto. Como este está geralmente no passado, os tempos que se empregam com maior frequência são o *imperfeito* e *mais-que-perfeito do subjuntivo*.

III. Pronomes

1. Os *pronomes* da 1ª pessoa do discurso direto, no discurso indireto são substituídos pelos pronomes reflexivos: *sui, sibi, se, suus*, às vezes por *ipse* para salientar o pronome (em contraste) ou para evitar ambiguidade. Ex.: *Ariovistus repondit: Si* **ipse** *Caesari non praescriberet, quemadmodum suo iure uteretur, non oportere sese a populo Romano in suo iure impediri*: Ariovisto respondeu que se ele não prescrevia a César como usar de seu direito, não devia ser estorvado pelo povo romano no uso do seu. (disc. dir.: *Si ego Caesari non praescribo, quemadmodum suo iure utatur, non oportet me a populo Romano in meo iure impedire*).

2. Os *advérbios* mudam geralmente: *nunc* por *tum*; *hic, hinc, huc, adhuc, hodie, heri, cras* por *ibi, inde, eo, ad, id tempus, eo die, pridie, postero die*. O pronome *hic* e os advérbios *nunc* e *adhuc* passam, às vezes, não mudados para o discurso indireto. Ex.:

Oratio recta

Ad haec Ariovistus: Gallia, inquit, mea *provincia est. Nonne prius in Galliam* veni *quam populus Romanus? Cur in* meas *possessiones venis? Si* ego tibi *non praescribo, quemadmodum* tuo *iure utare, non oportet* me a te *in* meo *iure impediri. Proinde* deducito *exercitum*, noli committere (*ou ne commiseris*); *ut hic locus, ubi constitimus, ex calamitate populi Romani nomem* capiat.

Oratio obliqua

Ad haec Ariovistus respondit: *Galliam* suam *provinciam esse. Nonne se prius in Galliam* venisse *quam populum Romanum? Cur in* suas *possessiones* veniret? *Si* ipse illi, *non* praescriberet, *quemadmodum* suo *iure uteretur,* non oportere sese *ab* illo *in* suo *iure impediri. Proinde* deduceret *exercitum*, ne (ve) commiteret, *ut* is *(hic) locus, ubi* constitissent, *ex calamitate populi Romani nomen* caperet.

A isso, respondeu Ariovisto que a Gália era província sua. Acaso não viera ele a Gália antes que o povo romano? Por que penetrava em seus domínios? E se ele não prescrevia a César a maneira de usar o seu direito, não devia ser estorvado por ele no uso do seu. Por isso retirasse o exército, e não permitisse que aquele lugar, em que haviam feito alto, tomasse nome da derrota do povo romano.

Lectio quinta decima

Helvetii de finibus suis cum omnibus copiis exeunt

A primeira campanha de César nas Gálias

A Gália estava então entre duas invasões: a dos suevos, força desordenada e selvagem, e a dos romanos, potência admiravelmente organizada.

"Os suevos, diz César, vão todos os anos procurar combates e saque. Não habitam um cantão mais de um ano. Vivem menos de trigo que de leite, de carne e de caça. Seu vestuário é de peles de animais e deixa a descoberto quase todo o corpo. Não querem que se importe vinho ou comestíveis estrangeiros, e gostam de cercar-se de vastas solidões. As grandes terras despovoadas parecem-lhes um título de glória para a nação que fez essas devastações. É uma prova de que muitos povos não puderam resistir às suas armas".

Não é de admirar que a Gália, não tendo podido fechar as portas a semelhantes hóspedes, tivesse pressa de se desembaraçar deles pela mão de Roma.

Terminada a guerra dos helvécios, César achou-se diante de Ariovisto. Quando os gauleses lhe imploraram auxílio contra o rei germano, César não o rejeitou.

Propôs uma entrevista ao novo adversário. Este respondeu altivamente: "Se eu precisasse de César, havia de procurá-lo. César precisa de mim, venha ele".

Como o procônsul respondesse com ameaças: "Ninguém, disse o bárbaro, me atacou até hoje, que não tivesse se arrependido. Quando César quiser, mediremos nossas forças, e ele saberá o que são os germanos, esses guerreiros que há quatorze anos não dormem debaixo de telha".

Ao mesmo tempo os éduos anunciaram que os harudes invadiam suas terras, e os tréviros, que novas tropas fornecidas pelos cem cantões dos suevos se aproximavam do Reno. Abalava a Germânia inteira. Não havia momento a perder para levantar um dique a essa invasão, da qual Ariovisto era apenas a vanguarda.

Em marchas forçadas, César chegou à praça de Vesôncio, à beira do Doubs. Assustados com as notícias que os habitantes davam da elevada estatura e da indomável coragem dos germanos, os romanos não queriam prosseguir a marcha.

César teve de ameaçar. Marcharia para a frente com a décima legião. Depois de sete dias chegaram às margens do Reno, onde um romano jamais estivera.

Ariovisto lá o esperava.

Entre os dois acampamentos, as duas águias se encontraram para uma conferência.

Ariovisto censurou a César por ter entrado como inimigo em suas terras. "Essa parte da Gália, dizia ele, era província sua, como o senado tinha a sua. Nem era tão bárbaro que não compreendesse que, debaixo da máscara de amizade, César pensava em escravizar toda a Gália".

E acrescentou: "Se não te retirares com o exército, tratar-te-ei como inimigo; e fica sabendo que vieram numerosos mensageiros da parte dos grandes de Roma oferecer-me sua amizade e seu reconhecimento, se eu os desembaraçar de ti. Mas, deixa-me a livre posse da Gália, e sem cansaço nem perigo da tua parte, eu me encarregarei de todas as guerras que quiseres empreender".

César não fora até ali para recuar.

Ariovisto, porém, recusou dar batalha durante muitos dias. É que as adivinhas dos suevos tinham consultado a sorte, e esta respondera que se devia combater só depois da lua nova.

Ao saber disto por prisioneiros, César teve ainda mais pressa em travar combate. Marchou em pessoa sobre o campo inimigo com o exército em três linhas.

Obrigados a combater, os germanos tiraram suas tropas dos quartéis e as ordenam em linha de batalha, segundo a nacionalidade, mediando igual intervalo entre harudes, marcomanos, triboces, vangiones, nemetes, sedúsios, suevos. Para frustrar qualquer esperança de fuga, circundaram toda a hoste de veículos e carros, de onde as mulheres, com as mãos postas, pediam chorando aos soldados que avançavam que não as deixassem cair na escravidão romana.

"Pondo à frente de cada legião um lugar-tenente seu e um questor, para testemunharem o valor de cada um, César travou a batalha com a ala direita, por notar que o inimigo estava menos forte desse lado.

Com tal fúria investem os nossos ao sinal dado, e tão galhardamente correm os inimigos a encontrá-los, que não tiveram aquele espaço de vibrar pilos contra estes.

Postos de parte os pilos, peleja-se à espada; os germanos sofrem o ataque ordenados em falange, como de costume.

Houve muitos soldados nossos que, saltando por sobre as falanges, arrancavam-lhes os escudos com as mãos e os feriam de cima.

Batida e posta em fuga a linha dos inimigos pela ala esquerda, com a ala direita eles apertavam violentamente, pela multidão dos seus, nossa linha de batalha.

Observou-o o jovem Públio Crasso, general da cavalaria, por andar mais expedito que os que se achavam na refrega, e enviou a terceira linha para socorrer os nossos em aperto.

Restaurada por esta forma a batalha, todos os inimigos voltaram as costas, e não pararam na fuga senão quando chegaram à margem do Reno, cerca de cinquenta mil passos deste lugar.

Aí muito poucos se salvaram, ou aventurando-se a passar o rio a nado, confiados nas próprias forças, ou em canoas que por acaso encontraram. Deste número foi Ariovisto que fugiu numa barquinha amarrada à margem [...]" (Livro I, cap. 52 e 53).

Vencera a águia romana!

Numa só campanha, César terminava duas guerras formidáveis.

> Gallia est omnis divisa in partes tres, quarum unam incolunt Belgae, aliam Aquitani, tertiam qui ipsorum lingua Celtae, nostra Galli appellantur

Lectio sexta decima

Descrição da Gália

As três nações da Gália

I, 1. Gallia[1] est omnis[2] divisa in partes tres[3], quarum unam incolunt Belgae[4], aliam[5] Aquitani[6], tertiam qui ipsorum[7] lingua[8] Celtae[9], nostra[10] Galli appellantur.

Hi omnes lingua, institutis, legibus[11] inter se differunt. Gallos[12] ab Aquitanis Garumna flumen[13], a Belgis Matrona[14] et Sequana[15] dividit[16].

Caráter dos povos

Horum omnium[17] fortissimi[18] sunt Belgae, propterea[19] quod a cultu atque humanitate[20]. Provinciae[21] longissime absunt[22], minimeque[23] ad eos mercatores[24] saepe commeant atque ea, quae ad effeminandos animos[25] pertinent, important, proximique sunt Germanis[26], qui trans Rhenum incolunt[27], quibuscum continenter bellum gerunt.

Qua de causa[28], Helvetii[29] quoque reliquos Gallos virtute praecedunt[30], quod fere cotidianis proeliis cum Germanis contendunt, cum aut[31] suis finibus eos prohibent, aut ipsi in eorum finibus bellum gerunt.

O território de cada nação

Eorum[32] una pars, quam Gallos obtinere dictum est[33], initium capit a flumine Rhodano[34]; continetur[35] Garumna flumine, Oceano, finibus Belgarum; attingit etiam ab Sequanis[36] et Helvetiis flumen Rhenum; vergit ad septentriones[37].

Belgae[38] ab extremis Galliae finibus oriuntur; pertinent[39] ad inferiorem partem[40] fluminis Rheni; spectant[41] in septentrionem et orientem solem[42].

Aquitania a Garumna flumine ad Pyrenaeos montes et eam[43] partem Oceani, quae est ad[44] Hispaniam, pertinet; spectat inter occasum solis et septentriones.

Comentário

1. **Gallia**: em sentido amplo compreende todo o território ocupado pelos gauleses entre a Itália propriamente dita, a Germânia, o Oceano Atlântico e a Espanha. Esta Gália dividia-se em Gália Cisalpina e Gália Transalpina. A primeira, chamada também Gália Citerior ou Togada, abrangia o país que demorava entre os Alpes e o Rubicão, e fora feita província romana em fins de 191 a.C.; a segunda, chamada por César também Gália Ulterior ou Interior, incluía os territórios correspondentes mais ou menos à hodierna Suíça, França, Bélgica e Holanda. A Gália Transalpina subdividia-se em Província Romana, hoje Provença, e em Gália independente. Esta, por seu turno, constava da Aquitânia, da Gália Belga e da Gália Céltica.
2. **Omnis**: *em sua totalidade, em toda a sua extensão*, isto é, em suas três partes. O adjetivo é realçado pela colocação que o separa do substantivo, e se lhe pospõe. Se não quisesse exprimir essa ideia de complexidade, César teria empregado o adjetivo *tota*.
3. **Tres**: posposto a seu substantivo, fazendo contraste com *omnis*, adquire maior relevo. César pôs *Gallia* no início da oração, por ser a palavra mais importante para o conteúdo da oração toda. Além disso, usou *est divisa*, separado ainda por *omnis*, e não *divisa est*, para indicar que a Gália *estava dividida* em sua totalidade, e não *fora dividida*. Colocou *in tres partes* no fim da oração, porque assim o exigia a clareza, visto referir-se a elas a oração seguinte do texto. Finalmente, escreveu os *tres* no fim, porque pretende salientar o número.
4. **Belgae**: os habitantes da Gália Belga.
5. **Aliam**: *a outra*, sem ideia da ordem; ao passo que *alteram* exprimiria *a segunda*.
6. **Aquitani**: os habitantes da Aquitânia.
7. **Ipsorum**: faz ressaltar melhor o nome a que se refere.
8. **Lingua**: a língua dos celtas era diferente da dos belgas.
9. **Celtae**: os habitantes da parte central da Gália entre a Aquitânia e a Gália Belga. Exceto este lugar, César os chama sempre de gauleses.

10. **Nostra**: assíndeto adversativo; ablativo de meio. O pronome *nostra*, isto é, *Latina, Romana*, se opõe a *ipsorum*.
11. **Lingua, institutis, legibus**: estes três ablativos são de limitação. O assíndeto imprime rapidez ao discurso.
12. **Gallos**: no plural substantivado designa os habitantes da Gália Céltica, e por extensão o território habitado por estes.
13. **Garumna flumen**: *o rio Garuna*. *Flumen*, as mais das vezes, é anteposto ao nome próprio, ou omitido. *Garumna*, hoje rio Garona, nasce nos Pireneus, no país dos *Garumni*, corre para o norte até Tolosa, em seguida para noroeste até *Burdigala* (Bordéus) e deságua no Oceano Atlântico.
14. **Matrona**: *o rio Matrona*, hoje Marna, tem suas cabeceiras no país dos língones e desemboca no Sequana perto de *Lutetia Parisiorum* (Paris).
15. **Sequana**: *o rio Sequana*, hoje Sena, começa no país dos língones, corre para noroeste e desemboca no Oceano Atlântico abaixo de *Rotomagus* (Ruão).
16. **Dividit**: *divide*. Os dois rios formam uma só linha de limite, por isso o verbo está no singular.
17. **Horum omnium**: Prossegue na descrição do *hi omnes*, depois da digressão geográfica.
18. **Fortissimi**: *os mais valentes, os mais aguerridos, os mais valorosos*.
19. **Propterea**: faz ressaltar o conceito de causa introduzido por *quod*.
20. **A cultu atque humanitate**: *do modo de viver civilizado*. Hendíadis analítica do conceito de civilização, dividido em seus elementos: **colere**, considerado como meio de *polir-se*, e **humani**, oposto a *feri*, que é a consequência de *colere: da culta e civilizada*. **Cultus** se refere à cultura exterior; **humanitas**, à interior. Ambas se contrapõem ao espírito guerreiro.
21. **Provinciae**: a palavra em sua origem significa *encargo, ofício*, mas no uso ordinário tomou o sentido de *governo confiado ao procônsul*, e assim se limitou a designar exclusivamente aquela parte da Gália Transalpina entre a Aquitânia, a Gália Céltica, a Gália Cisalpina e o Mediterrâneo, a qual fora conquistada pelos romanos em fins de 118 a.C. e reduzida à Província. Na Província existia o celebérrimo porto de Marselha, onde séculos antes se implantara a cultura grega, que de lá se difundiu pelo sul da França. Durante a Idade Média partiu da Provença o movimento cultural dos trovadores, que depois se espalhou pelo resto da França e da Europa.

22. **Longissime absunt**: *habitam muito longe*. Os belgas residem muito longe da Província, e por isso também de sua civilização, que provinha especialmente da colônia grega de Marselha e das relações que esta mantinha com a pátria mãe.
23. **Minime**: vai unido com *saepe: e raríssimas vezes*. — **Ad eos**: à Bélgica.
24. **Mercatores**: Estes mercadores procediam em primeiro lugar de Marselha, mas também da Itália. A importância das possessões da Gália para os romanos aumentava cada vez mais. O clima ameníssimo, semelhante ao da Itália, a terra fértil, a facilidade de comunicações até a Britânia desde cedo despertaram o interesse romano. Por isso compreendemos que Cícero, já no ano 68 a.C., ao defender Fonteio, podia dizer: *Referta Gallia negotiatorum est, plena civium Romanorum. Nemo Gallorum sine cive Romano quidquam negotii gerit: nummus in Gallia nullus sine civium Romanorum tabulis commovetur*.
25. **Ad effeminandos animos** em oposição a *fortissimi*. A perífrase designa as mercadorias de luxo e o vinho como coisas que enfraquecem o caráter e os costumes.
26. **Proximique sunt Germanis**: *e porque são os mais próximos dos germanos*. O dativo com *proximus* é normal em César; mas ocorre também, embora raramente, o acusativo. — **Germanis**: habitantes da Germânia, que para César era o território entre o Reno, o Danúbio, o Vístula e o mar. Depois de motivar negativamente o *fortissimo*, César alega a razão positiva: *os belgas estão perto dos germanos, com quem vivem continuamente em guerra*.
27. **Qui trans Rhenum incolunt**: *que moram além do Reno*. — **Incolunt** empregado aqui intransitivamente. César também o emprega transitivamente, cf. IV, 4, 2: *Quas regiones Menapii incolebant*; e V, 13, 1: *Britanniae interior pars ab iis incolitur*. — **Rhenum**. Segundo César, o Reno nasce no território dos lepontinos, divide a Gália da Germânia, e com rápido curso atira-se ao oceano por diversas embocaduras.
28. **Qua de causa**: *por esta razão*. O motivo que César menciona é a vizinhança dos germanos. Esta razão é explicada ainda melhor na oração epexegética seguinte, introduzida por *quod*.
29. **Helvetii**: povo da Gália Céltica, *os helvécios* moravam no território mais ou menos correspondente à hodierna Suíça. — **Quoque**: como os belgas. — **Reliquos Gallos**: excluindo-se os belgas, *omnium fortissimi*.
30. **Praecedunt**: é palavra que na era clássica ocorre somente neste lugar de César. Cícero, Cornélio Nepos, Salústio e Tácito não a empregam.

É digna de nota a construção do acusativo com o verbo que tem o sentido de *antecedere, praestare*, com os quais, no sentido de *superar alguém em alguma coisa*, é mais regular o dativo.

31. **Cum aut... aut**: *quando ou... ou, quando ou os repelem de suas fronteiras, ou nas próprias fronteiras desses fazem guerra.* O autor empregou o indicativo com a conjunção *cum*, porque expõe um fato real já mencionado. Este é em César o único exemplo do assim chamado *cum coincidens*, isto é, do *cum* que indica duplo caso: os helvécios atacando os germanos, ou defendendo-se do assalto deles. **Prohibent** = *arcent*. — **Ipsi** opõe-se a *eos*.
32. **Eorum**: *Galliae*. Em lugar do nome dos países, César emprega com frequência o nome de seus habitantes.
33. **Quam Gallos obtinere dictum est**: *que se disse pertencer aos gauleses.* **Gallos obtinere** é acusativo com infinitivo dependente de *dictum est: foi dito que os gauleses a ocupam*. — **Gallos**: os celtas. — **Obtinere**: *ocupar, habitar*. — **Dictum est**: César emprega indiferentemente a construção pessoal ou impessoal.
34. **Initium capit (oriuntur) a flumine Rhodano**: *começa no rio Ródano.* O rio Ródano nasce do *Mons Adula* (S. Gotardo), atravessa o *Lacus Lemannus* (lago de Genebra), recebe em *Lugdunum* (Lião) o *Arar* (Saône) e correndo para o sul desemboca no *Sinus Gallicus*.
35. **Continetur**: *é limitada.*
36. **Ab Sequanis**: *da parte dos séquanos.* A preposição indica o ponto de partida. O mesmo sentido tem nas expressões *a fronte, a tergo, a latere, a novissimo agmine, a dextro cornu, a sinistro cornu, ab extremo agmine*. Os séquanos (vizinhos do rio Sena = Sequana) habitavam entre o Saone, o Ródano, o Jura, o Reno e os Vosgos. A cidade principal era *Vesontio* (Besançon).
37. **Vergit ad septentriones**: *está orientada para o norte.* Cícero e César empregam *septentriones* de preferência no plural por ser mais etimológico: *septem triones* "os sete bois de lavrar" (*tero*), com que se designa a Ursa Maior, constelação no hemisfério boreal, composta de sete estrelas denominadas Plêiades. — A orientação geográfica tem por base a Província Narbonense.
38. **Belgae** *(Belgium)*... **oriuntur**: *o território dos belgas começa.* — Galliae entende-se a Gália Céltica.
39. **Pertinent**: *estendem-se*, termo técnico de descrição geográfica, em que *per* indica a extensão, e *teneo* tem o sentido primitivo de *tendo*.

40. **Ad inferiorem partem**: *o curso inferior.*
41. **Spectant**, variação de *vergit*; propriamente *vergit* quer dizer *declina*, e *spectant* significa *olham para*.
42. **In septentrionem et orientem solem**: *para nordeste.* O singular *septentrionem* foi empregado aqui por causa da simetria com *orientem solem*.
43. **Et eam** = *et ad eam*, mas a preposição foi omitida porque *Pyrenaeos montes* e *partem Oceani* são considerados um conceito único.
44. **Est ad** = *attingit*. A preposição indica vizinhança. — **Hispaniam**: compreendia a Espanha e o Portugal de hoje. Dividia-se em *Hispania Ulterior* e *Hispania Citerior*. Toma-se por base de referência a Itália.

Vocabulário

divido, divisi, divisum, dividere, v.: dividir, separar
pars, partis, s. f.: a parte
incolo, incolui, incultum, incolere, v.: habitar
Aquitani, orum, s. m. pl.: os aquitanos, habitantes da Aquitânia
Celtae, arum, s. m. pl.: os celtas
institutum, i, s. m.: o costume
differo, distuli, dilatum, differre, v.: diferir
Garumna, ae, s. m.: o rio Garuna, hoje Garona
Matrona, ae, s. m.: o rio Matrona, hoje Marna
Sequana, ae, s. m.: o rio Sequana, hoje Sena
propterea quod, conj.: por isso que
cultus, us, s. m.: a cultura
humanitas, atis, s. f.: a civilização
absum, abfui, abesse, v.: estar afastado
minime, adv.: de nenhum modo
mercator, oris, s. m.: o mercador, o comerciante
commeo, avi, atum, are, v.: viajar, ir e vir
effemino, avi, atum, are, v.: efeminar, enfraquecer
pertineo, pertinui, pertinere, v.: estender-se até, referir-se a
importo, avi, atum, are, v.: importar, introduzir
continenter, adv.: continuadamente, sem interrupção
gero, gessi, gestum, gerere, v.: fazer, empreender
quoque, adv.: também, do mesmo modo
reliquus, a, um, adj.: restante
virtus, utis, s. f.: a virtude, a coragem
praecedo, praecessi, praecessum, praecedere, v.: exceder, superar, avantajar-se
fere, adv.: quase, pouco mais ou menos
cotidianus, a, um, adj.: cotidiano, diário
contendo, contendi, contentum, contendere, v.: lutar, esforçar-se por
fines, ium, s. m.: as fronteiras, os limites
prohibeo, prohibui, prohibitum, prohibere, v.: afastar, repelir
obtineo, obtinui, obtentum, obtinere, v.: obter, conservar
capio, cepi, captum, capere, v.: tomar
contineo, continui, contentum, continere, v.: conter, encerrar

attingo, attigi, attactum, attingere, v.: atingir, tocar levemente
vergo — vergere, v.: estar voltado (para), inclinar-se
septentrio, onis, s. m.: o setentrião, o norte
orior, ortus sum, oriri, v.: originar-se, começar
specto, avi, atum, are, v.: olhar, estar voltado para
Pyrenaeus, a, um, adj.: dos Pirineus
occasus, us, s. m.: o ocaso, o poente

Orações relativas

Orações subordinadas relativas são as orações dependentes iniciadas por um *pronome* ou *advérbio relativo*. Estão no *indicativo*, quando encerram exposição objetiva de um fato. Ex.: *Vos, qui affuistis, testes esse poteritis*: vós, que estivestes presentes, podereis ser testemunhas.

Estão no subjuntivo quando:

1. São expressas como *pensamento do sujeito da frase regente*. Ex.: *Dionysius neminem, qui liber esse vellet, sibi amicum arbitrabatur*: Dionísio não julgava amigo seu a ninguém que quisesse ser livre;
2. Exprimem um *fim*, uma *intenção*, equivalendo neste caso *qui, quae, quod* a *ut* final. Ex.: *Clusini legatos Romam, qui auxilium a senatu peterent, misere*: os clusinos enviaram embaixadores a Roma, a fim de pedir auxílio do senado;
3. Exprimem uma *consequência*. Ex.: *Non sum ego is consul, qui nefas esse arbitrer Gracchos laudare*: não sou eu tal cônsul que julgue ser crime louvar os Gracos;
4. Exprimem uma *concessão*, equivalendo *qui* a *cum ego, cum tu* (concessivo). Ex.: *Galba, qui in collegio sacerdotum esset, condemnatus est*: Galba, embora estivesse no colégio dos sacerdotes, foi condenado;
5. Exprimem um *motivo*, equivalendo *qui* a *cum ego, cum tu* (causal). Ex.: *Magna est culpa Pelopis, qui non erudierit filium*: Pélope tem grande culpa, porque não educou o filho;
6. Exprimem uma *restrição*, uma limitação, sendo neste caso o pronome relativo muitas vezes seguido de *quidem* (*qui quidem*) ou de *modo* (*qui modo*). Ex.: *Ex oratoribus Atticis antiquissimi sunt, quorum quidem scripta constent, Pericles atque Alcibiades*: dos oradores áticos são os mais antigos, pelo menos enquanto existem escritos deles, Péricles e Alcebíades;
7. Dependem de um *comparativo* seguido de *quam*, podendo empregar-se *quam qui* em lugar de *quam ut is*, mas *quam ut* é mais usado. Ex.: *Maior sum, quam cui possit Fortuna nocere*: sou demasiadamente grande, para que a Fortuna possa me prejudicar;

8. Substituem uma oração *condicional* que está no subjuntivo. Ex.: *Qui illum concursum videret, urbem captam diceret (= si quis... videret... diceret)*: quem visse (se alguém visse) aquele ajuntamento, diria que era uma cidade tomada pelos inimigos.

Sentença

Qui spernit consilium, spernit auxilium.

Lectio septima decima

Monte Iura altissimo, qui est inter Sequanos et Helvetios

Os helvécios preparam-se para emigrar

Proposta de Orgetórige

I, 2. Apud Helvetios[1] longe[2] nobilissimus[3] fuit et ditissimus[4] Orgetorix. Is, M. Messala et M. Pisone consulibus[5], regni cupiditate inductus[6], coniurationem nobilitatis fecit[7], et civitati persuasit[8], ut de finibus suis cum omnibus copiis exirent.

Perfacile esse[9], cum[10] virtute omnibus praestarent, totius Galliae imperio potiri.

Razões por que os helvécios se deixaram persuadir facilmente

Id hoc facilius[11] eis persuasit, quod undique loci natura Helvetii continentur[12]; una ex parte, flumine Rheno latissimo, qui[13] agrum Helvetium a Germanis dividit; altera ex parte, monte Iura[14] altissimo, qui est inter Sequanos et Helvetios; tertia[15], lacu Lemanno[16] et flumine Rhodano, qui Provinciam nostram[17] ab Helvetiis dividit.

His rebus fiebat, ut et minus late vagarentur[18], et minus facile finitimis bellum inferre possent: qua de causa[19] homines bellandi cupidi magno dolore afficiebantur.

Pro multitudine autem hominum[20] et pro gloria belli atque fortitudinis angustos se fines[21] habere arbitrabantur, qui in longitudinem milia passum CCXL[22] (ducenta et quadraginta), in latitudinem CLXXX (centum et octoginta) patebant.

Comentário

1. **Apud Helvetios**. Já na primeira palavra do período, César coloca em evidência o argumento da narração: *os helvécios*. Começa a falar dos helvécios, porque foi com este povo que travou a primeira batalha.
2. **Longe**: *incontestavelmente*. **Longe**, como outras partículas (*facile, vel, etiam, unus* etc.), junto de um superlativo, serve para o reforçar.
3. **Nobilissimus**. Entre os gauleses a nobreza formava uma casta distinta da plebe; compreendia os guerreiros e os ricos, que desempenhavam todos os cargos públicos.
4. **Ditissimus**. É o superlativo de *dis, ditis*, forma arcaica de *dives, divitis*. Cícero emprega *divitior* e *divitissimus*. A separação de *nobilissimus* mediante *fuit* intercalado lhe dá maior relevo. — **Orgetorix**: *Orgetórige*, nobre helvécio que depois de serem descobertos os seus planos se suicidou para fugir ao julgamento.
5. **M. (Marco) Messala et M. (Marco) Pisone consulibus**: *sob o consulado de Marco Messala e Marco Pisão*. Ablativo absoluto. Os cônsules nomeados aqui exerceram o cargo no ano 693 da fundação de Roma ou 61 a.C. Os romanos designavam os anos pelo nome dos cônsules. — **Marco Messala et Marco Pisone consulibus**. A conjugação *et* omite-se quase sempre nestas locuções. — **Marco Valerio Messala** apelidado *Niger* era, como diz Cícero em *Brutus* LXX, 246, bom orador, mas censurável por seu caráter (*Ad Atticum* I, 14, 6); Marco Púpio Pisão Calpurniano desempenhou papel importante na guerra civil.
6. **Regni cupiditate inductus**: *levado pela ambição de reinar*. Orgetórige intencionava fundar um reino a oeste do Jura, subjugando as tribos mais fracas que habitavam no interior do país.
   Quando César chegou à Gália Céltica, a monarquia tinha quase desaparecido. Ele procurou restabelecê-la aqui e acolá para opor um dique à autoridade dos sacerdotes e dos nobres. Orgetórige ambicionava fazer-se rei de sua nação. — **Inductus**: a ideia de sedução viria expressa fracamente com *adductus*. Pode-se até omitir o particípio, mas neste caso a causa que impele a agir perderia em precisão.
7. **Coniurationem nobilitatis fecit** = *fecit ut nobiles coniurarent*. Não se trata aqui propriamente de uma conjuração, mas de um acordo.
8. **Civitati persuasit ut... exirent**: *persuadiu à nação* (ao povo) *que saísse de seu país com todas as forças* (em massa, com mulheres e filhos). **Exirent** no plural refere-se a um sujeito coletivo no singular, *civitati*.

— **De**. Esta preposição indica partida definitiva, sem ideia de um possível retorno, que seria expresso pela partícula *ex*. — **Cum omnibus copiis**: *em massa*; não só o exército, mas toda a população com seus bens móveis.
9. **Perfacile esse** *(subentende-se dixit): disse que era sumamente fácil.*
10. **Cum**: causal. — **Omnibus**: *Gallis*.
11. **Hoc facilius**: *tanto mais facilmente*. **Id** é objeto de *persuasit*; **hoc**, ablativo de modo, correlativo de *quod: por isto que*.
12. **Loci natura continentur**: *estão encerrados pela conformação do lugar, estão fechados pela configuração do terreno.*
13. **Flumine Rheno, qui**: o relativo concorda com o nome próprio *Rheno*. — **Agrum**: *território*. — **Germanis**: o nome do povo pelo nome da região.
14. **Monte Iura**: a cadeia do Jura que, estendendo-se do Ródano ao Reno, separava os séquanos dos helvécios.
15. **Tertia**: subentende-se *ex parte*.
16. **Laco Lemanno**: atual *lago de Genebra*.
17. **Nostram**. Um historiador que não fosse romano teria dito *Romanam* em lugar de *nostram*.
18. **Minus late vagarentur**: *fizessem mais curtas incursões, o seu campo de ação era menos amplo.*
19. **Qua de causa**: *por este motivo*. — **Homines bellandi cupidi** = *cum homines essent bellicosi*. — **Magno dolore afficiebantur**: *afligiam-se muito*;
20. **Pro multitudine hominum**: *em razão do grande número de homens, atendendo ao número elevado da população*. Eram ao todo 368.000. — **Pro gloria belli atque fortitudinis** = *pro gloria bellicae fortitudinis* (hendíadis): *em vista da glória proveniente do valor bélico.*
21. **Angustos fines**: *território muito estreito*. — **Qui** refere-se a *fines*.
22. **In longitudinem milia passum CCLX, in latitudinem CLXXX** = *240 milhas de comprimento e 180 de largura*. A milha romana tinha 1.480 metros; donde se infere que o país dos helvécios contava uns 355 por 266 quilômetros. — **In longitudinem... in latitudinem** (acusativo de direção): *no sentido do comprimento... da largura*. Nós costumamos exprimir a mesma ideia por uma limitação. — **Passuum**. O passo equivalia a cinco pés, e o pé na idade clássica equivalia a 0,2957 metros. Estas dimensões do país dos helvécios dadas por César são aproximativas.

Vocabulário

longe, adv.: de muito, sem comparação
ditissimus, a, um, adj. sup.: o mais rico
Orgetorix, igis, s. m.: Orgetórige
Piso, onis, s. m.: Pisão
cupiditas, atis, s. f.: a cobiça, o desejo, a cupidez
induco, induxi, inductum, inducere, v.: induzir, levar
coniuratio, onis, s. f.: a conjuração, a conspiração
nobilitas, atis, s. f.: a nobreza
persuadeo, persuasi, persuasum, persuadere, v.: persuadir
exeo, exivi, exitum, exire, v.: sair
praesto, praestiti, praestitum, praestare, v.: exceder, levar vantagem
potior, potitus sum, potiri, v.: apoderar-se
undique, adv.: de todos os lados
latus, a, um, adj.: largo
late, adv.: por largo espaço, sem embaraço
vagor, vagatus sum, vagari, v.: vaguear, andar por aqui, por ali
infero, intuli, illatum, inferre, v.: levar
afficio, affeci, affectum, afficere, v.: afetar, ferir
angustus, a, um, adj.: estreito, acanhado
arbitror, arbitratus sum, arbitrari, v.: julgar
longitudo, udinis, s. f.: o comprimento
latitudo, udinis, s. f.: a largura
pateo, patui — patere, v.: estar aberto, estender-se

Oração integrante objetiva enunciativa dependente de verbo SENTIENDI

Verbos *sentiendi* são os que exprimem qualquer percepção pelos sentidos ou qualquer conhecimento intelectual. Ex.: **arbitror, censeo, existimo, iudico, opinor, puto**: *julgar*; **confido**: *confiar*; **intellego**: *entendo*; **memini**: *lembro-me*; **obliviscor**: *esqueço-me*; **scio**: *sei*; **nescio, ignoro**: *ignoro*; **sentio**: *sinto*; **spero**: *espero*; **video**: *vejo*.

Ex.: *Censeo te errare*: julgo que erras. *Censebam te errare*: julgava que erravas. *Censeo te erravisse*: julgo que erraste. *Censebam te erravisse*: julgava que tinhas errado. *Censeo te erraturum esse*: julgo que errarás. *Censebam te erraturum esse*: julgava que havias de errar.

Nota. Muitos verbos não têm infinitivo futuro. Neste caso, emprega-se a circunlocução com **futurum esse (fore), ut,** que às vezes também se usa quando os verbos têm infinitivo futuro, principalmente em lugar do infinitivo futuro passivo. Ex.: *Censeo futurum esse (fore), ut omnes hoc discant* ou *ut hoc ab omnibus discatur*: julgo que todos hão de aprender isto.

Sentença

Te credo subripuisse quod pulchre negas.
Fedro, *Fab.*, 1, 10, 10.

Lectio duodevicesima
Descreve-se a rota da invasão

Extremum oppidum Allobrogum est proximumque Helvetiorum finibus Genava. Ex eo oppido pons ad Helvetios pertinet. Genebra atual (cidade e lago).

I, 6. Erant omnino itinera duo[1], quibus itineribus domo exire possent[2]: unum per Sequanos[3], angustum et difficile, inter montem Iuram et flumen Rhodanum, vix qua[4] singuli carri ducerentur; mons autem altissimus impendebat, ut[5] facile perpauci prohibere possent.

Alterum per Provinciam nostram[6], multo facilius atque expeditius, propterea quod inter fines Helvetiorum et Allobrogum, qui nuper pacati erant, Rhodanus fluit, isque nonnullis locis vado transitur[7].

Extremum oppidum[8] Allobrogum est proximumque Helvetiorum finibus Genava. Ex[9] eo oppido pons ad Helvetios pertinet. Allobrogibus[10] sese vel persuasuros, quod nondum bono animo in populum Romanum viderentur, existimabant, vel vi coacturos ut per suos fines eos ire paterentur.

Omnibus rebus ad profectionem comparatis, diem dicunt[11], qua die ad ripam Rhodani omnes conveniant. Is dies erat a. d. V. Kal. April.[12] L. Pisone, A. Gabinio consulibus.

Comentário

1. **Erant omnino itinera duo**: *havia somente dois caminhos: um através da terra dos séquanos, muito estreito e difícil, por entre o monte Jura e o rio Ródano; outro, muito mais fácil e cômodo, cortava o país dos alóbroges que, derrotados pelos romanos, ainda não estavam completamente submetidos.*
   Itinera duo, quibus itineribus. Esta repetição do nome na oração relativa é frequente em César, cf. mais abaixo: *diem dicunt, qua die*. Este modo de escrever funda-se na exatidão escrupulosa das antigas leis romanas.

2. **Possent** em vez de *poterant*, porque a oração é consecutiva; *quibus* equivale a *talia ut iis*.
3. **Per Sequanos**: *per agrum Sequanorum*.
4. **Vix qua**: colocação rara em lugar de *qua vix*, escolhida para pôr em evidência as dificuldades da passagem (*vix*). *Qua* é advérbio de movimento por um lugar e equivale a *ut ea*; por isso César empregou o conjuntivo consecutivo *ducerentur: por onde mal passariam carros um a um*. — **Singuli**: *um a um, em fila*. — **Singuli carri**: *um carro por vez, um após outro*.
5. **Ut**: conjunção consecutiva. — **Prohibere**: *impedir a passagem*. Tal uso absoluto se explica subentendendo-se o objeto *euntes*.
6. **Per Provinciam nostram**. Propriamente o país dos alóbroges não era incorporado à Província, mas considerava-se conquista romana. — **Qui nuper pacati erant**: *que há pouco tinham sido pacificados*, a saber, dois anos antes de começar a guerra da Gália, em 60 a.C. — **Pacati** é eufemismo por *subiecti*. — **Facilius atque expeditius** opõem-se, em quiasma, a *angustum et difficile*. — **Allobrogum**: povo celta que habitava entre o Ródano, o Isère e o lago de Genebra. Fora sujeitado dois anos antes, pelo pretor Caio Pontino, e agregado à Província Romana.
7. **Vado** (abl.) **transitur**: *que é atravessado por um vau, que se pode vadear, que se pode atravessar a vau*.
8. **Extremum oppidum**: *a cidade mais ao norte*, na Província Romana. Os dois vocábulos são colocados em lugar saliente para dar-lhes relevo. — **Genava** é atualmente Genebra.
9. **Ex** indica a cabeça da ponte que se estende (*pertinet*) até o país dos helvécios, separado dos alóbroges pelo rio Ródano.
10. **Allobrogibus**. *(Helvetii)* **existimabant sese vel persuasuros** (*esse*) **Allobrogibus, quod... vel** (*esse*) **coacturos** (*eos*), **ut paterentur eos ire per suos fines**: *(os helvécios) julgavam que haviam ou de mover aos alóbroges, porque ainda não pareciam bem-dispostos para com os romanos, ou de os forçar a permitir passagem por suas terras*. — **Allobrogibus** é colocado por ênfase no início da frase. Dos alóbrogos os helvécios julgavam alcançar tudo facilmente. — **Sese**: os helvécios. — **Nondum bono animo**: a conquista era muito recente. — **Viderentur**: o conjuntivo indica que o pensamento é dos helvécios. — **Coacturos**: o objeto se inclui na palavra *Allobrogibus* que precede. — **Suos**: dos alóbroges. — **Eos**: os helvécios. Aqui teríamos esperado *se*, mas tal emprego traria obscuridade depois de

suos referido aos alóbroges. — **Paterentur**: *tolerassem, deixassem, permitissem*.
11. **Diem dicunt**: *marcam o dia*, ou melhor, *a época*. É este o sentido mais ordinário de *dies*, quando feminino. A aliteração torna atento o leitor.
— **Conveniant**: o conjuntivo do discurso indireto está em lugar de um futuro indicativo.
12. **A. d. V. Kal. April.** = *ante diem quintum Kalendas Apriles*: 28 de março — **L. (Lúcio) Pisone, A. (Aulo) Gabinio consulibus**: *sendo cônsules Lúcio Pisão e Aulo Gabínio*, isto é, no ano 696 da fundação de Roma, ou 53 a.C. Lúcio Calpúrnio Pisão Calpurniano foi homem de prestígio na guerra civil. Aulo Gabínio seguiu o partido de César; depois da batalha de Farsília governou a Ilíria.

Vocabulário

omnino, adv.: somente, ao todo
vix, adv.: apenas, com dificuldade
impendeo – – impendere, v.: ficar sobranceiro
expeditus, a, um, adj.: expedito, desembaraçado
Allobroges, um, s. m. pl.: os alóbroges
nuper, adv.: há pouco, recentemente
paco, avi, atum, are, v.: pacificar
fluo, fluxi, fluxum, fluere, v.: correr, fluir
nonnullus, a, um, adj.: algum
vadus, i, s. m.: o vau (lugar raso)
transeo, ivi, itum, ire, v.: atravessar, transitar
Genava, ae, s. f.: Genava (Genebra)
nondum, adv.: ainda não
videor, visus sum, videri, v.: parecer
existimo, avi, atum, are, v.: julgar
cogo, coegi, coactum, cogere, v.: obrigar
patior, passus sum, pati, v.: sofrer, permitir
ripa, ae, s. f.: a margem

Orações causais

Causais são as orações subordinadas que exprimem o *motivo* daquilo que é enunciado na oração principal. Empregam-se as conjunções: **quia, quod**: porque; **quoniam**: já que; **cum**: como, pois que.

Ex.: *Edo, quia esurio*: como, porque tenho fome. *Vos, Quirites, quoniam nox est, in vestra tecta discedite*: vós, quirites, já que é noite, retirai-vos para vossos lares.

Exercício

Vir sapiens legibus non propter metum paret, sed eas sequitur, **quia** id salutare maxime esse **iudicat**. Laudat Africanum Panaetius, **quod fuerit** abstinens. **Quoniam** me una vobiscum servare non **possum**, vestrae quidem certe vitae prospiciam. **Cum** vita sine amicitia insidiarum et metus plena **sit**, ratio ipsa monet amicitias comparare.

Vocabulário

metus, us, s. m.: o medo
pareo, parui, (pariturus), parere, v.: obedecer
Panaetius, i, s. m.: Panécio

abstinens, entis, part.: que se abstém, casto
prospicio, prospexi, prospectum, prospicere, v.: velar, cuidar
comparo, avi, atum, are, v.: adquirir

Sentença

Esto servus, quoniam liber esse nescisti.
Valério Máximo.

Lectio undevicesima

> Legatos ad eum mittunt, nobilissimos civitatis, cuius legationis Nammeius et Verucloetius principem locum obtinebant

César parte rapidamente para Genebra

I, 7. Caesari[1] cum id nuntiatum esset, eos per Provinciam nostram iter facere conari[2], maturat[3] ab Urbe[4] proficisci et, quam maximis potest itineribus[5], in Galliam ulteriorem[6] contendit et ad Genavam pervenit.

Provinciae toti quam maximum potest militum numerum[7] imperat (erat omnino in Gallia ulteriore legio una[8]); pontem, qui erat ad Genavam, iubet rescindi.

Os helvécios pedem licença de passar pela Província

Ubi de eius adventu Helvetii certiores facti sunt, legatos ad eum mittunt, nobilissimos civitatis[9], cuius legationis Nammeius et Verucloetius principem locum obtinebant, qui dicerent[10] "sibi esse in animo, sine ullo maleficio, iter per Provinciam facere, propterea quod aliud iter haberent nullum: rogare ut eius voluntate id sibi facere liceat".

César procura ganhar tempo

Caesar, quod memoria tenebat[11] L. Cassium consulem occisum[12] exercitumque eius ab Helvetiis pulsum et sub iugum[13] missum, concedendum non putabat.

Neque[14] homines inimico animo, data facultate per Provinciam itineris faciundi, temperaturos ab iniuria et maleficio existimabat.

Tamen, ut spatium intercedere posset[15], dum milites, quos imperaverat, convenirent, legatis respondit "diem se ad deliberandum sumpturum[16]; si quid vellent, ad Id. April.[17] reverterentur".

Comentário

1. **Caesari**: César fala de si mesmo em terceira pessoa. — **Id**: antecipa a oração infinitiva que se segue.
2. **Conari**: *tinham a intenção.*
3. **Maturat**: *(ele) se apressa.* O sujeito deduz-se facilmente de *Caesari*.
4. **Ab Urbe**: *de Roma.* Depois de expirar o tempo de seu consulado, César permaneceu três meses às portas de Roma para esperar as deliberações do senado. Em princípios de abril do ano 58 teve a notícia do plano dos helvécios. Partindo imediatamente de Roma, chegou em oito dias a Genebra.
5. **Quam maximis potest itineribus**: *com marchas tão rápidas quanto possível*, isto é, *em marchas forçadas. Iter* significa o dia de jornada; *iustum iter*, a jornada normal de cerca de 25 km por dia; *minora itinera*, as jornadas inferiores às normais; *magna itinera*, as jornadas longas de cerca de 30 km; *maxima itinera*, as marchas forçadas. Aos soldados se lhes concedia um dia de repouso cada dois ou três dias de marcha.
6. **In Galliam ulteriorem**: *para a Gália Transalpina.* — **Ad Genavam pervenit**: *chega às vizinhanças de Genava.*
7. **Quam maximum potest militum numerum**: *o maior número de soldados que podia exigir um procônsul.* — **Militum**: são aqui os soldados auxiliares que as províncias eram obrigadas a fornecer. — **Imperat**: *ordena que forneça.*
8. **Legio una**: *uma só legião.* Era a célebre décima legião comandada por Labieno, que invernava na Gália Transalpina. César recebera quatro legiões para o governo da Gália. As outras três, a sétima, a oitava e a nona, achavam-se em Aquileia na Gália Cisalpina. Ao todo 24.000 homens de infantaria. Formava ainda parte do exército uma cavalaria composta de espanhóis, seteiros e fundibulários da Numídia, de Creta e das ilhas Baleares. — **Legio** (de *legere*), que em sua origem indica o recrutamento, nos tempos heroicos designava uma parte do exército. Teoricamente uma legião devia ser composta de 6.000 homens; na prática, porém, o efetivo era de cerca de 3.500. — **Potem iubet rescindi**: *manda cortar a ponte*; lit: *manda que a ponte seja cortada.* **Iubeo** tem o infinito passivo, quando não é expresso o nome da pessoa a quem se manda.
9. **Nobilissimos civitatis**: *os cidadãos mais nobres do país.* — **Nammeius et Verucloetius**: não são nomeados algures. — **Principem locum**

(= *principatum*) **obtinebant**: *tinham a primazia*, eram os chefes da embaixada, os oradores.

10. **Qui dicerent** = *ut ii dicerent: para que dissessem* — **Sibi**: *aos helvécios*. — **Esse in animo**: *terem a intenção de*. — **Sine ullo maleficio**: *sem espécie alguma de hostilidade*. — **Iter facere**: *passar*. — **Nullum**: *nenhum*; posto em relevo pela colocação. — **Rogare**: subentende-se o sujeito *se*, que com os verbos *sentiendi* e *declarandi* muitas vezes se omite quando é o mesmo da frase regente. — **Eius voluntate**: *com o seu consentimento* (de César).
11. **Memoria** (abl. de meio) **tenebat**: *tinha bem na memória*. A frase *memoria tenere* é mais enérgica do que *recordari*.
12. **Lucium Cassium consulem occisum** *(esse)*: *que o cônsul Lúcio Cássio fora morto*. Lúcio Cássio Longino fora vencido e morto em 107 a.C. pelos gauleses tigurinos, tribo dos helvécios, nas proximidades do lago de Genebra.
13. **Iugum**: *o jugo*. Consistia de duas lanças fincadas em terra a poucos passos uma da outra, tendo uma terceira lança amarrada na altura de metro e meio, mais ou menos.
    Os vencidos recebiam a liberdade, sob a condição de passar sob o jugo, isto é, deviam depor as armas, tirar a veste superior e, um a um, caminhar por baixo da lança horizontal. Era a maior humilhação a que podia ser sujeito o exército romano. — **Occisum, pulsum, missum**: subentende-se *esse*.
14. **Neque existimabat homines inimico animo... temperaturos** *(esse)* **ab iniuria et maleficio**: *nem acreditava que homens mal-intencionados se absteriam de fazer mal ou dano*. — **Inimico animo**: ablativo de qualidade. — **Data facultate faciundi itineris per Provinciam**: *se lhes fosse dada a licença de passar pela Província*. Ablativo absoluto substituindo uma oração condicional. — **Temperaturos** *(esse)*: *se haviam de abster*. — **Iniuria**: *violências*; refere-se a pessoas. — **Maleficio**: *devastação*; refere-se a coisas.
15. **Ut spatium intercedere posset**: *para poder ganhar tempo*. — **Dum milites convenirent**: *até que se reunissem os soldados*.
16. **Se sumpturum** *(esse)* **diem ad deliberandum**: *que tomaria tempo para deliberar*. — **Diem**: *algum tempo*.
17. **Ad id. April.** = *Ad Idus Apriles: para os idos de abril*, isto é, *13 de abril*. — **Reverterentur**. No discurso direto seria *revertimini*.

Vocabulário

maturo, avi, atum, are, v.: apressar-se
contendo, contendi, contentum, contendere, v.: dirigir-se, pôr-se a caminho
pervenio, perveni, perventum, pervenire, v.: chegar a
iubeo, iussi, iussum, iubere, v.: mandar
rescindo, rescidi, rescissum, rescindere, v.: cortar
adventus, us, s. m.: a chegada

Nammeius, i, s. m.: Nameio
Verucloetius, i, s. m.: Verucloécio
maleficium, i, s. n.: o malefício, o dano
licet, licuit ou *licitum est, ere*, v.: ser lícito, permitido
pello, pepuli, pulsum, pellere, v.: repelir
dum, conj.: até que
sumo, sumpsi, sumptum, sumere, v.: tomar, empregar em
revertor, reversus sum, reverti, v.: voltar

Orações temporais

As orações iniciadas por *cum vere temporale* indicam com exatidão a data de um acontecimento e estão com o *indicativo* de todos os tempos; as iniciadas por *cum historicum*, estão no subjuntivo e indicam as circunstâncias concomitantes da ação principal. Ex.: *Ligarius eo tempore paruit, cum parere senatui necesse erat*: Ligário obedeceu naquele tempo em que era necessário obedecer ao senado.

Exercício

Facile omnes, **cum valemus**, recta consilia aegrotis damus. Alcibiades, **cum** inter Lacedaemonios **degebat**, tenui victu erat contentus; **cum** apud Persas, omnes temperantiae leges neglegebat. Epaminondas, **cum vicisset** Lacedaemonios apud Mantineam atque ipse gravi vulnere exanimari se **videret**, quaesivit salvusne esset clipeus.

Vocabulário

victus, us, s. m.: o alimento

exanimo, avi, atum, are, v.: tirar a vida

Sentença

Desinis esse bonus, cum non studes fieri melior.

Lectio vicesima

> Helvetii navibus iunctis ratibusque compluribus factis, alli vadis Rhodani, si perrumpere possent, conati sunt

César fortifica a fronteira da Província

I, 8. Interea[1], ea legione[2], quam secum habebat, militibusque, qui ex Provincia convenerant, a Lacu Lemanno, qui in flumen Rhodanum influit, ad montem Iuram, qui fines Sequanorum ab Helvetiis dividit, milia passuum decem novem[3] murum in altitudinem pedum sedecim fossamque perducit.

Eo opere perfecto, praesidia[4] disponit, castella communit, quo facilius[5], si se invito transire conarentur, prohibere possit[6].

César impede a passagem dos helvécios

Ubi ea dies, quam constituerat cum legatis, venit, et legati ad eum reverterunt[7], negat[8] "se more et exemplo populi Romani posse iter ulli per Provinciam dare et, si vim facere conentur, prohibiturum" ostendit[9].

Helvetii[10], ea spe deiecti, navibus iunctis ratibusque compluribus factis, alii vadis Rhodani, qua minima altitudo fluminis erat, nonnumquam interdiu, saepius noctu, si perrumpere possent conati, operis munitione et militum concursu et telis repulsi, hoc conatu destiterunt.

Comentário

1. **Interea**: *entretanto*, a saber, o dia 13 de abril, César manda levantar uma muralha de dezenove mil passos de comprimento e dezesseis pés de altura, guarnecida de um fosso. Estendia-se desde o lago Lemano até o monte Jura. Concluída a obra, dispôs nela presídio em castelos fortificados, para impedir que os helvécios tentassem penetrar no país dos alóbroges.

2. **Ea legione... militibusque**: *com a legião que tinha consigo* (a décima) *e com os soldados que haviam chegado da Província*. São ablativos de instrumento, porque os soldados se consideravam instrumentos nas mãos do chefe. — **Influit in Rhodanum**: *deságua no Ródano*. Como César não conhecesse o curso superior do Ródano, diz que o lago de Genebra lança suas águas no Ródano, quando na realidade é este rio que atravessa o lago.
3. **Milia passuum decem novem**: subentende-se *in longitudinem*. Note-se *decem novem* em lugar do ordinário *undeviginti*. — **Murum**: não foi propriamente um muro, mas uma trincheira, um terrapleno levantado com a terra obtida pela escavação do fosso. Tal obra de defesa não abrangia toda a extensão dos 19.000 passos, mas só os pontos não guarnecidos pelas defesas naturais. — **Fossamque perducit**: *faz abrir um fosso ao longo da muralha*.
4. **Praesidia**: *destacamento*, guarnição ocupando posições estratégicas. — **Disponit**: *coloca em vários pontos*. — **Castella**: diminutivo de *castrum*, eram *redutos* ou *bastiões* que saíam da linha de fortificação, e se destinavam a defendê-la.
5. **Quo facilius** = *ut eo facilius: para mais facilmente*. — **Se invito**: *contra sua vontade*.
6. **Possit**. Anteriormente empregou o imperfeito *conarentur*; é que *disponit* e *communit* são presentes históricos. — **Prohibere**: *embargar o passo*.
7. **Reverterunt**: semidepoente; a forma ativa pertence ao perfeito e aos tempos que se formam do tema do perfeito, a passiva é do presente e dos tempos que dele se formam. Raro é o perfeito *reversus sum*.
8. **Negat se more et exemplo... dare**: *responde que não pode facultar a ninguém passagem pela Província, segundo o costume e o exemplo do povo romano*. — **More et exemplo**: *segundo os usos e os precedentes* ou *segundo a tradição constante*. — **Iter dare**: *permitir a passagem*. — **Ulli**: substantivo = *cuiquam*.
9. **Ostendit** *(se esse)* **prohibiturum**: *declarou formalmente que lhes vedaria a passagem*.
10. **Helvetii deiecti ea spe, conati, si possent perrumpere, navibus iunctis et compluribus ratibus factis, alii** *(conati)*, **vadis Rhodani, qua altitudo fluminis erat minima, nonnumquam interdiu, saepius noctu, destiterunt hoc conatu, repulsi munitione operis et concursu militum et telis**: *os helvécios, frustrada essa esperança* (der-

ribados dessa esperança), *experimentaram se podiam passar à força, ou por meio de embarcações amarradas umas às outras e de jangadas que construíram em grande número, ou pelos vaus do Ródano, em que a profundidade do rio era mínima, às vezes de dia, quase sempre de noite; mas desistiram desta empresa repelidos pelas construções defensivas e pelos ataques e armas dos soldados.* — **Navibos iunctis**: *com uma ponte de barcas*: ablativo de instrumento. — **Alii**: *alguns poucos*, em oposição à grande massa dos helvécios. — **Vadis**: ablativo de movimento por lugar. — **Qua**: subentende-se *parte* — ***quibus locis***; indica extensão. — **Altitudo**: *a profundidade*. — **Perrumpere**: *abrir-se um caminho*. — **Operis munitione**: *a solidez do entrincheiramento*. — **Hoc conatu**: ablativo de separação.

Vocabulário

interea, adv.: durante aquele tempo, entretanto, neste meio tempo
influo, influxi, influxum, influere, v.: correr para, desaguar em
murus, i, s. m.: o muro, a muralha
fossa, ae, s. f.: o fosso
praesidium, i, s. n.: a guarnição, o presídio
castellum, i, s. n.: o castelo, a fortaleza
communio, ivi, itum, ire, v.: fortificar
deicio, deieci, deiectum, deicere, v.: derrubar, esbulhar
iungo, iunxi, iunctum, iungere, v.: juntar, unir
ratis, is, s. f.: a jangada
nonnumquam, adv.: algumas vezes
interdiu, adv.: de dia
perrumpo, perrupi, perruptum, perrumpere, v.: passar à força
munitio, onis, s. f.: a fortificação
concursus, us, s. m.: o concurso, o ataque
telum, i, s. n.: a arma de arremesso (dardo, flecha)
desisto, destiti — desistere, v.: desistir
conor, conari, conatus, v.: tentar

Orações finais

Finais são as orações subordinadas que exprimem a *finalidade* da oração principal. Empregam-se as conjunções: *ut*: para que, a fim de que; *ne*: para que não, a fim de que não.

Ex.: *Edimus, ut vivamus; non vivimus, ut edamus*: comemos para viver, não vivemos para comer. *Sequani Caesari se dederunt, ne gravius in se consuleret neve armis se privaret*: os séquanos se entregaram a César, para que os não tratasse com maior severidade, nem os privasse das armas.

Exercício

Legati hostium Romam venerunt, **ut** cum senatu de pace **agerent**. Cives portas oppidi clauserunt, **ne** repentino hostium impetu **opprimerentur**. Caesar milites cohortatus est, **ut** suae pristinae virtutis memoriam **retinerent**. Voluptas plerosque impellit, **ut** virtutem **deserant**. Cura, **ne** in morbum **incidas**.

Vocabulário

ago, egi, actum, agere, v.: tratar
claudo, clausi, clausum, claudere, v.: fechar
pristinus, a, um, adj.: antigo
retineo, retinui, retentum, retinere, v.: reter
plerique, pleraeque, pleraque, adj. pl.: quase todos, a maior parte
desero, deserui, desertum, deserere, v.: abandonar
incido, incidi, incidere, v.: cair

Sentenças

Time Deum, ne deficias.

Ama Deum, ut proficias.

Lectio vicesima prima

> Qua proximum iter in ulteriorem Galliam per Alpes erat, cum his quinque legionibus ire contendit

César resolve impedir que os helvécios se estabeleçam perto da Província

I, 10. Caesari renuntiatur[1] Helvetiis esse in animo per agrum Sequanorum et Aeduorum iter in Santonum[2] fines facere, qui non longe a Tolosatium[3] finibus absunt, quae civitas est in Provincia.

Id si fieret[4], intellegebat magno cum periculo Provinciae futurum[5] ut homines bellicosos, populi Romani inimicos, locis patentibus maximeque frumentariis finitimos haberet.

César busca reforços

Ob eas causas ei munitioni[6], quam fecerat, T. Labienum[7] legatum praefecit: ipse in Italiam[8] magnis itineribus contendit, duasque ibi legiones conscribit[9], et tres[10], quae circum Aquileiam[11] hiemabant, ex hibernis educit[12], et, qua proximum iter[13] in ulteriorem Galliam per Alpes erat, cum his quinque legionibus ire contendit.

Ibi Ceutrones[14] et Graioceli et Caturiges, locis superioribus occupatis, itinere exercitum prohibere conantur.

Compluribus[15] his proeliis pulsis, ab Ocelo, quod est citerioris Provinciae extremum, in fines Vocontiorum ulterioris Provinciae die septimo pervenit; inde in Allobrogum fines, ab Allobrogibus in Segusiavos exercitum ducit. Hi sunt extra Provinciam trans Rhodanum primi.

Comentário

1. **Caesari renuntiatur**: *anuncia-se a César*. César é informado por espias que ele enviara a colher informações. — **Esse in animo**: *tinham a*

intenção. O verbo *sum* com um dativo *(Helvetiis)* significa *ter*. Na tradução o dativo se torna sujeito do verbo ter: aqui, é dativo possessivo.

2. **In Santonum fines**: *para as fronteiras dos sântones*. Os sântones ocupavam a planície ocidental da Gália, entre o Líger e o Oceano Atlântico, onde atualmente está situada Saintonge. Esta planície era muito fértil e dilatada, pelo que diz César mais abaixo *locis patentibus maximeque frumentariis*.

3. **Tolosatium**: *dos tolosates*, povo da Aquitânia, habitantes da hodierna Tolosa. — Os sântones distavam dos tolosates cerca de 160 km, mas César precisava justificar a guerra contra os helvécios, com o pretexto da segurança da Província. — **Absunt**: pensamento de César, não dos informantes; por isso o indicativo. — **Quae civitas** = *quorum civitas: cujo povo*.

4. **Id si fieret**: *se isto acontecesse*. Coloca o pronome *id* antes de *si*, para concatenar melhor o pensamento desta oração com o da anterior.

5. **Futurum (esse) ut... haberet**: *havia de constituir grande perigo para a Província, destituída de defesas naturais e muito rica em trigo, a vizinhança de homens belicosos, inimigos do povo romano*. — **Futurum (esse)** representa o infinito futuro de *fieri*. — **Locis patentibus**: *lugares desguarnecidos*, abertos, não defendidos, não fechados por montes, rios ou outras defesas naturais, e por isso abertos aos inimigos. É ablativo de lugar. — **Frumentariis**: *férteis em cereais, ricos em trigo*. — **Haberet**: o sujeito é Província. — **Finitimos**: *por vizinhos*.

6. **Ei munitioni quam fecerat**. Alusão à muralha e ao fosso que fizera ao longo da margem esquerda do Ródano.

7. **Labienum**. Era o primeiro lugar-tenente de César; na guerra contra os gauleses ocupou postos de responsabilidade a pleno contento de César. Durante a guerra civil bandeou-se para o partido de Pompeu, do qual foi lugar-tenente na Ásia. Combateu em Durazzo, em Farsália, na África e na Espanha. Morreu na batalha de Munda, 45 a.C. — **Legatum**. Os legados eram ajudantes do general, pertenciam à ordem senatorial e eram nomeados pelo senado. Ordinariamente os legados eram três, mas na Gália César chegou a possuir dez. O seu ofício era comandar uma parte do exército e substituir o general ausente.

8. **In Italiam magnis itineribus contendit**: *dirige-se para a Itália a grandes jornadas*. — **Italiam** = *Galliam Cisalpinam*. — **Contendit**: presente histórico.

9. **Ibi duas legiones conscribit**: *aí recruta duas legiões*, a undécima e a duodécima. — **Conscribit**: termo técnico militar que indica o alista-

mento de tropas feito entre os cidadãos romanos, sob a direção dos comissários, que na Itália representavam os cônsules e nas províncias ou nas colônias representavam os procônsules.

10. **Tres**: a sétima, a oitava e a nona. Estes números se referem à organização geral do exército. César tinha assim um exército de seis legiões, compreendida a décima.

11. **Circum Aquileiam**: *nas vizinhanças de Aquileia*. Aquileia naquele tempo era capital da Província *Venetia* e uma das cidades mais importantes e ricas do norte da Itália. Fundada pelos romanos em 181 a.C., nas costas do mar Adriático, logo se tornou centro estratégico de todas as operações bélicas ao norte. Foi destruída por Átila em 452.

12. **Ex hibernis educit**: *retira dos quartéis de inverno*. — **Hibernis** subentende-se *castris*: campos entrincheirados nos quais os soldados passavam o inverno, debaixo de barracas cobertas de palha. Estes acampamentos, plantados junto de qualquer cidade, constituíam para ela uma defesa contra os inimigos, comprada, porém, com não leve incômodo.

13. **Qua proximum iter**. O caminho mais breve seguido provavelmente por César foi o que passa por Pádua, Mântua, Cremona, Pavia, Turim, Susa *(Segúsio)*, Cularo (chamado posteriormente *Gratianopolis*, hoje Grenoble). — **Ire contendit**: indica viagem rápida.

14. **Ceutrones**: *cêutrones*, população de origem céltica que habitava no vale do Isère. — **Graioceli**: *graiocelos*, povo céltico do vale superior do Dora. — **Caturiges**: *caturiges*, outra população céltica do vale superior do Durance. — **Locis superioribus occupatis**: *ocupadas as alturas*. Ablativo absoluto.

15. **Compluribus... primi**. Saindo de Ocelo, que é a última cidade da Gália citerior, César chegou aos vocôncios, na Gália ulterior, em sete dias, depois de vários combates contra os cêutrones, graiócelos e caturiges. Partindo do país dos vocôncios, conduziu o exército ao território dos alóbroges; dos alóbroges seguiu para os segusiavos, primeiro povo que se encontra fora da Província além do Ródano. — **Compluribus his proellis pulsis**. Duas espécies de ablativos: um, absoluto — *his* (*Ceutronibus* etc.) *pulsis*; outro, de instrumento: *compluribus proeliis*. A construção entrelaçada serve para isolar *compluribus*, com que principia a frase, pondo em evidência o número. — **Ab Ocelo**: cidade dos graiócelos. A topografia desta cidade é duvidosa. A preposição *ab* indica a vizinhança do lugar, do qual César retoma a marcha.

— **Extremum**: usado substantivamente. — **Vocontiorum**: povo da Província Romana entre o Isère e o Durance. — **Ulterioris Provinciae**: genitivo partitivo com *fines*. — **Segusiavos**: população céltica da margem direita do Ródano, nos confins dos alóbroges. — **Primi**: segundo a posição topográfica. César tinha percorrido em menos de um mês cerca de 600 km, desde Aquileia ao país dos segusiavos. Sem autorização do senado e do povo romano, não podia entrar no território dos segusiavos, que eram independentes naquele tempo. Entretanto, o fez por razões políticas que alega no capítulo seguinte, onde procura justificar suas medidas.

Vocabulário

Santones, um, s. m. pl.: os sântones
Tolosates, ium, s. m. pl.: os tolosates
pateo, patui — patere, v.: estar aberto, exposto
hiemo, avi, atum, are, v.: invernar
hiberna, orum, s. n.: os quartéis de inverno
Ceutrones, um, s. m. pl.: os ceutrones
Graioceli, orum, s. m. pl.: os graiocelos
Caturiges, um, s. m. pl.: os caturiges
Ocelum, i, s. n.: Ocelo
Voconti, orum, s. m. pl.: os vocôncios
Segusiavi, orum, s. m. pl.: os segusiavos

Orações condicionais

Condicionais são as orações subordinadas que exprimem uma *condição* da qual resulta ou depende a consequência expressa na frase principal. As conjunções empregadas são: **si**: se; **si forte**: se por acaso; **nisi**: se não; **nisi forte**: se por acaso não.

Três são os casos a considerar: o *real*, o *potencial* e o *irreal*.

Caso real. No caso real enuncia-se a condição e a consequência como *reais*. Emprega-se o indicativo na prótase e na apódose. Ex.: *Si hoc dicis, erras*: se dizes isto, erras.

Caso potencial. No caso potencial a condição e a consequência são indicadas como *possíveis* ou *prováveis*. O tempo da prótase e apódose é o presente do subjuntivo e, mais raramente, o perfeito do subjuntivo. Ex.: *Si hoc dicas, erres*: se dissesses isto ou suposto que dissesses isto, errarias.

Caso irreal. No caso irreal a condição é expressa como *não sendo real* e, por isso, a consequência não o é. O tempo empregado na prótase e apódose é o imperfeito do subjuntivo, quando se trata do presente, o mais-que-perfeito do subjuntivo, quando se trata do passado. Ex.: *Si hoc diceres, errares*: se dissesses isto (o que de fato não se dá), errarias.

Exercício

Si amitti vita beata **potest**, beata esse non **potest**. Has res **nisi** magnas esse **fatear**, amens **sim**. Sapientia non **expeteretur**, **si** nihil **efficeret**. Si **venisses** ad exercitum, a tribunis militaribus **visus esses**: non es autem ab his visus, non es igitur profectus ad exercitum.

Vocabulário

amitto, amisi, amissum, amittere, v.: perder

fateor, fassus sum, fateri, v. dep.: confessar

amens, amentis, adj.: demente, insensato

expeto, expetivi, expetitum, expetere, v.: desejar vivamente, apetecer

efficio, effeci, effectum, efficere, v.: efetuar

Sentença

Si sapis, sis apis.
Sêneca, *Epist.*, 84, 16.

Lectio vicesima altera

Aedui, Ambarri et Allobroges fuga se ad Caesarem recipiunt

Éduos, ambarros e alóbroges pedem socorro a César

I, 11. Helvetii iam[1] per angustias et fines Sequanorum suas copias traduxerant et in Aeduorum fines pervenerant[2] eorumque agros populabantur.

Aedui, cum se suaque ab iis defendere non possent, legatos ad Caesarem mittunt rogatum[3] auxilium: ita se omni tempore de populo Romano meritos esse, ut paene in conspectu exercitus nostri agri vastari, liberi eorum in servitutem abduci, oppida expugnari non debuerint.

Eodem tempore, quo Aedui, Ambarri[4], necessarii et consanguinei Aeduorum, Caesarem certiorem faciunt sese depopulatis agris non facile ab oppidis vim hostium prohibere.

Item Allobroges[5], qui trans Rhodanum vicos possessionesque habebant, fuga se ad Caesarem recipiunt et demonstrant sibi praeter agri solum nihil esse reliqui.

Quibus rebus adductus Caesar non exspectandum sibi statuit[6], dum omnibus fortunis sociorum consumptis in Santones Helvetii pervenirent.

Comentário

1. **Helvetii iam... traduxerant**: *com suas tropas, os helvécios já haviam transposto as gargantas e as fronteiras dos séquanos.* Enquanto César foi até Aquileia recrutar soldados, os helvécios prosseguiram a marcha. — **Per angustias**: *os desfiladeiros do monte Jura*, onde há passagem.
2. **Pervenerant**. Do ponto de partida, os helvécios podiam ter-se afastado cerca de 150 km, ao passo que César, no mesmo tempo, tinha

percorrido 600 km. — **Populabantur**: porque os éduos não quiseram conceder-lhes passagem.

3. **Legatos mittunt rogatum**: *mandam embaixadores para pedir*. **Rogatum** é supino = *ut rogarent*. Neste supino está incluído um verbo *declarandi*, de que depende a *oratio obliqua* subsequente: **se meritos esse**... *dizendo que eles sempre tinham prestado grandes serviços ao povo romano, de sorte que, à vista do nosso exército, não deviam ser os seus campos talados, seus filhos cativados, suas cidades conquistadas*. — **Meritos**: *benemeritos*. Desde o ano 121 a.C., os éduos tinham estreita aliança com o povo romano e haviam sido declarados *socii populi Romani*. — **Nostri**: no discurso direto *vestri*; aqui era de se esperar *eius*, mas César usou a mesma construção que teria empregado, narrando a coisa em primeira pessoa: *ad me mittunt*. — **Eorum**: não diz *sui*, porque o escritor se põe em lugar dos éduos ao referir as queixas. — **Debuerint**: em lugar de *debuissent*, porque no discurso indireto permanece a mesma construção que se teria no discurso direto: *nos ita... meriti sumus ut... non debuerint*.

4. **Ambarri**: pequeno povo da Gália céltica, estabelecida entre os éduos, os séquanos e os alóbroges. — **Necessarii**: indica amizade. — **Consanguinei**: indica a união de raça. — **Depopulatis**: particípio de verbo depoente com valor passivo, mas só no ablativo absoluto. — **Prohibere**: = *arcere*.

5. **Item Allobroges**. Repare-se na ordem ascendente dos que solicitam auxílio. Até os alóbroges, que sendo súditos de Roma tinham direito expresso à proteção romana, a exigem agora como fugitivos. Porventura não deve César intervir em tal estado de coisas, embora não tenha expressa autorização do senado, e agredir imediatamente os inimigos de Roma? — **Trans Rhodanum**: na margem direita. — **Vicos**: *aldeias*. — **Possessiones**: *bens imóveis*. — **Fuga**: ablativo do modo = *fugientes*. — **Demonstrant**: *expõem*. — **Agri solum**: *só o terreno, o terreno desnudo*. — **Nihil esse reliqui**: *não lhes ficara nada*.

6. **Statuit non exspectandum sibi, dum**: *resolveu não dever esperar, até que; chegou à conclusão de que não devia esperar, até que*. — **Omnibus fortunis sociorum consumptis** (abl. absoluto): *consumidos todos os bens dos aliados*.

Vocabulário

angustiae, arum, s. f.: as gargantas
populor, atus sum, ari, v. dep.: assolar, devastar
mereo, merui, meritum, ere, e *mereor, meritus sum, eri*, v.: merecer, prestar serviços

conspectus, us, s. m.: a presença, o aspecto
Ambarri, orum, s. m. pl.: os ambarros
necessarius, i, s. m.: o parente, o amigo
solum, i, s. n.: o solo, a terra
statuo, statui, statutum, statuere, v.: resolver, estatuir

Exercício

Aristoteles dixit **litterarum radices amaras esse, fructus dulces**. Antiquissimis temporibus **homines** in summa innocentia et morum integritate vitam **degisse** poetae docent.

Coniurati negaverunt **se** consilia in rem publicam perniciosa **cepisse**. Philippus, rex Macedonum, **omnia castella, expugnari posse** dicebat, in quae asinus auro onustus ascendere posset. Caesari nuntiatum est **Helvetios** in animo **habere** iter per provinciam facere.

Vocabulário

radix, radicis, s. f.: a raiz
amarus, a, um, adj.: amargo
dego, degere, v.: passar

castellum, i, s. n.: o castelo, a praça fortificada
expugno, avi, atum, are, v.: tomar

Sentença

Dixeram mea mecum esse cuncta.
Simônides.

Lectio vicesima tertia

Ponte moderna sobre o Arar (Saone)

César ataca os helvécios, enquanto suas forças estão divididas

I, 12. Flumen est Arar[1], quod per fines Aeduorum et Sequanorum in Rhodanum influit, incredibili lenitate, ita ut oculis, in utram partem fluat, iudicari non possit: id Helvetii ratibus ac lintribus[2] iunctis transibant.

Ubi per exploratores[3] Caesar certior factus est, tres iam copiarum partes Helvetios id flumen traduxisse[4], quartam vero partem citra flumen Ararim reliquam esse; de tertia vigilia[5] cum legionibus tribus e castris profectus, ad eam partem pervenit, quae nondum flumen transierat.

Eos impeditos[6] et inopinantes aggressus, magnam eorum partem concidit: reliqui fugae sese mandarunt atque in proximas silvas abdiderunt[7].

Is pagus appellabatur Tigurinus: nam[8] omnis civitas Helvetia in quattuor pagos divisa est. His pagus unus[9], cum domo exisset, patrum nostrorum memoria L. Cassium consulem interfecerat et eius exercitum sub iugum miserat. Ita[10], sive casu, sive consilio deorum immortalium, quae pars civitatis Helvetiae insignem calamitatem populo Romano intulerat, ea princeps poenas persolvit.

Qua in re Caesar non solum publicas[11], sed etiam privatas iniuras ultus est, quod eius soceri L. Pisonis avum, L. Pisonem legatum, Tigurini eodem proelio, quo Cassium, interfecerant.

Comentário

1. **Flumen est Arar, quod**: *é o Arar um rio que*. Transição muito empregada por César em suas descrições vivas; *Planicies erat magna*; *Palus erat non magna*; *Collis erat leniter ab infimo acclivis*. — **Quod** concorda com o apelativo *flumen*. — **Incredibili lenitate**: ablativo de modo.

2. **Lintribus**: espécie de barquinhas ligeiras semelhantes a pirogas, feitas de um tronco de árvore escavado e movidas com um só remo.
3. **Exploratores**: grupo de soldados a cavalo ou a pé que percorriam o terreno para fazer reconhecimento; tropas de reconhecimento.
4. **Helvetios traduxisse tres partes copiarum id flumen**: *que os helvécios já tinham passado três partes das tropas além desse rio.* Duplo acusativo: *partes* objeto de *ducere*, e *flumen* acus. exigido pela preposição *trans*. Os verbos transitivos compostos com a preposição *trans* (*traducere, traicere, transportare*) ainda ajuntam ao acusativo do objeto o acusativo do lugar além do qual é levado o objeto: *Exercitum flumen traducere = exercitum trans flumen ducere*. — **Tres partes**: *três quartos*. Quando o numerador é igual ao denominador menos um, emprega-se o número cardinal com *partes*; quando o numerador é um, emprega-se o número ordinal: *quarta pars* = 1/4; nos outros casos o numerador se exprime com o número cardinal, e o denominador com o número ordinal feminino: *quinque octavae* = 5/8.
5. **De tertia vigilia**. Os romanos dividiam a noite em quatro vigílias que começavam respectivamente às nossas 18, 21, 24 e 3 horas. Sua duração era diversa nas diferentes estações. *Vigilia* era propriamente o tempo da guarda noturna, mas *vigiliae* chamavam-se também os homens que vigiavam, fazendo a guarda. — **De**: *aí pela meia noite, por volta da meia-noite.*
6. **Impeditos**: *sobrecarregados com a bagagem*. — **Inopinantes**: *desprevenidos*. — **Concidit**: *chacinou*. — **Fugae sese mandarunt** (= *mandaverunt*): *deram-se a fugir, fugiram*.
7. **Abdiderunt**: *retiraram-se*; por isso rege o acusativo de movimento.
8. **Nam**: esclarece a palavra *pagus*, que neste lugar significa uma parte da *civitas*, um cantão. — **Tigurinus**: um dos quatro cantões em que se dividia a população dos helvécios.
9. **Hic pagus unus**: *justamente este cantão*. Emprego enfático de *unus*. — **Domo exisset**. Durante a invasão dos cimbros e teutões, os helvécios haviam tentado abandonar o próprio país. Lúcio Cássio, cônsul com Caio Mário, teve o encargo de opor-se à sua marcha, mas pereceu em uma emboscada que os tigurinos lhe armaram no território dos alóbroges. — **Patrum nostrorum memoria**: *segundo as recordações de nossos pais, em tempo de nossos pais.*
10. **Ita... persolvit**: *assim, ou fosse por acaso ou por providência dos deuses imortais, a parte do Estado helvécio que ocasionou insigne calamidade ao povo romano foi também a primeira a sofrer o castigo.*

11. **Publicas**: *contra a república,* a pátria. — **Privatas**: *contra a sua família.* — **Eius**: de César, a inversão é devida ao intento de fazer ressaltar a ofensa privada. — **L. Pisonis**: Lúcio Calpúrnio Pisão Cesonino, avô do que dera a César como esposa sua filha Calpúrnia, foi morto pelos tigurinos na mesma batalha em que pereceu o cônsul Lúcio Cássio. — **Legatum**: de Cássio. — **Quo**: subentende-se *interfecerant.*

Vocabulário

Arar, Araris, s. m.: o rio Arar, hoje Saone
lenitas, atis, s. f.: a placidez, a mansidão
ratis, is, s. f.: a jangada
linter, lintris, s. f.: a canoa
vigília, ae, s. f.: a vigília
impeditus, a, um, adj.: impedido, embaraçado
inopinans, antis, adj.: descuidado, desprevenido
aggredior, agressus sum, aggredi, v.: agredir, atacar
concido, concidi, concisum, concidere, v.: matar

abdo, abdidi, abditum, abdere, v.: esconder
Tigurinus pagus, s. m.: o cantão Tigurino
interficio, interfeci, interfectum, interficere, v.: matar
infero, intuli, illatum, inferre, v.: levar para, causar
persolvo, persolvi, persolutum, persolvere, v.: pagar, satisfazer
ulciscor, ultus sum, ulcisci, v.: vingar
socer, soceri, s. m.: o sogro

Orações interrogativas indiretas

As orações *interrogativas indiretas* dependem geralmente de um verbo *sentiendi et declarandi,* ou de semelhantes expressões. Ex.: *Nescio, quid factum sit*: não sei o que aconteceu. *Dic mihi, quo iturus sis!*: dize-me aonde querer ir!

Exercício

Quid **agas**, scire cupio. Tu **qui sis**, considera. Non video **quomodo** sedare **possint** mala praesentia praeteritae voluptates. Epaminondas quaesivit salvus**ne esset** clipeus. Videamus primum deorum**ne** providentia mundus **regatur**, deinde consulant**ne** rebus humanis.

Vocabulário

sedo, avi, atum, are, v.: suavizar
clipeus, i, s. m.: o escudo

Sentença

Vide quam vile sit corpus iis qui magnam gloriam spectant.
Tito Lívio.

Lectio vicesima quarta

Alieno loco cum equitatu Helvetiorum proelium committunt: et pauci de nostris cadunt

Pequeno encontro da cavalaria de César com a dos helvécios

I, 15. Postero die[1] castra ex eo loco movent Helvetii. Idem facit Caesar, equitatumque[2] omnem, ad numerum quattuor milium, quem ex omni Provincia et Aeduis atque eorum sociis coactum habebat[3], praemittit, qui videant quas in partes hostes iter faciant.

Qui, cupidius[4] novissimum agmen insecuti, alieno loco[5] cum equitatu Helvetiorum proelium committunt; et pauci de nostris cadunt.

Os helvécios se tornam arrogantes

Quo proelio sublati Helvetii, quod quingentis equitibus tantam multitudinem equitum propulerant, audacius subsistere nonnumquam et novissimo agmine proelio nostros lacessere coeperunt[6].

Caesar suos a proelio continebat[7] ac satis habebat in praesentia hostem rapinis[8], pabulationibus populationibusque prohibere.

Ita dies circiter quindecim iter fecerunt, uti inter novissimum hostium agmen et nostrum primum non amplius quinis aut senis milibus passuum[9] interesset.

Comentário

1. **Postero die**: *ao dia seguinte.* — **Castra movent**: *levantam o acampamento.*
2. **Equitatum**: a cavalaria de César era composta de tropas auxiliares, fornecidas pelos povos derrotados, e de gente recrutada na Província. Esta cavalaria estava dividida em *alae*, comandadas por um *praefectus equitum*; a ala, cerca de trezentos homens, subdividia-se em dez *tur-*

mae ou esquadrões; a *turma*, em *decuriae* comandadas por um decurião. — **Ad numerum quattuor milium**: *cerca de quatro mil.*
3. **Quem... coactum** (de *cogo*) **habebat**: *que tinha reunido, recrutado*; exprime um estado duradouro, enquanto *coegerat* só exprimiria a ação realizada. — **Qui videant**: construção *ad sensum* com *equitatum* coletivo. — **Qui** é conjunção final = *ut ii (videant).*
4. **Cupidius novissimum agmen insecuti**: *tendo acossado com nímio ardor a retaguarda* (dos helvécios). — **Cupidius**: não raro o comparativo exprime uma qualidade existente em grau mais elevado do que convém ou do que em geral é, e se traduz por: *em demasia, nimiamente, assaz, bastante, algum tanto* etc.
5. **Alieno loco**: *em lugar desfavorável* (aos romanos). **Alieno loco** opõe-se a *suo loco* (lugar favorável). — **Et**: *e assim*. — **De**: *de entre*. — **Cadunt**: *são mortos.*
6. **Nonnunquam subsistere... lacessere coeperunt**: *às vezes, começaram a parar, às vezes, a provocar ao combate.* — **Nonnunquam**: refere-se também a *lacessere*. — **Novissimo agmine** e **proelio** são ablativos instrumentais.
7. **Caesar suos a proelio continebat**: *César vedava aos seus o pelejar.* — **In praesentia**: *por então.* **Praesentia** é o acusativo neutro plural substantivado. — **Satis habebat**: *limitava-se.*
8. **Rapinis**: dito das coisas imóveis. — **Pabulationibus**: dito das provisões, dos abastecimentos. — **Populationibus**: assaltos contra as pessoas.
9. **Quinis aut senis** (distributivos) **milibus**: *cada vez cinco ou seis milhas.* — **Quinis aut senis milibus** são ablativos de comparação dependentes de *amplius*. Pelo distributivo exprime-se o fato de que diariamente a distância era a mesma.

Vocabulário

cogo, coegi, coactum, cogere, v.: congregar, reunir
praemitto, praemisi, praemissum, praemittere, v.: mandar adiante
cado, cecidi — cadere, v.: cair, morrer
sublatus, a, um, part.: ensoberbecido, arrogante, altivo
propello, propuli, propulsum, propellere, v.: repelir, rechaçar

subsisto, substiti, subsistere, v.: parar
agmen, agminis, s. n.: o exército
primum agmen: a vanguarda
novissimum agmen: a retaguarda
rapina, ae, s. f.: a rapina, o roubo, a pilhagem
pabulatio, onis, s. f.: a forragem
populatio, onis, s. f.: a devastação

Lectio vicesima quinta

Romanos e helvécios preparam-se para a batalha

I, 24. Postquam id animum advertit[1], copias suas Caesar in proximum collem subduxit equitatumque, qui sustineret hostium impetum[2], misit.

Ipse interim in colle medio[3] triplicem aciem instruxit legionum quattuor veteranarum[4]; in summo iugo duas legiones, quas in Gallia citeriore proxime conscripserat, et omnia auxilia[5] collocavit ac totum montem hominibus complevit; sarcinas[6] in unum locum conferri et eum ab his, qui in superiore acie constiterant, muniri iussit.

Helvetii cum omnibus suis carris secuti impedimenta[7] in unum locum contulerunt; ipsi[8] reiecto nostro equitatu phalange facta sub primam nostram aciem successerunt.

Comentário

1. **Id animum advertit** = *vertit animum ad id* = *animadvertit: observou, notou.* — **Subducit**: indica um movimento de retirada de lugar baixo para lugar alto.
2. **Qui sustineret hostium impetum** (or. final): *para que sustentasse o ataque dos inimigos.*
3. **In colle medio**: *no meio da colina.*
4. **Triplicem aciem instruxit legionum quattuor veteranarum**: *formou três linhas de batalha com as quatro legiões veteranas,* isto é, com a sétima, a oitava, a nona e a décima. Uma das legiões, provavelmente a décima, que era a mais destemida, formava a ala direita, duas legiões o centro, e uma legião a ala esquerda.

As dez coortes de que a legião constava eram colocadas em três linhas, uma atrás da outra, de sorte que na maioria dos casos havia quatro coortes na linha de frente, três na segunda fila, e três na terceira. Cada coorte distava da outra o espaço ocupado por uma coorte. Desta sorte as quatro legiões dianteiras formavam a frente com dezesseis coortes, a linha central com doze, e a última também com doze.

5. **Auxilia**: *as tropas auxiliares* (que não eram romanas). — **Ac totum montem hominibus complevit**: *e ocupou com homens todo o monte*, a saber, do meio até o cume.
6. **Sarcinas... iussit**: *mandou que as bagagens fossem reunidas num ponto, e este defendido pelos que estavam postados nas alturas*. Desta sorte os soldados, livres de suas mochilas, podiam combater mais desimpedidamente. — **Sarcinas**: a bagagem que o soldado amarrava a um pau em forma de forcado e carregava ao ombro. Consistia em víveres para cerca de quinze dias, estacas, machado, serra, enxada e utensílios de cozinha. O peso todo orçava por vinte quilos. Durante a batalha, depunham-se as bagagens em um lugar guardado pelos *calones*, escravos a serviço dos soldados, especialmente dos oficiais. — **Qui in superiore acie constiterant**: *as duas legiões que se tinham colocado no topo do monte*.
7. **Impedimenta**: são as bagagens transportadas em carros ou animais de carga. Consistiam em tendas, máquinas de guerra, projéteis, madeira de construção e coisas semelhantes.
8. **Ipsi**: os combatentes dos helvécios, em oposição à massa dos emigrantes. — **Reiecto nostro equitatu phalange facta** (dois ablativos absolutos): *depois de terem repelido a nossa cavalaria, formaram a falange*. Este era o modo particular de combater dos germanos. Cerravam as fileiras, de sorte que os escudos dos combatentes, encostando-se nos bordos uns dos outros, formavam uma parede, que os defendia dos dardos e flechas inimigas. — **Successerunt**: indica avanço em subida.

Vocabulário

animadverte, animadverti, animadversum, animadvertere, v.: observar, notar
collis, is, s. m.: a colina, o outeiro
subduco, subduxi, subductum, subducere, v.: fazer avançar
acies, ei, s. f.: a linha dos soldados
instruo, instruxi, instructum, instruere, v.: formar, dispor
iugum, i, s. n.: o jugo; o cume, o cimo, o topo
sarcina, ae, s. f.: a bagagem
confero, contuli, collatum, conferre, v.: amontoar, reunir
consisto, constiti, consistere, v.: parar, postar-se
phalanx, phalangis, s. f.: a falange
succedo, successi, successum, succedere, v.: avançar, marchar

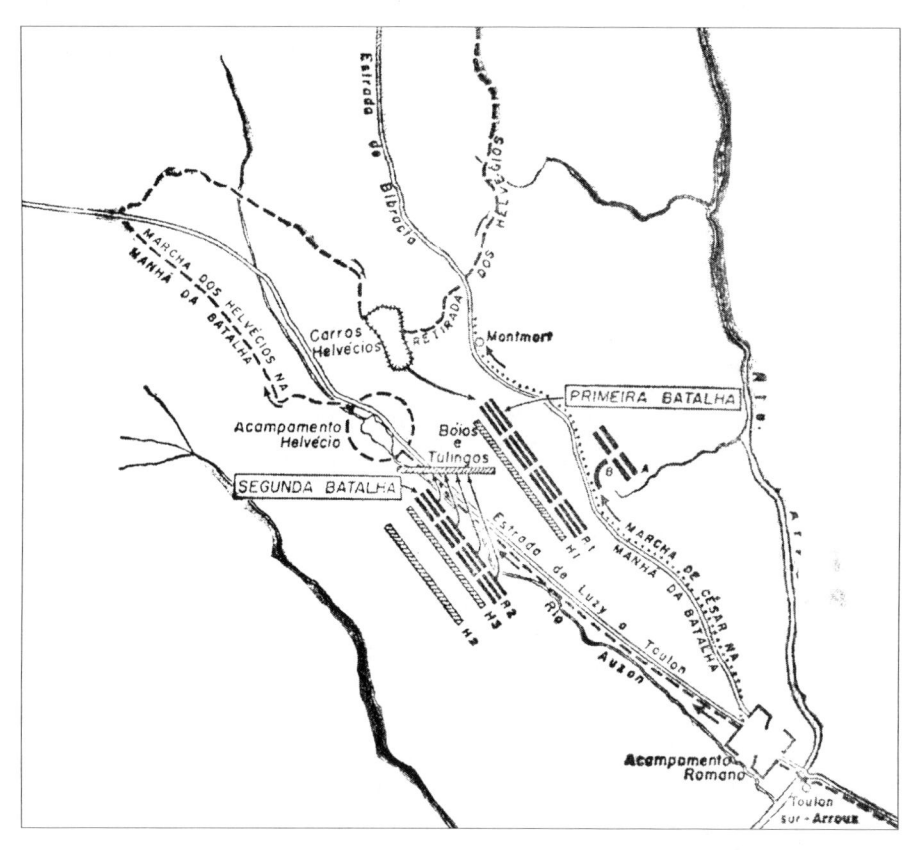

Plano de batalha contra os helvécios

...   Marcha de César
---   Marcha dos helvécios
A – Posição das duas legiões novas e das tropas auxiliares
B – Trincheira romana para proteger a bagagem
R_1 – A primeira posição das quatro legiões veteranas
H_1 – A primeira posição dos helvécios, quando atacavam
H_2 – A segunda posição dos helvécios depois de obrigados a se retirarem
H_3 – A terceira posição dos helvécios em novo ataque
R_2 – A segunda posição dos romanos, em que a terceira linha muda de frente para atacar os bóios e tulingos

Lectio vicesima sexta
Os romanos começam o ataque

I, 25. Caesar, primum suo[1], deinde omnium ex conspectu remotis equis, ut aequato omnium periculo[2] spem fugae tolleret, cohortatus suos[3] proelium commisit.

Milites e loco superiore pilis[4] missis facile hostium phalangem perfregerunt. Ea disiecta[5] gladiis destrictis in eos impetum fecerunt.

Gallis magno ad pugnam erat impedimento, quod pluribus[6] eorum scutis uno ictu pilorum transfixis et colligatis, cum ferrum se inflexisset, neque evellere neque sinistra impedita satis commode pugnare poterant, multi ut[7] diu iactato bracchio praeoptarent scutum manu emittere et nudo copore pugnare.

Os helvécios são forçados a recuar

Tandem vulneribus[8] defessi et pedem referre[9] et, quod mons suberat circiter mille passuum spatio, eo se recipere coeperunt.

Capto monte et succedentibus nostris[10] Boii et Tulingi[11], qui hominum milibus circiter XV agmen hostium claudebant et novissimis praesidio erant, ex itinere[12] nostros ab latere aperto aggressi circumvenire, et id conspicati Helvetii, qui in montem sese receperant, rursus instare et proelium redintegrare coeperunt.

Romani[13] conversa signa bipertito intulerunt: prima et secunda acies, ut victis ac submotis[14] resisteret, tertia, ut venientes sustineret.

Comentário

1. **Primum suo *(equo)* deinde omnium equis remotis**: *removido primeiramente o seu, depois os cavalos de todos*, isto é, de todos os oficiais que comandavam a cavalo, não os da cavalaria.

Plutarco conta que, ao ser-lhe apresentado seu cavalo, César disse: "Alcançada a vitória hei de servir-me dele, por ora marcharei a pé contra o inimigo".

2. **Aequato omnium periculo spem fugae tolleret**: *para que, igualado o perigo de todos, tirasse a esperança de fuga.*
3. **Cohortatus suos**: *tendo exortado os seus.* Depois que as legiões haviam chegado perto do inimigo, sob a proteção da vanguarda, o general fazia pequeno discurso, indo de legião em legião, para os exortar à coragem e ao valor. Nesta ocasião, costumava recordar os feitos passados, expor o ideal que defendiam, as consequências da vitória ou da derrota.

    Em seguida ia para a ala de sua permanência que, segundo a natureza do combate, era a atacante. Logo que lhe parecia chegado o momento propício, com a trombeta dava o sinal de atacar, que era repetido por todas as trombetas das outras legiões.
4. **Pilis missis e loco superiore milites perfregerunt facile phalangem hostium**: *arremessando os dardos de lugar mais alto, os soldados romperam facilmente a falange dos inimigos.* O ablativo absoluto dá a razão por que os soldados conseguiram romper com facilidade a falange inimiga: de lugar elevado podiam atirar o dardo com maior violência.

    Pilum, *o dardo*, era a arma principal de ataque usada pela infantaria romana. O comprimento da haste era de três côvados, e a grossura de quatro dedos. O dardo podia ser lançado a 35 m de distância. A ponta de ferro de três arestas tinha o comprimento aproximado de meio côvado. Mário tornara esta arma ainda mais terrível com uma invenção feita na guerra contra os cimbros. Mandou que um dos dois pregos que fixavam a ponta na haste fosse de madeira, o outro, de ferro. Ao penetrar o dardo no escudo inimigo, o prego de madeira se quebrava, e o de ferro, curvando-se, fazia com que a haste pendesse para o chão. Desta forma o combatente já não podia arrancar o dardo, nem pelejar com desembaraço. É o que César expressa, dizendo: *cum ferrum se inflexisset, neque evellere neque sinistra* (com que segurava o escudo) *impedita satis commode pugnare poterant*.
5. **Disiecta**: *dispersada.* — **Gladiis destrictis**: *com espadas desembainhadas*; ablativo de instrumento. O *gladius* era uma espada de dois gumes que o soldado trazia suspensa ao talabarte (*balteus*). A bainha (*vagina*) era geralmente de madeira revestida de couro.
6. **Pluribus scutis eorum transfixis et colligatis uno ictu pilorum**: *muitos escudos deles haviam sido atravessados e ligados com um golpe*

de dardos. Os helvécios avançavam, trazendo os escudos como proteção ao corpo e à cabeça, de sorte que o escudo de um cobria parte do de outro que lhe marchava ao lado.

7. **Multi ut** (colocação enfática das palavras): *de sorte que muitos*. — **Diu iactato bracchio**: *depois que sacudiram* (em vão) *o braço* (esquerdo) *durante muito tempo*. — **Praeoptarent** = *mallent*. — **Manu emittere**: *atirar fora*. — **Nudo copore**: *a corpo descoberto*, isto é, sem escudo.
8. **Vulneribus defessi**: *esgotados em consequência das feridas*.
9. **Pedem referre** (termo técnico militar): *recuar*. Depende de *coeperunt*. — **Mons suberat**: *havia perto um monte*. — **Mille passuum**: *à distância de mil passos*. **Mille** é aqui substantivo e acusativo de distância. — **Eo**: advérbio de movimento = *in eum montem*.
10. **Capto monte et succedentibus nostris**: *depois que ocuparam o monte e os nossos marcharam atrás deles*.
11. **Boii et Tulingi**: *os boios e os tulingos*. Eram povos que se haviam associado aos helvécios na emigração. Formavam um contingente de 15.000 homens que protegiam a retaguarda dos helvécios.
12. **Ex itinere**: *do próprio caminho, na própria marcha*, isto é, assim como vinham marchando. — **Latere aperto**: *pelo flanco aberto*. As legiões de César marchavam agora contra o grosso das tropas inimigas que ocupavam o monte. Por isso não estavam protegidas na ala esquerda. — **Circumvenire** *(coeperunt)*: *começaram a envolvê-los*.
13. **Romani conversa signa bipertito intulerunt**: *fazendo uma conversão, os romanos atacaram em dois esquadrões*. César ordenou que a terceira linha *(tertia acies)* mudasse de frente, atacando os boios e tulingos que se achavam na planície, à esquerda, enquanto a primeira e a segunda linha continuavam o ataque ao grosso dos inimigos que se achava no monte. — **Signa**: *as insígnias*. Estas insígnias, como as nossas bandeiras, serviam de ponto de reunião para os soldados da respectiva unidade (coorte, centúria, manípulo). Tinham grande importância, porque o porta-insígnia *(signifer)* é que transmitia as ordens aos soldados. — **Conversa signa intulerunt**: (lit.) *levaram as insígnias contra*, isto é, *fizeram uma conversão daquela parte*. — **Bipertito**: *de dois lados*; é advérbio de modo.
14. **Victis ac submotis**: *aos vencidos e rechaçados*. Estes particípios estão substantivados. — **Resisteret** no singular, porque *prima et secunda acies* formam um só conceito. — **Venientes** = *succedentes*, isto é, os boios e tulingos.

Vocabulário

removeo, removi, remotum, removere, v.: remover, afastar
aequo, avi, atum, are, v.: igualar
pilum, i, s. n.: o dardo
perfringo, perfregi, perfractum, perfringere, v.: romper
iacto, avi, atum, are, v.: sacudir frequentemente
praeopto, avi, atum, are, v.: preferir, desejar muito
disicio, disieci, disiectum, disicere, v.: dispersar, separar, romper
destringo, destrinxi, destrictum, destringere, v.: desembainhar
ictus, us, s. m.: o golpe
transfigo, transfixi, transfixum, transfigere, v.: varar de lado a lado, atravessar
inflecto, inflexi, inflexum, inflectere, v.: curvar, dobrar
evello, evelli, evulsum, evellere, v.: arrancar
refero, rettuli, relatum, referre, v.: retirar
rursus, adv.: de novo
insto, institi — instare, v.: perseguir
redintegro, avi, atum, are, v.: restaurar, renovar
bipertito, adv.: em duas partes
conversus, a, um, part.: voltado, virado
signum, i, s. n.: o sinal, o estandarte, a bandeira
infero, intuli, illatum, inferre, v.: levar para, introduzir
inferre signa in hostes: avançar contra o inimigo
submoveo, submovi, submotum, submovere, v.: repelir, rechaçar

Lectio vicesima septima

> Diu cum esset pugnatum, impedimentis castrisque nostri potiti sunt

Após luta renhida os romanos vencem

I, 26. Ita ancipiti proelio diu atque acriter pugnatum est. Diutius cum[1] sustinere nostrorum impetus non possent, alteri[2] se, ut coeperant, in montem receperunt, alteri ad impedimenta et carros suos se contulerunt. Nam[3] hoc toto proelio, cum ab hora septima[4] ad vesperum pugnatum sit, aversum hostem videre nemo potuit[5].

Ad multam noctem[6] etiam ad impedimenta pugnatum est, propterea quod pro vallo carros[7] obiecerant et e loco superiore in nostros venientes tela coniciebant et nonnulli inter carros rotasque[8] mataras ac tragulas subiciebant nostrosque vulnerabant.

Diu cum esset pugnatum, impedimentis castrisque nostri potiti sunt[9]. Ibi[10] Orgetorigis filia atque unus e filiis captus est.

César persegue os fugitivos

Ex eo proelio circiter hominum milia CXXX superfuerunt eaque[11] tota nocte continenter ierunt; in fines Lingonum[12] die quarto pervenerunt, cum et propter vulnera militum et propter sepulturam occisorum nostri eos sequi non potuissent.

Caesar ad Lingonas[13] litteras nuntiosque misit, ne eos frumento neve alia re iuvarent: qui si iuvissent, se eodem loco, quo Helvetios, habiturum. Ipse triduo intermisso[14] cum omnibus copiis eos sequi coepit.

Comentário

1. **Diutius cum**: em vez de *cum diutius* para salientar *diutius*. — **Impetus**: o plural indica que os assaltos foram repetidos. — **Non possent**: *Helvetii*.

2. **Alteri... alteri**: *os helvécios... os boios e tulingos.*
3. **Nam**: dá a razão do *receperunt* e do *contulerunt*, reconhecendo o valor dos inimigos, e com isso exaltando também o valor dos romanos.
4. **Cum ab hora septima ad vesperum pugnatum sit**: *combatendo-se desde a hora sétima* (uma hora da tarde) *até à noite.* — **Cum**: concessivo. — **Hora septima**: os romanos dividiam o dia em vinte e quatro partes, chamadas *horae*: doze durante o dia, isto é, desde o nascer até o pôr do sol; doze durante a noite, a saber, desde o pôr-se até o levantar-se do sol. A sexta destas horas diurnas representava o meio-dia; a sexta das noturnas, a meia-noite. Tais subdivisões do dia variavam segundo a duração nas diversas quadras do ano. Só no equinócio as horas romanas eram iguais às nossas. — **Ad** = *usque ad*. — **Vesperum**: *vesper* é heteróclito, pois segue a segunda e a terceira declinação; é heterogêneo, porque tem o masculino *vesper* junto do feminino *vespera*.
5. **Aversum hostem videre nemo potuit**: *ninguém pode ver o inimigo pelas costas.* Por isso, mais acima César exprime a retirada dos helvécios com os termos *se receperunt, se contulerunt*, e não *fugerunt*. É este um belo testemunho da coragem e valor dos helvécios dado por um romano inimigo.
6. **Ad multam noctem**: *até alta noite.*
7. **Pro vallo carros**. Em caso de derrota, era costume dos gauleses e dos germanos formar com os carros uma espécie de barricada ou trincheira. O *vallum* era propriamente a paliçada feita de paus *(valli)* apontados, com os quais terminava no alto o *agger (ad gero)*, montão de toda a espécie de material de que se formava a trincheira; as mais das vezes era um terrapleno formado com a terra que se escavava na abertura do fosso.
8. **Inter carros rotasque**: *do meio dos carros e das rodas.* — **Mataras**: espécie de dardo usado pelos gauleses. — **Tragulas**: dardo provido de uma correia, usado pelos gauleses e pelos espanhóis. — **Subiciebant**: os helvécios estavam escondidos entre os carros, e jogavam os dardos de baixo para cima contra os romanos que procuravam superar a barricada; **coniciebant** significa o arremesso de dardos de cima para baixo, ao longo do declive do monte.
9. **Impedimentis castrisque nostri potiti sunt**: *os nossos se apoderaram das bagagens e do acampamento.*
10. **Ibi**: *in castris Helvetiorum.* — **Filia**: *a filha.* — **Captus**: concorda com o substantivo mais próximo, mas se refere também à filha.

11. **Eaque**. A interpretação desta palavra pode ser dupla: nominativo e ablativo. No primeiro caso teríamos: **eaque** (*milia*) **tota nocte contienter ierunt**: *e aqueles* (130.000 de que fala acima) *marcharam ininterruptamente a noite toda*.
No segundo caso a tradução seria: *e marcharam ininterruptamente aquela noite toda*.
12. **In fines Lingonum**: *para as fronteiras dos língones*. Este povo ao norte dos éduos estava separado dos séquanos pelo Arar. — **Cum**: *causal*, explica a razão, por que puderam chegar ao território dos língones.
13. **Lingonas**: é acusativo grego. — **Litteras nuntiosque** = *nuntios cum litteris*; subentende-se: *na carta proíbe-lhe...* por isso *ne* proibitivo. — **Qui** = *et si ii* (Lingonae) *iuvissent*. — **Se eodem loco, quo Helvetios, habitarum**: *os teria na mesma conta que os helvécios*, havia de os tratar como aos helvécios.
14. **Triduo intermisso**: *decorridos três dias, três dias depois*. — **Eos**: os helvécios.

* * *

Neste combate César revelou seus dotes estratégicos extraordinários, e os soldados romanos, bravura e disciplina.

Ao alvorecer a manhã da batalha, César abandonou a perseguição dos helvécios e se dirigiu para Bibracta, a fim de obter provisões.

Ao perceberem isso, os helvécios determinaram voltar e, formando um círculo protetor com os carros, investiram contra as legiões.

César deu-lhes ordem imediata de voltar, e deixando a bagagem sob a proteção das duas legiões recrutadas recentemente, dispôs as quatro legiões veteranas em linha de batalha no declive de um monte.

Dado o sinal de ataque, os romanos atiraram-se violentamente contra a linha helvécia, e conseguiram rechaçá-la em confusão até a colina oposta. Mas de súbito a retaguarda romana é agredida pelos boios e tulingos.

Entretanto os helvécios restauraram a ordem e agrediram novamente com perfeita disciplina.

A terceira linha romana deu meia volta e enfrentou o inimigo da retaguarda, enquanto as outras duas linhas continuaram a peleja contra o inimigo da vanguarda.

A luta durou a tarde toda.

Por fim, prevaleceu a bravura romana. O inimigo foi derrotado.

Vocabulário

anceps, ancipitis, adj.: duvidoso, incerto, indeciso
averto, averti, aversum, avertere, v.: voltar as costas ao inimigo
vallum, i, s. n.: a trincheira
obicio, obieci, obiectum, obicere, v.: lançar, por diante
rota, ae, s. f.: a roda
matara, ae, s. f.: a lança (usada pelos gauleses), a zagaia
tragula, ae, s. f.: o dardo, o zarguncho
potior, potitus sum, potiri, v.: apoderar-se
supersum, superfui — — superesse, v.: restar

Lectio duodetricesima

> Eo postquam Caesar perveniti, obsides, arma, servos poposcit

Rendição dos helvécios

I, 27. Helvetii omnium rerum inopia adducti legatos de deditione ad eum miserunt[1]. Qui[2] cum eum in itinere convenissent seque ad pedes proiecissent suppliciterque locuti flentes pacem petissent atque eos in eo loco, quo tum essent, suum adventum exspectare iussisset[3], paruerunt. Eo[4] postquam Caesar pervenit, obsides, arma, servos, qui ad eos perfugissent, poposcit.

Fuga dos verbígenos

Dum ea[5] conquiruntur et conferuntur, circiter hominum milia sex eius pagi, qui Verbigenus[6] appellatur, sive timore perterriti[7], ne armis traditis supplicio afficerentur, sive spe salutis inducti, quod in tanta multitudine dediticiorum suam fugam aut occultari aut omnino ignorari posse existimarent, prima nocte e castris Helvetiorum egressi ad Rhenum finesque Germanorum contenderunt[8].

Comentário

1. **Legatos... miserunt**: subentende-se *ut agerent*.
2. **Qui**: rege *paruerunt*, que fecha o período. — **Cum eum convenissent**: *havendo-o encontrado*. — **Ad pedes**: *eius*. — **Suppliciterque locuti flentes pacem petissent**: *e pedem a paz com muitas súplicas e lágrimas*. César faz sobressaltar aqui a completa mudança no modo de proceder dos helvécios, que depois da derrota haviam perdido toda a arrogância anterior. — **Locuti** = *loquentes*.

3. **Atque** *(cum)* **iussisset**: *e como* (César) *ordenasse*. Mudança de sujeito sem o nomear na frase. — **Eos**: os helvécios, sujeito de *exspectare*. — **In eo loco, quo** = *eo loco in quo*. — **Suum**: de César.
4. **Eo**: ao lugar onde estavam os helvécios. — **Perfugissent**: no conjuntivo, porque é o pensamento de quem *poposcit*.
5. **Ea**: sujeito da frase, abrange *obsides* e *servi*, por isso os dois verbos *conquiruntur et conferuntur: enquanto estas coisas se procuram e se reúnem*.
6. **Verbigenus**: um dos quatro cantões em que se dividia o povo dos helvécios.
7. **Perterriti**: concorda em gênero com *hominum*, ao passo que o sujeito é *milia*. O mesmo sucede com *inducti*, que segue. — **Ne armis traditis supplicio afficerentur**: *que não fossem supliciados, depois de entregues as armas*.
8. **Ad Rhenum finesque Germanorum contenderunt**: *marcham para o Reno e confins dos germanos*. Justamente esta marcha na direção da Germânia fez com que César se apressasse, a fim de impedir que os helvécios conseguissem mover os germanos a lutar contra Roma. Por ora, César só cogitava subjugar a Gália.

Vocabulário

inopia, ae, s. f.: a falta, a carência
adduco, adduxi, adductum, adducere, v.: levar
deditio, onis, s. f.: a rendição, a capitulação
adventus, us, s. m.: a chegada
pareo, parui — parere, v.: obedecer
obses, obsidis, s. m.: o refém
posco, poposci — poscere, v.: exigir
conquiro, conquisivi, conquisitum, conquirere, v.: procurar, buscar com empenho
confero, contuli, collatum, conferre, v.: reunir
perterreo, perterrui, perterritum, perterrere, v.: aterrar, atemorizar
trado, tradidi, traditum, tradere, v.: entregar
dediticius, a, um, adj.: o que se rendeu, o que capitulou

A VONTADE DE DEUS É QUE RECEBAMOS TUDO POR MARIA

Mediatrix omnium gratiarum, ora pro nobis

Lectio undetricesima

Salve Maria!

Ipsa est praeclara et eximia stella, super hoc mare magnum et spatiosum necessario sublevata, micans meritis, illustrans exemplis.

O quisquis te intellegis in huius saeculi profluvio magis inter procellas et tempestates fluctuare, quam per terram ambulare: ne avertas oculos a fulgore huius sideris, si non vis obrui procellis.

Si insurgant venti tentationum, si incurras scopulos tribulationum; respice stellam, voca Mariam!

Si iactaris superbiae undis, si ambitionis, si detractionis, si aemulationis; respice stellam, voca Mariam!

Si criminum immanitate turbatus, conscientiae foeditate confusus, iudicii horrore perterritus, barathro incipias absorberi tristitiae, desperationis abysso; cogita Mariam.

In periculis, in angustiis, in rebus dubiis Mariam cogita, Mariam invoca.

Non recedat ab ore, non recedat a corde, et ut impetres eius orationis suffragium, non deseras conversationis exemplum.

Ipsam sequens non devias, ipsam rogans non desperas, ipsam cogitans non erras, ipsa tenente non corruis, ipsa protegente non metuis, ipsa duce non fatigaris, ipsa propitia pervenis; et sic in temetipso experiris, quam merito dictum sit: Et nomen virginis Maria.

(São Bernardo, *De Beata Virgine Maria*, Hom. 2 Missus est)

Vocabulário

sublevo, avi, atum, are, v.: levantar, erguer, elevar
mico, micui, are, v.: brilhar, cintilar
meritum, i, s. n.: o mérito, o merecimento
saeculum, i, s. n.: o século
profluvium, i, s. n.: o fluxo
fluctuo, avi, atum, are, v.: flutuar
averto, averti, aversum, avertere, v.: afastar, desviar
fulgor, oris, s. m.: o fulgor
sidus, sideris, s. n.: o astro, a estrela
obruo, obrui, obrutum, obruere, v.: esmagar
procella, ae, s. f.: a procela, a tempestade
insurgo, insurrexi, insurrectum, insurgere, v.: levantar-se, insurgir-se
incurro, incurri, incursum, incurrere, v.: correr para; fig. vir dar em, encontrar
scopulus, i, s. m.: o rochedo, o escolho, o cachopo
respicio, respexi, respectum, respicere, v.: voltar os olhos para, olhar, mirar
iacto, avi, atum, are, v.: lançar, agitar
unda, ae, s. f.: a onda
detractio, onis, s. f.: a ação de cortar; fig. a detração, a difamação, a crítica
aemulatio, onis, s. f.: a emulação, a rivalidade, o ciúme
crimen, criminis, s. n.: o crime
immanitas, atis, s. f.: a desumanidade, a crueldade
foeditas, atis, s. f.: a fealdade
perterreo, perterrui, perterritum, perterrere, v.: atemorizar
barathrum, i, s. n.: o báratro, o abismo, o precipício
absorbeo, absorbui, absorbere, v.: absorver, engolir
abyssus, i, s. f.: o abismo, o sorvedouro, a voragem
recedo, recessi, recessum, recedere, v.: retroceder, afastar-se, apartar-se
os, oris, s. n.: a boca
cor, cordis, s. n.: o coração
suffragium, i, s. n.: o sufrágio, o voto; fig.: a aprovação, o favor
desero, deserui, desertum, deserere, v.: abandonar
conservatio, onis, s. f.: a intimidade, a familiaridade, o trato
devio, avi, atum, are, v.: desviar-se, afastar-se do caminho direito
despero, avi, atum, are, v.: desesperar
teneo, tenui, tentum, tenere, v.: segurar
corruo, corrui, corruere, v.: desabar, cair
fatigo, avi, atum, are, v.: fatigar
pervenio, perveni, perventum, pervenire, v.: chegar
experior, expertus sum, experiri, v. dep.: experimentar
merito, adv.: merecidamente, com razão

Laus Deo

Deponens Coniugatio

IMITOR	POLLICEOR	PATIOR/SEQUOR	PARTIOR
INDICATIVO			
Presente			
imitor *imito*	polliceor *prometo*	patior/sequor *sofro/sigo*	partior *partilho*
imitaris (imitare)	polliceris (pollicere)	pateris (patere) sequeris (sequere)	partiris (partire)
imitatur	pollicetur	patitur/sequitur	partitur
imitamur	pollicemur	patimur sequimur	partimur
imitamini	pollicemini	patimini sequimini	partimini
imitantur	pollicentur	patiuntur sequuntur	partiuntur
Imperfeito			
imitabar *imitava*	pollicebar *prometia*	patiebar/sequebar *sofria/seguia*	partiebar *partilhava*
imitabaris (imitabare)	pollicebaris (pollicebare)	patiebaris (e) sequebaris (e)	partiebaris (partiebare)
imitabatur	pollicebatur	patiebatur sequebatur	partiebatur
imitabamur	pollicebamur	patiebamur sequebamur	partiebamur

IMITOR	POLLICEOR	PATIOR/ SEQUOR	PARTIOR
INDICATIVO			
Imperfeito			
imitabamini	pollicebamini	patiebamini sequebamini	partiebamini
imitabantur	pollicebantur	patiebantur sequebantur	partiebantur
Perfeito			
imitatus sum *tenho imitado, imitei*	pollicitus sum *tenho prometido, prometi*	passus/secutus sum *tenho sofrido, sofri* *tenho seguido, segui*	partitus sum *tenho partilhado, partilhei*
imitatus es	pollicitus es	secutus es	partitus es
imitatus est	pollicitus est	secutus est	partitus est
imitati sumus	polliciti sumus	passi/secuti sumus	partiti sumus
imitati estis	polliciti estis	secuti estis	partiti estis
imitati sunt	polliciti sunt	secuti sunt	partiti sunt
Mais-que-perfeito			
imitatus eram *tinha imitado, imitara*	pollicitus eram *tinha prometido, prometera*	passus/secutus eram *tinha sofrido, sofrera* *tinha seguido, seguira*	partitus eram *tinha partilhado, partilhara*
imitatus eras	pollicitus eras	secutus eras	partitus eras
imitatus erat	pollicitus erat	secutus erat	partitus erat
imitati eramus	polliciti eramus	passi/secuti eramus	partiti eramus
imitati eratis	polliciti eratis	secuti eratis	partiti eratis
imitati erant	polliciti erant	secuti erant	partiti erant

IMITOR	POLLICEOR	PATIOR/ SEQUOR	PARTIOR
	SUBJUNTIVO		
	Presente		
imiter	pollicear	patiar/sequar	partiar
imite	*prometa*	*sofra/siga*	*partilhe*
imiteris	pollicearis	patiaris (re)	partiaris
(imitere)	(polliceare)	sequaris (re)	(partiare)
imitetur	polliceatur	patiatur/sequatur	partiatur
imitemur	polliceamur	patiamur sequamur	partiamur
imitemini	polliceamini	patiamini sequamini	partiamini
imitentur	polliceantur	patiantur sequantur	partiantur
	Imperfeito		
imitarer	pollicerer	paterer/sequerer	partirer
imitasse	*prometesse*	*sofresse/seguisse*	*partilhasse*
imitareris	pollicereris	patereris (re)	partireris
(imitarere)	(pollicerere)	sequereris (re)	(partirere)
imitaretur	polliceretur	pateretur sequeretur	partiretur
imitaremur	polliceremur	pateremur sequeremur	partiremur
imitaremini	pollicereminí	pateremini sequeremini	partiremini
imitarentur	pollicerentur	paterentur sequerentur	partirentur

IMITOR	POLLICEOR	PATIOR/ SEQUOR	PARTIOR
SUBJUNTIVO			
Perfeito			
imitatus sim *tenha imitado*	pollicitus sim *tenha prometido*	passus/secutus sim *tenha sofrido/seguido*	partitus sim *tenha partilhado*
imitatus sis	pollicitus sis	secutus sis	partitus sis
imitatus sit	pollicitus sit	secutus sit	partitus sit
imitati simus	polliciti simus	passi/secuti simus	partiti simus
imitati sitis	polliciti sitis	secuti sitis	partiti sitis
imitati sint	polliciti sint	secuti sint	partiti sint
Mais-que-perfeito			
imitatus essem *tivesse imitado*	pollicitus essem *tivesse prometido*	passus/secutus essem *tivesse sofrido/seguido*	partitus essem *tivesse partilhado*
imitatus esses	pollicitus esses	secutus esses	partitus esses
imitatus esset	pollicitus esset	secutus esset	partitus esset
imitati essemus	polliciti essemus	passi/secuti essemus	partiti essemus
imitati essetis	polliciti essetis	secuti essetis	partiti essetis
imitati essent	polliciti essent	secuti essent	partiti essent

IMITOR	POLLICEOR	PATIOR/ SEQUOR	PARTIOR
\multicolumn{4}{c}{INDICATIVO}			
\multicolumn{4}{c}{Futuro}			
imitabor *imitarei*	pollicebor *prometerei*	patiar/sequar *sofrerei/seguirei*	partiar *partilharei*
imitaberis (imitabere)	polliceberis (pollicebere)	patieris (re)/ sequeris (re)	partieris (partiere)
imitabitur	pollicebitur	patietur/ sequetur	partietur
imitabimur	pollicebimur	patiemur/ sequemur	partiemur
imitabimini	pollicebimini	patiemini/ sequemini	partiemini
imitabuntur	pollicebuntur	patientur/ sequentur	partientur
\multicolumn{4}{c}{Futuro anterior}			
imitatus ero *terei imitado*	pollicitus ero *terei prometido*	passus/secutus ero *terei sofrido/seguido*	partitus ero *terei partilhado*
imitatus eris	pollicitus eris	secutus eris	partitus eris
imitatus erit	pollicitus erit	secutus erit	partitus erit
imitati erimus	polliciti erimus	passi/secuti erimus	partiti erimus
imitati eritis	polliciti eritis	secuti eritis	partiti eritis
imitati erunt	polliciti erunt	secuti erunt	partiti erunt

	IMITOR	POLLICEOR	PATIOR/ SEQUOR	PARTIOR
IMPERATIVO				
Pres., S. 2ªp.:	imitare	pollicere	patere/sequere	partire
	imita	*promete*	*sofre/segue*	*partilha*
Pres., S. 2ªp.:	imitamini	pollicemini	patimini/sequimini	partimini
	imitai	*prometei*	*sofrei/segui*	*partilhai*
FORMAS NOMINAIS				
Infinitivo				
Pres. –	imitari	polliceri	pati/sequi	partiri
	imitar	*prometer*	*sofrer/seguir*	*partilhar*
Perf. –	imitatum, am, os, as, a esse	pollicitum, am, os, as, a esse	passum/secutum, am, os, as, a esse	partitum, am, os, as, a esse
	ter imitado	*ter prometido*	*ter sofrido/seguido*	*ter partilhado*
Fut. –	imitaturum, am, os, as, a esse	polliciturum, am, os, as, a esse	passurum/secuturum, am, os, as, a esse	partiturum, am, os, as, a esse
	dever imitar	*dever prometer*	*dever sofrer/seguir*	*dever partilhar*
	haver de imitar	*haver de prometer*	*haver de sofrer/seguir*	*haver de partilhar*
Particípio				
Pres. Nom. –	imitans	pollicens	patiens/sequens	partiens
	imitando	*prometendo*	*sofrendo/seguindo*	*partilhando*
Pres. Gen. –	imitantis	pollicentis	patientis/sequentis	partientis
	imitando	*prometendo*	*sofrendo/seguindo*	*partilhando*
	que imita	*que promete*	*que sofre/segue*	*que partilha*

IMITOR	**POLLICEOR**	**PATIOR/ SEQUOR**	**PARTIOR**
Particípio			
Perf.: imitatus, a, um *tendo imitado* *que imitou*	pollicitus, a, um *tendo prometido* *que prometeu*	passus/secutus, a, um *tendo sofrido/seguido* *que sofreu/seguiu*	partitus, a, um *tendo partilhado* *que partilhou*
Fut.: imitaturus, a, um *devendo imitar,* *que está para imitar,* *há de imitar*	polliciturus, a, um *devendo prometer,* *que está para prometer,* *há de prometer*	passurus/secuturus, a, um *devendo sofrer/seguir,* *que está para sofrer/seguir,* *há de sofrer/seguir*	partiturus, a, um *devendo partilhar,* *que está para partilhar,* *há de partilhar*
Gerúndio			
Gen. – imitandi *de imitar*	pollicendi *de prometer*	patiendi/sequendi *de sofrer/seguir*	partiendi *de partilhar*
Dat. – imitando *a imitar*	pollicendo *a prometer*	patiendo/sequendo *a sofrer/seguir*	partiendo *a partilhar*
Acus. – imitandum *para imitar*	pollicendum *para prometer*	patiendum sequendum *para sofrer/seguir*	partiendum *para partilhar*
Abl. – imitando *por imitar*	pollicendo *por prometer*	patiendo/sequendo *por sofrer/seguir*	partiendo *por partilhar*

IMITOR	POLLICEOR	PATIOR/ SEQUOR	PARTIOR
Supino			
Acus. – imitatum *para imitar* *de imitar*	pollicitum *para prometer* *de prometer*	passum/secutum *para sofrer/seguir* *de sofrer/seguir*	partitum *para partilhar* *de partilhar*
Abl. – imitatu *a imitar* *para imitar*	pollicitu *a prometer* *para prometer*	passu/secutu *a sofrer/seguir* *para sofrer/seguir*	partitu *a partilhar* *para partilhar*
Adjetivo verbal (Gerundivo)			
imitandus, a, um *que deve ser imitado*	pollicendus, a, um *que deve ser prometido*	patiendus/ sequendus, a, um *que deve ser sofrido/seguido*	partiendus, a, um *que deve ser partilhado*

Coniugatio Verborum Latinorum

LAUDARE	DELERE	LEGERE	AUDIRE
INDICATIVO Ativo			
Presente			
laudo *louvo*	deleo *destruo*	lego *leio*	audio *escuto*
laudas	deles	legis	audis
laudat	delet	legit	audit
laudamus	delemus	legimus	audimus
laudatis	deletis	legitis	auditis
laudant	delent	legunt	audiunt

LAUDARE	DELERE	LEGERE	AUDIRE
INDICATIVO Ativo			
Imperfeito			
laudabam	delebam	legebam	audiebam
louvava	*destruía*	*lia*	*escutava*
laudabas	delebas	legebas	audiebas
laudabat	delebat	legebat	audiebat
laudabamus	delebamus	legebamus	audiebamus
laudabatis	delebatis	legebatis	audiebatis
laudabant	delebant	legebant	audiebant
Perfeito			
laudavi	delevi	legi	audivi
louvei	*destruí*	*li*	*escutei*
laudavisti	delevisti	legisti	audivisti
laudavit	delevit	legit	audivit
laudavimus	delevimus	legimus	audivimus
laudavistis	delevistis	legistis	audivistis
laudaverunt	deleverunt	legerunt	audiverunt
Mais-que-perfeito			
laudaveram	deleveram	legeram	audiveram
louvara	*destruíra*	*lera*	*escutara*
laudaveras	deleveras	legeras	audiveras
laudaverat	deleverat	legerat	audiverat
laudaveramus	deleveramus	legeramus	audiveramus
laudaveratis	deleveratis	legeratis	audiveratis
laudaverant	deleverant	legerant	audiverant

LAUDARE	DELERE	LEGERE	AUDIRE
SUBJUNTIVO Ativo			
Presente			
laudem	deleam	legam	audiam
louve	*destrua*	*leia*	*escute*
laudes	deleas	legas	audias
laudet	deleat	legat	audiat
laudemus	deleamus	legamus	audiamus
laudetis	deleatis	legatis	audiatis
laudent	deleant	legant	audiant
Imperfeito			
laudarem	delerem	legerem	audirem
louvasse, louvaria	*destruísse, destruiria*	*lesse, leria*	*escutasse, escutaria*
laudares	deleres	legeres	audires
laudaret	deleret	legeret	audiret
laudaremus	deleremus	legeremus	audiremus
laudaretis	deleretis	legeretis	audiretis
laudarent	delerent	legerent	audirent
Perfeito			
laudaverim	deleverim	legerim	audiverim
tenha louvado	*tenha destruído*	*tenha lido*	*tenha escutado*
laudaveris	deleveris	legeris	audiveris
laudaverit	deleverit	legerit	audiverit
laudaverimus	deleverimus	legerimus	audiverimus
laudaveritis	deleveritis	legeritis	audiveritis
laudaverint	deleverint	legerint	audiverint

LAUDARE	DELERE	LEGERE	AUDIRE
	Mais-que-perfeito		
laudavissem *tivesse louvado,* *teria louvado*	delevissem *tivesse destruído,* *teria destruído*	legissem *tivesse lido,* *teria lido*	audivissem *tivesse escutado,* *teria escutado*
laudavisses	delevisses	legisses	audivisses
laudavisset	delevisset	legisset	audivisset
laudavissemus	delevissemus	legissemus	audivissemus
laudavissetis	delevissetis	legissetis	audivissetis
laudavissent	delevissent	legissent	audivissent
	**INDICATIVO Passivo**		
	**Presente**		
laudor *sou louvado*	deleor *sou destruído*	legor *sou lido*	audior *sou escutado*
laudaris	deleris	legeris	audiris
laudatur	deletur	legitur	auditur
laudamur	delemur	legimur	audimur
laudamini	delemini	legimini	audimini
laudantur	delentur	leguntur	audiuntur
	**Imperfeito**		
laudabar *era louvado*	delebar *era destruído*	legebar *era lido*	audiebar *era escutado*
laudabaris	delebaris	legebaris	audiebaris
laudabatur	delebatur	legebatur	audiebatur
laudabamur	delebamur	legebamur	audiebamur
laudabamini	delebamini	legebamini	audiebamini
laudabantur	delebantur	legebantur	audiebantur

LAUDARE	DELERE	LEGERE	AUDIRE
INDICATIVO Passivo			
Perfeito			
laudatus, a, um sum *fui louvado,* *tenho sido louvado*	deletus, a, um sum *fui destruído,* *tenho sido destruído*	lectus, a, um sum *fui lido,* *tenho sido lido*	auditus, a, um sum *fui escutado,* *tenho sido escutado*
- us, a, um es	- us, a, um es	- us, a, um es	- us, a, um es
- us, a, um est	- us, a, um est	- us, a, um est	- us, a, um est
laudati, ae, a sumus	deleti, ae, a sumus	lecti, ae, a sumus	auditi, ae, a sumus
- i, ae, a estis	- i, ae, a estis	- i, ae, a estis	- i, ae, a estis
- i, ae, a sunt	- i, ae, a sunt	- i, ae, a sunt	- i, ae, a sunt
Mais-que-perfeito			
laudatus, a, um eram *fora louvado,* *tinha sido louvado*	deletus, a, um eram *fora destruído,* *tinha sido destruído*	lectus, a, um eram *fora lido,* *tinha sido lido*	auditus, a, um eram *fora escutado,* *tinha sido escutado*
- us, a, um eras	- us, a, um eras	- us, a, um eras	- us, a, um eras
- us, a, um era	- us, a, um era	- us, a, um era	- us, a, um era
laudati, ae, a eramus	deleti, ae, a eramus	lecti, ae, a eramus	auditi, ae, a eramus
- i, ae, a eratis	- i, ae, a eratis	- i, ae, a eratis	- i, ae, a eratis
- i, ae, a erant	- i, ae, a erant	- i, ae, a erant	- i, ae, a erant
SUBJUNTIVO Passivo			
Presente			
lauder *seja louvado*	delear *seja destruído*	legar *seja lido*	audiar *seja escutado*
lauderis	delearis	legaris	audiaris
laudetur	deleatur	legatur	audiatur
laudemur	deleamur	legamur	audiamur
laudemini	deleamini	legamini	audiamini
laudentur	deleantur	legantur	audiantur

LAUDARE	DELERE	LEGERE	AUDIRE
SUBJUNTIVO Passivo			
Imperfeito			
laudarer	delerer	legerer	audirer
fosse louvado, seria louvado	*fosse destruído, seria destruído*	*fosse lido, seria lido*	*fosse escutado, seria escutado*
laudareris	delereris	legereris	audireris
laudaretur	deleretur	legeretur	audiretur
laudaremur	deleremur	legeremur	audiremur
laudaremini	deleremini	legeremini	audiremini
laudarentur	delerentur	legerentur	audirentur
Perfeito			
laudatus, a, um sim	deletus, a, um sim	lectus, a, um sim	auditus, a, um sim
tenha sido louvado	*tenha sido destruído*	*tenha sido lido*	*tenha sido escutado*
- us, a, um sis	- us, a, um sis	- us, a, um sis	- us, a, um sis
- us, a, um sit	- us, a, um sit	- us, a, um sit	- us, a, um sit
laudati, ae, a simus	deleti, ae, a simus	lecti, ae, a simus	auditi, ae, a simus
- i, ae, a sitis	- i, ae, a sitis	- i, ae, a sitis	- i, ae, a sitis
- i, ae, a sint	- i, ae, a sint	- i, ae, a sint	- i, ae, a sint
Mais-que-perfeito			
laudatus, a, um essem	deletus, a, um essem	lectus, a, um essem	auditus, a, um essem
tivesse sido louvado, teria sido louvado	*tivesse sido destruído, teria sido destruído*	*tivesse sido lido, teria sido lido*	*tivesse sido escutado, teria sido escutado*
- us, a, um esses	- us, a, um esses	- us, a, um esses	- us, a, um esses
- us, a, um esset	- us, a, um esset	- us, a, um esset	- us, a, um esset
laudati, ae, a essemus	deleti, ae, a essemus	lecti, ae, a essemus	auditi, ae, a essemus
- i, ae, a essetis	- i, ae, a essetis	- i, ae, a essetis	- i, ae, a essetis
- i, ae, a essent	- i, ae, a essent	- i, ae, a essent	- i, ae, a essent

LAUDARE	DELERE	LEGERE	AUDIRE
INDICATIVO Ativo			
Futuro			
laudabo	delebo	legam	audiam
louvarei	*destruirei*	*lerei*	*escutarei*
laudabis	delebis	leges	audies
laudabit	delebit	leget	audiet
laudabimus	delebimus	legemus	audiemus
laudabitis	delebitis	legetis	audietis
laudabunt	delebunt	legent	audient
Futuro anterior			
laudavero	delevero	legero	audivero
terei louvado,	*terei destruído,*	*terei lido,*	*terei escutado,*
tiver louvado	*tiver destruído*	*tiver lido*	*tiver escutado*
laudaveris	deleveris	legeris	audiveris
laudaverit	deleverit	legerit	audiverit
laudaverimus	deleverimus	legerimus	audiverimus
laudaveritis	deleveritis	legeritis	audiveritis
laudaverint	deleverint	legerint	audiverint
INDICATIVO Passivo			
Futuro			
laudabor	delebor	legar	audiar
serei louvado,	*serei destruído,*	*serei lido,*	*serei escutado,*
for louvado	*for destruído*	*for lido*	*for escutado*
laudaberis	deleberis	legeris	audieris
laudabitur	delebitur	legetur	audietur
laudabimur	delebimur	legemur	audiemur
laudabimini	delebimini	legemini	audiemini
laudabuntur	delebuntur	legentur	audientur

LAUDARE	DELERE	LEGERE	AUDIRE
INDICATIVO Passivo			
Futuro anterior			
laudatus, a, um ero *terei sido louvado*	deletus, a, u ero *terei sido destruído*	lectus, a, um ero *terei sido lido*	auditus, a, um ero *terei sido escutado*
- us, a, um eris	- us, a, um eris	- us, a, um eris	- us, a, um eris
- us, a, um erit	- us, a, um erit	- us, a, um erit	- us, a, um erit
laudati, ae, a erimus	deleti, ae, a erimus	lecti, ae, a erimus	auditi, ae, a erimus
- i, ae, a eritis	- i, ae, a eritis	- i, ae, a eritis	- i, ae, a eritis
- i, ae, a erunt	- i, ae, a erunt	- i, ae, a erunt	- i, ae, a erunt
IMPERATIVO Ativo			
Pres., S. 2ªp.: **lauda** *louva*	**dele** *destrói*	**lege** *lê*	**audi** *escuta*
Pres., P. 2ªp.: **laudate** *louvai*	**delete** *destruí*	**legite** *lede*	**audite** *escutai*
Fut., S. 3ªp.: **laudato** *louve*	**deleto** *destrua*	**legito** *leia*	**audito** *escute*
Fut., P. 2ªp.: **laudatote** *louvai*	**deletote** *destruí*	**legitote** *lede*	**auditote** *escutai*
Fut., P. 3ªp.: **laudanto** *louvem*	**delento** *destruam*	**legunto** *leiam*	**audiunto** *escutem*
IMPERATIVO Passivo			
Pres., S. 2ªp.: **laudare** *sê louvado*	**delere** *sê destruído*	**legere** *sê lido*	**audire** *sê escutado*
Pres., P. 2ªp.: **laudamini** *sede louvado*	**delemini** *sede destruído*	**legimini** *sede lido*	**audimini** *sede escutado*
Fut., S. 2ªp.: **laudator** *seja louvado*	**deletor** *seja destruído*	**legitor** *seja lido*	**auditor** *seja escutado*
Fut., P. 2ªp.: **laudantor** *sejam louvados*	**delentor** *sejam destruídos*	**leguntor** *sejam lidos*	**audiuntor** *sejam escutados*

LAUDARE	DELERE	LEGERE	AUDIRE
FORMAS NOMINAIS Ativas			
Infinitivo			
Pres.: laudare	delere	legere	audire
louvar	*destruir*	*ler*	*escutar*
Perf.: laudavisse	delevisse	legisse	audivisse
ter louvado	*ter destruído*	*ter lido*	*ter escutado*
Fut.: laudaturum, am, um, os, as, a esse	deleturum, am, um, os, as, a esse	lecturum, am, um, os, as, a esse	auditurum, am, um, os, as, a esse
haver de louvar	*haver de destruir*	*haver de ler*	*haver de escutar*
Particípio			
Pres. Nom. – laudans	delens	legens	audiens
louvando	*destruindo*	*lendo*	*escutando*
Pres. Gen. – laudantis	delentis	legentis	audientis
louvando	*destruindo*	*lendo*	*escutando*
Fut. – laudaturus, a, um	deleturus, a, um	lecturus, a, um	auditurus, a, um
que louvará,	*que destruirá,*	*que lerá,*	*que escutará,*
que vai louvar,	*que vai destruir,*	*que vai ler,*	*que vai escutar,*
que está para louvar	*que está para destruir*	*que está para ler*	*que está para escutar*
Gerúndio			
Gen. – laudandi	delendi	legendi	audiendi
de louvar	*de destruir*	*de ler*	*de escutar*
Dat. – laudando	delendo	legendo	audiendo
ao louvar	*ao destruir*	*ao ler*	*ao escutar*
Acus. – laudandum	delendum	legendum	audiendum
para louvar	*para destruir*	*para ler*	*para escutar*
Abl. – laudando	delendo	legendo	audiendo
pelo louvar	*pelo destruir*	*pelo ler*	*pelo escutar*

LAUDARE	DELERE	LEGERE	AUDIRE
FORMAS NOMINAIS Ativas			
Supino			
Acus. – laudatum	deletum	lectum	auditum
para louvar	*para destruir*	*para ler*	*para escutar*
Abl. – laudatu	deletu	lectu	auditu
FORMAS NOMINAIS Passivas			
Infinitivo			
Pres.: laudari	deleri	legi	audiri
ser louvado	*ser destruído*	*ser lido*	*ser escutado*
Perf.: laudatum, am, um, os, as, a esse	deletum, am, um, os, as, a esse	lectum, am, um, os, as, a esse	auditum, am, um, os, as, a esse
ter sido louvado	*ter sido destruído*	*ter sido lido*	*ter sido escutado*
Fut.: laudatum iri	deletum iri	lectum iri	auditum iri
haver de ser louvado	*haver de ser destruído*	*haver de ser lido*	*haver de ser escutado*
Particípio			
Perf.: laudatus, a, um	deletus, a, um	lectus, a, um	auditus, a, um
louvado	*destruído*	*lido*	*escutado*
Adjetivo verbal (Gerundivo)			
laudandus, a, um	delendus, a, um	legendus, a, um	audiendus, a, um
que deve ser louvado	*que deve ser destruído*	*que deve ser lido*	*que deve ser escutado*

CASOS	Prima Declinatio	
	Singular	Plural
Nominativo	terra *terra*	terrae
Vocativo	terra	terrae
Genitivo	terrae	terrarum
Acusativo	terram	terras
Dativo	terrae	terris
Ablativo	terra	terris

Secunda Declinatio	
Singular	Plural
N dominus *senhor*	domini
V domine	domini
G domini	dominorum
Ac dominum	dominos
D domino	dominis
Ab domino	dominis

Singular	Plural	Singular	Plural
liber *livro*	libri	puer *menino*	pueri
liber	libri	puer	pueri
libri	librorum	pueri	puerorum
librum	libros	puerum	pueros
libro	libris	puero	pueris
libro	libris	puero	pueris

Singular	Plural
templum *templo*	templa
templum	templa
templi	templorum
templum	templa
templo	templis
templo	templis

us – masc. ou fem.
er – masc.
um – neutros

Tertia Declinatio				
	Singular	**Plural**	**Singular**	**Plural**
N	vultur *abutre*	vultures	fulgur *fulgor*	fulgura
V	vultur	vultures	fulgur	fulgura
G	vulturis	vulturum	fulguris	fulgurum
Ac	vulturem	vultures	fulgur	fulgura
D	vulturi	vulturibus	fulguri	fulguribus
Ab	vulture	vulturibus	fulgure	fulguribus
Singular	**Plural**	**Singular**	**Plural**
avis *ave*	aves	uter *qual dos dois*	utres
avis	aves	uter	utres
avis	avium	utris	utrium
avem	aves	utrem	utres
avi	avibus	utri	utribus
ave	avibus	utre	utribus
Singular	**Plural**	**Singular**	**Plural**
turris *torre*	turres	tribunal *tribunal*	tribunalia
turris	turres	tribunal	tribunalia
turris	turrium	tribunalis	tribunalium
turrim	turres	tribunal	tribunalia
turri	turribus	tribunali	tribunalibus
turri	turribus	tribunali	tribunalibus

Masculino: alis, cis, er, es, ex, guis, mis, nis, o, or, os, quis (*error*)

Feminino: as, aus, do, go, io, is, s (precedido de consoante)

      x, us

Neutros: a, ar, c, e, l, n, t, ur, us

Genitivo com um – imparissílabos

Genitivo com ium – parissílabos

Ablativo com i = acusativo com im

      Neutros com al, ar, e

Quarta Declinatio			
N manus *mão*	manus	cornu *chifre*	cornua
V manus	manus	cornu	cornua
G manus	manuum	cornus	cornuum
Ac manum	manus	cornu	cornua
D manui	manibus	cornu	cornibus
Ab manu	manibus	cornu	cornibus

Quinta Declinatio	
N res *coisa*	res
V res	res
G rei	rerum
Ac rem	res
D rei	rebus
Ab re	rebus

Quarta Declinatio: us – Masculino
    Feminino
    u – Neutros
Quinta Declinatio: todos são *femininos* à exceção de *dies* e *meridies*, que são *masculinos*.

Edições Loyola

editoração impressão acabamento
Rua 1822 nº 341 – Ipiranga
04216-000 São Paulo, SP
T 55 11 3385 8500/8501, 2063 4275
www.loyola.com.br